Wegworte

Die Wochensprüche
des Kirchenjahres ausgelegt

Iris
meiner lieben Frau

Wegworte

*Die Wochensprüche
des Kirchenjahres ausgelegt*

calwer

*Gedruckt mit freundlicher Unterstützung
der Calwer Verlag-Stiftung*

ISBN 978-3-7668-4036-3
© 2008 by Calwer Verlag Stuttgart
Alle Rechte vorbehalten. Wiedergabe, auch auszugsweise
nur mit Genehmigung des Verlags.
Satz und Herstellung: ES Typo-Graphic Ellen Steglich, Stuttgart
Umschlaggestaltung: ES Typo-Graphic Ellen Steglich, Stuttgart
Umschlagmotiv: Paul Klee, Kleine rhythmische Landschaft,
1920, 216, 27,8 × 21,7 cm, Ölfarbe und Bleistift auf Leinwand,
in Papierklebestreifen mit Federskizzen eingefasst,
auf Karton. Privatbesitz Schweiz.
Rechte: VG-Bild, Bonn
Druck und Verarbeitung: Westermann Druck Zwickau
E-Mail: info@calwer.com; Internet: www.calwer.com

Inhaltsverzeichnis

Vorwort

Die Idee, alle Wochensprüche des Jahres und dazu die Leitworte zu einigen Festtagen im Kirchenjahr auszulegen, kam mir im Sommer 2006 am ersten Sonntag meines dreiwöchigen Urlaubs mitten im Gottesdienst. Ich ging nach Hause, suchte im »Liturgischen Kalender« (EG S. 1517 ff.) die derzeit aktuellen Wochensprüche heraus und machte mich an die Arbeit. Ich hatte wenig Zeit. Das Ende meiner Dienstzeit, der Umzug, all das stand vor der Tür, musste vorbereitet werden. Es ging mir ausgesprochen gut in den Wochen, in denen ich diese Betrachtungen mit Blick auf den Ruhestand schrieb. Manchmal dachte ich an eine Bibelstelle bei Jeremia: »Dein Wort ward meine Speise, so oft ich's empfing, dein Wort ist meines Herzens Freude und Trost« (Jer 15,16). Dann wieder an Johannes Brenz und sein Epitaph in der Stuttgarter Stiftskirche, auf dem zu lesen ist: »Verbum domini lucerna pedibus meis et semita vitae« – das Wort des Herrn ist eine Leuchte für meine Füße und der Weg zum Leben. Der Buchtitel »Wegworte« kam mir im Gedenken an Brenz.

Wir sind unterwegs – das spürte ich wenige Wochen vor meiner Pensionierung, 38 Jahre nach meiner Ordination, ganz persönlich. Was leitet uns? Was erhellt uns den Weg? Was gibt uns Ideen? Woher kommt die Kraft, dieses oder jenes durchzustehen? Was nährt und schützt uns die Hoffnung? Es sind Worte, die uns berühren. Oft erscheinen sie uns zunächst fremd und so, dass wir uns an ihnen reiben. Aber je intensiver wir uns an ihnen reiben, desto stärker ihr Aroma. Erst in diesen Wochen habe ich beim Bedenken der Wochensprüche richtig gemerkt, dass sie mich all die Jahre hindurch begleitet, dass sie mir ein Gespür für das Kirchenjahr vermittelt haben.

Ich dachte auch an manche Pfarrerin und manchen Pfarrer, die da und dort Andachten halten. Warum nicht den Wochenspruch auslegen? Vielleicht findet der eine oder andere in meinen Versuchen etwas, das er nach-denken und weiterdenken kann.

Und ich dachte an Menschen, die ganz gern am Sonntag in die Kirche gingen, wenn sie nur könnten. Ich dachte besonders an meine Frau, die in den letzten Heilbronner Monaten wegen der Pflege unserer behinderten Tochter immer wieder zu Hause bleiben musste, was für uns beide ein Schmerz war. Vielleicht nimmt ein Mensch, dem es so geht, am Sonntagmorgen dieses Buch in die Hand und empfängt so ein paar Sonntagsgedanken.

Während der Entstehung des Buches waren mir die Gedanken von Walter Schlenker »Wir sind nicht allein« und Wilhelm Stählins »Predigthilfen (IV)« eine große Hilfe.

Herzlich danke ich Carola Schlücker und Inge Stadelmaier, die unverzagt vom Band geschrieben haben, was ich nicht selbst schreiben konnte, und der Calwer Verlag-Stiftung für die Bewilligung eines Druckkostenzuschusses.

Wenn die Leserinnen und Leser nur halb so viel Freude an diesen Bibelworten finden, wie ich sie in diesen Urlaubswochen gefunden habe, dann hat sich meine Arbeit gelohnt. Ich grüße sie in dieser Hoffnung mit herzlichem Segenswunsch!

WEILHEIM-TECK, IM JANUAR 2008   *Paul Dieterich*

1. Sonntag im Advent

Siehe, dein König kommt zu dir,
ein Gerechter und ein Helfer.

Sacharja 9,9

Das Kirchenjahr beginnt mit der feierlichen Aufforderung »Siehe!«. Und auch in den Leitworten der nächsten beiden Adventssonntage finden wir die Worte »Sehet auf« und »Siehe«. Also dreimal zu Beginn des Kirchenjahres die Aufforderung aufzusehen.

Als Kind empfand ich dieses »Siehe« wie einen silbernen Schnörkel, eine Verzierung, durch die eine gewisse Feierlichkeit erzeugt, durch die aber auch alles ferner, unwirklicher wird. Als junger Pfarrer versuchte ich, wo es ging, dieses »Siehe« wegzulassen. Es war mir zu pathetisch. Freilich, eine Übersetzung wie »Schau mal« ging auch nicht. Sie war zu kumpelhaft, banal.

Heute empfinde ich dieses »Siehe« als einen sehr nötigen Zuruf: Du, der du dich völlig vergraben hast in deine große Arbeit oder in dein Problem, du, der du gefangen bist durch deine Konflikte oder durch die Wunden, die man dir geschlagen hat, du, der du längst nichts wirklich Neues mehr wahrnimmst und dessen Leben ein ewig gleichförmiger Trab geworden ist, sieh auf! Sieh um Gottes willen einmal weg von dem, was dich total gefangen hält und was dein Leben in die gleichförmige und hoffnungslose Banalität hineinbindet, sieh auf! Verpass nicht, was an dir geschehen soll. Und sieh nicht nur, was dir gilt und was dein Leben verändern kann. Sieh, was das Leben sehr vieler, ja, letztlich aller Menschen aus dem Trott des gleichförmigen Vergehens herausreißen und erst wirklich zum wahren Leben machen kann. Aber: Übersieh es nicht. Winke nicht ab, ohne aufzusehen, du beschäftigter Sklave, sondern: um Gottes Willen, sieh!

Dein König kommt zu dir! Sollen wir das Wort König tatsächlich durch ein anderes ersetzen, etwa durch das Wort Präsident, weil es in Deutschland keine Könige mehr gibt, weil unsere Kinder Könige allenfalls aus dem Märchen oder aus der Regenbogenpresse kennen? Aber wie wäre es, wenn wir in Stuttgart noch einen König hätten, wenn unser Landesbischof regelmäßig mit ihm frühstücken, wenn dieser oder jener aus seiner Nähe uns dieses oder jenes von ihm und von der königlichen Familie kolportieren würde, würde uns das die Rede vom König Jesus Christus leichter machen? Wohl kaum. Es gibt in Europa Könige, die eine ganz gute Figur machen und die sich deswegen auch, wenn sie sich dem Parlament gegenüber äußerster Zurückhaltung befleißigen, noch halten können. Aber sie existieren faktisch von Volkes Gnaden oder auch von Gnaden des Parlaments, das sie bei Laune halten müssen. Sie wirken harmlos und unfrei gegenüber dem König Jesus Christus, der nun seit bald zweitausend Jahren in aller Welt Menschen ergreift mit seiner wirklich königlich freien Vollmacht.

Er ist die Alternative zu allen, die sich König nennen oder nennen lassen in Geschichte und Gegenwart. Zu den gewalttätigen Königen, die massenweise Menschen für sich einsetzen, für ihre Kriege besonders, damit sie ihre Macht befestigen; wie für die wohl geratenen, gutwilligen und oft reichlich hilflosen Könige. Er war auch damals, nach der jahrhundertealten Königsgeschichte Judas und Israels, die totale Alternative. Diese Königsgeschichte war von Jahrzehnt zu Jahrzehnt immer elender gescheitert. Die Erwartungen, die das erwählte Volk Gottes immer wieder neu auf seinen König gesetzt hat, wurden im Ganzen enttäuscht. Die Könige waren heillos überfordert. Man wartete auf den König, der noch nie da gewesen war und den man wohl in jedem neuen König erhofft hatte.

Nun kam Jesus nach Jerusalem, und er gestaltete seinen Einzug ganz bewusst, indem er nicht auf dem Streitross, sondern auf dem Esel einzog und sogar das Eselsfüllen mitnahm – ein Einzug des Friedenskönigs, von dem der Prophet Sacharja im neunten Kapitel vorausgesagt hatte, er werde die Kriegswagen und die Streitrosse wegtun, werde die Kriegsbogen zerbrechen, dem Volk Frieden gebieten, seine Friedensherrschaft werde von einem Ende der Erde zum anderen reichen. Im Grunde ein gewaltiger Anspruch für einen arm und demütig auftretenden König. Ich frage mich, ob die Volksmenge, die »Hoschana Ben David« skandierte und Palmzweige schwang – das Zeichen des makkabäischen Freiheitskrieges, des bewaffneten Aufstandes – ihn nicht reichlich missverstanden hat. Dass aus dem »Hoschana« bald ein »Ans Kreuz! Ans Kreuz!« wurde, verwundert nicht. Er kommt eben doch als der ganz Andere, nicht von Volkes Gnaden, sondern von Gottes Gnaden, nicht nach dem Muster dessen, was das Volk will, sondern nach dem Herzen Gottes. Folglich ist er von Anfang an der König, der es schwer haben wird.

Er kommt! Um dieses Kommen dreht sich die ganze Heilsgeschichte. Gott kommt. Er kommt in Jesus auf diese Welt, um sie mit sich zu versöhnen (2. Kor 5,19), um sie zu bitten, sich versöhnen zu lassen, um ihr den Frieden zu bringen und um sie friedensfähig zu machen. Um den weiten, schweren Weg zu einem Frieden in Gerechtigkeit mit ihr zu gehen.

Dass er kommt, schließt zwei Auffassungen aus: Zunächst die weit verbreitete Meinung, Gott sei als eine Art Weltgrund in seiner Welt immanent, die ganze Welt sei womöglich eine Art Ausfluss oder Existenzform Gottes. Nein, er kommt in seine Welt. Aber auch die andere Auffassung, als sei und bleibe Gott für immer der Welt transzendent, so dass für immer allein wahr bleibe, was in Prediger 5,1 steht: »Gott ist im Himmel und du auf der Erde«; auch diese Sicht wird überholt durch den Gott, der in seinem Friedenskönig in seine geschaffene Welt kommt.

Er wird wiederkommen, um diese seine Welt zu erlösen aus so vielem, was ihren Frieden zerstört und ihr Leben hindert. Und zwischen seinem ersten und seinem zweiten Kommen spannt sich die ganze Heilsgeschichte Gottes mit seiner Menschenwelt.

Dein König kommt. Wir sollten nicht sofort vom Kommen dieses Königs in unser Herz reden im Sinne des innigen Verses »Komm, o mein Heiland Jesus Christ, meins Herzens Tür dir offen ist!« Bleiben wir bei diesem Adventswort, so müssen wir den vorigen Vers vorher lesen: »Du, Tochter Zion, freue dich sehr, und du, Tochter Jerusalem, jauchze! Siehe, dein König kommt zu dir ...« Er kommt in Gottes Volk Israel, genauer auf den Berg, an den sich alle Heils- und Friedenshoffnungen geknüpft haben, zum Zion! Jesus ist der Messias Israels, gesandt zu den verlorenen Schafen dieses seines Volkes. Erst in zweiter Linie wurde er zum Heiland der Völker.

Und wenn wir am ersten Advent mit diesem Wort unseren Gottesdienst beginnen, dann tun wir gut daran, uns klarzumachen, dass der Friedenskönig in seine Gemeinde kommen will: um ihr Leben zu erneuern, um ihr Frieden zu geben, um sie friedensfähig und zum Werkzeug seines Friedens in dieser kriegsbedrohten und kriegsgeplagten Welt zu machen. Weshalb der primäre Ort der Adventsfeier nicht der Schein der Kerze zu Hause ist – so schön es ist, wenn die Adventskerzen in der Stube auch wirklich angezündet werden – sondern der Gottesdienst der Gemeinde. Was zur Folge hat, dass vom Gottesdienst der Gemeinde aus der König weiterzieht in die Häuser und Krankenhäuser, in die Gefängnisse und in die Heime behinderter Menschen, in manche Stube eines alten verlassenen Menschen – das »Adventssingen« der Konfirmandinnen und Konfirmanden war und ist dem Advent Jesu Christi sehr angemessen – aber auch in die Bereiche, die dem Einfluss Jesu Christi eher verschlossen sind, von der Fabrikhalle über das Bankgebäude bis hin zur Amtsstube und zum kommunalen oder nationalen Parlament, in dem mit harten Bandagen gestritten wird.

Es gibt zahllos viele Abbildungen des in die enge Stadt Jerusalem einziehenden Friedenskönigs Jesus Christus. Meist wird die Stadt gemalt, geschnitzt, in Stein gehauen als eine feste Burg mit engem Tor, an dessen oberer Öffnung spitz das eisenscharfe Fallgitter droht –, diese Bilder drücken eine unsterbliche Hoffnung aus: Christus, der Friedenskönig, mit seinem erlösenden Einfluss in unserer Kommune, im Sitz unserer Regierung, dort, wo unsere Interessenkonflikte ausgetragen werden auf dem Tisch, auch unter dem Tisch, wo keiner dem andern etwas schenkt, wo der ohnmächtige Mensch unter die Räder kommt, seine Hilflosigkeit erfährt, dort ist Jesus Christus mit seinem Geist!

Wir haben und bejahen heute den religionsneutralen, säkularen Staat. Vor allem wollen wir nicht, dass eine Religion mit Hilfe staatlicher Gewalt Menschen beherrscht. Und doch wissen wir: Die Politik wird erst dann Frieden den Hilflosen bringen, Gerechtigkeit für die Armen, wenn Jesu Geist Einfluss bekommt auf die kleine und die große Politik. Weshalb wir nicht genug Frauen und Männer, die sich seinem Geist öffnen, in den Parlamenten und den politischen Ämtern haben können.

Wenn dieser Volk-Gottes-Aspekt (der jüdische und der christliche) und der politische Aspekt wirklich wahr- und ernstgenommen wird, dann allerdings darf und soll dieses Wort »dein König« auch ganz persönlich genommen werden. Und es kann nie persönlich genug verstanden werden.

Dein König kommt zu dir, dieser König will nicht nur in die Stadt Jerusalem, sondern in dein Wesen einziehen. In dein Denken, so dass du aus dir als einem oft sehr ratlosen Menschen ein Mensch wird, der immer wieder durchaus Rat empfängt und Rat geben kann. In deine Gefühlswelt, die oft wie ein unentwirrbarer gordischer Knoten ist, da sich vieles in ihr gefährlich verwirrt, verkrampft und verknotet hat. Er will den Knoten gewaltlos entwirren, damit du frei wirst zum spontanen, freudigen Lieben. In deine persönlichen Beziehungen zu Menschen; wohl besonders in deine Beziehung zu dem Menschen, der dich nicht leiden und den du auch nicht leiden kannst. Da soll etwas in Ordnung kommen, damit bei dir und bei ihm Frieden einzieht. Dein König kommt zu dir, um deine Hoffnung, die fast gestorben ist, aufzuerwecken und ihr aufzuhelfen. Es ist durchaus sinnvoll, in der Adventszeit immer wieder eine Kerze anzuzünden und »Komm, o mein Heiland Jesu Christ …« zu singen. Mit anderen zusammen oder auch allein. Er ist »dein König«.

Ein Gerechter und ein Helfer. Seine Gerechtigkeit besteht nicht darin, dass er unsere Wünsche erfüllt. Er ist nicht König von unseren Gnaden, der unsere Vorstellungen von Gerechtigkeit wahrmacht. Er kommt, um Gottes Recht aufzurichten, ganz bestimmt ein Recht, das die Armen und Hilflosen aufatmen lässt, weil sie und ihr Lebensrecht nun wie nie zuvor in den Blick kommen. In unserem privaten Leben so sehr wie in der Gemeinde, wie auch in der Politik. Bedenken wir aber, dass Gerechtigkeit im Alten und Neuen Testament ein Beziehungsbegriff ist: Gott sieht in Jesus Christus unser Elend an und wird dem Elenden gerecht. Und wir werden durch unsere Dankbarkeit ihm gerecht, indem wir die Tendenz seiner Sicht übernehmen und in diese Richtung agieren. Ein neues Verständnis zwischen Gott und Mensch und dann auch zwischen Mensch und Mensch wird zum Ausgangs- und Quellpunkt einer neuen Gerechtigkeit.

Wie sollen wir das Wort übersetzen, das bei Luther ein »Helfer« heißt? Es ist eine Passivform und bezeichnet eigentlich den, dem geholfen wird, dem der Sieg verliehen wird. Weshalb die Züricher Bibel mit »siegreich« übersetzt. Die Septuaginta, die griechische Übersetzung des Alten Testamentes, bringt das Wort »sozon«, das Luthers »Helfer« entspricht.

Ich sehe den hebräischen und den griechischen Text zusammen und folgere: Der König von Gottes Gnaden, dem Gott selbst zum Sieg verhelfen, dem Gott es gelingen lassen wird trotz schwerster Konflikte, der österliche Christus, dem Gott aus dem Tod hilft und den er einsetzt zu seiner Rechten, er kann helfen.

Sein Helfen können wir dann nicht persönlich genug erhoffen. Zwar wird sein Helfen oft anders aussehen, als wir es erwartet haben; und wir tun gut daran, offen zu sein für die meist überraschende Art, in welcher er hilft. Aber es ist keine Frage, dass er kommt, um zu helfen: zur Gerechtigkeit, zum neuen Verstehen, zum Frieden und dazu, dass aus Kritikern Tröster, aus Abseitsstehenden Sich-Einsetzende, aus oft böse Urteilenden Helfer werden. Helfer, denen geholfen wird und die deswegen helfen können.

> *O mächt'ger Herrscher ohne Heere,*
> *gewalt'ger Kämpfer ohne Speere*
> *o Friedefürst von großer Macht!*
> *Es wollen dir der Erde Herren*
> *den Weg zu deinem Throne sperren,*
> *doch du gewinnst ihn ohne Schlacht.*
>
> *O lass dein Licht auf Erden siegen,*
> *die Macht der Finsternis erliegen*
> *und lösch der Zwietracht Glimmen aus,*
> *dass wir, die Völker und die Thronen,*
> *vereint als Brüder wieder wohnen,*
> *in deines großen Vaters Haus.*
>
> (Friedrich Rückert, EG 14).

2. Sonntag im Advent

Sehet auf und erhebet euere Häupter,darum,
weil sich euere Erlösung naht.

Lukas 21,28

Theodor Fontane sagte einmal, es gebe Menschen, die, weil sie Haare in der Suppe finden, über der Suppe so lange den Kopf schütteln, bis sie immer mehr Haare in ihr sehen.

Mag sein, dass es Menschen gibt, die sozusagen von Natur aus zum Kopfschütteln prädestiniert sind. Und es mag sein, dass einer aus Mangel an natürlichem Optimismus dazu neigt, schnell den Kopf hängen zu lassen.

Es können aber auch von Natur starke, aktive Menschen soweit kommen, dass sie den Kopf hängen lassen und nur noch vor sich auf den Boden starren. Weil sie es nicht mehr wagen, über das, was sich ihnen an Schwierigkeiten aufdrängt, was ihren Blick niederzwingt, hinauszusehen. Weil ihnen eine hoffnungsvolle Perspektive fehlt. Sie zählen zusammen, was ihnen an Deprimierendem entgegenkommt, an menschlicher Unfreiheit und Ungerechtigkeit; sie zählen nach, wie oft sie sich daran die Zähne ausgebissen haben, sie machen sich klar, dass sie selbst ja leider auch viel gebundener sind durch Ehrgeiz, Kleinglauben, Angst, von den körperlichen Müdigkeiten ganz zu schweigen, bemerken im eigenen Leben keinen wirklichen Fortschritt und resignieren.

Oft spüre ich solche Vorgänge, wenn ich nach Jahrzehnten einem Menschen begegne, der einmal jung, frisch, übermütig, auf eine nette Art ein bisschen frech und charmant war. Er hat einst seinen Kopf aufrecht auf den Schultern getragen. Nun trägt er ihn schwer, als suche er etwas auf dem Boden. Seine ganze Körperhaltung zeigt, dass ihn vieles niederdrückt, das er mir nicht sofort sagen kann.

Was ist mit ihm geschehen? Hat er so oft eins übergebraten bekommen, dass er nun so merkwürdig geschlagen daherkommt? Zehren unlösbare Konflikte an ihm? Kann er Verletzungen, die er empfangen hat, nicht verwinden? Hat ihm jemand in bewusster Machtprobe das Rückgrat gebrochen? Sind es Gewissensschmerzen, mit denen er nicht klarkommt? Wer will das entscheiden? Weiß er es selbst?

Der Begriff Erlösung taucht in diesem Wort aus der apokalyptischen Rede Jesu Lukas 21,5–36 auf. Ein starkes Wort. Wer sich und andere für erlösungsbedürftig hält, der geht davon aus, dass wir durchaus nicht so souverän sind, wie wir uns gern verstehen und wie wir uns oft vor anderen gebärden. Mit Recht sagt Schiller einmal: »Es sind nicht alle frei, die ihrer Ketten spotten.« Und Paulus zeigt im siebten Kapitel seines Römerbriefes erschütternd deutlich auf, was er bei sich selbst feststellt und wie er sich fühlt. Ich will, was er hier von sich sagt, einmal so formulieren: »Wie oft schon habe ich einem Menschen Gutes tun wollen, habe es auch ernsthaft probiert und habe bald festgestellt: Es kam das Gegenteil dessen heraus, was ich intendiert hatte. Gut gemeint ist eben nicht gut. Ich wollte das Gute und habe Schlechtes bewirkt, das ich nie und nimmer gewollt habe. Es ist mir alles total missraten. Offenbar steckt eine Macht in mir, die den besten Ansatz verdirbt, gegen die ich nicht ankomme, die meine besten Versuche zum Scheitern bringt. Ich elender Mensch, der ich diese destruktive Kraft nicht loskriege. Wer wird mich von ihr erlösen?

Das klingt wie die Auskunft eines Menschen, der im Gefängnis sitzt und da nicht herauskann, weil die Zellentür innen keine Klinke hat und weil er als Gefangener selbstverständlich keinen Schlüssel bekommt. Aber Paulus beantwortet sein eigenes Bekenntnis zur Gebundenheit und seine Frage, wer ihn da herausholen wird, nach kurzem Besinnen: »Ich danke Gott durch Jesus Christus, unseren Herrn.«

Unsere Erlösung aus den Mächten der Sünde und des Todes ist nach Paulus durch Jesus Christus bereits geschehen (Röm 3,24). Und doch warten wir zugleich »auf unseres Leibes Erlösung« (Röm 8,23). Wir warten auf eine Erlösung, in der wir »von allem Übel, vom Tod und von der Gewalt des Teufels« (Martin Luther) endgültig befreit werden.

So leben wir in einer Spannung von »schon« und »noch nicht«. Wir nehmen wahr und übersehen durchaus nicht, was Jesus Christus durch die Kraft seines Geistes an uns und sehr vielen Menschen bereits getan hat. Dass er uns viel von unserer Todesangst genommen hat, dass er uns durch seinen Einfluss befreit hat von dem destruktiven Denken und Fühlen, das ätzend ist und das so manchen hoffnungsvollen Ansatz wie mit einer Säure übergießt. Dieses Ätzende, Destruktive ist Ausdruck der Gewalt des Todes, die gegenwärtig das

Leben bedroht und kaputtmacht. Christus hat uns davon befreit. Wir haben es nicht mehr nötig, uns in solchen traurig destruktiven Haltungen zu verkriechen und zu verschanzen. Das ist passé. Wir sind bereits Erlöste.

Er hat uns befreit von der Macht der Sünde: dass wir ständig um uns selbst kreisen, um unsere Befindlichkeit, um unsere Ehre, die niemand antasten darf, um unsere Macht, die wir argwöhnisch verteidigen, um unsere Rechtschaffenheit, die keiner in Zweifel ziehen darf. Er hat uns davon befreit, ständig zu reagieren nach dem Echogesetz dieser Welt – wie du mir, so ich dir – als gebe es keine andere Alternative, sodass wir vor lauter Reagieren gar nicht mehr dazukommen, selbst wirklich zu agieren. Er hat uns befreit, einzustimmen in die göttlichfreie Initiative der Liebe, die durch alles hindurchgeht, sich weder provozieren noch gar erbittern lässt. Dieses sklavische Leben nach dem Echo-Gesetz, das kein wirkliches Leben ist, haben wir, von Christus Befreite, nicht mehr nötig. Wir sind zum wirklichen Leben befreit.

Er hat uns befreit von der Macht des Neides und der Missgunst. Das zwanghafte sich Vergleichen mit Anderen, das bewirkt, dass ich ihnen ihre Entfaltung, ihr Glück weder wirklich wünsche noch gönne noch etwas dafür tue, ihnen womöglich lieber hinterrücks ein Bein stelle, damit sie stolpern, all dieses Wesen des Finsterlings, Christus hat uns davon befreit. Das ist passé. Wir haben keinerlei Grund, in dieses böse, unfreie Wesen zurückzufallen. Die Sünde, die sich in solchen Zwangsgedanken, zwanghaften Gefühlen, zwanghaft bitterbösen Aktionen »unter dem Tisch«, in unwürdigen Manövern ausdrückt, hat kein Recht mehr an uns. Wir durchschauen und verabscheuen sie. Wir hassen die Sünde und sind auf der Hut, dass uns andere Menschen nicht zu ihr verführen, in ihre Zwangsmechanismen verstricken. Wir sind durch Jesus Christus von ihr erlöst.

Und doch weiß jeder von uns, wie oft er schon rückfällig wurde. Wie viel Zunder das Destruktive, der Neid, jenes »wie du mir so ich dir« in uns steckt. Wir sind noch längst nicht so frei, wie wir es gerne wären. Und in unserer »Heiligung« erleben wir uns selbst oft wie Menschen, die einen Sandhaufen hinaufsteigen. Kommen wir zwei, drei Schritte voran, so kann es doch sein, dass der Sand nachgibt und wir wieder zehn Schritte zurückrutschen.

Es sind eben auch die Einflüsse anderer Menschen – aber bestimmt nicht nur diese. Es liegt ebenso an uns, dass wir uns zurückziehen in Verhaltensmuster, die wir längst als unserer unwürdig durchschaut haben. Und gerade, weil wir durch Jesus Christus diese Zwangshaltungen und Zwangsreaktionen als unwürdig erkannt haben und weil wir durch ihn wissen, wir hätten es nicht nötig, ihre Gefangenen zu sein, gerade deswegen ersehnen wir Christen umso heftiger die Erlösung herbei. Wir seufzen nach dieser Erlösung. Wobei dieses Seufzen wie bei den beiden Blumhardts in Bad Boll den Ton eines unbändigen Freiheitswillens hat – wie ein Gefangener, der verspürt hat, wie schön die Freiheit ist, sich jetzt erst wirklich an seinen Fesseln wund reibt.

Wenn die Apostel von Erlösung sprechen, dann haben sie das Bild eines Sklaven auf dem antiken Sklavenmarkt vor sich. Da steht er in seiner ganzen Kraft, gefesselt, er gehört nicht sich, sondern einem üblen Sklavenhändler, der mit ihm Geld machen will, für den er kein Mensch, sondern ein Arbeitstier ist. Jeder kann ihn betatschen, seine Muskeln testen, ihm in den Mund sehen, prüfen, wie viel Zähne er noch hat. Jeder kann seine zynischen Bemerkungen über ihn machen, um seinen Preis feilschen. Der Sklave ist das so gewöhnt. Es demütigt ihn zutiefst. Aber er hat sich eine Art Überlebensduldsamkeit zugelegt. Er will nicht totgeprügelt werden. Also setzt er sein gutmütiges Duldergesicht auf und lässt – die Gedanken sind frei! – alles mit sich geschehen.

Nun kommt ein ihm bisher Unbekannter, bezahlt ohne Weiteres den Höchstpreis. Kaum hat er ihn freigekauft, da nimmt er ihm die Fesseln ab, blickt ihm freudig in die Augen und sagt zu ihm: »Jetzt bist du ein freier Mann, du kannst bei mir arbeiten. Oder auch nicht. Ich kann Leute wie dich brauchen. Wir haben viel Gutes zu tun. Aber nicht als Sklave, sondern als mein Bruder und Mitarbeiter mit allen Rechten. Ich bezahle gut. Du bist frei zu kommen oder auch nicht. Ich lade dich ein, Bruder.«

In diesem Bild haben die Apostel zu verstehen versucht, was Erlösung heißt. Wir könnten das Bild noch weiterführen: Der Freigekaufte und Freigelassene geht mit. Voller Freude arbeitet er in den weiten Ländereien seines Herrn, der ihn ganz als Bruder und Mitarbeiter versteht und behandelt. Er weiß, dass er es hundert Mal besser hat als seine Eltern, die als Sklaven bei einem Ausbeuter ein elendes Leben geführt haben, bis sie noch elender gestorben sind. Er weiß sein Vorrecht zu schätzen. Aber so schnell ändert ein Mensch nicht die Mentalität, in der er aufgewachsen ist. Sein Spontanverhalten. Das Unbewusste. Er fällt immer wieder zurück in die alte Sklavengesinnung, wird misstrauisch gegen seinen Herrn, glaubt ihm seine Großzügigkeit nicht, spielt den Unterwürfigen, empfindet dabei ganz anders. Die alte Überlebensheuchelei macht sich in ihm breit. Und leider spielt er immer wieder vor seinen Mitbefreiten den Herren. Manchmal hat man sogar den Eindruck: Was man ihm seine ganze Jugend lang angetan hat, das tut er jetzt den anderen an. Vor dem »Herrn« lässt er das nicht heraus. Da ist er der befreite Bruder. Aber wenn der Herr nicht hinsieht …!

Weil wir so sind und weil das umso mehr Sünde und Schande ist, dass wir so rückfällig werden, sodass einer, der es erlebt, über diese unsere Widersprüchlichkeit nur den Kopf schütteln und resignieren kann, darum: Wir warten auf die endgültige Erlösung! Wir bereits Erlösten. Wir warten auf die herrliche Freiheit der Kinder Gottes. Wir Befreiten. Wir sind gerettet, aber eben auf Hoffnung hin. Wir warten darauf in Geduld (Röm 8,22–25): Und alle Kreatur wartet still und heftig darauf, dass wir, die Kinder Gottes, endlich wirklich Kinder Gottes werden. Von uns soll wirklich Freiheit ausgehen und alle, Menschen und Tiere, Pflanzen, alles was Gott geschaffen hat und das unter uns noch immer zu leiden hat, kann sich freuen und dem Erlöser Jesus Christus applaudieren, weil er uns wirklich auf dem Weg der Freiheit zum Ziel gebracht hat.

Es gab und gibt immer Christen, die davon ausgehen, dieser Erlösungsprozess, der mit Jesus Christus begonnen hat und der die ganze Menschheit erfassen will, schreite stetig voran. Er mache zwar langsame, aber doch sehr deutliche Fortschritte. Die Menschheit werde humaner und komme so langsam aus dem Gröbsten heraus. Man spüre es in hundert verschiedenen Initiativen zur Erziehung des Menschengeschlechts, von denen die Kirche natürlich die göttliche Grund- und Hauptinitiative sei. Irgendwann seien wir dann soweit, dass wir sagen könnten: Das Gottesreich hat sich durchgesetzt.

So haben sich viele Christen im 19. Jahrhundert und noch bis zum Ersten Weltkrieg diese Entwicklungen vorgestellt. Sie lebten in einem christlichen Fortschrittsoptimismus, der dann freilich im blutigen Entsetzten des Ersten Weltkriegs seinen tiefen Stoß erhielt und zu einer heftigen Ernüchterung, ja zur großen Krise geführt hat.

Was Jesus uns in seiner apokalyptischen Rede, aus der dieser Wochenspruch genommen ist, voraussagt, ist uns, wenn wir an die letzten hundert Jahre denken, viel näher. Er sagt voraus: Zerstörung des Tempels, das heißt doch eben auch: Zerstörung der institutionalisierten Religion, religiöser Fanatismus, Menschen, die sich für Christus halten, verführen viele. Kriege, die Luft voller Kriegsdrohung, brutale Machtkämpfe, nicht nur von Herrschern gegeneinander, sondern kriegstreiberischer Nationalismus: »Ein Volk wird sich gegen das andere erheben.« Inflation, Hungersnöte weltweit, dazu Erdbeben und vermehrte Naturkatastrophen; Christenverfolgungen. Verrat innerhalb der Gemeinden, sodass ein Christ den anderen ans Messer liefert. Schließlich immer mehr Chaos im Ökosystem, dessen Vorboten große Überschwemmungen sind. Kosmische Auswirkungen: »Die Kräfte des Himmels werden ins Wanken geraten« (Lk 21,26). »Den Menschen wird angst und bange sein, viele werden zagen« (Lk 21,25).

Wenn das geschieht, sollen wir Christen weder überrascht sein noch uns von der allgemeinen Panik anstecken lassen. Gerade dann sollen die Jünger Christi ihre Häupter erheben und wissen: Nicht die Katastrophe ist das Ziel Gottes mit seiner Menschenwelt, sondern die Erlösung. Die Christen sollen dann bedenken, was Calvin anschaulich sagt: »Seid nicht wie die Tiere, die den Schnabel zur Erde halten!« Oder, mit Meister Eckhart gesprochen: Wir sollen »kein niederhangendes, sondern ein aufgehobenes Gemüt« haben. Es gilt uns, was Kurt Müller-Osten 1939 in seinem Adventslied (EG 51) gedichtet hat:

> *Drum blicket auf, die Nacht vergeht,*
> *der Morgenstern am Himmel steht*
> *und leucht durch Angst und Plage.*
> *Seid fröhlich, glaubet unbeirrt,*
> *dass Jesus Christus kommen wird*
> *am großen Königstage.*

3. Sonntag im Advent

Bereitet dem Herrn den Weg; denn siehe,
der Herr kommt gewaltig.

Jesaja 40,3.10

Ein Prophet tritt auf bei den kriegsgefangenen Fremdarbeitern irgendwo in einem Winkel Babylons, des heutigen Irak, bei den He-
bräern, die sich wie ein längst verlorener Haufe ohne jede Perspektive
vorkommen. Er trifft auf Leute, die ihre Klagen, Anklagen, Selbst-
anklagen schon fast vergessen haben und längst nur noch ans reine
Überleben denken.

Der Prophet, den wir, weil wir seinen Namen nicht kennen, den
zweiten Jesaja, den Deuterojesaja, nennen, sieht sich dazu berufen,
sein Volk zu trösten: »Tröstet, tröstet mein Volk, redet mit Jerusalem
freundlich, sagt ihr, dass ihre Knechtschaft ein Ende hat, dass ihre
Schuld vergeben ist; denn sie hat doppelte Strafe empfangen von der
Hand des Herrn für alle ihre Sünden« (Jes 40,1.2). Dieses Volk in seiner trostlosen Verlassenheit ist nun wirklich genug gestraft.

Deuterojesaja sagt diesem Volk, Gott, sein schon fast vergessener,
sein so oft als abwesend oder gar als nicht existierend bezeichneter
Gott, sei gewaltig im Kommen. Keine Macht der Welt könne ihn daran hindern. Er werde die Sache seines erwählten Volkes nun in seine
Hand nehmen, werde dafür sorgen, dass es zurückkehren kann in das
Gelobte Land, aus dem es deportiert wurde. Er schildert den gewaltig
kommenden Gott dann in geradezu idyllischen, feinen Tönen. Wie
ein Hirte wird er seine Herde weiden und nach Hause in ihr Land
führen. Die Lämmer, die nicht so weit laufen können, die sich im
Dorngestrüpp verletzt haben, werde er fürsorglich auf dem Arm tragen im Bausch seines Gewandes. Die Mutterschafe werde er führen.

Neue, lang nicht mehr gehörte Töne! Etwas Weihnachtliches klingt
auf, schon am dritten Adventssonntag, der doch eigentlich ganz dem
strengen Täufer Johannes und seinem Bußruf gewidmet ist. Eben dieser Johannes, zu dem Menschen jeden Standes und jeder Geisteshal-
tung vom Soldaten bis zu den Leuten der sadduzäischen Priesterkaste

und der pharisäischen Frömmigkeitsbewegung in die Wüste hinaus-
pilgerten, um ihm ihre Sünden zu bekennen und sich untertauchen
zu lassen. Damit wollten sie zeigen: Der Sündenmensch in mir soll
sterben; als ein Neuer, Gereinigter, will ich wieder auftauchen. Dieser
Johannes muss merkwürdig exotisch gewirkt haben mit seinem Mantel aus Kamelfell, der Mann, der sich von Heuschrecken und wildem
Honig genährt hat, der gerade die Frommen und religiös Arrivierten,
die »Dekans- und Prälatenkaste« von Jerusalem mit Publikumsbe-
schimpfung empfängt: »Schlangenbrut! Otterngezücht! Ausgerechnet
ihr? Ja, glaubt ihr denn wirklich, Gott könne mit euch noch was
Rechtes anfangen? Für euch gebe es noch eine Chance, dem Zorn
Gottes zu entkommen? Was habt ihr im Volk kaputtgemacht!« Johannes, der jedem, der sich darauf beruft, er gehöre doch schließlich zu
Gottes erwähltem Volk, auch er habe Abraham zum Urvater, über
den Mund fährt: »Gott braucht euch nicht. Gott kann dem Abraham
Steine zu Kindern erwecken.«

Johannes, der den Menschen, die vor ihm sitzen, ins Gesicht sagt, sie
kämen ihm vor wie Bäume in der Obstplantage, die der Verwalter schon
mit der Axt gezeichnet habe: »Morgen kommen die Männer mit der
Säge und machen ganze Arbeit. Aus euch wird Brennholz. Ihr seid gezeichnet! Dürre Bäume, die nichts bringen, nehmen nur Platz weg.«

Johannes, dem es offenbar weder an Selbstbewusstsein noch an
Gewissheit seiner Berufung noch an Mut fehlt, der die Stasi-Leute des
Herodes unter seinen Zuhörern sieht und der sich jetzt gerade mit
dem gernegroßen König von Roms Gnaden Herodes und seiner Mä-
tresse anlegt: »Er hat seinen Bruder umgebracht, um mit dessen Frau
ungestörter ins Bett zu kommen! Sagt's ihm, ich hätte es gesagt! Und
er kann mich gern verhaften lassen und auf seine Zwingburg bringen,
dann sag ich's ihm direkt ins Gesicht!« Johannes, der bewusst in Kauf
nimmt, was die Franzosen »payer de sa personne« nennen, das Bezahlen mit der eigenen Person.

Johannes, der seinem Auftreten nach so anders ist als der Trostprophet Deuterojesaja. Ein Radikalalternativer, ein Bußprophet ohne
Wenn und Aber. Kündigt Deuterojesaja den Gott an, der sein Volk
aus der Fremde durch die Wüste ins Gelobte Land führt, so zieht der
Täufer Johannes die Leute heraus aus den Städten und Dörfern in die

Wüste. Als wolle er damit sagen: »Zuhause, in ihrem Kaff, können die Leute gar nicht begreifen, was es heißt umzukehren, ein anderer zu werden. Zuhause sind sie viel zu sehr eingebunden in ihre Gewohnheiten, in ihren Mief, in ihren Dünkel, in den Clan, der es keinem erlaubt, auszuscheren und einen anderen Weg zu gehen. Sie sollen, wenn sie von mir etwas hören wollen, herauskommen in die Wüste, und es soll ja keiner meinen, ich würde ihm zu Ehren leise treten.«

Gerade dieser Johannes weiß doch von sich und sagt es von Anfang an, dass er nur ein Vorläufer ist. Dass er lediglich die Funktion hat, den anderen anzukündigen, der »mit Heiligem Geist und Feuer« taufen wird (Mt 3,11). Er, Johannes, sei nicht einmal wert, ihm die Schuhe zu binden. Er, Johannes, könne ja nur alle die höchst ärgerlichen Sünden, Fehlleistungen, Fehlhaltungen beim Namen nennen und zur Umkehr rufen; der aber kommt, der sei Gottes Lamm, das der Welt Sünde trägt (Joh 1,30). Der Kommende werde die Sünden bewältigen.

Beide Propheten, der freundliche Trostprophet Deuterojesaja und das Raubein unter den Propheten, der Täufer Johannes, kündigen an, dass die Sünden bewältigt werden durch den kommenden Gott. Beide weisen hin auf das wesentliche Ereignis: die Vergebung der Sünden. Und beide geben die gleiche Anweisung, den gleich zweifach gestraften kriegsgefangenen Familien in Babylon um 550 v. Chr., den in die Wüste herausgekommenen Menschen zur Zeit Jesu und uns am Beginn des 21. Jahrhunderts n. Chr.: »Bereitet dem Herrn den Weg; denn siehe, der Herr kommt gewaltig.«

Klar, dass das gewaltige Kommen Gottes, das Kommen Jesu Christi in unsere Gemeinden, in unsere Familien, zu uns ganz persönlich, von niemandem inszeniert, veranstaltet, gemacht werden kann. Was immer wir in der Advents- und Weihnachtszeit tun mit Adventsnachmittagen, Krippenspielen, Heilig-Abend-Gottesdienst, Christmette, Christfestgottesdienst und Weihnachtskonzert, das alles kann nur wie ein leeres Glas sein. Wir stellen es hin. Nur Gott selbst kann es füllen. Selbst unsere Gebete können ihn nicht hernötigen. »Gottes Reich kommt wohl ohne unser Gebet von ihm selbst, aber wir bitten in diesem Gebet, dass es auch zu uns komme«, so erklärt Luther im Kleinen Katechismus die Bitte »Dein Reich komme«.

Stellen wir uns nicht unter den Druck, Weihnachten, das Kommen Jesu Christi, herbeiwerkeln zu müssen, als müssten wir das Christkind selbst gebären. Der erfahrene Gemeindepfarrer Paul Gerhardt hat Recht:

Ihr dürft euch nicht bemühen
noch sorgen Tag und Nacht,
wie ihr ihn wollet ziehen
mit eures Armes Macht.
Er kommt, er kommt mit Willen,
ist voller Lieb und Lust,
all Angst und Not zu stillen,
die ihm an euch bewusst.

Dass er kommt, ist seine Sache, seine Freiheit. Wobei wir nicht zuversichtlich genug darauf vertrauen können, dass wahr wird, was uns Deuterojesaja und der Täufer zusagen: »Siehe, der Herr kommt gewaltig.«

Wobei es keinen tieferen Gegensatz gibt als den zwischen dem Wort »gewaltig« und dem Kind im Stall und seinen Eltern, für die kein Platz ist in einem normalen Quartier, dem Kind, das bald zur Rettung seines Lebens vor einem gewaltigen Machtneurotiker durch die Wüste nach Ägypten fliehen muss. Die Gewalt, mit der Gott kommt, ist ganz anders, als wir uns das vorstellen können. Luther bringt es auf die Formel:

Den aller Welt Kreis nie beschloss,
der liegt in Marien Schoß;
er ist ein Kindlein worden klein,
der alle Ding erhält allein.
Kyrieleis. (EG 23)

Aber: Er kommt. Und wir sollen uns für ihn bereithalten. Was heißt: »Bereitet dem Herrn den Weg! Macht in der Steppe eine ebene Bahn unserem Gott! Alle Täler sollen erhöht werden, und alle Berge und Hügel sollen erniedrigt werden, und was uneben ist, soll gerade, und was hügelig ist, soll eben werden« (Jes 40,4).

Dafür können wir allerdings einiges tun. Es ist keine gut reformatorische Theologie, wenn die Botschaft »allein aus Gnade« so verstanden wird, als hätten wir, damit Gott zu uns kommt, gar nichts mehr zu tun.

Es gibt einiges, das Gott nicht für uns tut. Das sollen wir selbst tun, damit es Weihnachten werden kann: »Was uneben ist, soll gerade werden.« Da wäre mancher Brief zu schreiben, manches Zeichen zu geben. Manchem Menschen wäre die Hand zu reichen. Wir haben es nicht in der Hand, ob das Zeichen verstanden und richtig gedeutet wird und ob die Hand ergriffen wird. Aber dass wir meist nichts tun, um nicht falsch verstanden zu werden, das ist doch sehr unbefriedigend. Gehen wir aus uns heraus und suchen wir die Schwester, den Bruder.

Wir werden da und dort auch Grund haben, einem Menschen zu sagen: »Es tut mir Leid.« Wir vergeben uns nichts, wenn wir es tun. Die christlichste, aber leider am wenigsten eingeübte Sportart ist es, über den eigenen Schatten zu springen. Wir können es. Wenn ich mit meinem Gott über die Mauer springen kann (Ps 18,30), dann auch über meinen Schatten. Wir werden Grund haben, manchem Menschen ein herzliches »Danke« zu sagen. Besonders solchen Menschen, bei denen jeder davon ausgeht, es sei doch selbstverständlich, was er uns an Gutem tut, das sei doch schließlich seine Pflicht. Und den Menschen, die man glatt übersieht, weil sie durch nichts zu den »most important persons« gehören. Der Müllmann, der uns den Dreck wegschafft – wie ginge es uns ohne ihn? –, die Briefträgerin, die Zeitungsfrau, die wir noch nie gesehen haben, weil sie vorbeieilt, während wir noch zu ruhen gedenken.

Vor allem aber: die durch ihre Krankheit oder Behinderung Isolierten. Man könnte in Familien gereifter Christenmenschen ohne Weiteres einen Pakt schließen: Wir beschenken außer unseren kleinen Kindern nur solche Menschen, die sonst nichts bekommen. Vor allem aber: hingehen! »Bereitet dem Herrn den Weg!«, das heißt doch wohl vor allem selbst Wege gehen zu den Menschen, zu denen sonst niemand geht, die man längst abgeschrieben hat.

Dass wir in unserer Gesellschaft sehr erhebliche Rangunterschiede haben und dass wir uns oft ganz so verhalten, als seien wir Gefangene unserer Kaste und als seien Menschen »unterer« Kasten Unberührbare, wird das hier angesprochen, wenn es heißt: »Alle Täler sollen erhöht und alle Berge und Hügel sollen erniedrigt werden?« (Jes 40,4). Es gibt Menschen, die »ganz unten« leben. Könnten wir etwas tun, damit sie »erhöht« werden? Vielleicht sieht es aus der Optik derer, die ganz unten sind, so aus, als würden wir in unerreichbarer Höhe leben. Wäre es nicht an der Zeit, diese unsere mühsam errungene und mit Klauen und Zähnen verteidigte hohe Position zu verlassen und denen, die ganz unten sind, einfach zur Seite zu stehen? Eine Kirche, die in irgendeiner Weise beim Personenkult, womöglich beim Starkult, mitmacht, bereitet nicht den Weg dem, der »ganz unten« gelebt hat. Und wenn dieser Personenkult auch noch religiös-hierarchisch überhöht wird, dann ist es Zeit, die Frage zu stellen: Wo ist hier Jesus von Nazareth?

Dass wir in den politischen Fragen Stellung nehmen für Menschen, die immer mehr verarmen, das gehört gewiss auch dazu. Das Eine nicht ohne das Andere. Wir sollten jedenfalls vieles tun, damit in der Steppe eine Bahn geebnet wird für den Gott, der von der Kastengesellschaft nichts hält und der sich selbst in Jesus ganz unten finden lässt.

Noch ein Wort gegen den Weihnachtsrummel der Kaufhäuser? Gegen die Selbstüberforderung der Hausfrauen in der Adventszeit? Gegen die oft vollgepfropften kirchlichen Programme, die es mit sich bringen, dass der andächtelnde Pfarrer von einer Adventsbesinnung zur anderen hechelt?

Es kann nötig werden, dass wir allen, die es hören können, sagen: Weniger ist mehr. Freut euch, wenn ihr etwa ein Drittel von dem fertig bringt, was ihr euch vorgenommen habt. Das ist genug.

Wir sollten aber keine Frau, die mit Herz und Liebe das Haus weihnachtlich schmückt, auch noch kritisieren, als sei das ja alles nur total äußerlich. Wir tun gut dran, dankbar zu sein und das Äußere zu verstehen als Sinnbild dessen, was in uns und zwischen uns geschehen will.

In allem wird das Stille, Unspektakuläre, das sich zwischen Menschen abspielt, dem Kommen Gottes in Jesus Christus zu uns am ehesten den Weg bereiten.

4. Sonntag im Advent

Freuet euch in dem Herrn allewege,
und abermals sage ich: Freuet euch!
Der Herr ist nahe.
Philipper 4,4.5

»Ich freue mich wie ein Kind auf Weihnachten«, können wir gelegentlich sagen. Wie ein Kind! Es wäre aber naiv und wirklichkeitsfern, damit zu rechnen, dass jeder Erwachsene sich auf Weihnachten freuen würde.

Zu mir kamen schon im August Leute, die vom Koller überfallen worden waren: »Was tue ich am Heiligen Abend? Ich fürchte mich vor Weihnachten. Können wir nicht irgendetwas tun? Ich komme so früh, weil ich denke, jetzt ist es noch nicht zu spät.«

Am Härtesten konnten die Heiligabende im Gefängnis sein. Vor einigen Jahren gab es in einem Gefängnis, in dem ich am Heiligen Abend vormittags gepredigt hatte, gegen Abend eine Gefangenen-Meuterei. Die Gefühle der gefangenen Männer sind an einem solchen Abend wie ein Pulverfass. Da genügt ein Funke. Am Christfest-Morgen ist dann alles viel leichter, die Sturmnacht ist vorüber. Als ich dann wieder einmal in dieses Gefängnis am Vormittag zum Heilig-Abend-Gottesdienst kam, erfuhr ich einige Tage danach aus der Zeitung, dass der Gefängnisdirektor – vorbeugend – ab 16 Uhr alle Gefangenen in ihren Zellen eingeschlossen hatte. Nun verstand ich, warum er mir vor dem Gottesdienst gesagt hatte: »Wir können uns hier nicht das Geringste erlauben.«

Weihnachten, speziell der Heilige Abend, hat es an sich, dass sich an diesem Abend die Gefühle verdichten. Wer glücklich ist, empfindet es an diesem Abend doppelt. Wer unglücklich ist, Krankheit und Leid erlebt hat, der ist an diesem Abend besonders gefährdet. Ich habe in den Gemeinden schon Selbstmorde in der Heiligen Nacht erlebt. Und oft war ich um die Christmette herum in Hochspannung, weil ich kurz vorher von Menschen am Telefon oder im direkten Gegenüber heulendes Elend erlebt hatte. Es ist nicht gerade einfach, die Weihnachtsfreude ansteckend zu verkündigen, während man in großer Sorge ist einen Menschen betreffend, von dem man nicht weiß, was er sich oder anderen heute Abend antun wird.

Damit müssen wir rechnen, wenn wir wenige Tage vor dem Fest die Parole ausgeben: »Freut euch in dem Herrn allewege.« Vielleicht sind Aufforderungen zur Freude keine große Hilfe.

Wir könnten aber von Paulus erzählen und versuchen, den Grund seiner Freude deutlich zu machen. Wenn wir den Philipperbrief lesen, der ja ganz auf diesen Freudenton gestimmt ist, dann können wir bei jedem Satz leise die Ketten klirren hören an der schreibenden Hand des Paulus. Er hat diesen Brief im Gefängnis geschrieben (Phil 1,7.15.16.17), wahrscheinlich in Rom. Dort wird heute noch ein antikes Gefängnis gezeigt, in welchem Paulus gesessen haben soll. Wir haben Grund, bei solchen Orten immer etwas vorsichtig zu sein, aber wenn er tatsächlich in dem elenden unterirdischen Dreckloch saß, in das man mich geführt hat, dann ist der freudige Ton dieses Briefes überaus erstaunlich.

Und bedenken wir die persönliche Situation, in der er schreibt. Der Prozess gegen ihn läuft. Er weiß nicht, wie es um ihn steht (Phil 2,23). Es geht jedenfalls um Leben und Tod (Phil 1,20; 2,17). Paulus hofft zwar darauf, freigesprochen zu werden (Phil 1,25; 2,24), aber er muss mit allem rechnen. Doch ist er weit entfernt von aller Klage. Im Gegenteil, er freut sich, dass durch den Prozess gegen ihn in seiner Gefangenschaft das Evangelium bei Leuten bekannt wird, die sonst davon kaum etwas gehört hätten. Meint er die Richter oder die Gefangenen oder die Strafvollzugsbeamten, seine Kerkermeister?

Das Wichtigste, weshalb er sich freuen kann: Der Herr ist nahe! Das lesen wir immer wieder in Briefen aus dem 20. Jahrhundert von Menschen, die um ihrer Überzeugung willen, und besonders von Menschen, die um Jesu Christ willen im Gefängnis waren. Ich denke an einige Briefe Paul Schneiders aus Buchenwald, auch an Briefe Bonhoeffers aus Tegel und aus dem Gestapogefängnis in der Prinz-Albrecht-Straße in Berlin. Ich denke ebenso an Elisabeth von Thadden oder an die unglaublich freie Art, in der Sophie Scholl in München-Stadelheim ihrem Tod entgegenging. Wir lesen von ihnen, dass sie immer wieder in einer beglückenden Weise die Nähe Jesu gespürt haben. Gewiss nicht an jedem Tag und nicht in jeder Stunde. So wird es auch bei Paulus nicht gewesen sein. Aber immer wieder neu und dann umso unmittelbarer. Jesus, der den Weg der Entrechteten und Verfolgten ging, ist diesen offenbar viel näher als denen, die gar nicht wissen, was das heißt: um der Sache Jesu Christi willen Verfolgung leiden, um seinetwillen unter dem Damoklesschwert eines drohenden Todesurteils zu leben.

Nicht umsonst schreibt Martin Luther in seiner Schrift von der »Freiheit eines Christenmenschen«, die Freiheit, die Jesus gibt, könne einem kein Mensch und kein böses Geschick rauben. Ob man gesund oder krank, in Ehren oder beim Türken gefangen sei, dieses Geschenk könne uns nicht genommen werden.

Es ist wichtig, dass wir es uns immer neu klarmachen, dass wir das auch von Paulus und vielen anderen lernen: dass Gottes Nähe nicht von den Umständen abhängt, in denen wir uns befinden. Es ist schon so, wie es in Jesaja 57,15 gesagt wird: »So spricht der Hohe und Erhabene, der ewig wohnt, dessen Name heilig ist: Ich wohne in der Höhe und im Heiligtum und bei denen, die zerschlagenen und demütigen Geistes sind, auf dass ich erquicke den Geist der Gedemütigten und das Herz der Zerschlagenen.«

Trägt zur spürbaren Freude des Paulus im Philipperbrief auch die Adressatin bei, die Gemeinde in Philippi? In Apostelgeschichte 16,11 ff., hören wir ausführlich von ihrer Gründung, von der Begegnung mit der Purpurkrämerin Lydia, die dem Paulus viel Gutes getan hat, dann die Geschichte von der Gefangenschaft des Paulus im Kerker von Philippi, wie er und Silas in der Nacht im Gefängnis ihre Loblieder gesungen haben, wie das Erdbeben geschah, und dann die Geschichte vom Kerkermeister von Philippi, der sich fast umgebracht hätte, als er meinte, das Gefängnis hätte sich geleert. Von jenem Mann, der Christ wurde samt seiner Familie, nachdem Paulus ihn gerade noch vor dem Selbstmord bewahrt hatte.

Der Gemeinde von Philippi fühlte sich Paulus besonders herzlich verbunden. Die Gemeindeglieder haben sich in der Verfolgung bewährt. Die Problemfälle und zahlreichen Ärgernisse, die Paulus mit den Korinthern abhandeln muss, gibt es offenbar in der Gemeinde von Philippi nicht. Die Philipper waren offenbar eine Gemeinde, bei der dem Paulus das Herz aufging, wenn er an sie dachte.

Dass uns Gott in schwieriger Situation nahe ist, das kann durchaus auch damit zusammenhängen, dass Christen uns nahe sind, selbst wenn sie über tausend Kilometer von uns entfernt leben. Solange uns nur der Raum trennt, Christus uns aber verbindet, sind wir – auch auf der mitmenschlichen Ebene – nicht allein. Christus schenkt uns seine Gemeinschaft auch vermittelt durch Menschen, die mit uns in herzlicher Gemeinschaft des Geistes sind.

In dem Wochenspruch, wie er am 4. Advent zitiert wird, ist leider der Satz »Euere Lindigkeit lasst kund sein allen Menschen« (Phil 4,4) gestrichen. Man sollte diesen schönen Satz aber dazunehmen.

Das Wort »Lindigkeit« ist heute geradezu ein Fremdwort. Es klingt wie die Sprachschöpfung eines Dichters. Lindigkeit, das erinnert an lindern, Linderung von Schmerzen, wenn eine Wunde aufgebrochen ist, Linderung von Streit, in welchem Menschen sich untereinander verzehren. Den Zorn zu lindern, kann eine Aufgabe sein. Paulus ermahnt die Korinther bei der Sanftmütigkeit und Lindigkeit Christi (2. Kor 10,1). In den Sprüchen Salomos heißt es »Eine linde Antwort stillt den Zorn« (Spr 15,1) und »Durch Geduld wird ein Fürst überredet, und eine linde Zunge zerbricht Knochen« (Spr 25,15). Das heißt, einen beinharten Gewaltherrscher kann eine »linde Zunge« überwinden. Offenbar ist die »linde Zunge« nicht das Zünglein des charakterschwachen Schmeichlers, sondern Ausdruck eines starken Charakters, der beharrlich den Weg der Verständigung sucht.

Die Freude, die in der Nähe Jesu Christi aufkommt, äußert sich ganz direkt darin, dass Menschen auf andere eine lindernde Wirkung haben, auf in ihren Seelen Verletzte ebenso wie auf solche, die von ihrem Zorn hin- und hergerissen sind.

Indem wir das feststellen, sind wir ganz nah an der Art Jesu und derer, die er selig preist; der Sanftmütigen, die das Erdreich ererben werden. Der Friedensstifter, die Söhne und Töchter Gottes heißen werden. Der Barmherzigen, die Barmherzigkeit erlangen.

Die Nähe des Herrn ist eine in die nahe Zukunft offene und führende Nähe. Der kommende Christus erleuchtet uns mit seinem Licht und verwandelt uns in sein Wesen. Wir machen uns auf, um vor dem Kind in der Krippe zu knien. Und es kann an uns geschehen, was in Manfred Hausmanns Gedicht »Anbetung« alten Königen an der Krippe Jesu geschieht:

Wir neigen unseres Alters Gram
auf deine kleinen Hände.
Und in dem Neigen wundersam
geht alle Not zu Ende.

Die Pferde draußen schütteln sich
und klirren mit den Glocken
und lautlos fallen Strich um Strich
darüber hin die Flocken.

Weihnachten und
1. Sonntag nach Weihnachten

Das Wort ward Fleisch und wohnte unter uns,
und wir sahen seine Herrlichkeit.

Johannes 1,14

Das Weihnachtsmysterium, um das so viele wunderschöne Weihnachtslieder gedichtet, Kantaten und Oratorien komponiert, Bilder gemalt wurden; das Mysterium, das so viele Generationen von Christen in die richtigen Formeln und Sätze bringen wollten und dabei miteinander in lang andauernde christologische Konflikte geraten sind; um das eine so hohe Gottesdienstkultur sich entwickelt hat, wird hier auf die knappste und gültigste Formel gebracht.

Gehen wir den Worten entlang, um zu erfahren, was sie sagen. »Das Wort ward Fleisch«, das Wort, der Logos. Wenn Goethes Faust meint übersetzen zu müssen »Im Anfang war die Tat«, so hat er damit einen Teilaspekt des biblischen Logos durchaus erfasst. Dieses Wort meint zugleich starke Tat. Himmel und Erde sind durch dieses Wort erschaffen. Jeder Schöpfungstag in 1. Mose 1 beginnt mit der Eröffnung »Und Gott sprach«. »Wenn er spricht, so geschieht's; wenn er gebietet, so steht's da« (Ps 33,9). Dieses Wort ist kein kraftloses Interpretieren von Zuständen, die bleiben, wie sie sind, sondern dieses Wort ist absolute Schöpferkraft. Alles, was geschaffen ist, vom Menschen bis ins Tier- und Pflanzenreich bis in die Mineralogie und Geologie, vom großen Kosmos ganz abgesehen, dessen kleinster Teil die Erde ist, erinnert an den Logos, der es geschaffen hat.

Dennoch übersetzen wir das Wort »Logos« mit Wort, denn dass es Wort ist, Selbstmitteilung, das ist seine primäre Bedeutung. Der Gott, der »mich geschaffen hat samt allen Kreaturen« (Luther), ist nicht ein stummes Welt- oder Kraftprinzip, sondern er hat eine aller Kreatur und besonders uns Menschen kommunikativ zugewandte Seite. Er redet mit uns. Und er hat es immer wieder neu getan, wie es der Hebräerbrief in seinem Prolog sehr schön erinnert: »Nachdem vorzeiten Gott manchmal und auf mancherlei Weise geredet hat zu den Vätern durch die Propheten, hat er in diesen letzten Tagen zu uns geredet durch den Sohn« (Hebr 1,1. 2). Und auch der 1. Johannesbrief beginnt mit der Erinnerung an das Wort, das von Anfang war und das in Jesus als »das Leben« sichtbar, hörbar, ein Mensch geworden ist (1. Joh 1,3). Der Gott, der in Jesus ein Mensch wurde, ist nicht stumm, so dass er es uns überlassen würde, ihn zu interpretieren, uns sozusagen auf eigene Faust aus ihm unseren Reim zu machen. Er teilt sich mit. Er offenbart sich selbst durch sein Wort. Und er ermöglicht es uns und fordert uns arme Menschen dadurch heraus, zu ihm und mit ihm zu reden. Unser Verhältnis zu ihm soll kein Verhältnis stummen Staunens, auch nicht wortloser Anbetung bleiben. Wie er sich uns gegenüber »äußert«, sich selbst mitteilt und bezeugt, so dürfen wir das ihm gegenüber auch tun.

Man sollte sich übrigens davor hüten, aus dem Logos ein Extrawesen neben oder vor dem lebendigen Gott zu machen, das für ihn die »opera ad extra«, die »Werke nach außen«, besonders die Erklärung nach außen, vollzieht. Man erlaube mir einen etwas respektlosen Vergleich: Mancher stellt sich das Verhältnis zwischen dem Logos und dem dreieinigen Gott etwa so vor wie das Verhältnis eines Landesbischofs zu seinem Pressesprecher. Zwar gehe ich davon aus, dass alles, was der Pressesprecher verlautbart, mit dem Landesbischof abgestimmt ist, so dass der Landesbischof jederzeit im Blick auf seinen

Pressesprecher sagen kann: »Den sollt ihr hören«, und doch ist es ein Unterschied, ob der Landesbischof selbst das Wort ergreift oder »nur« sein Pressesprecher. Wenn Gott zu uns redet, dann redet nicht ein vorgeschobener Sprecher zu uns, sondern Gott selbst. Er und sein Wort sind eins.

Dieser Logos, Gott selbst, wird Fleisch. Das Wort »Fleisch«, besonders wenn Paulus es im Gegenüber zum Wort »Geist« verwendet – Geist und Fleisch streiten miteinander in und um den Christen – hat einen antigöttlichen Trend: Das Fleisch, das aufbegehrt gegen den Geist Gottes, das zur Selbstüberhebung neigt, das selbstherrlich Gott sein Herrschaftsrecht streitig macht. Hier in der Fleischwerdung des Logos steht das Wort Fleisch eher für das schlicht Menschliche an uns, das schwache Menschenwesen, das seine engen Grenzen hat, das Hunger, Durst, allerhand Bedürfnissen unterworfen ist, das lachen und weinen, lieben und hassen kann, das von seinem Unbewussten mehr beherrscht ist, als der Mensch sich das gern klarmacht. Luther dichtet angemessen »... in unser armes Fleisch und Blut verkleidet sich das ewig Gut« (EG 23). Gott selbst kommt in unsere Wirklichkeit, wird ein Teil unserer Wirklichkeit. Man kann Gott nicht genug ins Fleisch ziehen, konnte Martin Luther gelegentlich sagen.

Gern denke ich an einen Spaziergang durch den Wald bei Stuttgart-Rohr zusammen mit Albrecht Goes. Ich hatte ihn überredet, einen Vortrag über Jesus zu halten. Er wollte vorher ein Gespräch führen. Wir fragten uns, wie man die christologische Formel »wahrer Gott und wahrer Mensch« in neuer Weise sagen könne. Schließlich kam Goes auf die Formulierung »einer von uns, keiner wie wir«. Wobei dieses »Einer von uns« dann auch in seinem Vortrag das entscheidende Gewicht hatte.

Vielleicht sollte man dieses »et incarnatus est«, er ist Fleisch geworden, vom warmen Sopran gesungen in einer Mozart-Messe hören, um zu empfinden, was hier gesagt wird. Hier entdecken wir die Quelle aller wirklichen Humanität, aller Hoffnung für das Geschlecht der verlorenen Söhne und Töchter Evas. Das Menschengeschlecht wird unendlich gewürdigt, wenn Gott ein Mensch wird. Da geht der Species Mensch der Morgenstern auf, und sie wittert Hoffnungsluft. »Gottheit und Menschheit vereinen sich beide; Schöpfer, wie kommst du uns Menschen so nah« (Johann Ludwig Konrad Allendorf, EG 66). Dass Gott seine Menschheit keineswegs aufgibt, dass er ihr bis zum Äußersten nachgeht, dass er sie nicht sich und ihren Unheilsmechanismen überlässt, dass er ihre Misere, ihr Elend, auch ihre Schuld auf sich nimmt, dass er ihr sein Leben geben will und sie zu sich ziehen, zu sich erhöhen will, all das steht in diesem »das Wort ward Fleisch«. Jeder einzelne Mensch, der sich oft fragt, ob seine Sache nicht verloren sei und was aus ihm wohl noch werden wird, darf sich sagen: Das ist jetzt Gottes Sache. Gott selbst hat sich mit mir identifiziert, hat sich meiner Sache angenommen.

Keine Frage, dass dieser Akt der Fleischwerdung Gottes jeden Versuch des Menschen, sich selbst zu vergotten, sein zu wollen wie Gott (1. Mose 3,5), als etwas ganz Unsinniges, dazu hin etwas durchaus Unnötiges, durch Gottes Inkarnation längst Überholtes links liegen lässt. Und keine Frage, dass ein Christ, der von Weihnachten her kommt, für solche Unternehmen schlichtweg nicht zur Verfügung steht. Wir haben Besseres zu tun. Wir sind genug damit beschäftigt, dass wir dem nachdenken und dessen innewerden, was geschah, als Gott in Jesus Mensch wurde.

Er wohnte unter uns. Das Wort heißt, wörtlich übersetzt, »er zeltete unter uns«. Das Wort »zeltete« erinnert noch mehr als das Wort »wohnte« an die ganze Geschichte der Ablehnung Jesu. Luther: »Der Sohn des Vaters, Gott von Art, ein Gast in der Welt hier ward (EG 23). Oder: »Sei mir willkommen, edler Gast« (EG 24). Aber von diesem »willkommen« hat er nicht viel spüren können. Von Anfang an war er der Mensch, der draußen vor der Tür zur Welt kommt. In unseren Krippenspielen mimen wir die Herbergssuche nach. Bis der Wirt singt: »Nein, o nein, das kann nicht sein, so schert euch fort, ihr kommt nicht rein.« Schon im Johannes-Prolog heißt es: »Er kam in sein Eigentum; und die Seinen nahmen ihn nicht auf« (Joh 1,11). Und: »Das Licht scheint in der Finsternis und die Finsternis hat's nicht begriffen.« Die Flucht nach Ägypten zeigt überdeutlich, wie die machthabenden Vertreter der Menschheit mit dem göttlichen Kind umgehen. Es erleidet, was die Liebe täglich erleidet. In Nazareth, seinem Heimatort, stoßen sie ihn schon nach der ersten Begegnung mit ihm nach seiner Taufe aus, als er zu erkennen gibt, die Weissagung des

Deuterojesaja sei in ihm erfüllt. Und sie hätten ihn vom Hinrichtungsfelsen gestürzt. »Aber er ging mitten durch sie hinweg« (Lk 4,30). Dass der Menschensohn »nicht hat, wo er sein Haupt hinlege« (Lk 9,58), dass ihm und den Seinen auch im samaritanischen Dorf das Nachtquartier verweigert wird (Lk 9,53), dass er schließlich zwischen Himmel und Erde hängt wie Gottes Geschenk, auf dem steht »Annahme verweigert«, dass die Seinen immer wieder vertrieben wurden – »sie sind umhergezogen in Schafpelzen und Ziegenfellen, mit Mangel, mit Trübsal, mit Ungemach; deren die Welt nicht wert war, die sind im Elend umhergeirrt in den Wüsten, auf den Bergen und in den Klüften und Löchern der Erde« (Hebr 11,37. 38) – all das scheint schon auf in diesem Wort »er zeltete unter uns«.

»Und wir sahen seine Herrlichkeit.« Soll man diesen Begriff mit dem ganz normalen Sehen, einem physiologischen Vorgang der Augen, übersetzen oder mit dem Wort »schauen«, das ein Sehen der Seele, des Herzens, meint? Wir sollten zuerst ganz schlicht und vordergründig vom Sehen reden. Gott hat sich in Jesus Christus sichtbar gemacht. »Wer mich sieht, der sieht den Vater«, sagt Jesus (Joh 14,9). »Sehet, was hat Gott gegeben«, dichtet Paul Gerhardt (EG 39). Es ist ein wirkliches, leibhaftiges Sehen mit unseren leiblichen Augen, dem sich Gott aussetzt. Das darf in unserer evangelischen Kirche, die sich so ganz aufs Hören eingestellt hat, nicht übersehen werden.

Aber es geht, wenn der Geist Gottes unsere Augen leitet, vom Sehen zum Schauen. Wenn Paul Gerhardt in seinem Meditationslied vom Kind in der Krippe singt, dann ist aus dem Sehen ohne Zweifel ein Schauen geworden. Die Seele erkennt, schaut, wer dieser Gast ist. Und sie ahnt, welche Dimensionen er in sich verkörpert.

Ich sehe dich mit Freuden an
und kann mich nicht sattsehen;
und weil ich nun nichts weiter kann,
bleib ich anbetend stehen.
O dass mein Sinn ein Abgrund wär
und meine Seel ein weites Meer,
dass ich dich möchte fassen!

Wir sahen seine Herrlichkeit. Das griechische Wort »doxa« nimmt das hebräische »kabod« auf. Der Lichtglanz Gottes wird deutlich in diesem Kind, in diesem Mann, der redet, wirkt und heilt in göttlicher Vollmacht, in dem Gekreuzigten, der in der dreistündigen, eigentlich neunstündigen, Finsternis stirbt. Die Doxa Gottes erscheint in dem Auferstandenen. Immer neu erscheint denen, die mit Jesus gehen, diese seine Herrlichkeit, besonders in den Heilungstaten, von denen Johann Albrecht Bengel mit Recht sagt: »spirant resurrectionem«, sie atmen Auferstehung, und in der Geschichte von der Verklärung Jesu auf dem Berg Tabor (Mt 17,1–9), die schon vor dem Karfreitag ein vorweggenommenes Osterereignis ist.

Dass von »doxa«, von Herrlichkeit die Rede ist, das darf uns freilich nicht darüber hinwegtäuschen, dass diese seine Herrlichkeit in der Regel tief verborgen ist in seiner niedrigen Gestalt als Gottesknecht. »Er hatte keine Gestalt und Hoheit. Wir sahen ihn, aber da war keine Gestalt, die uns gefallen hätte. Er war der Allerverachtetste und Unwerteste, voller Schmerzen und Krankheit. Er war so verachtet, dass man das Angesicht vor ihm verbarg; darum haben wir ihn für nichts geachtet« (Jes 53,3). Die Herrlichkeit Gottes in Jesus Christus ist nach Luther »tectum sub cruce«, »verborgen unter dem Kreuz«. Auf jedem rechten Weihnachtsbild finden wir irgendwo das Kreuz, so etwa mindestens zweimal in Grünewalds Stuppacher Madonna oder in all den Dürerschen Holzschnitten von der Geburt Jesu im Stall.

Doch müssen wir am Christfest nicht schon den Karfreitag feiern. Am Christfest soll der Jubel der Engel zusammenklingen mit den besten Instrumentenklängen, die Menschen hervorbringen können, mit den stärksten Chören – »Jauchzet, frohlocket, auf, preiset die Tage!«

Altjahrsabend

Barmherzig und gnädig ist der Herr,
geduldig und von großer Güte.

Psalm 103,8

Nach dem Wegweiser durch das Kirchenjahr in unserem Evangelischen Gesangbuch soll der Altjahrsabend unter diesem Wort aus Psalm 103 stehen. Man kann im Psalm 103 die Mitte der hebräischen Bibel, die wir das Alte Testament nennen, sehen – und in diesem Psalm dieses Wort als Dreh- und Angelpunkt. Das sei denen gesagt, die im Alten Testament am liebsten das Wort »Auge um Auge, Zahn um Zahn« (2. Mose 21,24) als Mitte sehen würden und die das Alte Testament vornehmlich als dunkle Folie für das Licht des Neuen Testamentes gebrauchen. Die Botschaft von dem Gott, der in seinem Wesen ganz durch Barmherzigkeit, Geduld, Güte, bestimmt ist, prägt auch die Botschaft des Alten Testaments. Darüber hinaus kennt das Alte Testament auch andere Aussagen über Gott, mit denen wir schwer zurechtkommen und die wir allenfalls vom Kreuz Jesu Christi her wirklich verstehen können.

Barmherzig und gnädig ist der Herr. In den Tagen vor Silvester machen Betriebe Inventur. Sie rechnen das vergehende Jahr durch auf Soll und Haben: Welche Geschäfte haben sich gelohnt? Welche waren ein Flop? Was kommt summa summarum heraus? Schwarze Zahlen, rote Zahlen oder wenigstens eine schwarze Null?

Wenn Christen das nun vergehende Jahr bedenken, dann werden sie das wohl nicht nur tun können unter der Frage: Was hat es mir gebracht? Sie werden und sollen sich fragen: Was habe ich den anderen, die mit mir leben und arbeiten, gebracht? Habe ich ihnen geholfen, sich ihres Lebens zu freuen oder es wenigstens auszuhalten? Oder konnten sie von mir nichts erwarten? Habe ich mich denen entzogen, die mich gebraucht hätten? Habe ich ihnen unnötig das Leben erschwert?

Hilf, Herr meiner Tage,
dass ich nicht zur Plage,

dass ich nicht zur Plage,
meinem Nächsten bin.

Hilf, Herr meiner Seele,
dass ich dort nicht fehle,
dass ich dort nicht fehle,
wo ich nötig bin.

(Gustav Lohmann, EG 419)

Solche Gedanken müssen und sollen wir uns nicht ständig machen. Aber dann und wann. Und der Jahreswechsel kann ein Anlass sein.

Können wir im Rückblick für uns persönlich und für unser gelebtes Jahr in Anspruch nehmen, dass Gott der Herr gnädig und barmherzig sieht, was wir getan und wie wir es getan, was wir unterlassen und warum wir es unterlassen haben? Ich denke ganz entschieden: Ja! Und ohne Wenn und Aber!

Ich muss mich entscheiden: Entweder ich glaube an den Gott, der mir in Jesus Christus zeigt, dass er mir alle meine Sünden vergibt (Ps 103,3) und der »so fern der Morgen ist vom Abend … unsere Übertretungen von uns« sein lässt, oder ich glaube nicht an ihn.

Glaube ich nicht an ihn, dann muss ich das zu Ende gehende Jahr selbst bewältigen. Und es ist zu vermuten, dass ich zwischen Selbstrechtfertigung – »ich kann mit mir zufrieden sein« – und Selbstverurteilung – »ich habe das Jahr vertan« – hin und her schwanke. In beiden Haltungen werde ich für meine Mitmenschen schwer erträglich und wohl eher eine Zumutung sein. Wenn ich eine Art Mittelweg einnehme, halb selbstzufrieden, halb an mir verzweifelt, dann geht eine merkwürdig ambivalente Ausstrahlung von mir aus, in der wir alle nicht so recht unseres Lebens froh werden.

Ganz anders wird mein Selbstgefühl sein, wenn ich das vergehende Jahr in Gottes Hand gebe – im Vertrauen auf ihn, der barmherzig und gnädig ist und der mir das durch Jesus Christus besonders deutlich macht. Dann lasse ich, was ich versäumt oder falsch gemacht habe, so stehen, ich beschönige nichts, ich muss es auch nicht bewältigen. Und ich traue dem barmherzigen Gott zu, dass er die unguten Wirkungen meines Tuns und Lassens in anderen Menschen stoppt und auf seine Weise zum Guten lenkt. Ich traue ihm dann auch zu, dass er das Gute, das ich zu tun versuchte, nicht missachtet und dass er es brauchen kann, dass er es lebendig, kräftig, vital sein lässt, damit es Menschen zum Leben wirkt.

Aber es wäre gut, wenn wir uns vor Gott an dieses vergehende Jahr erinnern würden, am besten anlässlich einer Abendmahlsfeier, wenn wir in der Beichte ihm diese unsere Sorge um dieses gelebte Jahr sagen würden, wenn wir uns konkret zusprechen ließen: »Was war, soll euch nicht mehr beschweren, was kommt, soll euch nicht ängstigen. Christus ist unsere Freude und unser Trost.«

So könnten wir dieses Jahr wirklich abschließen, auch miteinander. Wir könnten bereit werden, mit Gott in ein neues Jahr zu gehen, bereit, uns von seinem guten Geist leiten zu lassen, in einer befreiten, erneuerten Liebe zu ihm und den Menschen, die mit uns gehen und die uns begegnen werden, etwa nach Zinzendorfs Vers:

> *Die Liebe wird uns leiten,*
> *den Weg bereiten*
> *und mit den Augen deuten*
> *auf mancherlei,*
> *ob's etwa Zeit zu streiten,*
> *ob's Rasttag sei.*
> *Wir sehen schon von weitem*
> *die Grad und Zeiten*
> *verheißner Seligkeiten;*
> *nur treu, nur treu!*
>
> (EG 254)

Es könnten und werden am Tisch des barmherzigen Gottes, der sich uns in Brot und Wein mitteilt, der selbst unsere Lebenskraft sein will, seine Eigenschaften auch uns mitgeteilt werden. Dadurch werden wir ganz neu einander mit barmherzigen Augen sehen und barmherzig miteinander umgehen im Sinn des Wortes Jesu »Selig sind die Barmherzigen, denn sie werden Barmherzigkeit erlangen« (Mt 5,7).

Wir werden dann nicht mehr so ungnädig zueinander sein, werden auch im Berufsleben, wo immer möglich, wirklich Gnade vor Recht ergehen lassen, werden selbst glaubwürdige Zeugen gegen die Gnadenlosigkeit sein, in der Menschen einander im Beruf und im persönlichen Miteinander das Leben schwer machen. Und wir werden, wo wir selbst anderen gnädig sind, jeden Anflug von herablassendem Wesen, das den Bruder oder die Schwester demütigt, aus unserem Wesen dadurch austreiben, dass wir uns klar machen, dass wir selbst ohne die Gnade Gottes keine Stunde leben könnten und dass wir ja selbst wahrhaftig auch auf die Gnade unserer Mitmenschen angewiesen sind.

Vor einiger Zeit traf mich eine fromme Frau; sie fühlte wohl, dass mich etwas bedrückte. Sie wollte mir etwas Nettes mitgeben und sagte: »Ich wünsche Ihnen einen gnädigen Tag.« Das tat mir gut. So können wir einander ein »gnädiges Jahr« wünschen.

Geduld von seiner Geduld will und kann er uns geben. In der Kirchengeschichte haben treffliche Leute treffliche Schriften »De patientia«, »Über die Geduld« geschrieben, allen voran der Kirchenvater Tertullian, geboren ca. 160 n. Chr. in Karthago, ein »vir semper ardens«, ein immer in Flammen stehender nordafrikanischer Hitzkopf; er beschrieb, was seine Mitmenschen an ihm so schmerzlich vermisst haben.

Der stets trefflich formulierende Paul Gerhardt, der familiär viel Leid und kirchenpolitisch sehr viel Ärger, Frust und Stress erlebt hat, schrieb die wahren Verse:

> *Geduld ist euch vonnöten,*
> *wenn Sorge, Gram und Leid*
> *und was euch mehr will töten,*
> *euch in das Herze schneidt.*
> *O auserwählte Zahl!*
> *Soll euch der Tod nicht töten,*
> *ist euch Geduld vonnöten;*
> *ich sag es noch einmal.*
>
> *Geduld kommt aus dem Glauben*
> *und hängt an Gottes Wort:*
> *Das lässt sie ihr nicht rauben,*
> *das ist ihr Heil und Hort,*
> *das ist ihr hoher Wall,*
> *da hält sie sich verborgen,*
> *lässt Gott den Vater sorgen*
> *und fürchtet keinen Fall.*

Geduld setzt ihr Vertrauen
auf Christi Tod und Schmerz;
macht Satan ihr ein Grauen,
so fasst sie hier ein Herz
und spricht: Zürn immerhin,
du wirst mich doch nicht fressen,
ich bin zu hoch gesessen,
weil ich in Christo bin.

Paulus rechnet in Galater 5,22 die Geduld ausdrücklich zu den Gaben des Heiligen Geistes. Wie Jesus mit seinen Jüngern sehr viel Geduld hatte – trotz des gelegentlichen Seufzers »Wie lang soll ich euch noch erdulden« (Mt 17,17) –, so wird er uns etwas von seiner Geduld geben, was uns im neuen Jahr in allen Dingen nützen wird nach der Beobachtung von Sprüche 16,32: »Ein Geduldiger ist besser als ein Starker, und wer sich selbst beherrscht, besser als einer, der Städte gewinnt.«

Wird der Herr des Mahles uns auch etwas von seiner großen Güte geben? Wir können ihn nicht genug darum bitten, denn daran fehlt es. Gern denke ich an eine jüngere Frau, die in einem Gremium, dass sich immer tiefer zerstritten hatte und immer unfähiger wurde zu wirklicher Arbeit, meist geschwiegen hat. Sie gehörte nicht zu denen, die immer etwas wissen und die es auch noch sagen können und behaupten müssen. Als die Verhandlungen auf dem Tiefpunkt waren und bereits jeder den anderen dafür verantwortlich gemacht hatte, sagte sie: »Was ihr in den letzten Sitzungen gesagt habt, war wohl fast alles irgendwie richtig. Nur eines hat uns völlig gefehlt: die Güte. Die Abwesenheit der Güte macht uns kaputt.« Das war das entscheidende Wort.

Wenn Gott uns von seiner großen Güte ein wenig gibt, so dass wir jedenfalls mit unserer kleinen Güte miteinander weiterarbeiten und weiterleben, dann ist viel gewonnen.

Wir werden ja auch im neuen Jahr aus der Schatzkammer von Gottes großer Güte leben. Dazu eine kleine jüdische Erzählung, die der Rabbiner Jakob Petuchowski aus Cincinnati übersetzt hat:

Die riesige Schatzkammer
Wem ich gnädig bin, dem bin ich gnädig

(2. Mose 33,19)

Damals zeigte Gott dem Moses alle Schatzkammern des Himmels,
wo der Lohn für die Gerechten aufgespeichert ist.
Moses fragte ihn: »Herr der Welt, für wen ist diese Schatzkammer
bestimmt?«
Gott antwortete: »Für diejenigen, welche ein gerechtes Leben
führen.«
»Und diese Schatzkammer?«
»Für Leute, welche die Waisen unterstützen.«
Und so ging es immer weiter, bis sie an eine ganz riesige
Schatzkammer kamen.
Da fragte Moses: »Für wen ist diese Schatzkammer bestimmt?«
Gott antwortete ihm: »Wenn jemand seinen eigenen Verdienst
hat, dann gebe ich ihm, was ihm aus seiner Schatzkammer
zusteht. Wenn aber jemand keinen eigenen Verdienst hat, dann
gebe ich ihm gratis aus dieser Schatzkammer.«

Neujahrstag

Alles, was ihr tut mit Worten oder mit Werken,
das tut alles im Namen des Herrn Jesus und dankt Gott,
dem Vater, durch ihn.

Kolosser 3,17

Wirklich alles? Auch die Berufsarbeit? Auch das Freizeitvergnügen?
Auch das Leben in der ganz privaten Sphäre? Alles im Namen Jesu?

Oder sollten wir doch unser Leben in Sphären einteilen? In die beruflich Sphäre, in der wir unser Geld verdienen und uns nach der Decke strecken, das heißt dann auch, die Gesetze und Regeln akzeptieren, die uns beruflich vorgegeben sind, uns auf die Eigenheiten
unserer Vorgesetzten einstellen und sehen, dass wir halbwegs erfolg-
reich über die Runden kommen?

In die politische Sphäre, in der es um den Einfluss der Partei geht, der wir angehören oder mit der wir sympathisieren, um die Macht, um mögliche Kompromisse, um Lösungen, für die wir Mehrheiten brauchen?

In die ganz persönliche, private Sphäre der Familie und des Freundeskreises, in der die Familienbande – man braucht sich gegenseitig in der Familie, und wenn es normal ging, dann hängt man ja auch aneinander und mag sich –, die Gesetzte der Anziehungskraft, der Sympathie bestimmen?

Und dann freilich auch in die direkte christliche Sphäre, Gottesdienst, Kirchengemeinde, diakonische Tätigkeit vor Ort und vielleicht auch in einer größeren Einrichtung. Hier ganz direkt »im Namen des Herrn Jesus« und gewiss auch mit der Frage: »Was willst du, Herr, dass ich tun soll?«

Solche Sphären zu unterscheiden wie Sparten unseres Lebens und Jesus die »christliche« Sphäre oder Sparte zuzuteilen, das verspricht eine gewisse Ordnung. Da weiß ich dann jeweils, wo ich bin, wem ich gegenüber verantwortlich bin, meinem Vorgesetzten oder einem Gremium. Eine klare Aufteilung und Abgrenzung verspricht Ordnung und Rollenklarheit, da kann ich dann sagen: »Dienst ist Dienst« und »Hier bin ich Mensch, hier darf ich's sein« und »Dort gelten andere Gesetze«.

Steht nur dieses »Alles, was ihr tut ...« dem entgegen? Dieses »Alles« mischt die Bereiche auf, bringt Unruhe herein, wohl auch Konfliktstoff. Da kann es schon sein, dass aus mir, einem wie ich meine gutwilligen, friedlichen Menschen, der nur arbeiten und überall das Beste will, einer wird, der Spannungen hereinträgt, der da oder dort als nicht ganz zuverlässig angesehen wird, dessen Fragen anstrengen und anderen lästig werden, um den leicht ein Spannungsfeld entsteht, weil er die Eigengesetzlichkeit der jeweiligen Sphären noch nicht wirklich verstanden oder akzeptiert hat. Wer dieses »Alles, was ihr tut« ernst nimmt, läuft Gefahr, in dieser oder jener Sphäre zum »Narren in Christo« zu werden, dem man Rollenunklarheit, letztlich Schwärmerei vorwirft, über den man freundlicherweise lächelt wie über ein liebenswertes Relikt, das einiges noch nicht ganz verstanden hat.

Eingeweihte Theologen sagen dann: Das sind die letzten Nachwehen der Königsherrschaft-Christi-Theologie oder -Ideologie, die theologische Erklärung von Barmen 1934 lässt grüßen. Da hört man noch die unter uns modernen Christen längst museal gewordenen Sätze der zweiten Barmer These: »Wie Jesus Christus Gottes Zuspruch der Vergebung aller unserer Sünden ist, so und mit gleichem Ernst ist er auch Gottes kräftiger Anspruch auf unser ganzes Leben; durch ihn widerfährt uns frohe Befreiung aus den gottlosen Bindungen dieser Welt, zu freiem, dankbarem Dienst an seinen Geschöpfen.« Und dazu: »Wir verwerfen die falsche Lehre, als gebe es Bereiche unseres Lebens, in denen wir nicht Jesus Christus, sondern anderen Herren zu eigen wären, Bereiche, in denen wir nicht der Rechtfertigung und Heiligung durch ihn bedürften.«

Wo mit diesem »Alles, was ihr tut« ernst gemacht, wo alles der Königsherrschaft Christi unterstellt wird, da werden Konflikte nicht ausbleiben, da kann man Karriere nicht ruhig planen, da akzeptieren Einzelne die Gesetze und Regeln des Betriebes, in den sie hineingeraten sind, nicht von vornherein als unverrückbare Vorgabe, da wird es immer Konfliktlinien geben und eine Art von ständigem Veränderungsdruck, und der Name Jesu Christi wird nicht ruhig über allem thronen und der Sache eine christliche Sicht geben, sondern dieser Name wird immer wieder für Unruhe, für Diskussionen sorgen, bei denen es dann heißen kann: »Man muss auch den Menschen sehen«, »Ich habe kein gutes Gefühl, wenn wir so hart verfahren etc. …«

Ich entsinne mich der Schlusssitzung einer Abitursprüfung. Der Vorsitzende, ein geübter Beamter des Ministeriums, las die Namen der Prüflinge und die Punktzahlen vor, die sie erreicht hatten. 100 und mehr Punkte hieß: bestanden; 99 und weniger: durchgefallen. Wenn die Punktzahl in Nähe der 100er-Marke war, sagte er jeweils nach dem Namen und der Punktzahl des Prüflings »sonnenklarer Fall« und rief den nächsten Namen auf. Er hatte uns versprochen, mit den 120 Namen in einer Stunde über die Runden zu kommen, dann müsse er zur Bahn, uns werde das ja auch recht sein. Als er wieder den Namen eines Schülers las, dazu die Zahl 99, und sagte »sonnenklarer Fall«, rief der katholische Religionslehrer »Einspruch! Ich beantrage Personaldiskussion«. Dem Antrag wurde sehr widerwillig stattgegeben, und der junge Mann, der eben noch als »sonnenklarer Fall« be-

46

zeichnet worden war, entpuppte sich als ein Sohn, der während der Zeit der Abitursvorbereitung seinen sterbenden Vater hingebungsvoll gepflegt hatte. Ich denke gern an diese Diskussion zurück. Es war in einer Landschaft, in der es nur noch »sonnenklare Fälle« und stumpf und stumm dasitzende Kollegen gab, plötzlich, ohne dass er ausgesprochen wurde, der Name Jesus ins Spiel gekommen. Und plötzlich wussten wir Unterrichtenden, die wir im Abitur geprüft hatten, wozu wir eigentlich gekommen waren.

So mag es auch in der Familie gehen: Es muss nicht immer der Name Jesus fallen. Aber wo einer oder eine »im Namen Jesu« Vater, Mutter, Tochter, Sohn, Bruder, Schwester, Vetter, Base ist, da wird es immer wieder lebendig werden, Spannungen und Konflikte nicht ganz ausgeschlossen. Aber plötzlich wird man wissen, wozu man da ist und wozu man einander hat. Auch kirchenleitende Gremien tun gut daran, alles, wirklich alles im Namen des Herrn Jesus zu beginnen und zu führen: jedes Wort und jede Maßnahme.

Es wurde in den letzten Jahren und Jahrzehnten in kirchlichen Gremien immer hoffähiger, was ich gern etwas ironisch »kirchliche Zwei-Reiche-Lehre« nenne. Man nennt das dann Aufteilung der Rollen und achtet vor allem anderen auf Rollenklarheit. Der Vorgesetzte, so sagt man dann, kann nicht Seelsorger sein. Dekane, wenn sie in schwierigen »Fällen« der Anstellung auf ihr seelsorgerliches Verhalten angesprochen werden, sagen: »Das ist nicht meine Rolle. Ich muss meine Rolle gut und klar spielen. Seelsorge können andere treiben, der Prälat oder solche Leute.« Dann ist der eine »verdienter Ordner der christlichen Kirche«, der unter Umständen gnadenlos hart durchgreift – nach Bert Brechts Drama »Der gute Mensch von Sezuan« sozusagen »der böse Vetter«. Der andere kann die Verletzten seelsorgerlich verbinden. Er spielt die Rolle des »guten Menschen Shen Te«. Den, der die Kirche in hierarchische Ebenen zerschneidet, befriedigt diese Praxis. Er findet diese Rollenaufteilung vielleicht sogar genial. Nur leider verstehen manche Gemeindeglieder das nicht, wenn Kirche sich als Institution dermaßen vom Anspruch Jesu Christi abschirmt und das brüderlich helfende Verhalten auf einer ganz anderen Ebene als auf der leitenden sieht. Diese Gemeindeglieder kommen da nicht mit, wittern Zweispurigkeit, wollen eine glaubwürdige Kirche aus einem Guss, sind verärgert und suchen in der Freikirche oder in einer charismatischen Gemeinschaft diese Kirche aus einem Guss, was nicht unbedingt heißt, dass sie diese dort finden. Vielleicht wäre es zum Jahreswechsel an der Zeit, die »innerkirchliche Zwei-Reiche-Lehre« und ihre Rollenideologie kritisch zu durchdenken. Ist sie wirklich genial? Oder ist sie nur Ausdruck unserer innerkirchlichen Schizophrenie? Das Leitwort »Alles, was ihr tut ... im Namen des Herrn Jesus« könnte spannende Diskussionen bewirken. Auf die Gefahr hin, dass dann manche Sache nicht mehr ein »sonnenklarer Fall« wäre und dass die Gremien plötzlich wüssten, wozu sie da sind.

Mit Worten oder mit Werken? Die Worte sind zuerst gemeint, denn aus Worten kommen Taten. Und das rechte Wort ist eine Tat und kann eine teure und gelegentlich eine weichenstellende Tat sein.

Martin Luther schrieb über seine vielen Briefe, mit denen er sehr viel bewirkt hat, oft nur das eine Wort Jesus. Er wollte damit zeigen: Ich schreibe in seinem Namen und ich bitte ihn, dass er meine Worte prägt und leitet, so dass sie verstanden werden und wirken, was er wirken will. Und Johann Sebastian Bach konnte oft seine Notenblätter mit den Buchstaben »JJ« überschreiben, »Jesu juva«, Jesus hilf und lass es gelingen, was ich jetzt komponiere, »Soli Deo gloria«, allein zu Gottes Ehre.

Weil unsere Worte Taten sind, sagt Jesus streng: »Ich sage euch aber, dass die Menschen Rechenschaft geben müssen am Tage des Gerichts von einem jeden nichtsnutzigen Wort, das sie geredet haben« (Mt 12,36). Es ist wohl zu einfach, wenn wir dieses Wort nur auf unpassende Scherze anwenden; es wird sich in dieser Aussage Jesu Zorn über Worte ausdrücken, mit denen Menschen, die durch eigene oder fremde Schuld in eine missliche Lage geraten sind, durch verurteilende Worte anderer zu Unpersonen gemacht werden.

Sokrates hat seine Schüler angehalten, ihre Worte durch drei Siebe gehen zu lassen. Durch das Sieb der Wahrhaftigkeit: Ist es eigentlich wahr, was ich jetzt sage? Durch das Sieb der Notwendigkeit – muss ich das jetzt sagen oder könnte ich es vielleicht ebenso gut für mich behalten? Und durch das Sieb der Nützlichkeit – nützt es den Menschen, wenn ich das sage? Helfe ich damit einem Menschen? Die drei

Siebe würden uns auch gut anstehen. Noch elementarer freilich ist es, dass wir in der Geistesgegenwart, die wir nur erbitten können, jedes Wort durch das Lichtsieb Jesu Christi durchgehen lassen.

Man soll die Bibel insgesamt und auch einen Leitspruch im Zusammenhang lesen. Verstehen wir die Worte, die wir im Namen des Herrn Jesus sprechen sollen, im Zusammenhang von Kolosser 3, 16. 17, dann kommen wir vor allem auch auf die gemeinsame Arbeit über der Bibel und das Wort in der geschwisterlichen Seelsorge und auf die gesungenen Worte in Psalmen und Liedern. »Lasst das Wort Christi reichlich wohnen in euch: lehrt und vermahnet euch selbst in aller Weisheit mit Psalmen und Lobgesängen und geistlichen Liedern und singt Gott dankbar in euren Herzen« (Kol 3,16).

Wenn wir wollen, dass im neuen Jahr unser Reden im Freundeskreis, im Beruf, im Amt, im politischen Leben wirklich im Namen des Herrn Jesus geschieht, dass wir mit unserer christlichen Existenz in den Sphären der Welt keinen Etikettenschwindel treiben, dass drin ist, was drauf steht, dann haben wir umso mehr Grund, das Wort Christi reichlich unter uns wohnen zu lassen. Wohnen! Nicht nur, dass wir es kurz hören und gleich wieder vergessen, sobald wir die andere Sphäre betreten. Wo soll denn unser Sinn, Gespür, Gewissen, wo soll unser Mut, unsere Freiheit, auch unsere Konfliktbereitschaft geschärft werden, wenn nicht über der offenen Bibel, im Austausch über den Worten, die uns aus ihr ansprechen und die hineinleuchten in die verschlossenen oder verborgenen Winkel der Sphären, in denen wir arbeiten und leben?

Die geistlichen Lieder, Psalmen und Lobgesänge können dabei eine enorm reinigende auch geistklärende Wirkung haben. Paul Schneider war im Sommer 1933 zwei Wochen lang Deutscher Christ. Die volksmissionarische Ader eines DC-Pfarrers hatte es ihm angetan. Dann ging er auf ein Singwochenende. Beim Singen wurde ihm klar, wo er hingehört. Am Sonntag drauf sagte er der staunenden Gemeinde, aus der Glaubensbewegung Deutscher Christen sei er schon wieder ausgetreten. Er sei ja wohl ein Deutscher, das wüssten sie; und ein Christ wolle er auch bleiben. Aber vor dem Wort »Christ« brauche er keine andere Bezeichnung. Das Bindestrichchristentum habe er als Irrweg erkannt.

Von einzelnen Städten wird berichtet, sie seien durch das Singen des Liedes »Nun freut euch, lieben Christen g'mein, und lasst uns fröhlich springen« für das Evangelium gewonnen worden. Das hat mancher auch auf Kirchentagen so ähnlich erlebt.

»Und dankt Gott, dem Vater, durch ihn.« Wo der Geist Jesu Christi uns bestimmt, da wird unser ganzes Leben auf Dankbarkeit hin gestimmt sein. Es geht mit unseren Worten und Taten nicht darum, dass ich vor Gott und den Menschen Existenzberechtigungsnachweise liefere. Auch nicht darum, dass ich mich selbst verwirkliche. Mein Ich wäre arm dran, wenn es wirklich würde durch meine Verwirklichungen. Es geht darum, dass wir in allem Gott danken für die Fülle seiner Gaben. Und besonders für die Gabe des Evangeliums.

In diesem Sinn beginnen wir ein neues Jahr und machen einen neuen Anfang.

> *In ihm sei's begonnen,*
> *der Monde und Sonnen*
> *an blauen Gezelten,*
> *des Himmels bewegt.*
> *Du, Vater, du rate,*
> *lenke du und wende!*
> *Herr, dir in die Hände*
> *sei Anfang und Ende,*
> *sei alles gelegt!*
>
> (Eduard Mörike)

2. Sonntag nach dem Christfest

> *Wir sahen seine Herrlichkeit, eine Herrlichkeit*
> *als des eingeborenen Sohnes vom Vater,*
> *voller Gnade und Wahrheit.*
> Johannes 1,14

In diesem »Wir« steckt eine helle Freude. Das festlich freudige Bewusstsein dafür, dass dieses Wir, wer immer dazu gezählt werden darf, in Jesus die Herrlichkeit Gottes sehen durfte und darf. In dem Wanderprediger aus Nazareth – was kann aus Nazareth Gutes kommen? (Joh 1,46) – den einzig geborenen Sohn Gottes erkennen, das war gar nicht selbstverständlich. Es gab genug Menschen, die an ihm nicht die Herrlichkeit Gottes sahen. Sie lebten zur Zeit Jesu in dem Land, in dem er durch Städte und Dörfer ging. Was für ein Vorrecht! Sie begegneten ihm persönlich leibhaftig. Was würden wir dafür geben? Aber sie sahen seine Herrlichkeit nicht. An ihnen wurde wahr, was Paulus in Römer 11,10 zitiert: »Verblende ihre Augen, dass sie nichts sehen.« »Blindheit ist Israel zum Teil widerfahren«, stellt Paulus in Römer 11,25 fest.

Die »Seinen«, gemeint sind doch wohl seine Brüder – wie stand Maria dazu? – sahen in ihm offensichtlich etwas ganz anderes. »Er ist von Sinnen«, sagten sie und versuchten, ihn festzunehmen. Offensichtlich hielten sie ihn für gestört, fühlten sich als Familie dafür verantwortlich, dass er keinen Schaden anrichtet. Sie sahen an ihm offenbar durchaus nicht die Herrlichkeit Gottes. Seine Brüder glaubten nicht an ihn (Joh 7,5), wenigstens vor Ostern nicht. Jesus weiß das und sagt, als die Brüder und seine Mutter vor dem Haus stehen, in dem er gerade lehrt, als sie ihn sprechen wollen: »Wer ist meine Mutter und wer sind meine Brüder?... Wer Gottes Willen tut, der ist mein Bruder und meine Schwester und meine Mutter« (Lk 3,34.35). Und seine für uns befremdlichen Worte über das Verhältnis eines Nachfolgers Christi zu seiner Familie (Lk 14,26) haben gewiss mit dieser innerfamiliären Erfahrung Jesu zu tun.

Die Schriftgelehrten von Jerusalem erklären seine Heilungswunder so: »Er hat den Belsebub und treibt die bösen Geister aus durch ihren Obersten« (Mk 3,22), das heißt er ist ein Magier, der seine Kräfte von »unten« hat.

Auch Johannes der Täufer, der mit seinen geistgeweckten Augen in Jesus spontan das »Lamm Gottes, das der Welt Sünde trägt« erkannt hat (Joh 1,29), zweifelt, als er im Gefängnis des Herodes sitzt, und lässt Jesus fragen: »Bist du, der da kommen soll, oder sollen wir auf einen anderen warten?« (Mt 11,3).

Auch im Jüngerkreis sagt Jesus und meint dabei die Jünger: »Es sind aber etliche unter euch, die glauben nicht.« Und er fügt dazu: »Niemand kann zu mir kommen, es sei ihm denn von meinem Vater gegeben« (Joh 6,64.65). Thomas hat dem Auferstandenen gegenüber seine speziellen Schwierigkeiten, muss die Wundmale genau sehen und sie tastend spüren, ehe er die Herrlichkeit Jesu erkennt, so dass Jesus zu ihm sagt: »Selig sind, die nicht sehen und doch glauben« (Joh 20,29). Und auch bei der letzten Begegnung mit Jesus vor seiner Himmelfahrt auf dem Berg in Galiläa, in welcher er sagt, ihm sei alle Gewalt im Himmel und auf Erden gegeben, heißt es: »Da sie ihn sahen, fielen sie vor ihm nieder; etliche aber zweifelten« (Mt 28,17).

Wer in Jesus, der sich seiner göttlichen Gestalt entäußert und Knechtsgestalt angenommen hat (Phil 2,7), seine Herrlichkeit sieht, der genießt ein enormes Vorrecht. Der ist begnadet.

Das war zur Zeit des irdischen Jesus so. Das ist heute bei uns nicht anders. Dietrich Bonhoeffer im Gefängnis von Tegel in der Ohnmachtserfahrung schreibt: »Die Unsichtbarkeit macht uns kaputt.« Er meint damit, dass es uns sehr zusetzen kann, wenn wir Christen die offenbare Ohnmacht oder Abwesenheit Gottes in unserem Leben oder in dem Leben anderer Menschen hautnah miterfahren.

Menschen gehen zu Gott in seiner Not,
finden ihn arm, geschmäht, ohne Obdach und Brot,
sehn ihn verschlungen von Sünde, Schwachheit und Tod.
Christen stehen bei Gott in seinem Leiden.

Es ist wichtig, dass wir großes Verständnis haben für Menschen, die seine Herrlichkeit nicht sehen, vollends nicht, wenn Christen durch ihr gar nicht herrlich christusförmiges Wesen die Herrlichkeit Jesu verdunkeln und den Glaubensschwachen zum Skandalon, zum Ärgernis werden. Dass wir andererseits Gott danken, wenn uns immer wieder die Größe und Herrlichkeit Jesu deutlich wird, sei es, dass sie uns überwältigend überfällt wie eine Lichtoffenbarung, sei es, dass wir jedenfalls einen Türspalt weit zu ihr Zugang bekommen, so dass wir sagen können: »Wir sahen seine Herrlichkeit.«

Wir Protestanten mit unserer Kreuzestheologie, die wir so ganz auf das Wort festgelegt sind, sollten uns nicht für unzuständig erklären, wenn hier vom Sehen oder Schauen die Rede ist, wir sollten nicht schnell sagen: »Davon verstehe ich nichts« und das Schauen den Visionären, den Mystikern oder unseren orthodoxen Brüdern überlassen. »Wir sahen seine Herrlichkeit.« Auch die Augen unserer Herzen sind berufen, den Lichtglanz Gottes in seinem Sohn Jesus Christus wahrzunehmen. Erlauben wir es unseren Augen!

Eine Herrlichkeit als des eingeborenen (Sohnes) vom Vater. Das Wort Sohn kommt hier explizit gar nicht vor. Aber Luther hat es aus dem Wort »monogenes«, einzig geboren oder einzig gezeugt, sinngemäß hinzugefügt. Was bedeutet hier der Ausdruck monogenes, der etwas missverständlich in der Regel als »eingeboren« – jeder denkt an die Eingeborenen auf einer Südseeinsel – wiedergegeben wird? Das nizänische Glaubensbekenntnis umkreist dieses Wort sorgsam. Mehr als ein Umkreisen des Mysteriums können dogmatische Aussagen nicht bieten, dürfen sie auch nicht. Wir können das Mysterium nicht in die Hand nehmen und einfach entschlüsseln oder wie eine Rätselaufgabe lösen. So heißt es im nizänischen Glaubensbekenntnis, das wir gern in den Weihnachtsgottesdiensten sprechen:

Und an den Herrn Jesus Christus,
Gottes eingeborenen Sohn,
aus dem Vater geboren vor aller Zeit;
Gott von Gott, Licht vom Licht,
wahrer Gott vom wahren Gott,
gezeugt, nicht geschaffen,
eines Wesens mit dem Vater;
durch ihn ist alles geschaffen …

Die Einzigkeit Jesu von Anfang an, die Einheit mit dem Vater – »ich und der Vater sind eins« (Joh 10,30, cf. Joh 17,11.21; Joh 14,11) – soll damit ausgesagt werden. Sein Verhältnis zum Vater ist nicht nur damit zu erklären, dass er den Willen des Vaters tut, dass er sich vom Vater gesandt weiß, dass er redet, was er von ihm hat (Joh 7,16). Es ist mehr. Gott selbst verkörpert sich in ihm, Gott spricht, Gott handelt, Gott heilt, Gott erleidet, Gott versöhnt in ihm und durch ihn. Wenn uns Jesus begegnet, dann begegnet uns Gott in seiner qualitativ ganz anderen Weise, als wenn er uns durch andere Menschen begegnet oder wenn er diesem oder jenem Erwählten durch seinen Engel begegnet ist. Wir können in diesem Wort »einzig geboren« den Versuch sehen, mit einer Formel zu umschreiben, was Jesus meint, wenn er sagt: »Wer mich sieht, der sieht den Vater« (Joh 14,9, cf. Joh. 12,45).

Vom Vater. Die Herrlichkeit Jesu ist die Doxa, die Kabod, die Schechina, der Lichtglanz des Vaters. Sie ist die Schechina, die Gegenwart Gottes, die mitging mit seinem Volk in die Verbannung, die zurückgekehrt ist in den Tempel, die Ausdruck der heiligen Gegenwart Gottes ist. Sie ist auch anwesend in dem Sohn, in Jesus. Es ist die Herrlichkeit Gottes, die schließlich Himmel und Erde neu schaffen wird (Offb 21,1), die kosmische Schechina, die das neue Jerusalem, die neue von Gott gegebene Gesellschaft durchdringt (Offb 21,2. 10), seine unmittelbare Gegenwart, die alle Tränen abwischt, vor der der Tod nicht bestehen kann, die alles Leid überwindet, vor der jedes Geschrei sich erübrigt (Offb 21,3. 4). Der Lichtglanz Gottes, der sich in den Edelsteinen des himmlischen Jerusalems spiegelt (Offb 21,19. 20); die in der heiligen Stadt so unmittelbar leuchtet, dass sie weder Sonne noch Mond braucht. »Ihre Leuchte ist das Lamm« (Offb 21,23), Christus ist ihr Licht. Und weil er das Licht der Welt ist (Joh 11,12), darum werden die Völker wandeln im Licht der heiligen Stadt, das sein Licht ist (Offb 21,24). Es wird keine Nacht sein (Offb 21,35; 22,5). »Gott, der Herr, wird sie erleuchten.« Jürgen Moltmann hat in seinem Buch »Das Kommen Gottes« (S. 343 ff.) die Einwohnung der Schechina im himmlischen Jerusalem, der durch Christus vollendeten Gesellschaft, besonders eindrücklich beschrieben.

Die Worte »Gnade« und »Wahrheit« werden, sozusagen als Emanationen aus der Herrlichkeit Gottes, die in Jesus Christus aufleuchtet, genannt. Bei dem Wort Gnade dürfen wir – die alten Sprachen machen das deutlicher – auch den Aspekt der Schönheit heraushören. Das von uns oft belächelte Lied »Schönster Herr Jesu … Jesus ist schöner, Jesus ist reiner, der mein traurig Herz erfreut … Jesus ist feiner, Jesus ist reiner als die Engel allzumal … alle die Schönheit Himmels und der Erde ist gefasst in dir allein …«(EG 403) ist dem Wort »Gnade« näher als manche trockene Abhandlung.

Gnade, sie ist die Leuchtkraft, die den von Sünde und den vom verzweifelten Bemühen, sich selbst zu helfen, geplagten Menschen emporhebt in die göttliche Sphäre gelöster Freude. Es ist seine Gnade, die ewig währt (Ps 100,5; Ps 103,17). Es ist seine Gnade, die reicht, soweit der Himmel ist (Ps 108,5), von der wir nur hoffen und erbitten können, dass er uns mit ihr früh unser Wesen füllt, damit wir rühmen und fröhlich sein können unser Leben lang (Ps 90,14) und »des Morgens deine Gnade und des Nachts deine Wahrheit verkündigen« (Ps 92,3). Wir sollten uns aber vorsehen, dass wir aus der Gnade Gottes nicht eine Art göttlicher Hypostase machen, die dann sozusagen in unserem Denken ihr Eigenleben führt. Als Gerrit Cornelis Berkouwer seine Darstellung der Theologie Karl Barths mit dem Titel »Der Triumph der Gnade in der Theologie Karl Barths« herausbrachte, war es Barth gleich nicht ganz wohl. Und als er seine Theologie geradezu als systematische Entfaltung einer Art Gnadenprinzip dargestellt fand, konnte er nur sagen: Nein! Nicht die Gnade siegt, sondern, wie Johann Christoph Blumhardt richtig gedichtet hat, »dass Jesus siegt, bleibt ewig ausgemacht, sein wird die ganze Welt« (EG 375).

Wir werden nicht von unserer Vorstellung dessen her, was Gnade ist, Jesus recht verstehen, sondern was Gnade ist, das füllt allein Jesus mit Inhalt und Leben. Sehen wir auf ihn, so werden wir in den Blick bekommen, was in der ganzen Bibel mit dem Wort »Gnade« gemeint ist.

Auffallend oft ist das Wort »Gnade« in der Bibel mit dem Wort »Wahrheit« verbunden. Gnade und Wahrheit sind fast wie unzertrennliche Zwillingsschwestern. Vielleicht, weil wir allzu leicht unter Gnade, wenn sie auf Kosten der Wahrheit geht, etwas schwächlich Unehrliches verstehen, eine Vertuschung, die dann meist auf Kosten der Opfer geht und die wirken kann, als werde vollends jede Schandtat mit dem Mantel christlicher Liebe bedeckt. Gnade wirkt nur dann befreiend, wenn nicht geschönt wird, was ein Mensch dem anderen angetan hat oder antut. Die Wahrheit wird euch freimachen (Joh 8,32).

Wir begreifen den eigentlichen Sinn des Wortes »Wahrheit« im Johannes-Evangelium aber erst, wenn wir nicht vom griechischen, sondern vom hebräischen Wahrheitsbegriff aus denken. Erhellend dazu ist, was Sir Edwyn Hoskyns (Hoskyns/Davey: Das Rätsel des Neuen Testaments 1957, S. 28 ff.) dazu schreibt: »Die Wahrheit, von der die Schriftsteller des Neuen Testamentes reden, ist untrennbar mit dem Wesen und Handeln Gottes verbunden: ›Ich glaube aber, dass Christus als Diener der Beschneidung kam um der Wahrheit Gottes willen, damit er die den Vätern gewordenen Verheißungen wahr mache, und

die Heiden Gott loben für seine Barmherzigkeit« (Röm 15,8.9).«
Wahr werden die Verheißungen, indem Gott seine Treue bewährt (1.
Kor 10,13; 1. Kor 1,9). »Auf alle Gottesverheißungen ist in ihm das
Ja« (2. Kor 1,19). Hoskyns fährt fort: »Jesus ist das Ereignis, in dem
Gott seine Verheißungen wahr gemacht hat, und darum ist er der Ort,
an dem wir verstehen lernen, der locus intelligentiae. Die Wahrheit,
Gottes Wahrheit, ist in ihm ... Wahrheit ist eine Eigenschaft Gottes,
und Gott ist dabei nicht so sehr ein Gegenstand menschlichen Fra-
gens, als vielmehr der handelnd Wirkende. Er ist der lebendige Gott.
Seine Wahrheit offenbart sich in einem besonderen geschichtlichen
Handeln, und alle diejenigen, die zu diesem Handeln in Beziehung
stehen, müssen seiner Wahrheit nachleben und sie verwirklichen,
nicht nur im Wissen und Denken, sondern in ihrem ganzen Leben.
Soweit stimmen das Alte und das Neue Testament überein. Aber während das Alte Testament immer noch nach der Offenbarung von Gottes Wahrheit ausblickt, sieht das Neue Testament sie als gegenwärtige
und entscheidende Wirklichkeit aufgrund einer einzigartigen Folge
von historischen Tatsachen; denn in ihrem Brennpunkt steht Leben,
Tod und Auferstehung Jesu Christi.« So ist auch der Begriff Wahrheit
zu verstehen in Jesu Selbstaussage: »Ich bin der Weg, die Wahrheit
und das Leben, niemand kommt zum Vater denn durch mich« (Joh
14,6). In Jesus ist wahr geworden, was Gott seinem Volk zugesagt hat,
dass er sie erlösen werde von allen ihren Sünden. Lässt sich ein
Mensch von dieser Wahrheit erleuchten, dann wird er in Wahrheit ein
Kind Gottes, ein Gottesmensch.

Die Freude darüber, dass die Verheißungen, die den Vätern gegeben wurden, erfüllt werden, ist zu spüren im Lobgesang des Zacharias
(Lk 1,76–79), auch im Lobgesang der Maria (Lk 1,54.55). In Jesus
Christus, in dem der Lichtglanz Gottes auf diese Erde kommt, um
auf ihr zu zelten, wird wahr, was Gott seinem Volk verheißen hat und
was die Frommen dieses Volkes gern gesehen hätten, was sie gegen allen Augenschein nicht geglaubt haben – »eine gewisse Zuversicht dessen, was man hofft, und ein Nichtzweifeln an dem, was man nicht
sieht« (Hebr 11,1). Was Abraham im Geist gesehen hat (Joh 8,56)
und was wir Christen an Jesus Christus als erfüllt sehen dürfen.

Epiphanias,
Fest der Erscheinung des Herrn

Die Finsternis vergeht,
und das wahre Licht scheint jetzt.
1. Johannes 2,8

Oft verweist schon im Alten Testament Licht auf die Erscheinungsform Gottes. Schon die Erschaffung des Lichtes in 1. Mose 1,3.4 ist wie der Akt besonderer Zuwendung Gottes an das, was Kosmos und Erde werden soll. »Und Gott sah, dass das Licht gut war.«

»Licht ist dein Kleid, das du anhast«, heißt es im Lob des Schöpfers Psalm 104, Vers 2. Lichterscheinungen markieren die Stationen der Heilsgeschichte: der brennende Dornbusch, der nicht verbrennt – Gottes Licht verlöscht nicht –, die Feuersäule, die dem Volk in der Wüstennacht als Orientierung dient, der Lichtglanz Gottes, der in den Visionen Hesekiels in den Tempel zurückkehrt (Hes 43), der Lichtglanz in der Weihnachtsgeschichte über den Hirten auf dem Feld – »die Klarheit des Herrn leuchtete um sie, und sie fürchteten sich sehr« (Lk 2,9) –, die Verklärung Jesu auf dem Berg Tabor – »sein Angesicht leuchtete wie die Sonne und seine Kleider wurden weiß wie das Licht« (Mt 17,2) – bis hin zu den Ostererscheinungen, in welchen es vom Engel des Herrn, der den Frauen die Botschaft von der Auferstehung bringt, heißt: »Seine Erscheinung war wie der Blitz und sein Kleid weiß wie der Schnee« (Mt 28,3). Und ebenso wird in der Vision vom himmlischen Jerusalem Offenbarung 21 und 22 die Gegenwart Gottes mit dem hellsten Licht, das alle Nacht vertrieben hat, versinnbildlicht.

Es wäre doch zu einfach, wenn wir jetzt am »nordischen Lichthunger« anknüpfen und Christus als den Erfüller der Lichtsehnsucht der Menschen verstehen würden. Es steckt ja tatsächlich schon in jedem Kind ein großes Verlangen nach dem Licht. Nichts fasziniert meine kleinen Enkelsöhne so, wie wenn Opa eine Kerze anzündet. Und ich muss bereits alle Streichhölzer verstecken, damit sie in ihrer Freude am Feuer kein Unheil anrichten.

Jesus, der uns den Hunger nach Lichtzauber erfüllt? Das Licht, von dem hier die Rede ist, vertreibt die Finsternis, vertreibt Kälte, Orientierungslosigkeit, vertreibt anonyme Mächte, die Menschen oft qualvoll gefangen halten, sie in finstere Fanatismen verstocken und sie zu bösen Taten verführen. Dieses Licht hilft uns auch, einander offen und frei, ohne Arglist, zu begegnen.

Der Zusammenhang, in dem das Leitwort zum Epiphaniasfest steht, hebt besonders auf die geschwisterliche Liebe in der Gemeinde ab. »Wer sagt, er sei im Licht, und hasst seinen Bruder, der ist noch in der Finsternis. Wer seinen Bruder liebt, der bleibt im Licht, und ist kein Ärgernis in ihm. Wer aber seinen Bruder hasst, der ist in der Finsternis und wandelt in der Finsternis und weiß nicht, wo er hingeht; denn die Finsternis hat seine Augen verblendet« (1. Joh 2,9–11). Der Verfasser des 1. Johannesbriefes will also sagen: Wer sich aus dem Lichtkreis Jesu Christi entfernt und dann auch den Geschwistern kalt und gehässig gegenübersteht, der stolpert orientierungslos im Finsteren.

Annette von Droste-Hülshoff hat in ihrem »Geistlichen Jahr« das Gedicht »Am Feste der hl. drei Könige« auffallend psychologisch gestaltet: Der Weg der Könige ist wie der Weg der Seele zum Licht, wobei die Dichterin – das entspricht ihrer oft sehr vom Dunkel bestimmten Seelenlage – doch merkwürdig verhalten vom Licht spricht und in den letzten Versen eher ihre Verzweiflung an ihrem eigenen Verhaftetsein im Dunklen äußert. Hier nur zwei Verse, die in packenden Bildern den Weg der Menschenseele auf der Wüstenwanderschaft zum Licht spürbar machen.

> *Finsternis hüllt schwarz und dicht,*
> *Was die Gegend mag enthalten;*
> *Riesig drohen die Gestalten:*
> *Wandrer, fürchtet ihr euch nicht?*
> *Doch ob tausend Schleier flicht*
> *Los' und leicht die Wolkenaue:*
> *Siegreich durch das zarte Graue*
> *sich ein funkelnd Sternlein bricht.*
> *Langsam wallt es durch das Blaue,*
> *Und der Zug folgt seinem Licht.*

Sonder Sorge, sonder Acht,
Wie drei stille Monde ziehen
Um des Sonnensternes Glühen
Ziehn die drei durch die Nacht.
Wenn die Staublawine kracht,
Wenn mit grausig schönen Flecken
Sich der Wüste Blumen strecken,
Schaun sie still auf jene Macht,
Die sie sicher wird bedecken,
Die den Stern hat angefacht.

Was bei Annette von Droste-Hülshoff zu wenig herauskommt, ist die Aussage, dass das wahre Licht jetzt tatsächlich scheint. Wobei Luther mit dem Wort »jetzt« nicht genau wiedergibt, was der griechische Text sagt. Dort heißt es »das wahre Licht scheint schon«. Das Wörtlein schon weist auf einen Prozess, in welchem das Licht wie am frühen Morgen sich immer weiter ausbreitet. Es scheint schon! Die Nacht ist also bereits vorbei. Wer auf den Tag gewartet hat, der hat es schon gewonnen. Und das prozessuale »Schon« lässt spüren, dass noch hellere Ausbreitung des Lichts zu erwarten ist. Sie ist bereits im Gang.

Das Epiphaniasfest erinnert seit alter Zeit besonders daran, dass Christus das Licht der Welt ist (Joh 8,12), das Licht der Völker, wie der alte Simeon sagt: »… meine Augen haben deinen Heiland gesehen, welchen du bereitet hast vor allen Völkern, ein Licht, zu erleuchten die Heiden, und zum Preis des Volkes Israel« (Lk 2,30–32). Es wird angeknüpft an die Bestimmung Israels: »Ich habe dich auch zum Licht der Heiden gemacht, dass du seist mein Heil bis an die Enden der Erde« (Jes 49,6). Ähnlich die Bestimmung des Gottesknechtes: »Er selbst (er, der den glimmenden Docht nicht auslöscht und das zerstoßene Rohr nicht zerbricht) wird nicht verlöschen und nicht zerbrechen, bis er auf Erden das Recht aufrichte; und die Inseln warten auf seine Weisung« (Jes 42,4). Ähnlich in Jesaja 53,11: »Weil seine Seele gearbeitet hat, wird er das Licht schauen und die Fülle haben. Und er wird … den vielen Gerechtigkeit schaffen.«

Die Weisen aus dem Morgenland gehen voraus auf dem Weg der Völker in das Licht Christi. Wir erinnern einander daran, dass wir berufen sind, das Licht Christi, das Evangelium, unter die Völker zu bringen. Es kann unter Christen, die vom Neuen Testament her leben und die damit Ernst machen, dass Christus das Licht der Welt ist, keine Frage sein, ob Mission ein christlicher Auftrag sei. So gewiss die Jünger dazu ausgesandt werden (Mt 28,19. 20) und so gewiss nicht nur die Apostelgeschichte, sondern auch alle apostolischen Briefe samt der Offenbarung des Johannes Dokumente der Missionsgeschichte sind – und wir keine Christen wären, wenn der Missionsbefehl nicht ausgeführt worden wäre – ist Mission ein elementarer Auftrag der Gemeinde Jesu Christi. Man kann und soll sich immer neu fragen, wie sie angemessen geschieht, nicht, ob sie zu geschehen hat.

Sie wird auch zum Dialog mit Menschen anderer Religion führen. Und sie hat immer dazu geführt. Die Missionsgeschichte – man denke an Hermann Gundert oder an Hermann Friedrich Mögling – war in ihren führenden Vertretern immer ein dialogisches Unternehmen. Und die Auffassung, Dialog schließe Mission aus, dürfte die Schutzbehauptung einer verbürgerlichten Religionsauffassung sein, in der der Dialog nicht als gemeinsames, konfliktbereites Ringen um die Wahrheit geführt wird, sondern eher als »Bildungsprogramm« zum Zweck der Erweiterung des eigenen Wissens (was freilich auch nicht schadet). Zum wirklichen, lohnenden Dialog gehört – nach Hans Küng – nicht nur die Dialogbereitschaft und die Dialogfähigkeit, sondern auch die Dialogwürdigkeit, die sich darin zeigt, dass der Dialogpartner auch bereit ist, »zu bekennen frei, was seines Herzens Glaube sei« (EG 72). Was dann ein solcher Dialog im Einzelnen bewirkt, das können wir ja ruhig dem Heiligen Geist überlassen. Es genügt, wenn wir uns für den Dialog das Ziel setzen, die Erkenntnis Jesu Christi, wie sie uns bisher gegeben wurde, deutlich zu machen und mit ebenso großem Eifer auf das zu hören, was die Dialogpartner uns von ihrer Glaubenserkenntnis sagen.

Es könnte dann sein, dass wir im Dialog mit Menschen anderer Religion feststellen, was im Johannesprolog von dem Licht, das in Jesus Christus Mensch geworden ist, gesagt wird: Es ist »das wahrhaftige Licht, welches alle Menschen erleuchtet, die in diese Welt kommen« (Joh 1,9). Es muss erlaubt sein, nach den Spuren des Lichtes Jesu

Christi auch in anderen Kulturen und Religionen zu suchen. Vorausgesetzt, man lässt sich nicht unbewusst vom Religionsmodell der Aufklärung bestimmen, nach welchem es eine Ur-Religion gibt, aus der alle Religionen wie Äste aus einem Stamm herausgewachsen seien. Man diskutiert freier, wenn man sich von diesem Modell frei macht und die enorme Verschiedenheit verschiedener Religionen von vornherein anerkennt und ernst nimmt. Aber da Christus kein Gefangener seiner Christenheit ist, da er, der Logos, die Welt geschaffen hat und als eine Art Urlicht alles Geschaffenen immer schon da ist, da er auch durchaus sich selbst bezeugt und auf den Dienst seiner Zeugen und Missionare nicht völlig angewiesen ist (er braucht sie und kann sie gebrauchen, er ist aber nicht von ihrem Dienst schlechthin abhängig, Christus hat nicht nur unsere Füße, er steht auf eigenen Beinen), muss es erlaubt sein, mit einigem Interesse die Spuren des vorangehenden Christus auch in der Welt religiöser Kulturen zu suchen. Die Geschichte von den Magiern oder Sterndeutern aus dem Morgenland, also doch offenbar von Menschen, die in Gestirnsreligionen befangen waren, die durch eine Sternerscheinung zum Licht von Bethlehem geführt werden, kann uns darauf aufmerksam machen, dass das Licht, das in Christus Mensch wurde, auch Menschen in fremden Religionen ansprechen und zu sich führen kann. Man darf freilich die Richtung des Weges der Weisen aus dem Morgenland nicht umdrehen. Sie gehen aus ihrer Gestirnsreligion zu Christus, dem Licht der Welt. Es steht nirgends, dass Christus sie in ihre Gestirnsreligion zurückgeführt hätte. Sowenig der Weg der Kinder Israel aus Ägypten ins Gelobte Land umgekehrt werden kann.

Schließlich noch eine politische Reminiszenz zu 1. Johannes 2,8 und zum Fest der Erscheinung Christi als dem Licht, vor dem die Finsternis vergeht: Als Karl Barth im Jahr 1946 mit seiner Schrift »Christengemeinde und Bürgergemeinde« eine neue wirklich christliche politische Ethik begründen wollte, in der sozusagen christozentrisch alle politischen Fragen von Jesus Christus her durchleuchtet werden sollten, schrieb er:
»Die Christengemeinde lebt von der Enthüllung des wahren Gottes und seiner Offenbarung, von ihm als dem Licht, das in Jesus Christus dazu aufgeleuchtet ist, damit es die Werke der Finsternis zer-

störe. Sie lebt am angebrochenen Tage des Herrn, und ihre Aufgabe der Welt gegenüber besteht darin, sie zu wecken und ihr zu sagen, dass dieser Tag angebrochen ist. Die notwendige politische Entsprechung dieses Sachverhalts besteht darin, dass die Christengemeinde die abgesagte Gegnerin aller Geheimpolitik und Geheimdiplomatie ist. Was grundsätzlich geheim sein und bleiben wollte, das könnte auch in der politischen Sphäre nur das Unrecht sein, während das Recht sich eben dadurch vor dem Unrecht auszeichnet, dass es in seiner Aufrichtung, Behauptung und Durchführung an das Licht der Öffentlichkeit drängt. Wo Freiheit und Verantwortlichkeit im Dienst der Bürgergemeinde eines sind, da kann und muss vor aller Ohren geredet, vor aller Augen gehandelt werden, da können und müssen der Gesetzgeber, der Regent und der Richter – ohne sich das Heft durch das Publikum verwirren zu lassen, ohne von diesem abhängig zu werden – grundsätzlich nach allen Seiten zur Rechenschaft bereit sein. Die Staatskunst, die sich ins Dunkel hüllt, ist die Kunst des Staates, der als anarchischer oder tyrannischer Staat das böse Gewissen seiner Bürger oder seiner Funktionäre zu verbergen hat. Die Christengemeinde wird ihm darin auf keinen Fall Beistand leisten.«

Besonders diese Sätze seiner Schrift brachten ihm damals eher Hohn und Spott ein als Bereitschaft zur wirklichen Auseinandersetzung. Helmut Thielicke witzelte, ob Barth nicht, wenn er schon so christozentrisch, christomonistisch oder auch christomanisch vorgehe, vom Messiasgeheimnis Jesu, wie es William Wrede herausgearbeitet hat, die Notwendigkeit der geheimen Politik und der Geheimdienste begründen wolle.

Einstweilen kam nicht nur an das Tageslicht, was die Geheime Staatspolizei, sondern auch was der KGB und die Stasi getrieben haben, und es wird immer deutlicher, was der CIA im Dunkeln wirkt. Wie viele menschliche Tragödien werden durch die Geheimdienste verschuldet. Und wie stark wird durch die Geheimpolitik zwischen den Staaten das allgegenwärtige Misstrauen geschürt. Es wäre an der Zeit, Barths Sätze noch einmal neu zu lesen und neu darüber nachzudenken, welche politischen Konsequenzen das Leitwort »die Finsternis vergeht, und das wahre Licht scheint jetzt« für Christen haben kann. Es genügt nicht, das Licht Christi im abgeschirmten Bereich der frommen Seelen zu feiern; er ist das Licht der Welt, dieser Welt.

Und es scheint, um diese Welt und ihre Praktiken und Machenschaften zu durchleuchten und zu verändern.

Auf jeden Fall werden Christen, die dieses Licht lieben, in allen Bereichen, in denen sie tätig sind, auf Transparenz drängen.

1. Sonntag nach Epiphanias

Welche der Geist Gottes treibt,
die sind Gottes Kinder.
Römer 8,14

Nach einer meiner Christfestpredigten kam es einst in einer Familie zum Streit. Ich hatte frei und freudig aus der Tatsache, dass Gott in Christus die Menschheit, jeden Menschen, angenommen hat, gefolgert, dass jeder Mensch ein Kind Gottes sei. »Gottheit und Menschheit vereinen sich beide, Schöpfer, wie kommst du uns Menschen so nah« (EG 66). Gott wurde in Jesus nicht ein Christ, sondern ein Mensch. Das hörte eine Familie mit verschiedenen Ohren. Dem Ehemann, einem Oberstleutnant, gefiel es gut, seiner Frau weniger. Das sei unbiblisch, sagte sie. Es heiße im Johannesprolog: »Wie viele ihn aber aufnahmen, denen gab er Macht, Gottes Kinder zu werden, die an seinen Namen glauben, welche nicht von dem Geblüt noch von dem Willen des Fleisches, noch von dem Willen eines Mannes, sondern von Gott geboren sind« (Joh 1,12.13). Im Gespräch mit Nikodemus in Johannes 3 sage Jesus: »Es sei denn, dass jemand von Neuem geboren werde, so kann er das Reich Gottes nicht sehen« (Joh 3,3). In Matthäus 12,50 sage er: »Wer den Willen tut meines Vaters im Himmel, der ist mein Bruder und meine Schwester und meine Mutter.« Und nun hier in Römer 8,14: »Welche der Geist Gottes treibt, die sind Gottes Kinder.« Und der Zusammenhang, in dem dieses Wort steht, zeigt, dass Paulus sehr deutlich unterscheidet zwischen »fleischlich gesinnt sein«, »nach dem Fleisch wandeln« und »geistlich gesinnt sein«, »nach dem Geist wandeln«. »Die fleischlich gesinnt sind, die sind fleischlich gesinnt, die aber geistlich gesinnt sind, die sind geistlich gesinnt. Fleischlich gesinnt sein, ist der Tod, und geistlich gesinnt sein, ist Leben und Friede. Fleischlich gesinnt sein ist Feindschaft wider Gott ... die fleischlich gesinnt sind, können Gott nicht gefallen.« Und dann die Zusicherung – ist es eine Feststellung oder ein Zuspruch für Verzagte? – »Ihr aber seid nicht fleischlich, sondern geistlich, wenn anders Gottes Geist in euch wohnt.« Wer Johann Sebastian Bachs Motette »Jesu, meine Freude« im Ohr hat, der hört die sehr lebendig wirkenden, sozusagen geistbewegten Klänge bei der Vertonung des Wortes »geistlich«. Und dann Bachs unglaublich wehmütige Trauer, die gar nichts Ausgrenzendes hat, sondern erschüttert mittrauert, bei der Vertonung des Satzes »Wer aber Christi Geist nicht hat, der ist nicht sein« (Röm 8,9). Wer diese traurige Feststellung in Bachs Motette je gehört hat, der wird sie nie vergessen.

Je weiter wir uns aber in dieses achte Kapitel des Römerbriefes hineinlesen, desto deutlicher spüren wir: Paulus teilt nicht die Menschheit auf in solche, die den Geist nicht haben, und andere, die ihn haben. Noch weniger unterscheidet er zwischen den Gemeindegliedern in Rom, die er kaum kennt, und anderen. Es wird hier nicht zwischen Menschen sondiert, vielmehr zeigt er, wie der Mensch dran ist, der lediglich von seinem Fleisch regiert wird. Das müssen gar nicht einmal nur die rohen Triebe sein, es kann eine hohe Geistigkeit sein, die ihn leitet, aber eben eine Mentalität, in der er sich selbst verwirklicht, sich selbst rechtfertigt, sich selbst vervollkommnet. Und er zeigt, wie der Mensch dran ist, wenn der Geist Gottes ihn »treibt«. Dann kann er in aller Freiheit Gott vertraut anrufen »Abba, lieber Vater«. Und der Geist Gottes wird ihn in der Frage, ob er ein Gotteskind sei, auch nicht für immer im Ungewissen lassen. »Der Geist gibt Zeugnis unserem Geist, dass wir Gottes Kinder sind« (Röm 8,16).

Fleisch und Geist ringen nach der Auffassung des Paulus um jeden Menschen. Auch der vom Geist Gottes erweckte und zum Glauben befreite Christ kann nicht davon ausgehen, dass sein »Fleisch« damit abgestorben sei. Würde er davon ausgehen, dann könnte es sein, dass er sich schwer täuscht. »Wer da glaubt, er stehe, der sehe zu, dass er nicht falle« (1. Kor 10,12). Die Streitlinie zwischen Fleisch und Geist verläuft nicht zwischen Menschen, sondern sie geht durch jeden Christenmenschen hindurch, wobei die Front sich oft im Menschen hin und her bewegt, was sehr weh tun kann.

Martin Luther hat dasselbe ausgedrückt mit der Formulierung »simul iustus et peccator«, gerecht und Sünder zugleich. Oder »peccator in re, iustus in spe«, Sünder in der vorfindlichen Wirklichkeit, aber gerecht in der Hoffnung auf Jesus Christus.

Als im Jahr 1999 evangelische und katholische Kommissionen die »Gemeinsame Erklärung zur Rechtfertigungslehre« vorbereitet haben, gab es ein langes heftiges Ringen um diese Formel, die für die evangelischen Kirchen die Bedingung war, ohne die sie das Dokument nicht unterschrieben hätten. Als schließlich die römische Glaubenskongregation mit ihrem Vorsitzenden Kardinal Josef Ratzinger sich zu dieser Formulierung bekannte, sagte auch Eberhard Jüngel zu der neuen Fassung des Dokumentes ja mit der Folge, dass die evangelischen Lutheraner bereit wurden zu unterschreiben (wobei nicht verschwiegen werden kann, dass einstweilen ca. 250 evangelische Dozentinnen und Dozenten der Theologie vor der Unterschrift gewarnt haben).

Warum diese Formulierung »gerecht und Sünder zugleich« als Bedingung zur Unterschrift? Weil wir nach evangelischer Lehre bis zum Lebensende ganze Sünder bleiben. Weil der ganze Sünder den ganzen Zuspruch der ganzen Vergebung und Gnade Gottes braucht, um als Christ seines Heiles gewiss zu sein und seines Lebens froh zu werden.

Steht das Leitwort »Welche der Geist Gottes treibt, die sind Gottes Kinder« gegen jene Sicht, die Luther mit »gerecht und Sünder zugleich« meint? Durchaus nicht. Aber es ist ein Unterschied, ob ich meine Gotteskindschaft sozusagen als einen Status mit mir trage, ohne dass ich mit ihr etwas anfange, oder ob ich mich vom Geist Gottes zu herzlichem Glauben befreien und zu einem Leben in der Nachfolge Christi bewegen lasse. Paulus wirbt für das Zweite, das dann auch bedeutet: bewusst Kind Gottes sein, das enorme Vorrecht verstehen, annehmen, in ihm leben, sich vom Geist Christi wirklich bewegen lassen.

Gibt es dann sozusagen eine aktive Gotteskindschaft, bei der der Geist Gottes das Gotteskind »treibt«, erfüllt, aktiviert, in Spannung versetzt, dann wieder beglückt und zu Taten der Nächstenliebe beflügelt, und andererseits passiver Gotteskindschaft, bei der wohl Gottes

Annahme zum Kind Gottes gilt, aber nicht erkannt, nicht wahrgenommen wird? So wie viele Gemeindeglieder sich wohl zur Kirche zählen, aber deswegen doch keine aktiven Gemeindeglieder sind? Vergleichbar der aktiven und passiven Mitgliedschaft in einem Fußballclub?

Würden wir dieses so feststellen, dann hätten wir sozusagen zwei verschiedene Klassen in der Gemeinde ausgemacht und hätten den Leib Christi damit mindestens in Gedanken segmentiert. Vor allem aber hätten wir damit der werbenden Einladung entgegengewirkt: Lasst euch vom Geist bestimmen! Erkennt, was es bedeutet, ein Kind Gottes zu sein! Setzt euch der Ausstrahlung Jesu Christi wirklich aus! Kehrt um zu dem, was ihr seid. Erwacht zu dem, wozu ihr berufen seid. Werde, was du bist, ein freies Gotteskind, frei zum herzlich vertrauenden Glauben, frei zur unverzagt tätigen Liebe, frei zur immer neuen Hoffnung für dich und für alle anderen Menschen!

Hat nun bei jenem weihnachtlichen Familienstreit der Oberstleutnant recht oder seine bibelkundige Frau? Keine Frage, dass die biblischen Argumente der Frau nicht vom Tisch gewischt werden können. Aber ebenso keine Frage, dass Jesus Christus der Bruder aller Menschen geworden ist, für alle gelebt hat und für alle gestorben ist, um alle hineinzunehmen in die Gottesherrschaft. Das kann nicht umsonst sein. Aber: Was bringt es ihnen, wenn sie es nicht erkennen? Wenn sie es nicht wahrnehmen? Wenn sie mit ihrem Bruder Jesus und ihrem Vater im Himmel keinen Kontakt pflegen? Wenn sie seinen Geist nicht wirken lassen. Ist nicht diese sozusagen schlafende Gotteskindschaft im Grund ein Jammer? Und kann man sie überhaupt eine Gotteskindschaft nennen?

Es wird wenig bringen, wenn wir uns und einander als schlafende oder erweckte, als nur nominelle oder tatsächliche Gotteskinder klassifizieren. So unangemessen es ist, wenn ein Pfarrer die Gemeindeglieder in »Karteileichen« und aktive Mitglieder der Kerngemeinde klassifiziert. Es kann sein bei solchen Klassifizierungen, dass er sich sehr täuscht, dass er Menschen dabei schwer abstößt und verletzt, aber auch, dass er dem Geist Gottes sehr unrecht tut. Obendrein handelt er als Missionar töricht. Aber alles für eine herzliche, eine erweckliche Einladung, sich dem Geist zu öffnen, sich von ihm »treiben«, bestimmen zu lassen, seinen Impulsen zu folgen. Und vor allem: Wir selbst können uns nie genug dem Wirken des Geistes öffnen, um uns von ihm »treiben« zu lassen.

2. Sonntag nach Epiphanias

Das Gesetz ist durch Mose gegeben,
die Gnade und Wahrheit ist durch
Jesus Christus geworden.

Johannes 1,17

Im Jahr 1919 schuf Ernst Barlach vor allem zwei Plastiken, beide aus Eisenbahnschwellen, also aus hartem Eichenholz, über das unendlich viele Züge gefahren sind. Und beide Gestalten – eine Eisenbahnschwelle bietet dem Künstler nur sehr eingeschränkten Platz – wirken streng oder beengt. Die eine: Moses mit den Gesetzestafeln. Kerzengerade aufrecht, aber ein wenig schräg nach hinten geneigt, als müsse seine Gestalt die Schwere der großen, hohen Gesetzestafeln, die er vor sich hält, ausgleichen, steht er vor uns. Über den hohen Tafeln sein Gesicht, eingerahmt von nach unten wallendem Haar, kritisch, unbestechlich, unbeirrbar, die Augen ganz nach innen blickend, als sei sein Sinn jetzt ganz im Gesetz. Etwas Ehernes liegt über diesem Antlitz.

Das andere Bild ein Halbrelief, auf dem man die Eisenbahnschwelle noch sehr deutlich sieht: die gemarterte Menschheit. Eine Frau hängt, die gefesselten Hände über ihrem Kopf zusammengebunden, an einem Strick. Aus ihrem schlichten Büßerhemd die Füße, auch sie zusammengebunden. An ihnen hängt eine schwere Bleikugel. Das Gesicht der Frau gezeichnet von harten Schmerzen. Es könnte ebenso gut ein Männergesicht ein. Es ist einfach das schmerzdurchfurchte Gesicht der leidenden Menschheit. Mit Gottfried Benn könnte man vor diesem Antlitz sagen: »Es gibt nur zwei Dinge: die Leere und das gezeichnete Ich.«

Diese beiden Werke im Jahr 1919, in dem Hunger, Kälte, Leid, Demütigung, Hass die Menschen vor allem in Deutschland gepeinigt haben. Der unbeirrte Mose mit seinen Gesetzestafeln sagt – obwohl er gar nicht spricht, sondern uns nur still und unerbittlich die großen Tafeln vor Augen hält: »Euch ist der heilige Wille Gottes gegeben. Wenn ihr den dermaßen mit Füßen tretet, wie ihr das tut, dann tretet ihr euch selbst und ihr martert die Menschheit.«

Dazu zwei Christusstatuen von Barlach. »Das Wiedersehen« heißt die eine von 1926. Christus, aufrecht, der Erhöhte, aber sehr schlicht, ohne jede Glorie, er kommt wieder, so schlicht, wie er gelebt hat. Ein Mensch, den sein Leben ziemlich krumm geschlagen hat, lehnt seine Hände auf ihn, Christus stützt diesen Menschen mit seinen Händen. Das Gesicht des Jüngers mit seinen übermäßig großen Augenhöfen lässt ahnen, was er an schrecklichen Dingen gesehen hat. Sein Augenbereich ist wie eine Wanne, ausgewaschen von Tränen. Offenbar denkt Barlach an Jesu Wort aus den Abschiedsreden: »Ihr habt nun Traurigkeit; aber ich will euch wiedersehen, und euer Herz soll sich freuen und eure Freude soll niemand von euch nehmen« (Joh 16,22). Die herzliche Freude ist in diesem Bildwerk noch nicht aufgekommen. Es ist der Augenblick des ersten Wiedersehens. Der Jünger, seiner Körperhaltung und seinem Gesichtsausdruck nach ein Wrack, stützt sich ganz auf den Christus, in dessen Stirnfalten, Augen, Mund. Wir spüren, wie sehr er die Strapazen, die sein Jünger hinter sich hat, mitfühlt.

Und das dritte Bildwerk, aus getöntem Gips, der lehrende Christus von 1931. Große, zugewandte, wissende Augen, ein starker Mund, offene Hände, die mehr den Heilandsruf »Kommet her zu mir alle, die ihr mühselig und beladen seid, ich will euch erquicken« ausdrücken als die belehrende Geste. Er lehrt mit Händen, die an das erinnern, was die Zuhörenden wohl sehen, wenn ihre Augen geöffnet sind. Man könnte sich vorstellen: Er spricht die Seligpreisungen: »Selig die geistlich Armen, selig die da hungert und dürstet nach der Gerechtigkeit, selig die Trauernden, selig die Barmherzigen, selig seid ihr, wenn euch die Leute verfolgen und reden allerlei Übles gegen euch ...« Das Gewand Jesu fällt auf. Es erinnert an organisch fließendes Wasser. Offenbar soll es Jesu Wort abbilden: »Wen da dürstet, der komme zu mir und trinke! Wer an mich glaubt, wie die Schrift sagt, von dessen Leib werden Ströme des lebendigen Wassers fließen« (Joh 7,37.38).

Das Gesetz ist durch Mose gegeben, die Gnade und Wahrheit ist durch Jesus Christus geworden. Mose und Jesus werden hier miteinander in Verbindung gesetzt – und dafür gibt es einigen Grund, wenn wir an das Gesetz, das Mose vom Berg bringt, und Jesus als den Bergprediger denken. Und doch werden sie einander gegenübergestellt, ja entgegengesetzt.

Zugleich werden Gesetz einerseits, Gnade und Wahrheit andererseits, Gesetz und Evangelium einander gegenüber- und entgegengesetzt. Das geschieht auffallend stark in Hebräer 12,18–24: »Denn ihr seid nicht gekommen zu dem Berge, den man anrühren konnte und der mit Feuer brannte, noch zu dem Dunkel und Finsternis und Ungewitter, noch zu dem Hall der Posaune und zum Schall der Worte, bei dem die Hörer baten, dass ihnen kein Wort mehr gesagt würde; denn sie vermochten's nicht zu ertragen, was da gesagt ward« (2. Mose 19,13): ›Und wenn auch nur ein Tier den Berg anrührt, soll es gesteinigt werden.‹ Und so schrecklich war die Erscheinung, dass Mose sprach (5. Mose 9,19): ›Ich bin erschrocken und zittere.‹ Sondern ihr seid gekommen zu dem Berge Zion und zu der Stadt des lebendigen Gottes, dem himmlischen Jerusalem, und den vielen tausend Engeln und zur Versammlung und Gemeinde der Erstgeborenen, die im Himmel angeschrieben sind, und zu Gott, dem Richter über alle, und zu den Geistern der vollendeten Gerechten und zu dem Mittler des neuen Bundes, Jesus, und zu dem Blut der Besprengung, das da besser redet als Abels Blut.«

Zwei sehr verschiedene Berge: Der Berg, von dem das Gesetz kommt, auf dem der heilige, Furcht erregende Gott wohnt, vor dem auch Mose zittert. Ihm gegenüber der Zion, das himmlische Jerusalem, die neue Gesellschaft erlöster Menschen, deren Namen im Buch des Lebens geschrieben sind, vollendete Gerechte, viel tausend Engel, die Gott loben, und mittendrin der Mittler des neuen Bundes, Jesus, der sein Leben gibt zur Versöhnung der Menschen mit Gott und miteinander.

Ein Jude, der das liest, wird protestieren und sagen: Was macht ihr Christen, besonders ihr paulinisch-lutherischen, aus der Weisung? Schon der Ausdruck »Gesetz« ist fragwürdig, bringt etwas Bedrohliches, kalt Statuarisches in das Verständnis des Gesetzes. Ihr habt ein Zerrbild-Gesetz. Ihr solltet einmal erleben, wie am Chag ha Thora, am Fest der Weisung, unsere Jünglinge mit Prinzessin Tora tanzen.

Man kann sie nur lieben, die Weisung Gottes zum Leben. Lest den Psalm 119 und fangt an euch zu freuen, dass uns die Weisung gegeben ist. Was wären wir ohne sie?

Und auch ein reformierter Christ, etwa aus der Schule Karl Barths, könnte mit dem Meister im Sinne seines Aufsatzes »Evangelium und Gesetz« von 1935, sagen: Schon die Reihenfolge ist falsch. Zuerst der Bund Gottes mit seinem Volk und seine Erlösungstat, die Befreiung aus Ägypten und die Rettung am Schilfmeer. Dann das Gesetz bzw. die Weisung. Die Gesetzestafeln liegen in der Bundeslade, es ist einfach falsch, das Gesetz, das durch Mose gegeben wurde, für sich zu sehen und ihm das Evangelium gegenüberzustellen.

Keine Frage, dass dieses Verständnis der Tora dem jüdischen und dem alttestamentlichen viel näher steht und dass wir uns im jüdisch-christlichen Gespräch mit Barths Auffassung von Evangelium und Gesetz sehr viel leichter tun.

Aber in diesem Wort »Das Gesetz ist durch Mose gegeben, die Gnade und Wahrheit ist durch Jesus Christus geworden« ist eine gewisse Gegenüberstellung deutlich. Gesetz und Evangelium werden nicht auseinandergerissen, sie gehören natürlich zusammen. Aber sie bezeichnen doch zwei verschiedene Weisen Gottes, mit seinem Volk und zu seiner Menschheit zu reden.

Ein paar Einzelheiten zur Auslegung dieses Wochenspruchs: Es ist nicht vom Gesetz Mose die Rede, auch die hebräische Bibel spricht immer vom »Gesetz durch Mose (gegeben)«. Das Wort gegeben erinnert durchaus an Gesetzeserlasse. Über ein Gesetz schreiben wir heute noch »gegeben am …« und fügen das Datum der Verkündung des Gesetzes ein. Es ist eine Gegebenheit, von der auszugehen ist. Bei den Worten Gnade und Wahrheit steht das Wort »geworden«. Und in der Biblia Germanica von 1545 lese ich, wie Luther, der große Sprachkünstler, übersetzt: »Die Gnade und Wahrheit ist durch Jesum Christ worden.« Durch die ungewöhnlich abgekürzte Formulierung gibt er dem aufmerksamen Leser den Wink: Hier halte ein und denke nach. Die Wahrheit ist »worden«, da ist ein Prozess geschehen, der enorme Folgen hatte; der Prozess ist durch den Namen Jesus Christus bezeichnet, durch die Menschwerdung Gottes in ihm, durch seinen stellvertretenden Tod am Kreuz und durch seine Auferweckung von den Toten. Dadurch sind Gnade und Wahrheit geworden. Anders gesagt: Durch ihn ist die Gnade Gottes für uns und unter uns wahr und wirklich geworden. Wahrheit heißt: Was durch den Mund der Propheten in Aussicht gestellt war, was Väter und Mütter durch Jahrhunderte, auch gerade in bösen, trostlosen Zeiten erhofft haben, das ist nun wahr geworden: Gott ist gnädig allen Menschen. »Es ist erschienen die heilsame Gnade Gottes allen Menschen ...« (Tit 2,11). Das Evangelium dieses Sonntags spielt in einem Sämeion, einer zeichenhaften Geschichte, durch, wie Gesetz und Evangelium sich zueinander verhalten. In der Geschichte von der Hochzeit zu Kana (Joh 2,1–11) geht es nicht eigentlich um Jesu Leutseligkeit einem jungen Paar gegenüber nach dem Motto »Und Jesus war auch dabei«. Es geht um die Symbolik vom Wasser als Reinigungselement, wie es beim Befolgen des Gesetzes reichlich gebraucht wird – und um den Wein in Fülle, der des Menschen Herz erfreut und der das Getränk beim eschatologischen Hochzeitsmahl ist, wenn Gott und Mensch sich auf immer vereinen. Aus dem Wasser, das zur rituellen Waschung bereitgestellt wurde, wird Wein in Fülle. Aus dem Befolgen des Gesetzes, das den Menschen nicht zur Erfüllung seines Lebens und zur vollen Gottesgemeinschaft bringt, wird der Freudenwein, das Getränk der Seligen, wenn Gott in Jesus Gemeinschaft mit uns hält.

Wilhelm Stählin berichtet von einer witzig hintersinnigen Antwort des Kirchenvaters Hieronymus. Er wurde gefragt, ob denn die Hochzeitsgäste von Kana die ungeheure Menge des Weines ganz hätten trinken können. Hieronymus habe geantwortet: »Nein, wir trinken alle noch davon.«

3. Sonntag nach Epiphanias

Es werden kommen von Osten und von Westen,
von Norden und von Süden, die zu Tisch sitzen
werden im Reich Gottes.

Lukas 13,29

Damals, als Jesus diese Vision seinen Jüngern mitteilte, muss das für sie unglaublich gewesen sein. Heute, fast zweitausend Jahre später, wissen wir, dass es Christen so gut wie in allen Ländern rund um den Globus gibt. Freilich leben sie in ganz unterschiedlichen Situationen: Es gibt Christen in Ländern, in denen sie nur eine verschwindende Minderheit darstellen, oft gefährdet sind oder immer wieder verfolgt werden. Was oft zur Folge hat, dass sie ihr Christsein als ein teures Bekenntnis besonders kraftvoll leben. Andere leben in Ländern, in denen sich noch immer weit mehr als die Hälfte der Bevölkerung zu einer christlichen Kirche zählt. Was andererseits zur Folge hat, dass in dieser »volkskirchlichen« Situation ihr Christsein gefährdet ist durch Anpassung an gerade gängige Denkmuster. Man will die Mehrheit der Bevölkerung bei der Kirche halten und macht den schmalen Weg breit.

Auf jeden Fall ist die bisherige Erfüllung der Vision Jesu, dass Menschen aus allen vier Himmelsrichtungen zum Gottesreich, das Jesus angesagt und selbst bereits verkörpert hat, finden werden, dass sie in allen Ländern vom Evangelium erreicht und erfasst werden, »ein Wunder vor unseren Augen«. Es ist eigentlich unglaublich. Wir können uns nicht genug darüber wundern. Wenn wir dann noch bedenken, wie zutiefst Ärgerliches durch Christen im Lauf der Jahrhunderte geschah, das sich die Christenheit immer neu vorhalten lassen muss, dann ist es umso wunderbarer, dass die Christenheit lebt und in vielen Teilen der Erde an Ausstrahlung gewinnt. In meinen Augen ist gerade die Tatsache, dass trotz des Versagens so vieler Christen und Kirchen das Evangelium in der Welt »läuft« und wirkt, fast so etwas wie ein »Gottesbeweis« (wenn es Gottesbeweise im strengen Sinn geben würde). Gottes Reich kommt durch uns, ohne uns, trotz uns, gegen uns, auf jeden Fall aber uns zugute.

Besser gesagt, das Reich Gottes ist schon da. Es ist mitten unter euch! (Lk 17,21; nicht, wie Luther übersetzt, »inwendig in euch«). Es ist da in Jesus, von dem der Kirchenvater Origenes mit Recht gesagt hat, er sei die Autobasileia, das Reich Gottes in Person, die Person gewordene Gottesherrschaft. Und weil Jesus auferstanden ist von den Toten, lebt und regiert, durch seinen Geist wirkt, wo und wann es ihm gefällt, werden heute in jedem Erdteil Menschen von dieser Botschaft angesprochen, berührt, überzeugt. Die Mensch gewordene Gottesherrschaft, die den Namen Jesus Christus trägt, erreicht sie, überholt sie.

Wenn wir verstanden haben, dass die Gottesherrschaft trotz uns kommt, dürfen und sollen wir freilich auch sehen, wie viel Gutes im Lauf der Geschichte in vielen Ländern durch das Evangelium bewirkt wurde und wird. Wie viel für die Befreiung der Völker von Angst und Unrecht, wie viel für eine neue friedliche Gesinnung, wie viel auf diakonischem Gebiet, wie viel für die Alphabetisierung und für die Entwicklung der medizinischen Versorgung geschah und geschieht. Um nur einiges anzudeuten. Wir sollten nicht mitmachen bei der einseitigen Buchführung derer, die in Sachen Kirche und Christen nur das Negative, nur Versagen und Kollaboration mit verbrecherischen Mächten sehen.

Besonders sollten wir dem oberflächlichen Trend, nach welchem Mission mit Kolonialismus und Imperialismus gleichgesetzt wird, widerstehen. Freilich gab es unheilvolle Verquickungen von Mission und westlichem Kolonialismus. Es gab Missionare, die diese Verquickung gebilligt und verstärkt haben, ohne zu sehen, wie sehr sie damit schlimmem Unrecht eine Art christlicher Rechtfertigung gegeben haben. Es gab aber auch nicht wenige Missionare, die unter dieser Verquickung gelitten und, so gut sie es konnten, ihr entgegengearbeitet haben. Es gab viele Missionare, zu deren Weltbild es ganz selbstverständlich gehörte, dass der weiße Mann der Lehrmeister der getauften Heidenchristen ist und bleibt. Und es gab und gibt andere, die vieles getan haben und tun, dass die jungen Kirchen selbstständig werden konnten und dass sie uns heute als selbstständige Partner gegenüberstehen. Erstaunlich ist es auf jeden Fall, dass das Evangelium von Jesus Christus eine immer größere Wirkung entfacht hat und entfacht.

Auch im Blick auf das Thema Kirche im Dritten Reich sollten wir nicht dem Trend folgen, die Christen nur eben als Versager auf der ganzen Linie zu verstehen. Die Aufarbeitung der Fakten kann nicht genau genug geschehen, aber sie sollte vom Willen bestimmt sein, wirklich zur Kenntnis zu nehmen, was war. Wenn wir Christen uns bei Leuten, die von den Kirchen sowieso nichts halten, damit anbiedern, dass wir bereitwillig ihre Pauschalverurteilungen übernehmen, tun wir damit weder ihnen noch der Sache des Evangeliums einen Dienst. Wir biedern uns mit dieser angeblichen Bußgesinnung, die keine ist, nur an. Wir bestätigen ihre oft von Unkenntnis geprägten, reichlich flachen Vorurteile. Das wollen sie von uns haben. Mancher Christ ist ihnen da allzu freudig zu Willen. Wir sollten ihnen viel eher zur Unterscheidung und einem differenzierten Urteil verhelfen. Auch gerade in der Nacht des Dritten Reiches waren »nicht alle Katzen grau«.

Eindrücklich war mir in diesem Zusammenhang eine Tagung, die wir in einem Bündnis mit verschiedenen linken Gruppierungen im Ulmer Haus der Begegnung gehalten haben. Wir hatten dazu auch den Berliner Soziologen Ossip Flechtheim und den einstigen Ratsvorsitzenden der EKD, Bischof Kurt Scharf, eingeladen. Tagungsthema war das Versagen der Kirchen im Dritten Reich. Wir wollten in dieser Sache sozusagen groß reinemachen. Entsprechend fielen die Vorträge und Diskussionen aus. Kurt Scharf hatten wir eingeladen als einen bußfertigen, kirchenkritischen Kirchenmann, Mitakteur der Bekennenden Kirche »Dahlemer Richtung«, Unterstützer des Stuttgarter Schuldbekenntnisses, des Darmstädter Wortes mit einer sehr selbstkritischen Sicht der Rolle der Kirchen, Vorsitzender der Aktion Sühnezeichen Friedensdienste. Als dann bei dieser Tagung nur noch schwarz gefärbt wurde und der Widerstand einzelner Christen gegen das NS-Regime kaum noch genannt werden durfte, weil die Tagung auf eine Gesamtverurteilung der Kirchen angelegt war, widersprach Kurt Scharf in aller Würde und sagte etwa Folgendes: »Was ihr jetzt tut, ist Ausdruck der Undankbarkeit gegen Gott. Gott hat durch seinen Geist nicht wenigen Leuten große Tapferkeit gegeben, dem Unrecht des Dritten Reiches zu widerstehen. Viele haben dafür ihr Leben riskiert. Das darf nicht gering geachtet werden. Und sehr vielen Menschen gab der Heilige Geist die kleine Tapferkeit. Sie ist besser als keine. Wir sollten uns angewöhnen, auch die kleine Tapferkeit von Menschen zu sehen und für sie Gott dankbar zu sein.«

Dasselbe dürfte bei der Aufarbeitung der Rolle von Kirchen und Christen in der DDR gelten. Dasselbe, wenn wir an die Rolle der Kirchen im einstigen Ostblock denken. Es gab bei viel Kollaboration auch viel Widerstand, an den wir nur dankbar erinnern können.

Und so dürfte die Rolle der Christen auch heute in den verschiedenen Teilen der Welt sein: Kollaboration mit dem Unrecht auf der einen, Widerstand bis zum Martyrium auf der anderen Seite. Es ist ein durchaus widersprüchliches Bild, das die Christenheit bietet. Umso erstaunlicher ist es, dass das Evangelium in vielen Teilen der Welt an Boden gewinnt.

Es ist für unser eigenes Christsein, auch für die Mentalität in den Gemeinden und in unserer Landeskirche, wichtig, dass wir diese ökumenische Perspektive nicht aus dem Blick verlieren. So sehr wir gut dran tun, unsere geistigen und geistlichen Traditionen zu erforschen und zu schätzen. Aber die besten württembergischen Traditionen, etwa bei Johannes Brenz, bei Johann Albrecht Bengel, Oetinger, Philipp Matthäus Hahn, bei den beiden Blumhardts, bei der Basler Mission, die ja weithin von Württemberg bestimmt war, waren doch immer diejenigen, die über den württembergischen Tellerrand hinausgewiesen haben. Nur ja kein »artgemäß« württembergisches Christentum (das mich immer an artgemäße Tierhaltung erinnert). Nur ja keine Verengung auf unsere Art und unsere Mentalität.

Wie unangemessen auch der Geruch von Gemeindementalitäten, die sich dadurch auszeichnen, dass sie es ganz unmöglich machen, dass die Gemeinde in A-Dorf mit der Gemeinde in B-Dorf, das drei Kilometer hinter dem Berg liegt, kooperiert. Als habe der Heilige Geist sich so unlösbar an die Mentalität von A-Dorf gebunden, dass A-Dorf sich bis zum Jüngsten Tag auf sein unverwechselbares Profil, das inkompatibel sei mit den Profilen anderer Gemeinden, berufen dürfe.

Und Gott bewahre uns davor, in unserer abendländisch christlichen Kultur – soweit man von ihr noch reden kann – die christliche Kultur zu sehen. Sie ist nur eine Ausprägung. Wenn Mission mehr sein will als nur ein oberflächliches Einfärben von Menschen durch christliche Gedanken, dann wird sie sich mit der jeweiligen Kultur eines

Volkes, auch gerade mit dessen religiöser Kultur, irgendwie einlassen; sie wird sich mit der jeweiligen Landeskultur in ein Gespräch begeben, wird versuchen, diese mit den Einsichten und Kräften des Evangeliums zu durchdringen. Es entsteht so eine Art Inkulturation des Evangeliums. Diesen Prozess können wir nur begrüßen.

Aber Vorsicht, wenn über Nacht daraus ein »artgemäß« indisches oder chinesisches oder afrikanisches Christentum wird, das in Konkurrenz tritt zu anderen »artgemäßen« Christentümern. Wir Deutschen haben den wohl spektakulärsten und blamabelsten Lernprozess in den Irrtümern der Deutschen Christen während des Dritten Reiches durchgemacht. Wir können andere Völker nur bitten, unsere Irrwege nicht zu wiederholen.

Das gilt auch im Blick auf die Auseinanderentwicklung nationaler Christentümer, für die besonders die protestantischen und orthodoxen Kirchen anfällig sind. Auch hier haben wir Deutschen in den dreißiger Jahren des 20. Jahrhunderts der Weltchristenheit ein warnendes Beispiel geboten. Nach 1989 wurde dieses Paktieren von Kirchen mit nationalistischen Bestrebungen im Bereich des einstigen Ostblocks zur Gefahr. Es ist historisch sehr wohl zu verstehen. Die ruhmreiche Sowjetunion hat die einzelnen Völker, die zu ihr gehörten, im Zeichen ihrer weltweit angelegten kommunistischen Vision unterdrückt. Sie hat zugleich die Kirchen unterdrückt. Man kann darüber diskutieren, ob sie mehr an ihren wirtschaftlichen Schwierigkeiten, an ihrer Unterdrückung der einzelnen Völker, an ihrer Unterdrückung der Kirchen oder an der nicht zu verwirklichenden Idee, die zur Ideologie geworden war, zerbrochen ist. Nun atmeten einige Völker auf. Als der verhasste Kommissar entmachtet war, fühlte der Pope oder der Bischof sich berufen, sich als Vater des Volkes zu präsentieren, in der Nation den Ton anzugeben. So geriet etwa die serbisch-orthodoxe Kirche in einer sehr unguten Weise in die Rolle einer sich nationalistisch gebärdenden Kirche. Und wenn auch kluge und feine Kirchenväter in ihr wie der Patriarch Pawle versuchten entschieden entgegenzusteuern, die beim Volk populären Bischöfe übernahmen doch immer mehr die Rolle, ihre Kirche nationalistisch einzufärben, Glauben und Liebe zu einer Nation unlösbar zusammenzubinden. Die Folge war, dass in den Balkankriegen der letzten zwanzig Jahre die serbisch-orthodoxe Kirche eine sehr fragwürdige Rolle gespielt hat. Sie hat auf diese Weise ihr politisches Wächteramt schwer vernachlässigt und hat zu Gräueln geschwiegen, die der blinde Nationalitätenhass angerichtet hat.

Ich habe die Gefährdung orthodoxer Kirchen, in ein nationalistisches Christentum hineinzugeraten, am Ende der Gorbatschow-Ära in Belorussland im Gespräch mit einem Priester miterlebt, vor dem ich im Übrigen die allergrößte Hochachtung habe. Ich nenne ihn hier »Vater Michail«, die ganze Gemeinde nennt ihn so, selbst seine junge Frau spricht ihren jungen Ehemann mit »Vater Michail« an. Er opfert sich in der hochverstrahlten Zone für seine Gemeinde total auf. Die Kommissare gingen, Vater Michail und seine Frau mit den kleinen Kindern kamen. Er gehört einer nationalen Partei an, die damals, etwa um 1990, unter christlichem Vorzeichen die kommunistische Partei bekämpft hat. Er zeigte mir die belorussische Fahne, in der ein roter Streifen auf weißem Feld zu sehen ist. Die Farben dieser Fahne deutete er so: Belorussland hat wie Christus gelitten, unter Stalin, unter Hitler, unter Tschernobyl. Christus leidet mit uns. Daran erinnert das Blutrot in unserer Fahne. Es ist das Blut unseres Volkes und das Blut Christi. Aber vor strahlend weißem Hintergrund. Das ist Ostern. Christus ist auferstanden. Unser Volk wird auferstehen aus seiner Passion. Darum beten wir. Dafür kämpfen wir.

Ich versuchte ihm deutsche Erfahrungen aus den dreißiger Jahren deutlich zu machen, wollte ihm zeigen, dass ein Christentum, das Nation und Christus dermaßen eng in Verbindung miteinander bringt, sich auf gefährliche Abwege begibt. »Das sind euere deutschen Probleme«, sagte er mir. »Bei uns ist das etwas anderes.« Ich konnte ihn nicht überzeugen.

In diesem Gespräch spürte ich, wie anfällig für Versuchungen auch für hoch achtbare Christenmenschen der Weg in nationale Christentümer sein kann.

Vom Osten und vom Westen, von Norden und von Süden werden sie kommen, die zu Tisch sitzen werden im Gottesreich. Halten wir unseren Horizont offen, stärken wir in unseren Gemeinden und Landeskirchen alles, was zur Begegnung mit Christen anderer Länder und Erdteile führt. Nehmen wir teil an ihrem Geschick. So werden wir in der Weltgesellschaft am ehesten mit einer Zunge in den großen, schweren Fragen, die heute die Menschheit bedrängen, die Weisheit des Evangeliums zur Sprache bringen können. Und nur so werden wir dem Auftrag entsprechen, den Jesaja dem Volk Gottes weitergab und den Johannes der Täufer uns als Auftrag mit auf den Weg gegeben hat: »Bereitet dem Herrn den Weg!« (Jes 40,3; Mt 3,3).

4. Sonntag nach Epiphanias

*Kommt her und sehet die Werke Gottes,
der so wunderbar ist in seinem Tun an den
Menschenkindern.*

Psalm 66,5

Eine gewisse Rolle in meinem Leben spielte eine politische Pilgerfahrt nach Weißrussland, zu der ich vor etwa zwanzig Jahren mit einigen Hemmungen aufgebrochen bin. Das Pilgern erscheint einem in der Wolle gefärbten Protestanten »katholisch«. Unsereins geht dann schon lieber wandern. Die Ziele der Reise waren mir zu unbekannt. Auch der Zweck: Warum machen wir das eigentlich? Die Angaben über unsere mutmaßlichen Gesprächspartner, die uns in Weißrussland erwarten würden, waren nebulös. Oder erwartet uns wohl gar niemand, so dass wir wie bestellt und nicht abgeholt dastehen würden? Wer sind die Leute denn? Wer hat sie ausgewählt? Nach welchen Kriterien? Was wollen sie von uns? Was wollen wir von ihnen? Und dann das Halstuch, durch das wir uns als Pilger kenntlich machen sollten. Als Jungscharler habe ich mit Stolz Halstuch getragen, als Jungscharleiter habe ich meine ganze Jungschar in Halstücher gesteckt. Aber jetzt mit fast fünfzig? Und auch die Inschrift auf dem Halstuch: »Kommt und seht!«? Was soll das?

Acht Tage später war mir klar, dass diese Reise die wohl folgenreichste meines Lebens werden würde. Das Hingehen zu den Orten des Zweiten Weltkriegs, den letzten Kilometer sind wir jeweils schweigend zu Fuß gegangen. Zu den Orten, an denen sich barbarische Herrenmenschen an östlichen »Untermenschen« ausgetobt hatten. Das Hingehen zu den wenigen Augenzeugen. Gerade, als ich diese Seiten schreibe, erreicht mich aus Minsk die Nachricht, dass der wohl letzte überlebende Augenzeuge einer Vernichtungsaktion, der uns ein ganz wesentlicher Gesprächspartner geworden war, vor kurzem verstorben ist. »Held der Sowjetunion« war sein Titel. Aber nicht wegen dieses Titels hat er uns beeindruckt, sondern durch die Art, wie er uns seine und die Geschichte seines Dorfes bis zur völligen Vernichtung erzählt hat. Dann das Gespräch mit Wassyl Bykau, dem belorussischen Schriftsteller und Chronisten des Zweiten Weltkriegs. Mit dem Bürgermeister von Mogiljew, einem Perestroika-Mann, der uns augenzwinkernd zu erkennen gab, im nächsten Jahr werde die gewaltige Lenin-Statue nicht mehr vor seinem Rathaus stehen, er werde sie dem Parteisekretär in seinen Vorgarten stellen. Das Miterleben des orthodoxen Gottesdienstes in Grodnow und wie ich mir dabei unter den frommen Weißrussen wie ein gottloser Westler vorkam. Die Flusstaufe von vierzig jungen Baptisten im Bug in Brest und welche Rolle dabei das Wort Gospodin, Herr, gespielt hat. Und in allem: die Zeichen, dass sich Neues anbahnt in einem noch immer von Stalinisten regierten Land. Zugleich das Verstummen der Menschen, wenn das Wort Tschernobyl fiel. Die Angst in der Luft. Mir wurde diese Reise zum Anlass, mit anderen zusammen eine Tschernobylhilfe zu gründen.

Erst heute verstehe ich, warum auf unseren Halstüchern »Kommt und seht« stand. Hätte ich das alles in einem Reisebericht gelesen oder in einem TV-Film gesehen, es hätte in meinem Leben nicht viel bewirkt. Uns fernsehenden Leuten im Sessel mit dem Weinglas ist längst eine innere Schutzschicht gewachsen. Wir sind Zuschauer. Je mehr wir sehen, desto folgenloser wird das für uns. Die Abwehrmechanismen der Seele funktionieren.

»Kommt her und seht an!« heißt es in Psalm 66, in welchem besonders die geschichtlichen Rettungstaten Gottes für sein Volk beschrieben werden:

> *Er verwandelte das Meer in trockenes Land,*
> *sie konnten zu Fuß durch den Strom gehen.*

Und ein Mensch, der an die Orte zurückkehrt, an denen er schwer bedrückt, aus denen er aber lebend herausgeholt wurde, betet:

Gott, du hast uns geprüft und geläutert,
wie das Silber geläutert wird;
du hast uns in den Turm werfen lassen,
du hast auf unseren Rücken eine Last gelegt,
du hast Menschen über unser Haupt kommen lassen,
wir sind in Feuer und Wasser geraten.
Aber du hast uns herausgeführt und erquickt.

Ich weiß nicht, ob man das vom Schreibtisch aus verstehen kann. Vielleicht muss man hingehen.

Man sollte einmal vor dem Hügel Golgatha gestanden haben. Vor diesem Felsen, der uns an einen Totenschädel erinnert mit den tiefen, leeren Augenhöhlen und dem spitzen Nasenansatz. Man sollte einmal auf dem Berg der Seligpreisungen über dem Kinereth-See, die dunstblauen Küsten in der Ferne, die Bergpredigt gelesen haben. Man sollte am Jordan gestanden, sich die Taufe Jesu vorgestellt haben. Und am Felsengrab, um das Erstaunen der Apostel über das leere Grab zu erahnen. »Kommt her und seht!«

Als die beiden deutschen Staaten zu einem Staat wurden – wir hatten im Ulmer Münster einen Dankgottesdienst, aber es blieb uns alles doch ziemlich fern – fuhr ich »hinüber«, den alten vertrauten Weg über Eisfeld durch das Sperrgebiet nach Weimar. Einfach um zu sehen, was sich getan hatte. Die Kinder auf den Straßen, die uns Tee anboten, die Spruchbänder über der Straße »Wir grüßen unsere Freunde aus Westdeutschland«, die Berichte derer, die montags in den Kirchen gebetet hatten, wohl wissend, dass die Kirche von der Volkspolizei umzingelt ist. »Kommt her und seht!« Ich hätte diese Vorgänge, die andere hautnah miterlebt und mitgestaltet haben, vom Fernsehsessel aus nicht wirklich wahrnehmen können. Jene Vorgänge, die in die deutsche Geschichte als ein wunderbares, beispielloses Ereignis eingingen und die hoffentlich noch in hundert Jahren so verstanden werden.

Einige Jahre später Bezirkskirchentag in Weimar. Die Klagemauer aus Kartons im Paul Schneider-Zentrum, auf denen lauter Anklagen in Richtung Westen standen. Die Schlussfeier auf dem Herderplatz, bei der ein Stelzenmann als westlicher Kredithai das Gänseblümchen Hoffnung verfolgt hat und ich die Ehre hatte, als kirchlicher Oberwessi das »Wort auf den Weg« zu sagen. Auch um das zu erleben, heißt es: »Kommt her und seht.« Von zu Hause aus erlebt man das nicht.

Was für ein Sehen ist gemeint mit diesem »Sehet an«? Es ist zunächst das konkrete Wahrnehmen der Fakten aus der Nähe. Ein beteiligtes Sehen: »Kommt her!« Ein Sehen, bei dem wir aus Zuschauern Zeugen des Ereignisses werden. Ein Sehen des Herzens soll draus werden. Ein Mitfühlen und Miterleben, bei dem die Kräfte unserer Intuition in Bewegung kommen. Das Sehen mit unseren physischen Augen allein bringt es nicht. Erst wenn wir ganz da sind, können wir sehen und miterleben, was Gott getan hat.

Es hat mich beeindruckt, wie bei einer Busfahrt durch Israel die junge Frau, die uns die historischen Orte gezeigt hat, alles aus der Heilsgeschichte Israels in der Wir-Form berichtet hat. Als sei sie dabei gewesen am Schilfmeer und auf dem Karmel. Sie war beim Erzählen der großen Taten Gottes sozusagen gleichzeitig geworden mit Menschen, die vor 2000, 2500, 3000 Jahren gelebt haben.

Es gibt christliche Erzähler, die eine biblische Geschichte so erzählen, als kämen sie eben von dem Geschehen. Man weiß sich gleich ganz hineingenommen. Wir spüren, dass es um uns geht. Eine chassidische Geschichte erzählt von einem Rabbi, der die Geschichte vom Durchzug durch das Rote Meer so lebendig, so engagiert gelesen hat, dass die in der Synagoge versammelten Juden unwillkürlich ihre Kaftane hoben, damit sie nicht nass würden. Karl Barth konnte davon berichten, seine Mutter habe ihm und den Geschwistern die Geschichten der Bibel so erzählt, als seien sie heute Morgen oder gestern Abend draußen vor der Stadt auf einer Wiese geschehen. Der »garstige Graben« von zweitausend Jahren, über den Lessing nicht hinwegkommt, spielt in Barths Theologie nie eine Rolle. Er war überwunden durch ein Sehen und Erleben, das Raum und Zeit überwindet, weil ein Mensch dem Ruf gefolgt ist: »Kommt her und seht die Werke Gottes, die Wunder, die er tut …«

In dem Wort Wunder steckt auch ein Nachklang von Erschrecken. Freude und Furcht sind oft nahe beieinander. So in der Ostergeschichte, die Markus beschließt mit der Feststellung: »Denn sie fürchteten sich« (Mk 16,8). »Dienet dem Herrn mit Furcht und küsst seine Füße mit Zittern«, heißt es in Psalm 2,11.

Bemerkenswert, dass die griechische Übersetzung, die Septuaginta, vom Plan Gottes redet, die Vulgata in diesem Sinn von den Consilia Gottes. Das Wunder Gottes macht deutlich, welche Pläne Gott mit uns Menschen verfolgt. Dass er viel Erlösendes mit uns vorhat. So ist jedes Wunder Gottes nur ein Vorspiel; die Verklärung Jesu auf dem Tabor ein Vorspiel auf Ostern. So sind die Heilungswunder nur Vorspiel auf das, was der Seher Johannes in Offenbarung 21,4.5 schreibt: »Gott wird abwischen alle Tränen von ihren Augen, und der Tod wird nicht mehr sein, noch Leid, noch Geschrei, noch Schmerz wird mehr sein, denn das Erste ist vergangen. Und der auf dem Thron saß, sprach: Siehe, ich mache alles neu!«

Wenn wir das lernen könnten, besonders im Blick auf Jesus, dass wir unsere Zuschauer- und Kundenhaltung verlassen, dass wir zu ihm kommen und andere dazu einladen, wenn möglich, sie auch mitbringen.

Die Hirten auf dem Feld haben ihre Herden alleingelassen und sind hingegangen, das Kind im Stall zu sehen. Die Weisen aus dem Morgenland – waren sie weise Könige? – haben ihre Lehrstühle und ihre Regierungsbezirke hinter sich gelassen, um den neugeborenen König zu sehen. Sie folgten der Einladung: »Kommt her und seht!«

Als Philippus dem Nathanael von Jesus berichtet hatte, äußerte dieser Skepsis: »Was kann aus Nazareth Gutes kommen?« Darauf Philippus: »Komm und sieh!«

5. Sonntag nach Epiphanias

Der Herr wird ans Licht bringen,
was im Finstern verborgen ist,
und wird das Trachten der Herzen
offenbar machen.

1. Korinther 4,5

Sehen wir zuerst auf den Zusammenhang dieses Wortes (1. Kor 4,1–5). Paulus im Konflikt mit den Korinthern. Offensichtlich hat er aus Korinth sehr kritische Urteile über seine Person gehört, die ihn verletzen. Was sagt er dazu? Er erwartet von seinen Kritikern, dass sie ihn als einen »Diener Christi« anerkennen. Und als einen »Haushalter über Gottes Geheimnisse«, also als einen, der verantwortlich umgeht mit dem, was ihm von Jesus Christus an Einsicht in Gottes Heilsgeschichte oder Gottes »Ökonomie« anvertraut ist.

Dann geht er auf die Frage ein, wessen Urteil für ihn letztlich wichtig ist. Ziemlich selbstbewusst klingt es, wenn er schreibt: »Mir ist's aber ein Geringes, dass ich von euch gerichtet werde oder von einem menschlichen Gerichtsforum« (1. Kor 4,3). Das könnte man als einen Ausdruck von Selbstherrlichkeit verstehen, als wolle Paulus den anderen sagen, sie hätten ihm, dem Apostel, überhaupt nichts zu sagen. Allein, was er selbst von sich halte, sei relevant.

Das erleben wir ja immer wieder, dass selbstbewusste Herren sagen, sie hätten diese oder jene Entscheidung nach bestem Wissen und Gewissen getroffen und daraus folgern: Also muss ich mich keiner Kritik stellen. Dem früheren Bundestagspräsident Eugen Gerstenmaier entfuhr einmal im parlamentarischen Tumult der Satz: »Ich verbitte mir jede Kritik an dieser Entscheidung, die ich nach bestem Wissen und Gewissen getroffen habe.« Natürlich gab es nach diesem Ausrutscher des Präsidenten gleich ein großes Hallo nicht nur im Bundestag, sondern auch im Blätterwald. Gerstenmaier wird später diesen zornigen Ausruf sicherlich bedauert haben.

Ähnliches erleben wir dann und wann, wenn ein Mensch sich auf sein Gewissen beruft und sagt: »Meine Entscheidung war eine Gewissensentscheidung, über die ich nicht diskutiere.« Vielleicht beruft er sich noch auf Martin Luther, der vor dem Reichstag zu Worms 1521 gesagt hat: »Widerrufen kann und will ich nicht, weil wider das Gewissen zu handeln nicht sicher und lauter ist. Gott helfe mir. Amen.« Nach einem frühen Bericht soll er dazu gesagt haben: »Hier steh ich. Ich kann nicht anders.«

Wer sich auf sein Gewissen als letzte Instanz beruft und dabei Luther in Worms zitiert, muss wissen, dass Luther in eben dieser Erklärung betont hat: »Mein Gewissen ist gebunden in Gottes Wort.« Und: dass er bereit sei, sich durch Schriftzeugnisse und helle Gründe überwinden zu lassen. Er sei durch das Studium der Heiligen Schrift zu seiner Überzeugung gelangt. Luther war gerade deswegen nach Worms gekommen, um dort seine Erkenntnisse über der offenen Bibel zur Diskussion zu stellen. Sein Gewissen war kein autonomes, sondern ein in Gottes Wort gebundenes Gewissen. Man darf also in Luthers Bekenntnis in Worms weder den Trotz des unbelehrbaren Dickschädels noch die Haltung dessen, der für sich Unfehlbarkeit reklamiert, sehen.

Wie aber steht es um Paulus, dessen Selbstbewusstsein ja auch nicht gerade gering war? »Ich richte mich selbst nicht. Ich bin mir zwar keiner Schuld bewusst; aber darin bin ich nicht gerechtfertigt; sondern der Herr ist's, der mich richtet« (1. Kor 4,4). Allein entscheidend ist das Urteil dessen, der uns viel besser kennt, als wir uns selbst kennen. Sein Urteil über mich zu kennen, kann ich nicht für mich beanspruchen. Etwa so, dass ich sage: »Der Herr hat es mir gesagt, dass ich Recht habe.« Vielmehr: Wir gehen seinem Urteil entgegen. Bis dahin müssen wir vieles offen lassen.

Paulus knüpft an Jesu Mahnung wider den Richtgeist in Matthäus 7,1–5 an: »Richtet nicht, auf dass ihr nicht gerichtet werdet. Denn mit welcherlei Gericht ihr richtet, werdet ihr gerichtet werden; und mit welcherlei Maß ihr messet, wird euch gemessen werden. Was siehst du aber den Splitter in deines Bruders Auge und wirst nicht gewahr des Balkens in deinem Auge …?« Weil der Herr allein das entscheidende Urteil spricht, darum sagt Paulus seinen offenbar verletzend ungerechten Kritikern: »Darum richtet nicht vor der Zeit, ehe der Herr kommt.« Und dann unser Wochenspruch: »Der Herr wird ans Licht bringen, was im Finstern verborgen ist, und wird das Trachten der Herzen offenbar machen. Dann wird ein jeder von Gott sein Lob empfangen« (1. Kor 4,5). Wobei wir in dem letzten Satz das Wort »sein« betonen sollten. Es ist dieses Wort »sein« aber nicht auf den Beurteilten, sondern auf den Beurteilenden zu beziehen. Sein Urteil, sein Lob ist entscheidend. Wie dieses Lob dann aussehen wird, das müssen wir ihm überlassen. Wir können nicht erwarten, dass der Richter des Jüngsten Tages uns alle wegen unserer Lebensleistung lobt. Wir können es nur offen lassen, wie er unsere Lebenseinstellung, unseren Versuch, als Christen zu leben, sieht. Aber sein Urteil allein zählt. Anderer Leute Urteil, ihr Lob oder ihre Kritik, spielen dann keine Rolle mehr.

Wir sollten daraus folgern, dass wir jetzt, solange wir unterwegs sind, zwar die Kritik anderer ernst nehmen. Auch wenn sie verletzend vorgetragen wird, wird sie ja Gründe haben. Ich kann daraus lernen. Aber die Kritik anderer ist immer nur zweitrangig. Unterziehen sie mich vernichtender Kritik, so bin ich doch noch längst nicht am Boden zerstört. Vielleicht wird mir diese Kritik von höherer Hand geschickt, um meine Festigkeit in der Nachfolge Christi zu testen. Oder vielleicht muss ich durch sie einfach die Sünden meiner Jugend abbüßen. Habe ich andere Leute in jugendlichem Leichtsinn – »schnell fertig ist die Jugend mit dem Wort« (Friedrich Schiller) – verletzend kritisiert, so muss ich das nun in nicht geringem Maß selbst erdulden, um dadurch zu reifen. Aber mich von solcher Kritik vernichten zu lassen, dazu habe ich als Gotteskind keinen Grund. So gewichtig sind die anderen nicht, selbst wenn sie sich selbst als wichtige Leute verstehen. Ich will ihr Urteil ernst, aber nicht wichtig nehmen.

Auch sollte mich das Lob anderer nicht betören. Ich kann mich freuen und mich bedanken für ein freundliches Lob. Es soll mir gut tun. Wenn es mir aber in den Kopf steigen würde, dann wäre es um meinen festen Stand als Christenmensch schlecht bestellt. »Da schallt ihm sein Lob aus jedem Munde«, heißt es in Schillers Ballade »Der Handschuh«. Und als Fräulein Kunigunde den wackeren Ritter Delorges »mit zärtlichem Liebesblick, er verheißt ihm sein nahes Glück, empfängt«, dichtet Schiller:

Und er wirft ihr den Handschuh ins Gesicht:
»Den Dank, Dame, begehr ich nicht!«
Und verlässt sie zur selben Stunde.

Schön, wie Schiller hier einen aufrechten Charakter zeigt, der auf das Lob aus jedem Munde keinen Wert legt, der besser ohne dieses Lob aus albernem, unreifem Mund auskommt. Wer sich vom Lob anderer abhängig macht, wird bestechlich. Die das spüren, werden ihn bald am Gängelband ihres verweigerten, zurückgehaltenen, dann wieder unter gewissen Bedingungen huldvoll gewährten Lobes vorführen.

Es ist übrigens ganz gesund, wenn ein Mensch frühzeitig erfährt, wie verschieden auch die Beurteilungen kompetenter Leute ausfallen können. Dass mein Abitursaufsatz vom Erstkorrektor mit »sehr gut«, vom Zweitkorrektor mit »mangelhaft« benotet wurde – der Zweitkorrektor soll allerhand Schmähungen gegen den Verfasser darunter geschrieben haben – das sehe ich heute als eine glückliche Fügung Gottes an. So wurde mir beizeiten bewusst, dass auch die Urteile der Kompetenten zu hinterfragen sind.

Gut beraten ist eine Kirchenleitung, wenn sie Umfrageergebnissen nur einen sehr relativen Wert beimisst. Kirchenleitung muss nicht tun, was der Herr Omnes – so nennt Luther die Mehrheit – will. Sie darf auch Statistiken mit einiger Skepsis zur Kenntnis nehmen, eingedenk Sir Winston Churchills, der gesagt haben soll: »Ich traue nur der Statistik, die ich selbst gefälscht habe.«

Was wird am Tag X, auf den hinzuweisen Paulus nicht müde wird, geschehen? »Der Herr wird ans Licht bringen, was im Finstern verborgen ist, und wird das Trachten der Herzen offenbar machen.«

Der Herr. Keiner und keine sonst. Wer »den Herrn« kennt und lieb hat, kann das nur herzlich begrüßen. Endlich werden wir die Stimmungsmache der Wichtigtuenden hinter uns haben. Endlich heraus aus der Giftküche, in der man kaum atmen kann. Endlich nicht mehr die Atmosphäre aus Klatsch und Richtgeist! Endlich nur diese eine Stimme.

Er wird ans Licht bringen, was im Verborgenen ist. Was eigentlich gespielt wurde und welche Rolle ich dabei gespielt habe. Was eigentlich gespielt wurde in den weltgeschichtlichen Vorgängen meiner Lebenszeit. Nicht nur, welche Rolle etwa die Geheimdienste gespielt haben und die Leute, die möglichst viel mit Geld regeln, sondern im höheren Sinn, was sich abgespielt hat zwischen Himmel und Erde, wie Tod und Leben miteinander gerungen haben, Krieg und Frieden, das Chaos und die Ordnung, Gericht und Gnade. Der Herr wird es ans Licht bringen. Dann werden wir das verstehen, was jetzt nach Goethes Wort nur ein Mischmasch aus Irrtum und Gewalt ist. Es wird dann vor allem ans Licht kommen, wie es Menschen erging, die jetzt keine Presse haben, weil sie arm, unattraktiv und hilflos sind.

Dann werden Menschen, die schlimm schuldig wurden und die man als Scheusale handelt, in ein Licht gerückt, in welchem selbst an ihnen doch auch Gutes zum Vorschein kommt. Und man darf es sehen, ohne zum Komplizen erklärt zu werden. Dann werden die Personen, die es mit ihren Taten und Untaten geschafft haben, dass in unseren Geschichtsbüchern nach ihrem Namen der Beiname »der Große« oder »die Große« steht, einer kritischen Sicht unterzogen werden. Und andere, die alle Heiligsprechungsprozesse mit Erfolg bestanden haben, werden nüchtern beurteilt. »Die Ersten werden die Letzten und die Letzten werden die Ersten sein« (Mt 19,30; 20,16; Mk 10,31; Lk 13,30).

»Er wird das Trachten der Herzen offenbar machen.« Wenn in der Bibel vom Herzen des Menschen die Rede ist, sind fast immer die Tiefen unseres Wesens gemeint, die kein Mensch wirklich ergründen kann. »Es ist des Menschen Herz ein trotzig und verzagt Ding. Wer kann es ergründen?« (Jer 17,9). Worauf gleich die Antwort folgt: »Ich, der Herr, kann das Herz ergründen und die Nieren prüfen« (Jer 17,11). »Alles, was da ist, ist fern und sehr tief; wer will's finden?«, seufzt der Prediger Salomo (Pred 7,24).

Wir beschäftigen Psychoanalytiker, um herauszufinden, was in den Gründen und Abgründen unserer Seelen sich tut. Das Unbewusste bestimmt unser Handeln mehr als die rationale Überlegung. Gerade der Psychoanalytiker, der nicht den Doktor Allwissend spielt, wird zu seiner Fehlbarkeit stehen. Er ist nicht der Herzenskünder. Gott allein wird das Trachten der Herzen offenbar machen.

Warum erst am Tag X? Warum nicht gleich? Könnten wir damit leben? Dass es erst am Tag X geschehen soll, ist eine barmherzige Fügung. Der »gläserne Mensch« ist keine gute Option. Was folgt aus alledem für unser Zusammenleben? Die Einsicht, dass ich den anderen nur zum geringen Teil verstehe. Er bleibt ein Mysterium. Respekt, der mit Überraschungen rechnet. »Wenn mancher Mann wüsste, wer mancher Mann wär, tät mancher manchem manchmal mehr Ehr.« In allem ein zuversichtliches Wandern Hand in Hand mit Menschen, die wir wenig kennen im Sinn des Liedverses: »Herr, wir gehen Hand in Hand, Wandrer nach dem Vaterland, lass dein Antlitz mit uns gehn, bis wir ganz im Lichte stehn« (Otto Riethmüller, EG 594).

Letzter Sonntag nach Epiphanias

Über dir geht auf der Herr, und
seine Herrlichkeit erscheint über dir.
Jesaja 60,2

Lesen wir dieses Wort erst im biblischen Zusammenhang als ein Wort durch Deuterojesaja an das verzagte, in der babylonischen Gefangenschaft demotivierte Volk Israel: »Mache dich auf und werde licht; denn dein Licht kommt und die Herrlichkeit des Herrn geht auf über dir! Denn siehe, Finsternis bedeckt das Erdreich und Dunkel die Völker; aber über dir geht auf der Herr, und seine Herrlichkeit erscheint über dir. Und die Völker werden zu deinem Licht ziehen und Könige zum Glanz, der über dir aufgeht.«

Es wäre nicht angemessen, würden wir dieses Wort, das am letzten Sonntag der Epiphaniaszeit Wochenspruch ist, sofort individualistisch verengt auf uns ganz persönlich beziehen. Und es wäre auch dem älteren Bruder Israel gegenüber nicht recht, wollten wir es sofort auf uns Christen beziehen. Wenn ich einem Menschen seine Hoffnung stehle, wenn ich ihm den Grund, den er für seine Hoffnung hat, bestreite, dann versündige ich mich an ihm schwer. So hat sich die Christenheit an ihrer älteren Schwester Israel oft versündigt, wenn sie Gottes Zusagen, die diesem Volk gelten, flugs auf sich bezogen hat. Womöglich gestützt auf eine Art »Enterbungstheorie«, nach welcher Israel, da es in seiner großen Mehrheit Jesus nicht als seinen Messias angenommen hat, der Verheißungen Gottes »enterbt« sei. Leider hat auch Martin Luther in seinen späten Schriften gegen die Juden in dieses Horn geblasen und die antijudaistischen Irrwege der sich auf ihn berufenden evangelischen Kirchen mitverschuldet.

Die Verheißung »Über dir geht auf der Herr, und seine Herrlichkeit erscheint über dir« gilt nach wie vor Israel. Paulus hat das gewusst und hat in Römer 9 bis 11 nach wie vor um die Frage gerungen, auf welchem Weg Gott, den seine Gaben und Berufung nicht reuen können (Röm 11,29), diese Verheißung an Israel wahr machen wird.

Wir haben in unserer Lebenszeit ganz Erstaunliches erlebt, durch das Gott seine Zusagen, wie sie im 60. Kapitel des Jesajabuches stehen, wahr gemacht hat: die Rückkehr des Volkes Israel in sein Land. Schalom Ben-Chorin in seiner Schrift »Die Antwort des Jona«, 1955, wertet, was nach dem Holocaust geschehen ist, als Erfüllung der Verheißung von Hesekiel 37: »Aus den Massengräbern der Welt erweckt Gott sein Volk zu neuem Leben. Und er führt es zurück in sein ihm zugesagtes Land, nach Erez Jisrael.«

Wir sehen das heute mit vielen Fragen. Die ständige Gefährdung Israels durch seine Nachbarn, gewiss auch die Versuchtheit des bedrohten und immer neu provozierten Volkes und seiner Regierung, unangemessen und unklug zu reagieren auf Terrorangriffe, auf die explosive und hasserfüllte Stimmung in der arabischen Welt gegen Israel, die Drohungen des iranischen Präsidenten, all das erinnert uns viel mehr an die Feststellung: »Finsternis bedeckt das Erdreich und Dunkel die Völker.« Wobei wir spüren, wie sehr dieses Dunkel auch in Israel eindringt und die Mentalität vieler Israelis verfinstert.

In diesem Zusammenhang können wir Christen die Frage, welche Bedeutung Jesus für sein Volk Israel hat, nicht überspringen. Es ist zu einfach, wenn ein Christ sagt: »Juden brauchen Jesus nicht.« Auf jeder Seite widerspricht das Neue Testament dieser Auffassung. Andererseits können wir Christen den Begriff »Judenmission« nicht verwenden. Wir würden mit diesem Begriff die Juden paganisieren, würden das Volk der ersten Liebe Gottes (Friedrich Heer), mit dem Gott, der Vater Jesu Christi, schon vor der Zeitenwende eine lange Heilsgeschichte hatte und das auch danach sein erwähltes Volk bleibt, mit den »Heidenvölkern« in einen Topf werfen. Nichts wäre unangemessener als das. Aber wie kann unser Christuszeugnis gegenüber Juden aussehen? Was ziemt sich da? Und dazu noch die Frage: Was ziemt sich uns christlichen Deutschen? Wir werden – auch in unserer Landeskirche – noch viel um diese Frage ringen müssen. Keiner sollte sich dessen allzu sicher sein, dass seine Antwort auf diese schwere Frage die allein richtige ist.

Aber Gottes Verheißung seinem Volk gegenüber gilt. Wir haben allen Grund, mit Israel und für Israel, wohl gelegentlich auch stellvertretend für Israel, darauf zu hoffen, dafür zu beten, mit offenem Sinn zu erwarten, dass Gott seine Verheißungen an Israel wahr macht, dass seine Herrlichkeit, sein Glanz über Israel erscheinen wird.

Erst in zweiter Linie dürfen wir, die Gemeinde Jesu Christi, die Verheißung »Über dir geht auf der Herr und seine Herrlichkeit erscheint über dir« auf die Christenheit beziehen. Keine Frage, dass die Weltchristenheit mitbetroffen ist von der Finsternis, die das Erdreich bedeckt, und dem Dunkel, das über den Völkern liegt. Keine Frage auch, dass wir Christen zu allen Zeiten in dieses Dunkel schuldhaft hineinverstrickt waren und sind und dass wir es durch unser christusfernes Verhalten verfestigen. Wir haben kein Recht, uns Christen als politische Heilsbringer und die Nichtchristen als politische Dunkelmänner zu betrachten. Wie viele Nichtchristen leider erwarten, dass eine solch hassenswerte Kreuzzugsmentalität uns bestimmt, das zeigen muslimische Reaktionen auf das aus dem Zusammenhang gerissene und fehl interpretierte Zitat des Papstes Benedikt XVI. in seiner Rede in Ingolstadt. Die nichtchristliche Welt hat so sehr genug von christlicher Arroganz, dass sie auch Personen solcher Kreuzzugsmentalität verdächtigt, bei denen dieser Verdacht nicht gerechtfertigt ist. Dennoch: Trotz der Zusage von Matthäus 5,14 – »Ihr seid das Licht der Welt …« – sind wir Christen keine Lichtgestalten.

Aber die Zusage gilt uns und gilt der Weltchristenheit in den verschiedenen Konfessionen: »Über dir geht auf der Herr, und seine Herrlichkeit erscheint über dir.« Es ist der Lichtglanz, der sich nach dem Johannesprolog (Joh 1) in Jesus verkörpert. Diese Zusage auf die Christenheit beziehen heißt: darauf warten, dass Jesus Christus immer deutlicher, heller, leuchtender in seiner Kirche sich gegen alles Dunkle, Halbdunkle und Zwielichtige durchsetzt. »… brich in deiner Kirche an, dass die Welt es sehen kann, erbarm dich, Herr« (Otto Riethmüller, EG 263).

Zu dieser Verheißung gehört aber gleich die Aufforderung: »Mache dich auf, werde licht; denn dein Licht kommt …« Die Weltchristenheit ist aufgerufen, sich vom kommenden Christus erleuchten, sich aus ihrer eingefleischten Problematik herausrufen zu lassen, alle »Verhocktheit im Arteigenen«, alle Verliebtheit in die eigene Problematik hinter sich zu lassen und dem kommenden Christus entgegenzugehen. Etwa wie ein Bergwanderer, der hoch hinauf will, morgens um vier aus dem dunklen Tal aufbricht, die rötlich hell werdenden Bergspitzen vor und über sich sieht und sein Gesicht bereits vom kommenden Licht erleuchten lässt.

Für die ökumenische Christenheit würde dieses »Mache dich auf, werde licht« auf jeden Fall heißen, ihre Zusammengehörigkeit über alle konfessionellen Unterschiede zu stellen, miteinander, auch bei theologischen Unterschieden, das Mahl des Herrn zu feiern, zusammen zu beten, zu singen, das Evangelium zu hören und die offenbaren Übel der Welt, Hunger, Ungerechtigkeit, Analphabetismus, Fanatismus, Militarismus, alten und neuen Imperialismus bis hin zur AIDS-Seuche gemeinsam anzugehen.

Sich aufmachen im Vorschein des Lichtes Christi heißt Umkehr vom Herrschen zum Dienen. Als Leib des fußwaschenden Christus alle Gaben einsetzen, die uns Gott gegeben hat. Nicht um christliche Vorherrschaft soll es gehen, sondern um den schlichten Dienst im Namen Jesu.

Und natürlich haben Christen in aller Welt eine enorme Verpflichtung, für den Weltfrieden zu arbeiten – selbstverständlich im Bündnis mit Atheisten und mit Menschen anderer Religion. Man kann gegen Hans Küngs »Projekt Weltethos« im Einzelnen manches einwerfen. Ich habe das in Vorträgen auch immer wieder getan. Aber dass er die Aufgabe der Christen, im Bündnis mit Menschen anderer Religion, den Frieden, eine neue soziale Gerechtigkeit und die Erhaltung der uns anvertrauten Schöpfung zu suchen, in der Welt publik gemacht hat, das kann jeder Christ, der von Epiphanias herkommt, nur hell begrüßen. Es steht uns Christen, die in Jesus Christus den Frieden in Person als ihren Begleiter, Ratgeber, Geistgeber haben, durchaus zu, Vorreiter einer solchen Bewegung zu sein.

Jede Gemeinde vor Ort soll diese Zusage »Über dir geht auf der Herr, und seine Herrlichkeit erscheint über dir« auf sich beziehen. Es mag die sichtbare Wirklichkeit einer Kirchengemeinde da und dort so sein, dass die in ihr Arbeitenden mit Müdigkeit und Resignation kämpfen müssen. Ihnen hilft kein Appell, noch weniger das Urteil eines, der gern beurteilt, sondern einzig, dass Christen ihre Last mittragen und ihnen ihre Dankbarkeit zeigen für ihre Treue. Aber auch, dass wir uns in jedem Gottesdienst um das Licht versammeln, das uns scheint und das über unserer Gemeinde aufgehen wird. »… es leucht wohl mitten in der Nacht und uns des Lichtes Kinder macht«, können wir mit Martin Luther zwischen Weihnachten, Epiphanias und dem Ostermorgen singen. Jede Gemeinde braucht Menschen, die – stellvertretend für andere – dieses Licht feiern und unbeirrt darauf hoffen, dass es über der Gemeinde neu aufgehen wird.

Und schließlich jede und jeder von uns ganz persönlich. Finsternis und Dunkel sind uns nicht fremd. Sie verfinstern immer wieder unser Empfinden, Denken, Reden. Oft sind gerade Christen, die einst mit einem hohen ethischen Ideal angetreten sind, in der Gefahr, sich unter dem Einfluss der Enttäuschungen ihres Lebens zu verfinstern. Es soll bei uns nicht gehen wie bei Leo Tolstoi und seinen engsten Anhängern. Wenn diese sich um ihren Meister versammelten, sagte Sonja, Tolstois Frau: »Die Finsterlinge sind wieder da.« Umso tröstlicher, dass das Licht selbst sich aufgemacht hat, uns zu suchen.

Wir suchen dich nicht,
wir finden dich nicht,
du suchst und du findest uns,
ewiges Licht.

Wir lieben dich wenig,
wir dienen dir schlecht,
du liebst und du dienst uns,
ewiger Knecht.

Wir eifern im unsern,
am selbstischen Ort,
du musst um uns eifern,
ewiges Wort.

Wir können dich, Kind
in der Krippe, nicht fassen.
Wir können die Botschaft
nur wahr sein lassen.
Albrecht Goes

Septuagesimä
(3. Sonntag vor der Passionszeit)

Wir liegen vor dir mit unserem Gebet
und vertrauen nicht auf unsere Gerechtigkeit,
sondern auf deine große Barmherzigkeit.

Daniel 9,18

Es gibt evangelische Christen, die, wenn sie an einem katholischen Gottesdienst teilnehmen, durch nichts auf die Knie zu zwingen sind. Während die katholischen Mitchristen knien, stehen sie da, aufrecht und unbeugsam, als hätten sie einen preußischen Ladestock verschluckt.

Und gelegentlich hatte ich auch schon Brautpaare zu trauen, die beim Gebet nach der Einsegnung partout nicht knien wollten. Nicht, weil die Braut einen Knieschaden hätte, sondern grundsätzlich: Wir können vor unseren Herrgott auch aufrecht hinstehen, haben sie gesagt. Was sollte ich tun? Sie überreden? Sie nötigen? Sie nicht trauen?

Heute finden wir diese Haltung gelegentlich, wenn ein Christ sich von den Muslimen unterscheiden will: Seht die Muslime an, wie sie der Reihe nach am Boden liegen, die Stirn im Staub oder auf dem Gebetsteppich. Was ist das für eine unterwürfige Religion und wie froh bin ich, ein aufrechter Protestant zu sein.

Die Haltung, die sich hier ausdrückt, ist mir aus meiner Jugend nicht ganz fremd. Damals vor allem in der Abgrenzung gegen die Katholiken, bei denen überhaupt alles viel mehr auf Gehorchen und Untertänigkeit abgestellt sei.

Dann gab mir das Wort von Rainer Maria Rilke zu denken: »Der Kniende ist größer als der Stehende.«

Daniel kniet sonst dreimal am Tag in seinem Obergemach, die Fenster in Richtung Jerusalem geöffnet (Dan 6,11). Hier, in diesem großen Bußgebet (Dan 9), das er für sein ganzes Volk spricht, liegt er vor Gott.

Wobei ich – um der Genauigkeit willen – nicht verschweigen will, dass das Wort »liegen« im hebräischen Text gar nicht vorkommt. Den

---

93

hebräischen Text übersetzt Norman W. Porteous in seinem Kommentar wörtlich so: »Nicht um unserer eigenen Heilstaten, sondern um deiner großen Barmherzigkeit willen bringen wir unser Flehen vor dich« (Dan 9,18). Und dann die folgenden Worte: »O Herr, höre; o Herr, vergib; o Herr, gib acht und handle; um deiner selbst willen säume nicht! O Gott, denn deine Stadt und dein Volk waren dir geweiht« (Dan 9,19).

Luther hat hier frei – aber aus dem Zusammenhang sinngemäß – übersetzt. Das Bußgebet des Daniel ist das Gebet eines Menschen, der wirklich vor seinem Gott in der flehendlichsten Haltung liegt: »Ach Herr, du großer und heiliger Gott, (…) wir haben gesündigt, Unrecht getan, sind gottlos gewesen und abtrünnig geworden; wir sind von deinen Geboten und Rechten abgewichen, (…) du, Herr, bist gerecht, wir aber müssen uns alle heute schämen, (…) dass wir uns an dir versündigt haben« (aus Dan 9).

Keine Anklage gegen Gott, weil er sein Volk in Knechtschaft und Demütigung hat geraten lassen. Mit dem großen Unglück, das über uns kam, geschah uns, was durch Mose und die Propheten uns angekündigt worden war als Folge unseres Abirrens von Gottes Recht. »Wir, unsere Könige, unsere Fürsten und unsere Väter müssen uns schämen, dass wir uns an dir versündigt haben« (Dan 9,8).

Das erinnert, gerade auch weil es ein politisches Bußgebet ist, an das Stuttgarter Schuldbekenntnis vom Oktober 1945, das in unserem evangelischem Gesangbuch (S. 1510) abgedruckt ist: »Mit großem Schmerz sagen wir: durch uns ist unendliches Leid über viele Völker und Länder gebracht worden (…) Wir klagen uns an, dass wir nicht mutiger bekannt, nicht treuer gebetet, nicht fröhlicher geglaubt und nicht brennender geliebt haben. Nun soll in unseren Kirchen ein neuer Anfang gemacht werden.«

Verglichen mit dem »Schuldbekenntnis der Kirche«, das Dietrich Bonhoeffer wohl im Jahr 1942 niedergeschrieben hat und das wir in seiner »Ethik« finden, ist die »Stuttgarter Schulderklärung« noch milde. Und mit Recht wird immer wieder darauf hingewiesen, dass der Völkermord an den Juden in dieser Erklärung nicht einmal erwähnt wird.

Doch haben unsere Väter und Mütter größte Schwierigkeiten gehabt, im Nachkriegsdeutschland zu dieser Schulderklärung zu stehen.

Ein großer Teil des Kirchenvolkes wollte von dieser Schuld überhaupt nichts wissen. Selbst ein Bischof hat sich davon distanziert. Es wurde der Kirche vorgeworfen, sie würde in der Stunde der Niederlage dem eigenen Volk in den Rücken fallen, statt es aufzurichten. Sie würde sich bei den Siegermächten einschmeicheln – der Text sei überhaupt von den Bischöfen der Alliierten diktiert – statt diesen die Bombardierung Dresdens und die Ungerechtigkeit der Entnazifierungs-Maßnahmen vorzuhalten. Pfarrer, die sich entschieden zu dieser Schulderklärung bekannt haben, hatten in ihren Gemeinden ein schweres Leben. Ich denke in diesem Zusammenhang mit Wehmut und Hochachtung an meine Eltern und ihre Freunde von der Sozietät und der Kirchlichen Bruderschaft. Zu dieser Schulderklärung zu stehen, das wurde zum teuren Bekenntnis.

Und selbst Leute meiner Generation (geb. 1941, ordiniert 1968) hatten ihre ganze Amtszeit über zu tun mit Gemeindegliedern – auch mit Kollegen, und diese waren gelegentlich am uneinsichtigsten, denen dieses Bekenntnis der Schuld ein schweres Ärgernis war. Noch in den siebziger Jahren stand ich vor der Frage, ob ich Leute beerdigen solle, die wegen dieser Schulderklärung einst aus der Kirche ausgetreten waren. Das Problem hat sich immer wieder in Variationen wiederholt, besonders in den Gedenkjahren. Es konnte sich so äußern, dass Goldene Konfirmandinnen, als ich ihnen am Abend ihres Festes Briefe ihrer Mitkonfirmandin Sophie Scholl vorlas, wild ausgerastet sind. Oder dass gegen die »Wehrmachtsausstellung«, die zeigte, wie auch die Deutsche Wehrmacht in böse Verbrechen verstrickt war, wütend protestiert wurde mit der Forderung: »Haltet den Ehrenschild der Deutschen Wehrmacht blank!« »Wollen Sie sagen, dass mein Vater, der im Zweiten Weltkrieg gefallen ist, ein Verbrecher war?« Das konnte ich gelegentlich gefragt werden.

Es kann schwierig sein, Schuld des eigenen Volkes beim Namen zu nennen. Das ist auch verständlich, wenn man daran denkt, wie notvoll die Generation der Väter und der Mütter in diese Schuld hineingeraten ist und wie sie in der Kriegsgefangenschaft, etwa im Bombensturm von Dresden, in Trümmerlandschaften diese Schuld büßen musste.

Das Volk Israel hat dieses Bußgebet des Daniel in den Kanon seiner heiligen Schriften aufgenommen. Wohl im Wissen, dass Neuanfänge nur möglich werden, wenn Schuld rückhaltlos in der Form des Schuldbekenntnisses benannt wird. Freilich nicht einfach in der Form einer »Schulderklärung«, sondern im Bußgebet, das wohl öffentlich ist, das aber ganz an Gott gerichtet ist, der allein der Richter sein kann.

Das muss hier ganz deutlich in den Blick genommen werden, dass es sich um ein Gebet handelt. Ein Gebet richtet sich an Gott, nicht an den Herrn X und die Frau Y, die sich dann herausgefordert fühlen, in der Sache, die hier genannt wird, Richter zu spielen. Und vielleicht hätte man im Nachkriegsdeutschland mehr versuchen sollen, dem entgegenzuwirken, dass die Frage der Schuld viel mehr in öffentlichen Erklärungen abgehandelt wurde als im Bußgebet. Indem entweder die Form der Erklärung gewählt oder das Bußgebet oft sehr schnell umfunktioniert wurde in eine Erklärung, wurde es bald üblich, dass ein gegenseitiges Rechten und Richten entstand. Später Geborene schwangen sich zu Richtern über die Generation vor ihnen auf und haben oft schnell, leicht und sehr pauschal geurteilt, ohne sich ehrlich zu fragen, wie denn sie sich, wären sie zwanzig Jahre früher zur Welt gekommen, in diesen Versuchungen und Zwängen verhalten hätten. Menschen der vorigen Generation traten als Verteidiger der beschuldigten Generation auf, oder sie sprachen Recht in eigener Sache. Mitgefühl auch mit den Tätern wurde als Komplizenschaft gedeutet. Selbst im kirchlichen Märtyrergedenken gelang es oft nicht, in das Gebet auch die Täter miteinzuschließen. Die Schwiegertochter des SS-Richters Otto Torbeck, der Dietrich Bonhoeffer und vier seiner Mitverschwörer im völlig unrechtmäßigen Standgerichtsverfahren zum Tode verurteilt hat, konnte es nicht erreichen, dass in Bonhoeffer-Gedenkfeiern ein Kyrie eleison für den Schwiegervater gesprochen wurde (vgl. dazu Elke Endraß: Bonhoeffer und seine Richter).

Freilich ist das Gebet Daniels kein Gebet im stillen Kämmerlein. Es ist ein öffentliches Gebet. Und wenn er hier als »wir« spricht, dann eben als Vertreter seines Volkes.

Kann er das? Darf er das? Und dürfen wir am 9. November, am Buß- und Bettag, am 8. Mai in der Wir-Form Bußgebete sprechen für unser Volk, von denen wir annehmen müssen, dass die meisten Zeitungsleser, wenn sie es morgen so in der Zeitung lesen, sich davon distanzieren, dass wohl auch diesem oder jenem Mitchristen, der im

Gottesdienst sitzt, bei solchen Formulierungen im Gebet sozusagen das Messer in der Hosentasche aufgeht, weil er nicht bereit ist zu diesem Gebet?

Wir werden aus der Schwierigkeit dieser Frage wohl nie herauskommen. Und wir können auch niemanden nötigen, einem solchen Bußgebet einfach ohne eigene Überzeugung zuzustimmen. Wir werden es uns gefallen lassen müssen, dass wir kritisch hinterfragt werden, und wir müssen bereit sein, auf kritische Rückfragen, auch wenn sie heftig und böse klingen, einzugehen. Aber wir Christen haben auch ein Mandat, stellvertretend für unser Volk Schuld zu bekennen, so gewiss wir die Aufgabe haben, nicht nur für uns selbst, sondern auch für die vielen Mitchristen in unserem Volk um die Vergebung der Sünden zu bitten. Insofern gibt es ein legitimes und notwendiges »Wir«, mit dem wir unserem Volk im Gebet vorangehen.

Daniel spricht sein Gebet im Vertrauen, nicht einfach in der Verzweiflung. Luther würde vielleicht sagen »in getroster Verzweiflung«. Aber dass er es zu dem Gott spricht, dem er vertraut, das ist sehr wesentlich. Er spricht es zu dem Gott, von dem der Beter des Bußpsalmes 130 bekennt:

Denn bei dem Herrn ist die Gnade
und viel Erlösung bei ihm.
Und er wird Israel erlösen
aus allen seinen Sünden.

(Psalm 130,7.8)

Das Vertrauen hat also nicht im Geringsten seinen Grund in irgendetwas, was man zur Rechtfertigung oder Entschuldigung seines Volkes vorbringen könnte. Daniel ist weit davon entfernt, »auf unsere Gerechtigkeit« zu vertrauen. Er macht also die ganze Diskussion, die in dieser Frage durch die Jahrzehnte geführt wird, wer hier mehr und wer weniger Unrecht getan hat, nicht mit. Unsere Gerechtigkeit liegt keineswegs in diesen oder jenen erfreulichen Taten, die man von uns auch melden und zu unserer Entlastung in die Waagschale werfen könnte. Nichts davon! Sein Vertrauen setzt Daniel allein »auf deine große Barmherzigkeit«.

Das ist ein Begriff, der ein starkes, geradezu tief im Körper emp-
fundenes Mitgefühl bezeichnet. Der Vater im Himmel, der sein Volk
schuldig werden und seine Schuld büßen sieht, leidet zutiefst mit.
Und er hat die Freiheit, sein Mitgefühl sprechen zu lassen. Er ist der
Gott, von dem es in der Mitte der hebräischen Bibel heißt: »Barmherzig und gnädig ist der Herr, geduldig und von großer Güte« (Ps
103,8).

Es könnte sein, dass in unserer bisherigen Lebenszeit im Zusammenhang mit der unerhörten Schuld, die unser Volk noch heute
belastet, zu wenig vom barmherzigen Gott und von der Vergebung
gesprochen wurde, vor allem, dass wir ihn und seine Vergebung zu
wenig oder zu wenig überzeugend bezeugt haben.

Ein Kirchenhistoriker, Angehöriger der »Flakhelfer-Generation«,
den die Frage, wie unsere Kirche mit der Schuld der Menschen seiner
Generation umgeht, noch immer sehr umtreibt, schrieb mir einmal.
Fast nie hätte er in all den Jahrzehnten im Zusammenhang mit der
Schuld, die Menschen seiner oder früherer Generationen auf sich ge-
nommen hätten, den schlichten Zuspruch der Vergebung gehört.

Das ist eine harte Feststellung, getroffen im Blick auf eine Kirche,
welche die Botschaft von der Rechtfertigung des Sünders aus reiner
Gnade als Zentrum ihres Glaubens bekennt. Hat er diese Botschaft
überhört? Oder bekam er sie nicht zu hören?

> *Er wird nicht für immer hadern*
> *noch ewig zornig bleiben.*
> *Denn so hoch der Himmel über der Erde ist,*
> *lässt er seine Gnade walten über denen, die ihn fürchten.*
> *So fern der Morgen ist vom Abend,*
> *lässt er unsere Übertretungen von uns sein …*

Daniel führt uns mit seinem Gebet zu dem Gott, in dessen Namen
wir einander ganz persönlich bezeugen dürfen: Dir sind deine Sünden
vergeben.

Sexagesimä
(2. Sonntag vor der Passionszeit)

Heute, wenn ihr seine Stimme hören werdet,
so verstockt eure Herzen nicht.

Hebräer 3,15

Verstockung sei eine Art geistlicher Empfängnisverhütung, schreibt Wilhelm Stählin zu diesem Wort. Gott will mit dem Samen seines Wortes tief in unser Wesen eindringen. Wir aber verhüten. Wodurch? Es kann sein, dass unsere Vernunft, die eigentlich vernehmen sollte, was Gottes Stimme ihr sagt, jetzt hundert intellektuelle Zweifel auffährt. Sie sind oft nur Mittel zum Zweck: Es soll nicht geschehen, dass Gott in unserem Wesen etwas wirklich Neues wirkt. Wir wollen unfruchtbar bleiben, wollen unser Wesen nicht verändern lassen, denn wir sind derzeit viel zu sehr beschäftigt mit dem, was wir uns vorgenommen haben, was unser Werk sein soll, was unser Eigenes ist. Oder wir geben uns der allgemeinen Banalität hin, Brot und Spiele, ein wenig Fußball, ein wenig Zerstreuung, Essen und Trinken, ein wenig Geselligkeit. Das soll genügen.

Verstockt und absolut unempfänglich kann ein Mensch sein, wenn er im Bann eines politischen Heilsbringers ist. Walter Schlenker zitiert den Reichsjugendführer Baldur von Schirach, der den Führer Adolf Hitler andichten konnte: »Wir hörten oftmals deiner Stimme Klang und lauschten stumm und falteten die Hände, da jedes Wort in unsere Seelen drang ... Mein Führer, du allein bist Weg und Ziel.«

Leute meiner Generation haben es erlebt, wie christliche junge Männer über Nacht in Karl Marx oder Mao Tse-tung ihre geistigen Führer gefunden haben und dann nicht nur für Christliches nicht mehr ansprechbar waren, sondern auch von der Stimme der Vernunft nicht mehr erreicht wurden. Hier geschieht Ähnliches wie das, was im Blick auf Herodes kurz vor dessen grausamem Tod in Apostelgeschichte 12,22 berichtet wird: Sie halten seine Stimme für Gottes Stimme, und er lässt es sich gern gefallen, legt es sogar drauf an.

Oft muss ich an einen Freund denken, der einige Jahre christlicher Pfadfinder war, der dann über seine Mao-Verehrung zum Bewunderer des Massenmörders Pol Pot wurde und über dessen revolutionäre Taten begeisterte Zeitungsartikel schrieb. War er, dem es sonst weder an Verstand noch an Moral fehlte, mit Blindheit geschlagen? Und wie hat er seine spätere Karriere als bundesdeutscher Politberater mit diesem Teil seines Lebens zusammengebracht? Wer ideologisch gefangen ist, der ist sozusagen örtlich betäubt.

Heute begegnen uns selten Menschen, die auf diese oder jene politische Heilslehre schwören. Dafür umso mehr Zeitgenossen, die ganz instrumentalisiert sind von einer Mentalität der schrankenlosen Konkurrenzwirtschaft. Sie wissen sich in einem System, das für sie nicht hinterfragbar ist, als sei es göttliche Setzung. Sie funktionieren in diesem System und kennen kein anderes. Was ihnen als innerhalb dieses Systems für das Überleben der Firma notwendig dargestellt wird, das tun sie und haben, was das Mitmenschliche betrifft, kaum Gewissensbisse. Ihre Firma kann sie gerade deswegen gebrauchen. Je mehr sie innerhalb des Systems funktionieren, desto höher ist die Leistungszulage, die sie am Jahresende erhalten. Ich schließe nicht aus, dass ein Mann, der so im System funktioniert, ein Christ ist, der menschlich erfreuliche Seiten hat und der manches Gute tut. Aber innerhalb des Wirtschaftssystems, dessen funktionierender Teil er ist, ist er ganz unansprechbar, für die Stimme Gottes örtlich betäubt.

Eine Art Verstockung kann sich aber auch bei dem Pfarrer ereignen, der ganz regelmäßig seine Predigten und seinen Konfirmandenunterricht hält, der auch die Schwungräder der Gemeindearbeit durchaus tüchtig am Laufen erhält, für den aber der gemeindliche Betrieb viel wichtiger wurde als die möglicherweise störende Stimme Gottes. Er ist ein tüchtiger Pfarrer und Gemeindemanager, Störendes kann er nicht brauchen. Die Stille weiß er sich schon zu vertreiben. Er ist ein Funktionär geworden.

Verstockung kann uns alle treffen, wenn wir Impulse der Liebe, die uns durch die Stimme Gottes gegeben werden, ständig auf Eis legen mit dem Argument: Jetzt nicht, später! Die Folge der Verstockung: dass uns kein Wort der Bibel mehr eigentlich etwas sagt. Es läuft an uns herunter wie an einer Regenhaut. Es wird alles egal. Wir werden wie einer, dem eine Krankheit den Geschmackssinn genommen hat. Es ist egal, was er isst. Er spürt es allenfalls daran, dass sein Magen oder Darm kaputtgehen.

Verstockung bewirkt, dass wir nicht mehr wirklich beten.

Es werden uns auch die Menschen immer gleichgültiger. Wir merken uns ihren Namen kaum mehr. Ihre Anliegen hören wir und hören sie nicht. Menschliche Not, die wir selbst bewirken oder die wir miterleben, rührt uns nicht. Wir verkriechen uns in eine Rolle, die wir meinen spielen zu müssen, aus der wir angeblich nicht herausfallen dürfen. »Das ist nicht meine Rolle«, sagen wir dem, der uns um eine helfende Reaktion bittet. Ich gerate in eine Art Sklerose bei voll funktionierendem Betrieb. Ich verleugne mein besseres Ich, den Menschen in mir, werde für Verzweifelte unerreichbar. Vielleicht bin ich auf so viel »Rollenklarheit« sogar ein wenig stolz.

Ist Verstockung Schicksal oder persönliche Schuld? In Calvins Prädestinationslehre wird stark betont, dass Verstockung über einen Menschen komme, wenn Gott es so über ihn beschlossen habe. Pharaos Herz wird verstockt, weil es Gottes Ratschluss ist (2. Mose, 4,21; 10, 20; 11,10; 14,4. 8). Jesaja bekommt den schweren Auftrag: »Verstocket das Herz dieses Volkes und lasst ihre Ohren taub sein und ihre Augen blind, dass sie nicht sehen mit ihren Augen noch hören mit ihren Ohren, noch verstehen mit ihrem Herzen und sich nicht bekehren und genesen« (Jes 6,10). Und Jesus nimmt in Matthäus 13,10–15 diese »Verstockungstheorie« auf. Paulus schreibt in Römer 9,18: »So erbarmt er sich nun, wessen er will, und verstockt, welchen er will.«

Im Wochenspruch zum Sonntag Sexagesimae (60 Tage vor Ostern) werden wir auf unsere eigene Verantwortung im Blick auf unsere mögliche Verstockung angesprochen. Hebräer 3,15 nimmt Psalm 95,7. 8 auf. An beiden Stellen werden wir ermahnt: »Heute, so ihr seine Stimme hören werdet, so verstocket euer Herz nicht.« Wir haben – leider – die Fähigkeit, uns gegen Gottes Anruf an uns permanent zu verschließen, was dann die Folge hat, dass wir für die Stimme Gottes taub werden. Diese unsere Verstockung ist dann eine Art Gericht Gottes über uns. Niemand wird verstockt, der nicht selbst sein Herz verstockt hat.

Wir müssen aber die beiden Hälften des Satzes »Heute, wenn ihr seine Stimme hören werdet, so verstockt eure Herzen nicht!« so nacheinander lesen, wie sie dastehen. Es geht um die Frage, wie wir uns verhalten, wenn Gottes Stimme tatsächlich zu uns spricht. Dass sie uns anspricht, das können wir nicht steuern. Es ist seine Freiheit, zu uns zu sprechen oder nicht. In der Augsburger Konfession (CA V) heißt es: »Denn durch das Wort und die Sakrament wie durch Instrumente wird der Heilige Geist gegeben, der Glauben wirkt, wo und wann es Gott gefällt, in denen, die das Evangelium hören.« Aber es kommt nun drauf an, ob wir als solche, an denen der Geist wirkt und die im Evangelium die Stimme Gottes hören, den Geist wirken lassen oder ob wir ihn »betrüben« – »betrübet nicht den Heiligen Geist Gottes, mit dem ihr versiegelt seid auf den Tag der Erlösung« (Eph 4,30) – oder »dämpfen« – »den Geist dämpfet nicht« (1. Thess 5,19).

Was Gott durch seinen Geist an uns tut, geschieht ja nicht sozusagen mechanisch. Wir sind keine Marionetten Gottes. Gott achtet uns als sein Gegenüber, das sich zu ihm so oder so verhalten kann. Wir tragen Verantwortung für unser Tun, sind keine drogengesteuerten Menschen, die in bestimmten Zuständen nicht mehr wissen, was sie tun. Mindestens ist das von Menschen, die von Gottes Geist angesprochen und berührt sind, zu sagen, dass sie dazu herausgefordert sind, sich dem Wirken des Geistes weiter zu öffnen. Das ist durchaus unsere Verantwortung. Wir können uns da auf keine höhere Macht herausreden.

Das ehrliche und herzliche Gebet um das Wirken des Heiligen Geistes in uns wird die beste Art sein, uns dem Geist zu öffnen, ihm offen entgegenzukommen. Kein Kirchgang ohne dieses »stille Gebet« für mich als den Hörer: »Herr, mein Gott, wirke heute in mir durch deinen Geist, was du wirken willst. Ich will mich ihm ganz öffnen. Lass es mir gelingen.« Und kein Kirchgang ohne Gebet für den Predigenden: »Barmherziger Gott, lass die armen Worte, die wir heute hören werden, zu Werkzeugen deines Geistes an uns werden.« Für den, der den Gottesdienst hält und predigen wird, ist es sehr wichtig, dass er in der Sakristei noch einmal in aller Schlichtheit um das Wirken des Geistes bittet. Wenn einzelne Gemeindeglieder das mit ihm zusammen tun, kann das eine Hilfe für ihn sein. Und es ist auch das stille Kanzelgebet noch einmal für den Prediger die Gelegenheit, Gott zu bitten, die dürftigen Worte, die der Prediger vorbereitet hat, mit Geist und Leben zu erfüllen, etwa nach dem Vers »Und wenn in meinem Amt ich reden soll und muss, so gib den Worten Kraft und Nachdruck ohn Verdruss« (EG 495).

Der Prediger soll sich von der dunklen Möglichkeit, dass seine heutige Predigt auch verstockende Wirkung haben und er damit zum Werkzeug göttlicher Verstockung werden könnte, nicht schrecken lassen. Ist es so, dann ist es Gottes Sache, nicht meine. Ich soll über die Wirkung meiner Predigt auf verschiedene Leute aber nicht spekulieren. Vollends nicht so, wie Calvin gelegentlich schreibt, er habe den Eindruck, wenn er predige, würden 80 % seiner Zuhörenden durch seine Predigt verstockt, nur bei 20 % seiner Zuhörenden würde sie zum Heil wirken. Man darf bei solchen düsteren Feststellungen fragen: Woher weißt du das? Wirkt der Geist nicht im Verborgenen viel mehr Leben, als es dir in deinem kleingläubigen Sinn bewusst ist? Ist es nicht eher deine allzu menschliche Resignation, die solche angeblichen Feststellungen trifft? Vertrauen wir lieber, dass der barmherzige Gott sich über unseren Gottesdienst erbarmt und unsere Verlegenheit zu seiner Gelegenheit macht.

Das Wort »heute«, mit dem hier so betont der Wochenspruch beginnt, soll noch besonders beachtet werden. »Unser Gott kommt und schweigt nicht.« Er hat die verschiedensten Möglichkeiten zu uns zu reden. Nicht nur im Gottesdienst, auch im Bibelgespräch, auch beim stillen Bibellesen, auch im Gespräch mit Geschwistern, auch in der Stille, wenn wir mit unseren Gedanken und Eindrücken allein sind und Worte und Erlebtes in uns umgehen. Aber es ist immer seine Freiheit, wann er zu uns reden will. Das Wort Gottes ist keine Nahrung, die wir in der Tiefkühltruhe einfrieren und, wenn es uns gerade behagt, auftauen und verzehren können. Es ist lebendiges Wort an uns. Entweder wir hören es jetzt, ob es uns jetzt hineinpasst oder nicht, und wir lassen es jetzt in uns wirken, oder wir hören es gar nicht, und es wird lang nichts mehr in uns geschehen.

Maria, die Schwester Marthas, nutzte, als Jesus kam, die Gelegenheit, ihm hingegeben zuzuhören. Sie hat, anders als Martha, »das gute Teil erwählt« (Lk 10,42). Luther spricht vom Evangelium als dem fahrenden Platzregen, der kommt und dann wieder ausbleibt. Zu Zachäus sagt Jesus: »Ich muss heute in dein Haus einkehren« (Lk 19,5). Es könnte hier in gewisser Weise Gorbatschows Wort wahr werden: »Wer zu spät kommt, den bestraft das Leben.« Damit das an uns nicht geschieht, die dringliche Ermahnung: »Heute, so ihr seine Stimme höret, so verstockt eure Herzen nicht.«

Estomihi
(Sonntag vor der Passionszeit)

Seht, wir gehen hinauf nach Jerusalem,
und es wird alles vollendet werden,
was geschrieben ist durch die Propheten
von dem Menschensohn.

Lukas 18,31

Auch hier wieder dieses »Seht!«, das für uns so viel heißt wie: »Der Leser merke auf!« Es beginnt der Weg der Passion Jesu. Oder sollten wir besser sagen: Er gerät in seine heiße Phase? Jesus, der bisher ohne erkennbare Richtung durch Galiläa ging – sein Weg mutet wie eine Suchbewegung an – er nimmt nun konsequent Kurs auf Jerusalem.

Aber das »Seht« am Beginn dieser Eröffnung bedeutet auch: Jesus will, dass seine Jünger wissen, wo er hingeht, was ihm dabei geschehen wird. Und sie sollen wissen, wo er sie hinführt. Wobei er ihnen nicht genau sagt, was ihnen auf diesem Weg geschehen wird. Nur eben so viel, dass sie in irgendeiner Weise in Mitleidenschaft gezogen werden. Sie werden im Schatten seines Kreuzes leben.

Je wissender und bewusster sie das tun, desto besser. Er will keinen blinden Gehorsam. Es soll nicht gehen wie in dem populären Lied »So nimm denn meine Hände und führe mich«, wo der oder die in Gottes Führung Ergebene sagt »… ich will die Augen schließen und glauben blind.« Nein, die Jünger sollen nicht die Augen schließen. Sie sollen wissen, wo ihr Herr und Meister sie hinführt.

Verstehen sie es? Wollen sie es sehen? Dass gleich anschließend von der Heilung des Blinden (Lk 18,35–43) berichtet wird, bei welcher der Blinde auf die Frage »Was willst du, dass ich dir tun soll?« antwortet »Herr, dass ich wieder sehen möge«, ist kein Zufall. Jesus will, dass seine Jünger sehend werden. Von ihnen heißt es allerdings: »Sie aber verstanden von alldem nichts, die Rede war ihnen verborgen« (Lk 18,34).

Es fällt schon sehr auf, wie nachdrücklich Jesus seinen Jüngern sagt, dass er sie ins Leiden führt. Als Petrus nach Jesu erster Leidensankündigung ihm diesen Weg ausreden will, fährt ihn Jesus ungewöhnlich heftig an: »Weiche, Satan, von mir! Du bist mir ein Ärgernis; denn du meinst nicht, was göttlich ist, sondern was menschlich ist« (Mt 16,23). An die Adresse der Jüngerinnen und Jünger aller Zeiten sagt er daraufhin: »Will mir jemand nachfolgen, der verleugne sich selbst und nehme sein Kreuz auf sich und folge mir. Denn wer sein Leben erhalten will, der wird's verlieren; wer aber sein Leben verliert um meinetwillen, der wird's finden« (Mt 16,24.25). Und ganz direkt: »Haben sie mich verfolgt, so werden sie auch euch verfolgen« (Joh 15,20). Jesus will Jünger, die solche Schwierigkeiten in ihren möglichen Lebenslauf einkalkulieren. Die, wenn die Konflikte aufbrechen, sich nicht wundern, nicht Gott und die Menschen anklagen, die sich dann vielmehr sagen: Das haben wir gewusst, der Herr hat es uns gesagt.

Es gibt ein Verdrängen dieser Aussichten, das untüchtig macht für den Weg der Nachfolge. Weil Jesus die Würde und die Freiheit seiner Nachfolgenden achtet, weil er mündige Nachfolgerinnen und Nachfolger haben will, darum schenkt er ihnen in dieser heiklen Frage reinen Wein ein. Wobei jede Aufforderung, das Leiden zu suchen, in seinen Worten fehlt. Martyriumssehnsucht, wie sie in der frühen Kirche gelegentlich zu finden ist, vor allem bei Ignatius von Antiochien, der bald nach 110 n. Chr. in Rom das Martyrium erlitten und der den Märtyrertod geradezu gesucht hat, ist den Worten Jesu fremd. Ebenso eine Heroisierung der Bereitschaft zum Martyrium. Es ist deutlich, dass in der Alten Kirche Bischöfe, wenn besonders unter jungen Leuten eine solche Sehnsucht nach dem Martyrium aufkam, sie dieser Leidenschaft entschieden entgegengewirkt haben, so etwa Cyprian, der 258 in Karthago das Martyrium erlitten hat. Flucht galt durchaus als erlaubt. Er selbst, Cyprian, hatte sich einige Jahre vorher dem Martyrium durch Flucht entzogen.

Dietrich Bonhoeffer, der auch persönlich mit dieser Frage konfrontiert war, hat darüber einen Aufsatz geschrieben, in welchem er die Linie der Alten Kirche vertritt: Martyriumssehnsucht wird abgelehnt. Flucht ist erlaubt. Es mag jedoch Situationen geben, in welchen Flucht einer Verleugnung gleichkommt. Ob eine solche Situation gegeben ist, kann der Einzelne nur bei sich selbst entscheiden. Für Bonhoeffer hatte diese Auffassung sehr direkte Folgen. Weil er seinen eigenen Ausweg nach Amerika – den ihm Freunde aus der Bekennenden Kirche nahegelegt hatten – im Sommer 1939 im Hafen von New York als »Verleugnung« erkannt hatte, darum kehrte er nach Deutschland zurück, wohl wissend, dass er damit einen sehr gefährlichen Weg geht.

Sehnsucht nach dem Martyrium wird bei den wenigsten von uns das Problem sein. Wir werden bei uns vielmehr eine ganz natürliche Konfliktscheu feststellen, die uns untüchtig macht zur Nachfolge Christi. Dass wir all die Jahrzehnte unseres Lebens hindurch als Christen wegen unseres Versuches Christen zu sein keine nennenswerten Nachteile, geschweige denn Gefährdungen, in Kauf nehmen mussten – wie anders ging es unseren Müttern und Vätern während des Dritten Reiches und wie anders ging es auch zahlreichen Christen, die Jahrzehnte ihres Lebens in der DDR zugebracht haben – das gefährdet unser Christsein wohl mehr, als ein kräftiger Gegenwind es hätte gefährden können. Weit verbreitet ist in Deutschland, vor allem in den »alten Bundesländern«, eine mimosenhafte Empfindlichkeit unter Christen, was uns von Mitchristen in Rumänien, in den islamischen Ländern, im Sudan, in Indonesien nicht nur unterscheidet, sondern geradezu trennt.

Wir haben Grund zu bedenken, was Thomas von Kempen über die Leidensbereitschaft der Jünger feststellt:

»Jesus hat viele Jünger, die im himmlischen Reich gern mit ihm herrschen möchten, aber wenige, die sein Kreuz auf Erden tragen wollen. Viele, die seinen Trost begehren, aber wenige, die in der Trübsal mit ihm aushalten wollen. Viele, die mit ihm essen und trinken wollen, aber wenige, die mit ihm fasten wollen. Alle wollen mit ihm Freude haben, aber wenige wollen für ihn leiden. Viele folgen Jesus nach bis zum Brotbrechen beim Abendmahl, aber wenige bis zum Trinken aus dem Leidenskelch. Viele rühmen die Wunder, die er getan, aber wenige teilen mit ihm die Schmach des Kreuzes.

Viele lieben Jesus, so lange sie nichts zu leiden haben, loben und preisen ihn, so lange sie Tröstungen von ihm empfangen. Aber wenn er sich verbirgt und sie nur eine kurze Weile allein lässt, da klagen sie gleich und verlieren gar allen Mut. Die aber Jesus seinetwegen und nicht ihres Trostes wegen lieb haben, die preisen ihn in den Tagen der heißesten Angst wie in den Stunden des höchsten Jubels.«

Nun ist in Lukas 18,31 freilich vor allem vom Weg Jesu und dem, wie es ihm dabei ergehen wird, die Rede. Weshalb wir Grund haben, von unserem Exkurs über den Weg und die Mentalität der Jünger zurückzulenken auf Jesu Weg. Freilich, indem Jesus seine Eröffnung beginnt mit den Worten »wir gehen«, zeigt er deutlich, dass er die Jünger auf diesen Weg mitnehmen will.

Sein Weg führt »hinauf nach Jerusalem«. In die Stadt, um die sich alle Hoffnungen seines Volkes sammeln. Von der es heißt: »Die Erlösten des Herrn werden wiederkommen und nach Zion kommen mit Jauchzen; ewige Freude wird über ihrem Haupte sein; Freude und Wonne werden sie ergreifen, und Schmerz und Seufzen wird entfliehen« (Jes 35,10). Jerusalem, die heilige Stadt, die von den Propheten auch als der Ort, von dem aus der endzeitliche Messias-König die Völker regieren wird und an den die Völker wallfahren werden, vorgestellt wird (Jes 60,1–14; 61). Jerusalem, die heilige Stadt, die im Neuen Testament zum Sinnbild einer neuen, von Gott gegebenen Gesellschaft wird, in der Gott unmittelbar gegenwärtig ist. Die von Vorfreude bestimmten Wallfahrer aus der jüdischen Diaspora gehen nach Jerusalem zum Fest hinauf. Die Wallfahrtslieder Psalm 120 bis 134 lassen uns spüren, was auf dem Weg dorthin geglaubt, gehofft, gesungen wurde, zum Beispiel:

Ich freute mich über die, die mir sagten:
Lasset uns ziehen zum Haus des Herrn!
Nun stehen unsere Füße
in deinen Toren, Jerusalem.
Jerusalem ist gebaut als eine Stadt,
in der man zusammenkommen soll,
wohin die Stämme hinaufziehen,
die Stämme des Herrn,
wie es geboten ist dem Volke Israel,
zu preisen den Namen des Herrn.

Wünschet Jerusalem Glück!
Es möge wohl gehen denen, die dich lieben!
Es möge Friede sein in deinen Mauern
und Glück in deinen Palästen.

(aus Psalm 122)

Aber für Jesus wird der Weg hinauf nach Jerusalem ein Weg hinab in schweres Leiden sein. Es wird vollendet werden, was die Propheten geschrieben haben über den Menschensohn. Der endzeitliche Richter, an dem alles offenbar wird, wird als der Gottesknecht dem verzweifelten Hass der Menschheit ausgeliefert sein. Es wird sich an ihm erfüllen, was von ihm zum Beispiel in Jesaja 53 angekündigt ist. Dass hier der Begriff Menschensohn gewählt wird, der hier nicht einfach nur »Menschenkind« bedeutet, sondern »endzeitlicher Richter«, das weist darauf hin, dass hier, in Jerusalem, der heimlichen Hauptstadt der Welt, daran, wie es in ihr Jesus gehen wird, die Situation nicht nur des jüdischen Volkes, sondern der ganzen Menschheit schonungslos herauskommen wird. Der Prozess gegen Jesus mit all seinen grausamen Einzelheiten ist ein einziger Prozess, in welchem sich zeigt, wie die Menschheit im Tiefsten ist. Sie kreuzigt den, in dem die Liebe Gottes Mensch wurde. So kreuzigt sie täglich die Liebe, die Gottes Wesen ist, aus der allein sie lebt. Sie verrät, verleugnet, verhöhnt, verurteilt, sie martert und tötet ihren eigenen Lebensursprung. Sie geht sich selbst ans Leben.

Das ans Licht zu bringen, ist Jesu schwerer Auftrag, den er angenommen hat. Sein Tod wird kein »Verkehrsunfall der Weltgeschichte« sein, den man bei einiger Vorsicht auch hätte vermeiden können. Er ist im höheren Sinn notwendig, so wenig Jesus diesen Weg gezwungen geht. Er geht ihn freiwillig und bewusst, weil er den Auftrag erkannt hat, auf diese Weise Menschensohn, Richter zu sein.

Viel entscheidender ist es jedoch, dass auf diesem Weg Gottes Treue zu seiner Menschheit offenbar wird. Jesus stirbt durch die Menschen, aber nicht gegen sie, sondern für sie. »Vater, vergib ihnen, denn sie wissen nicht, was sie tun« (Lk 23,34). Sein Tod wird der große Ruf: »Lasst euch versöhnen mit Gott.« Mit Gott, der in Christus die Welt mit ihm selbst versöhnt hat (2. Kor 5,19–21).

Und durch seinen Weg in das Leiden und in den Tod geht er den Weg, an dessen Ende Gott selbst offenbaren wird, dass er zu seiner persongewordenen Liebe unter allen Umständen steht, dass er sie nicht im Grab lässt, dass vielmehr wahr wird, was im Gottesknechtslied geschrieben ist: »Weil seine Seele gearbeitet hat, wird er das Licht sehen und die Fülle haben. Und durch seine Erkenntnis wird er, mein Knecht, der Gerechte, den Vielen Erkenntnis schaffen; denn er trägt ihre Sünden. Darum will ich ihm die Vielen zur Beute geben, und er wird die Starken zum Raube haben ...« (Jes 53,11.12). Das ganze Oster- und Pfingstgeschehen ist in diesen Sätzen vorausgebildet. Man wird in der Ausstrahlung des österlichen Christus sagen können: »Das Alte ist vergangen, Neues ist geworden« (2. Kor 5,17). Und es wird durch das, was in Jerusalem geschehen wird, deutlich, was in der Vollendungsvision des himmlischen Jerusalem aufklingt: »Und der auf dem Thron saß, sprach: Siehe, ich mache alles neu!« (Offb 21,5).

Es ist also doch ein Weg *hinauf* nach Jerusalem! Was dort geschieht, wird in ungeahnter Weise erfüllen, was im Wallfahrtslied Psalm 122 anklingt.

Estomihi heißt dieser Sonntag. Der Name kommt aus Psalm 31,3: »Sei mir ein starker Fels und eine Burg, dass du mir helfest.« Jerusalem die hochgebaute Stadt, die uneinnehmbare Burg, in der Gott seine angefochtenen Glaubenden birgt. Der Zion als der Fels, auf dem wir stehen können. Jesus, der hinaufgeht nach Jerusalem, ist für uns Christen beides geworden, die feste Burg und der Felsen, der uns einen festen Stand gibt.

Invokavit
(1. Sonntag der Passionszeit)

Dazu ist erschienen der Sohn Gottes,
dass er die Werke des Teufels zerstöre.
1. Johannes 3,8b

»Teufelsglaube« steht in dicken roten Lettern auf dem über fünfhundert Seiten dicken Wälzer, der vor mir liegt. Herbert Haag, ein katholischer Alttestamentler, einst in Tübingen, zuletzt in Luzern, hat ihn mit seinen Mitarbeiterinnen und Mitarbeitern zusammen verfasst.

Ich entsinne mich gern des sympathischen Gelehrten, der ein Freund von Hans Küng war, und denke gern an ein Gespräch mit ihm zurück über die Frage, ob wir im christlichen Glauben die Vorstellung einer Teufelsperson brauchen. Haag kommt vom Alten Testament her. Es macht ihm keine Schwierigkeiten nachzuweisen, dass Israel etwa tausend Jahre ohne die Vorstellung eines Teufels auskam. Erst spät, im Hiob-Buch, kommt aus der persischen Religion der Satan – eine Art »Verkläger« – in die hebräische Bibel. Auch die Schlange in 1. Mose 3 kann nach Haag nicht als Sinnbild des Satans gedeutet werden.

Haag denkt an all das Unheilvolle, das durch Teufelsvorstellungen im Lauf der Kirchengeschichte angerichtet wurde. An die grauenhaften Exorzismen an psychisch Kranken, die man für besessen hielt. An die Geschichte der Hexenverfolgungen – wer macht sich klar, dass in Europa im Lauf der Jahrhunderte etwa sechs Millionen(!) Menschen, meist Frauen, wegen angeblichen Teufelspakts als Hexen auf dem Scheiterhaufen gestorben sind? Haags Buch erinnert an die Geschichte der Verteufelung der Juden. Wir können uns nicht wundern, dass auch Luthers Spätschriften gegen die Juden in all ihrer Härte und schlimmen Wirkung auf die Jahrhunderte hier referiert werden. Das Buch Haags zeigt auch Entwicklungen des modernen Satanismus auf. Modern? Das Buch ist 1974 erschienen. Was den Satanismus betrifft, so müsste man einstweilen wohl noch manches Kapitel hinzufügen. Der Satanismus ist alt; und er scheint an Einfluss zu gewinnen.

Haag kommt zu der Auffassung, wir sollten nach alledem auf die Vorstellung des Teufels lieber verzichten. Das abgründig Böse als destruktive Macht müssten wir selbstverständlich sehr ernst nehmen. Aber zur Erklärung des Bösen in der Welt brauche man nicht die Vorstellung einer Teufelsperson. Haags Buch, so interessant es ist, hat mich nicht völlig überzeugt. Vor allem, was die Behandlung der Teufelsvorstellung im Neuen Testament betrifft. Keine Frage, dass in der Kirchengeschichte aus der Angst vor dem Teufel Grauenhaftes geboren wurde. Keine Frage auch, dass Menschen ihre grausamen Gelüste unter Berufung darauf, sie müssten den Teufel bekämpfen, an hilflosen Menschen ausgetobt haben. Und dass andere ihre Untaten nachträglich damit erklärt haben, eine böse Macht, womöglich der Teufel selbst, habe sie ihrer Selbstverfügung beraubt, sie seien daher nur bedingt verantwortlich. Klar auch, dass Haags Buch uns mit Recht davor warnt, bedenkenlos und leichtfertig mit dem Begriff Teufel umzugehen. Haags Buch ist eine Mahnung, Menschen, die uns unheimlich sind und die dem, was wir vertreten, entgegenstehen, nicht zu verteufeln. Die Verteufelung der Juden ist noch nicht lange her. Und dass man die Begriffe »Reich des Bösen« politisch instrumentalisiert, um Gegner im Machtspiel zu »verteufeln«, dass das Wort von der »Achse des Bösen« populär wurde, dass im Gegenzug Politiker zu »Teufeln« erklärt werden, das zeigt, dass die Menschheit die Versuchung, Gegner zu »verteufeln«, noch nicht überwunden hat. Dieses Fieber ist noch nicht ausgeschwitzt. Der Krieg gegen den Terror bläst in eine Glut, die jedenfalls noch glostet. Wir dürfen die Warnung Herbert Haags nicht in den Wind schlagen.

Zu denken gibt auch die Tatsache, dass im Apostolischen Glaubensbekenntnis der Teufel nicht genannt wird. Wenn die frühen Christen des 2. und 3. Jahrhunderts, bei denen dieses Bekenntnis entstanden ist, der Auffassung waren, der Teufel gehöre nicht ins Credo, man dürfe ihm die Ehre nicht antun, ihn hier zu nennen, wollen sie uns damit sagen: Lasst den Teufel aus dem Spiel, es geht uns allen besser ohne die Erwähnung des Teufels?

Wir kommen aber nicht um die Feststellung herum, dass der Teufel im Neuen Testament eine erhebliche Rolle spielt. Dass Jesus mit diesem Widersacher gerechnet hat. Dass auch Paulus mit ihm rechnet. Er spielt allerdings in den paulinischen Briefen, so scheint mir, eine auffallend geringe Rolle. Ich führe es darauf zurück, dass Paulus ganz vom bereits vollzogenen Sieg über den Teufel ausgeht. Deutlich ist aber, dass Jesus nach dem Johannes-Evangelium mit ihm als Feind Gottes und der Menschen rechnet. Dass die Offenbarung Johannis ihn oft und in verschiedenen Gestalten – als den großen Drachen, die alte Schlange, die da heißt Teufel und Satan, der die ganze Welt verführt (Offb 12,9) – erwähnt.

Aber immer und überall wird er genannt als der Widersacher Gottes, der durch die Kraft Jesu Christi besiegt wird, besiegt wurde, besiegt werden wird. Er hat es nicht geschafft, in der Wüste Jesus mit seinen drei Versuchungen zu überwinden (Mt 4,1–11). Menschen, die von seinen Plagegeistern übel heimgesucht wurden, hat Jesus von diesen destruktiven Mächten befreit. Alles, was Jesus vom Satan sagt, steht unter dem Vorzeichen: »Ich sah den Satan vom Himmel fallen wie einen Blitz« (Lk 10,18). Er ist besiegt und entmachtet. Wir haben keinen Grund, ihn zu fürchten. Auch die Offenbarung Johannis lehrt nicht die Furcht vor dem Satan. Er ist besiegt, er hat nur noch wenig Zeit (Offb 12,12). Der Satan ist kein Thema an sich. Christus, der ihn überwunden hat, ist das Thema.

Für den Teufel sollten wir allenfalls einen kurzen, schrägen Blick über den Brillenrand übrig haben, sagt Karl Barth. Ein risus paschalis, ein Ostergelächter, sei ihm gegenüber angemessen. Womit Barth nicht sagen will, mit dem Teufel sei nicht zu rechnen. Helmut Goes hat eine Vater-Unser-Auslegung herausgegeben, die Barth 1947 in Neuchâtel hielt. In ihr schreibt Barth bei der Auslegung der Bitte »Und führe uns nicht in Versuchung, sondern erlöse uns von dem Bösen« unter anderem: »Unsere Reformatoren, Luther wie Calvin, kannten nicht nur die kleinen Versuchungen, sondern auch die große. Sie wussten, dass sie es mit dem Bösen zu tun hatten. Sie hatten für ihn keinen Respekt, denn er ist nicht respektabel. Aber sie wussten, dass er existiert ... Es gibt den Bösen ... Der Feind Gottes ist auch der Feind seines Geschöpfes ... Fern liegt mir der Gedanke, den Teufel zu predigen. Man kann ihn nicht predigen, und ich habe keineswegs die Absicht, Ihnen Angst zu machen. Aber es gibt doch eine Wirklichkeit, über die wir modernen Christen allzu leicht hinweggehen. Es existiert ein überlegener, unausweichlicher Feind, dem man nicht widerstehen kann, wenn uns nicht Gott zu Hilfe kommt. Ich liebe die Dämonologie, eine Lehre von den Dämonen, nicht, noch auch die Art, wie man sich heute in Deutschland und vielleicht auch anderswo damit beschäftigt. Stellen Sie mir keine Fragen über die Dämonen! Ich bin kein Kenner. Trotzdem muss man wissen, dass der Teufel existiert, aber dann muss man alsbald sich beeilen, sich von ihm zu entfernen.«

Immer wieder betont Barth, die Macht des Teufels sei eine Lügenmacht, keine wirkliche Macht. Sie handle, obgleich sie unwirklich sei. Es nütze aber nichts, sie zu bagatellisieren, weil sie unwirklich sei. Sie sei tatsächlich eine heimtückische, hinterhältige Macht. Das Vaterunser in seiner ursprünglichen Form (Mt 6,9–13) ende nicht umsonst mit diesem Schrei de profundis, aus der Tiefe, »Erlöse uns von dem Bösen!«, reiß uns heraus aus dem Rachen des Todes.

Die Predigttexte zum Sonntag Invokavit erinnern durchaus an diese Macht. Nicht nur die Geschichte vom Sündenfall (1. Mose 3), auch die Erzählung von der Versuchung Jesu in der Wüste (Mt 4,1–11). Aber auch das Wort Jesu zu Petrus: »Simon, Simon, siehe, der Satan hat euer begehrt, dass er euch möchte sichten wie den Weizen« – wir denken dabei an den Grabstein Paul Gerhardts in Lübben, auf dem steht »Paulus Gerhardus, der Theologe, in Satans Sieb gesichtet und bewährt. Der Skopus, die Hauptaussage dieses Wortes ist die Zusage Jesu: »Ich aber habe für dich gebetet, dass dein Glaube nicht aufhöre.«

In dieselbe Richtung weist der Predigttext Hebräer 4,14–16, der uns erinnert an den »Hohenpriester, der mitleiden kann mit unserer Schwachheit, der versucht ist allenthalben gleich wie wir, doch ohne Sünde«. Weil wir um diesen Fürsprecher wissen, können wir dann auch »hinzutreten mit Freudigkeit zum Thron der Gnade, die wir Barmherzigkeit empfangen und Gnade finden auf die Zeit, wenn wir Hilfe nötig haben werden«.

Auch der Name des Sonntags Invokavit ist eine Erinnerung an eine Schriftstelle, die uns in unseren Gefährdungen und Nöten Mut machen will. Invocavit, das heißt: er hat mich angerufen. In Psalm 91,14–16 heißt es nach Luthers Übersetzung:

Er liebt mich, darum will ich ihn erretten;
er kennt meinen Namen, darum will ich ihn schützen.
Er ruft mich an, darum will ich ihn erhören;
ich bin bei ihm in der Not,
ich will ihn herausreißen und zu Ehren bringen.
Ich will ihn sättigen mit langem Leben
und will ihm zeigen mein Heil.

Wir können diese Stelle so deuten, wie sie vom Psalmsänger gewiss gemeint ist: Gott der Herr sieht auf einen Menschen, der vom Tod und von anderen übermächtigen Gewalten bedroht ist. Gott spricht hier sozusagen mit sich. Er erinnert sich daran, dass der Beter ihn liebt, ihn anruft; das bewegt ihn zu dem Entschluss, ihn »herauszurei-ßen«, ihn zu Ehren zu bringen, ihn mit langem Leben zu sättigen und ihn sein Heil sehen zu lassen.

In der Alten Kirche, auch bei den Reformatoren, hat man solche Passagen freilich gern so gelesen, als sei dieser von übermächtigen Gewalten Bedrohte Jesus in seiner Passion. Gott hört sein Gebet. Gott reißt ihn heraus aus dem Machtbereich des Todes, bringt ihn hoch zu Ehren, indem er ihn zu sich erhöht. Er gibt ihm »langes Leben« und Heil. Und das alles, damit der Auferstandene dieses Leben und dieses Heil denen gibt, die als Glieder seines Leibes unlösbar zu ihm gehören, mit denen er alles, Ehre, Leben, Heil, teilt. Weil die gottfeindliche, menschenfeindliche, lebensfeindliche Macht durch Christus ein für allemal besiegt ist, haben wir Christen keinen Grund, eine Art Satanologie, eine Lehre vom Satan, zu verfassen.

Es soll der Hinweis genügen, dass der Satan gern in der Gestalt eines Engels des Lichtes auftritt, als Heilsbringer, der – wie die Schlange im Paradies – den Menschen einflüstert »ihr werdet sein wie Gott« (1. Mose 3,5).

Was das zu Zeiten bedeuten kann, zeigt eine kleine Passage aus dem Rechenschaftsbericht »Nach zehn Jahren«, den Bonhoeffer an der Wende zum Jahr 1943 an seine Mitverschwörer schrieb. Er stellt die Frage »Wer hält stand?« und beginnt diese kleine Mini-Grundlagenlehre der Ethik mit den Sätzen: »Die große Maskerade des Bösen hat alle ethischen Begriffe durcheinander gewirbelt. Dass das Böse in der Gestalt des Lichts, der Wohltat, des geschichtlich Notwendigen, des sozial Gerechten erscheint, ist für den aus unserer tradierten ethischen Begriffswelt Kommenden schlechthin verwirrend. Für den Christen, der aus der Bibel lebt, ist es gerade die Bestätigung der abgründigen Bosheit des Bösen.«

Er wird nicht umsonst »Diabolos« genannt. Daher kommt wohl als eine Verballhornung das Wort Teufel. Diabolos, Teufel, das heißt Durcheinanderwerfer, Durcheinanderbringer. Er, der die gute Ordnung Gottes durcheinanderwirft, der unseren Glauben auseinanderreißt. Ist es ein Zufall, dass die Alte Kirche ihr Glaubensbekenntnis ein »Symbolum« nennt? Das Symbolum tut das Gegenteil dessen, was der Diabolos tut: Es bringt wieder zusammen, was zusammengehört: Gott und Mensch, das Leben in Glaube, Hoffnung und Liebe im vertrauensvollen, befriedeten Gegenüber zum dreieinigen Gott.

Und vor allem: Der Satan erinnert an das persische Wort, das den Chefankläger bezeichnet. Im Prolog des Hiobbuches, der in Goethes Faust im »Vorspiel im Himmel« nachgespielt wird, tritt der Satan als solcher auf. Er verdächtigt den frommen Hiob und wettet, dass Hiobs Frömmigkeit nicht echt, nicht selbstlos, dass nichts dahinter sei. Hiob sei sozusagen ein »Schönwetterreligiöser«, der nur fromm sei, solange es ihm gut gehe. Er, der Satan, wenn er nur ein wenig freie Hand bekomme gegen Hiob, werde das leicht beweisen (Hiob 1,8–12).

Im Siegesgesang im Himmel in Offenbarung 12 wird der Satan noch einmal in dieser Funktion genannt. Ich zitiere nach der Übersetzung von Walter Jens:

> *Angebrochen sind nun die Tage des Heils.*
> *O Stunde der Rettung!*
> *Eingesetzt ist unser Gott in seine Herrschaft*
> *und mit ihm sein Sohn, der Gesalbte.*
> *Denn hinabgeworfen wurde der Beschuldiger meiner Brüder,*
> *der Schreckensmann, der sie angeklagt hat*
> *bei Tag und bei Nacht*
> *vor dem Angesicht unseres Gottes.*

Der Satan ist der Verkläger, der keinen guten Faden an den Frommen lässt. Er will nachweisen, dass alle Frommen Heuchler sind, dass darüber hinaus die Menschen es nicht verdienen zu leben, dass Gottes Experiment Mensch endgültig gescheitert ist, dass es Zeit ist, dieses Experiment zu beenden. Er ist der Verkläger des Menschengeschlechts, der das Gegenteil dessen tut, was der Liebende tut: Er rechnet das Böse zu (anders als in 1. Kor 13,5). Er sammelt Anklagepunkte für sein großes Schlussplädoyer gegen die Menschheit, mit dem er die Abschaffung der Menschheit fordern wird.

Dass der Satan als Verkläger der Heiligen und überhaupt des Menschengeschlechts vorgestellt wird, muss uns zu selbstkritischem Nachdenken bewegen: Wessen Geschäfte betreiben wir? Gefallen wir uns in der Rolle des Verklägers? Womöglich besonders der »Frommen«?

Oder treten wir, Menschen, die von Christus geprägt sind, für Menschen, besonders für unsere Schwestern und Brüder ein? Luthers »Gutes von ihnen reden und alles zum Besten kehren« bekommt hier noch einmal eine neue Tiefendimension.

Zum Schluss eine fast frivol klingende Story. Im Jahr 1946, elf Jahre, nachdem die Nationalsozialisten Karl Barth aus Bonn über die Grenze nach Basel befördert hatten, kehrte Barth – wohl als der erste Schweizer von Rang – in das zerschossene, zerbombte, aus allen Wunden blutende Deutschland zurück. Er traf viele Christen, Kirchenmänner, Theologen, mit denen er elf Jahre zuvor manches zu tun gehabt hatte. Wenn die Frage aufkam, warum so viele Christen den Schwindel und die Bosheit der Nationalsozialisten nicht durchschaut und erst so spät oder gar nicht Widerstand geleistet hätten, erlebte Barth oft, wie Theologen pathetisch auf die Dämonie des Dritten Reiches verwiesen. Helmut Thielicke, der dem Schweizer bedeuten wollte, er könne als der, der »von draußen reinkomme«, hier nicht mitreden, sagte ihm: »Herr Professor, Sie können sich das gar nicht vorstellen. Aber wir, wir haben den Dämonen ins Auge geblickt.« Darauf, reichlich respektlos, Barth: »Das scheint den Dämonen aber wenig Eindruck gemacht zu haben.« Mit solchen Sprüchen hat Barth manchen Gesprächspartner verletzt, was ich nicht lobe. Aber wenn er deswegen zur Ordnung gerufen wurde, konnte er mit Recht sagen: »Redet jetzt nicht von den Dämonen. Sagt lieber: Wir sind dumm gewesen.«

Womit er deutlich machen wollte: Die Dämonologie entbindet uns nicht davor, für unser Irren und Versagen selbst die volle Verantwortung zu übernehmen. Es bringt nichts, die Schuld an unserem Versagen dem Teufel und seinen Dämonen in die Schuhe zu schieben. Der Entmythologisierungsgegner Barth hat da in gesunder Weise sozusagen den Teufel entmythologisiert. Unser Reden vom Teufel, wenn es christlich ist, kann nur einen österlich respektlosen Ton an sich haben.

Reminiszere
(2. Sonntag der Passionszeit)

Gott erweist seine Liebe zu uns darin,
dass Christus für uns gestorben ist,
als wir noch Sünder waren.

Römer 5,8

Das lateinische Wort »reminiscere« heißt »gedenke an« und stammt aus Psalm 25,6f.: »Gedenke, Herr, an deine Barmherzigkeit und an deine Güte, die von Ewigkeit her gewesen sind. Gedenke nicht der Sünden meiner Jugend und meiner Übertretungen, gedenke aber meiner nach deiner Barmherzigkeit, Herr, um deiner Güte willen!« Der Wochenspruch aus Römer 5,8 nimmt die Erinnerung an Gottes Güte, die von Anfang an ihn charakterisiert hat, auf. Was dieses Wort bedeutet, hat meines Erachtens Christoph Blumhardt in Bad Boll besonders verstanden. Darum zum Anfang einige Zitate von ihm:

»Werft die Gefangenen in die Hölle, so werden sie Steine; schimpft über sie, so werden sie teuflisch; aber liebet sie, so werden sie Engel.« Es gilt, die Liebe Gottes rückhaltlos jedermann zu bezeugen; nicht nur denen, die sie bereits erkannt und angenommen haben und die durch sie bekehrt wurden. »Mit uns ist Gott, also mit den anderen auch – ehe sie sich bekehren; wenn du wartest, bis sie bekehrt sind, bist du ein schlechter Mensch im Reich Gottes; denn eben das ist so bezeichnend, dass Jesus für uns gestorben ist, als wir noch Gottlose waren. Das ist die Liebe Gottes, die vorauseilt und nicht wartet. Das ist Jesus. Aber wir müssen seine Fortsetzung sein.«

Aus Blumhardts Weihnachtspredigt 1896 zum Thema »Die Nacht ist vergangen, der Tag ist herbeigekommen« (Röm 13,12): »Was ist der Tag? Tag wird es in deinem Herzen, wenn du die Liebe Gottes glaubst und in der Liebe Gottes stehst. Die Liebe Gottes schmelzt alles Schlechte, alles Gemeine, alles Verzweifelte; die Liebe Gottes zwingt auch den Tod. Aber es muss eine Gottesliebe sein; eine Liebe, die auch den Feind liebt. Eine Liebe, die nichts und niemand verwirft; eine Liebe, die unentwegt durch alles hindurchschreitet wie ein Held und sich nicht beleidigen, nicht verachten, nicht wegwerfen lässt; eine Liebe, die mit dem Helm der Hoffnung auf dem Haupt durch die Welt schreitet. Wir haben es bis jetzt nicht genug gewagt zu sagen: Jesus ist geboren, und darum sind alle Kreaturen geliebt. Man hat es nicht gewagt, weil viele aussehen, als ob sie bloß ihren Begierden nachfolgten, als ob sie mit Lust Sünder wären; jedermann ist mit Seufzen Sünder, ein jeder seufzt, der im Tode liegt. Und in dieses Seufzen der Sünder und des Todes hinein schreitet kühn die Liebe Gottes, die ausgegossen ist in unser Herz, die Liebe Gottes, die ganz Mensch geworden ist in Jesus Christus. Jesus will als die grenzenlose Liebe verstanden werden. In dieser Liebe will er die Flamme sein, an der wir uns reinbrennen.«

In den Jahren 1896 bis 1900, also in den Jahren, an deren Ende er sich politisch für die unterdrückten »Proletarier« einsetzt und Landtagsabgeordneter der damals in bürgerlichen und kirchlichen Kreisen verpönten SPD wurde (was ihm seinen Pfarrerstitel gekostet hat), stehen seine Hausandachten und Predigten unter dem Motto »Ihr Menschen seid Gottes!« Das führt er so aus: »Von jeder Kanzel und in jeder Mission sollte verkündigt werden: Ihr Menschen seid Gottes! Ob ihr noch gottlos seid oder schon fromm, in Gericht oder Gnade, in Seligkeit oder in Verdammnis, Gottes seid ihr, und Gott ist gut und will euer Bestes. Ob ihr tot seid oder lebendig, ob ihr gerecht seid oder ungerecht, ob ihr im Himmel seid oder in der Hölle, ihr seid Gottes; und sobald ihr einmal in den Glaubensstrom hineingezogen seid, kommt das Gute in euch heraus ... Unser Glaube muss ein Leuchten von Gott sein; in den Strom des Glaubens müssen wir die Leute hineinziehen. Dann können die Gottlosesten gerecht werden. Gott hat uns geliebt, so lange wir noch Gottlose waren. Wenn Gott dich geliebt hat, da du noch ein Sünder warst, und dich in den Strom hineinbrachte und zu sich führte, wie kannst du dann andere Menschen verdammen? Es kann ja nur eine Frage der Zeit sein, dann kommt auch der andere in den Glaubensstrom hinein. Wenn wir aber Hindernisse in den Strom hineinwerfen, wenn wir christliche und kirchliche Bedenken haben, wie kann es dann einen Strom geben, der die Leute mitreißt?«

Christus für uns gestorben, als wir noch Sünder waren. Die gesamte Passionsgeschichte Jesu zeigt uns, wie das vor sich ging. Nehmen wir die Personengruppen und Einzelgestalten, die da agieren, als Repräsentanten der Menschheit und nicht zuletzt als Personen, mit denen wir selbst auf der Bildfläche erscheinen, so stellt sich hier vor uns eine Menschheit dar, die in ihren Sünden lebt. Die Hohenpriester in der Sünde, dass sie den lebendigen Gott aus ihrem Religionsbereich aussperren. Die Pharisäer, dass sie ohne ihn in ihrer Weise ihre »Spiritualität« pflegen wollen. Die Schriftgelehrten offenbaren bei so viel Bibelwissen und Scharfsinn ihre Blindheit gegenüber dem lebendigen Gott. Das Volk zeigt, dass es »wetterwendisch« (Mt 13,21) ist. Pilatus erweist sich als erpressbar, wo es um seine Macht geht, und als heuchlerisch, als er in die Unschuldsgeste des Händewaschens flieht. Herodes erweist sich als gleichgültig und frivol. Die »Kriegsknechte« – der Ausdruck gibt zu denken – zeigen ihre Brutalität – wer hat daran mehr Schuld, sie selbst oder die Herren, die sie zu »Kriegsknechten« gemacht haben und sich ihrer als der »Männer fürs Grobe« bedienen? Die Problematik von KZ-Wächter-Biographien taucht hier auf. Dass sie sich unter dem Kreuz um seine Sachen streiten, noch ehe der Verblichene kalt ist, das freilich tun auch feinere Leute. Man denke an den Streit ums Erbe, den manche Familie schon vor dem Tod des Erblassers eröffnet. Und die Jünger? Verrat, Verleugnung, Einschlafen, wenn es ernst wird, Abtauchen, Abwesenheit. Die drei Frauen und den Jüngsten des Jüngerkreises lassen sie unter dem Kreuz allein. Sehen wir in jeder dieser Personen unsere eigenen Persönlichkeitsanteile, dann illustriert uns die Passionsgeschichte, »dass Christus für uns gestorben ist, als wir noch Sünder waren«.

Er stirbt *für* uns. Das zeigt seine Fürbitte am Kreuz »Herr, vergib ihnen, denn sie wissen nicht, was sie tun« (Lk 23,34). So sehr die verschiedenen Akteure der Passionsgeschichte uns und die Menschheit aller Zeiten repräsentieren, so und noch viel mehr repräsentiert Jesus in seinem Tod Gott selbst. Jürgen Moltmann spricht mit Recht vom »gekreuzigten Gott«. Es ist der Gott, der diese unerbauliche Menschenwelt ohne Wenn und Aber liebt (Joh 3,16), der, obgleich er der Stärkere ist (Mt 26,53!), sich so mit ihr einlässt, dass er durch sie umkommt. Es ist der Gott, der diese Welt mit sich selbst versöhnt und ihr ihre Sünden nicht nachrechnet, der vielmehr, wie die Menschheit auf Golgatha das Kreuz seines Sohnes aufgerichtet hat, unter uns das

Wort von der Versöhnung »aufrichtet« (2. Kor 5,19), längst ehe wir Menschen des 20. oder 21. Jahrhunderts zur Welt kamen und anfingen, uns in dieser Welt und in uns selbst zurechtzufinden.

Es ist ganz und gar entscheidend, dass wir uns immer neu klarmachen, dass Gott in Jesus Christus längst alles getan hat, was wir für unser Heil brauchen. Nichts, was wir tun, ist »heilsnotwendig«. Alles, was wir tun, kann nur den Sinn haben, das, was Gott längst für uns getan hat, zu entdecken, zu verstehen, zu ihm ein klares Ja zu sagen mit unserem ganzen Leben. Diese Versöhnung dann auch wirklich zu bezeugen durch unser Verhalten. Dann mögen wir »Frieden schaffen ohne Waffen« im Wissen, dass der Friede längst geschaffen ist. Wir haben diese Botschaft in unsere Lebensbereiche hinein durchzubuchstabieren, in denen die verzweifelte Menschheit ihrem gärenden Unfrieden ausgeliefert ist.

Das Wort von der Liebe Gottes, die alles für uns getan hat, soll in die verschlossenen Winkel unseres Wesens eindringen, in denen noch immer Spuren – mehr als Spuren! – der Religion hocken, die unser Gottesverhältnis verstehen und zu praktizieren versuchen als eine Art Handel mit Gott im Sinne von: »Ich, Menschenkind, bringe dir, Gott, gewisse Vorleistungen, was kriege ich dafür? Ich bemühe mich fromm zu sein, wie stehst du zu mir? Ich setze mich in diesem Leben in verschiedenen humanitären Aktivitäten ein, was habe ich davon im Diesseits und im Jenseits?«

Gegen einen Religionsbetrieb, der unser Verhältnis zu Gott zum Handel macht, haben Luther, Melanchthon, Brenz, Calvin und ihre Freunde den Aufstand gewagt. Es ging hier um das Zentrum des Glaubens. Sie haben damit bis zum heutigen Tag auch viele gläubige Katholiken sensibilisiert. So dass die lutherischen Kirchen in Deutschland mit den Vertretern der römisch-katholischen Kirche zusammen am 31. Oktober 1999 in Augsburg die »Gemeinsame Erklärung zur Rechtfertigungslehre« unterschreiben konnten. In ihr heißt es an entscheidender Stelle: »Gemeinsam bekennen wir: Allein aus Gnaden im Glauben an die Heilstat Christi, nicht aufgrund unseres Verdienstes, werden wir von Gott angenommen und empfangen den Heiligen Geist, der unsere Herzen erneuert und uns befähigt und aufruft zu guten Werken.« Mag sein, dass ein lutherischer Christ bei diesem Satz die erste, ein Katholik die zweite Hälfte unterstreicht. Und denen, die kritisch nach den praktischen Folgen dieses Satzes im Verhältnis der Konfessionen zueinander fragen, können wir auch nur Recht geben. Aber es ist ein Fortschritt, dass die Repräsentanten der römisch-katholischen Kirche und der lutherischen Kirchen sich darin einig wurden: Es gibt keinen »Handel« zwischen Gott und Mensch. Es gibt nur die grundlose Barmherzigkeit Gottes, auf die wir von Herzen vertrauen dürfen.

Dass wir an den Gott glauben, der alles für uns getan hat, das soll unser Verhältnis prägen zu Menschen, die sich als Atheisten bezeichnen. Wir werden beim Gräbenziehen und Frontenaufrichten zwischen Christen und Atheisten nicht mitmachen. Wir werden in Atheisten immer Menschen sehen, die Gott liebt. Jesus Christus ringt um sie. Wir werden auch ohne Bedenken dazu stehen, dass der Atheist auch in uns lebt, dass die Line zwischen Christ und Atheist mitten durch jeden von uns selbst hindurchgeht.

Selbstverständlich werden wir jeden Atheisten zum Glauben an Jesus Christus einladen. Wir werden ihm deutlich machen, dass es dem Geist Gottes, der uns zu Christen gemacht hat, ein Leichtes ist, auch sie zum Glauben an Jesus Christus zu befreien. Wir werden auch bei allem Respekt den Atheismus des anderen nicht so bierernst nehmen, wie er ihn vielleicht ernst genommen haben wollte. Er fixiert sich in seinem Atheismus, macht aus ihm womöglich eine Ideologie. Würden wir die Front gegen ihn befestigen, so würden wir ihn sehr wahrscheinlich in seinem Atheismus bestärken. Das tun wir durchaus nicht. Wir bleiben dabei, dass Gott für ihn ist.

In den Sechzigerjahren, auf einem ersten Höhepunkt des »Kalten Krieges« zwischen Ost und West, sagte der Abgeordnete Gustav Heinemann im Bundestag das Wort, das besonders christliche Politiker zur Empörung reizte. Er sagte, Jesus Christus sei nicht gegen, sondern für die Atheisten in Moskau gestorben. Damit hat Heinemann nichts anderes gesagt, als was Paulus in Römer 5,8 sagt. Ich wunderte mich damals als Bonner Theologiestudent, wie empört gute Christen über diesen Ausspruch waren.

Okuli
(3. Sonntag der Passionszeit)

Wer seine Hand an den Pflug legt und sieht zurück,
der ist nicht geschickt zum Reich Gottes.

Lukas 9,62

Pflügen – vollends ohne Motorpflug – ist eine schwere Arbeit. In meiner Kindheit habe ich manchem Bauern beim Pflügen zugesehen. Er stemmt sich auf den Pflug, damit er ins Erdreich eindringt. Dumm, wenn er immer wieder auf große Steine oder Baumwurzeln stößt. Er muss das Zugvieh bei Laune halten und so leiten, dass es jeweils an dem Punkt ankommt, den er ins Auge gefasst hat. Einen Ochsen gab es in meinem Heimatdorf nicht, auch fast keine Pferde, TBC-geschädigte Kühe zogen den Pflug. Sieht der Bauer nach links und rechts oder gar nach hinten, so macht er krumme Furchen. Das Ergebnis wäre ein aufgewühltes Schlachtfeld statt eines ordentlich gefurchten Ackers, in den man säen kann.

Das Wort aus Lukas 9,62 steht im Zusammenhang mit zwei anderen Auskünften Jesu, die uns schroff erscheinen: Ein Mensch will Jesus nachfolgen. Aber Jesus sagt zu ihm (Lk 9,58): »Die Füchse haben Gruben, und die Vögel unter dem Himmel haben Nester, aber der Menschensohn hat nicht, wo er sein Haupt hinlege!« Das heißt, du wirst heimatlos wie Kain. Auch zwischenmenschlich. Auch geistig. Willst du dir das antun?

Zu einem anderen, dem gerade der Vater gestorben ist, sagt Jesus: »Folge mir nach!« Der Mann will. Aber er will zuerst seinen Vater begraben, wie das seine Pflicht ist. Und eigentlich hätte Jesus nicht lang auf ihn warten müssen. Noch heute ist es in Israel so, wie meine Tochter Eva es im Altenheim in Haifa erlebt hat: Der Mann, der beim Frühstück gestorben ist, wird nach dem Mittagessen begraben. Was antwortet Jesus auf diesen selbstverständlichen Wunsch? »Lass die Toten ihre Toten begraben, geh du aber hin und verkündige das Reich Gottes!« (Lk 9,60). Er stößt mit diesem Wort hart an die Grenze dessen, was wir verstehen. Offenbar meint er, den verstorbenen Vater könnten andere begraben, die nichts Wichtigeres zu tun hätten. Du speziell sollst jetzt nicht deinen Hut vor dem Tod lüpfen. Du sollst den Sieg des Lebens bekannt machen. Erfülle diese Aufgabe sofort!

Ein wenig erinnert mich dieses Drängen Jesu an meine fixe Mutter. Wenn ich als Junge etwas tun sollte und ein lang gezogenes »Gleich« rief, dann kam prompt die Antwort: »Nicht gleich, sondern sofort!«

Und dann der Dritte, der von selbst den Entschluss fasst, Jesus nachzufolgen. Aber er will in aller Form vorher Abschied nehmen von denen, die in seinem Hause sind. Und Jesus? »Wer die Hand an den Pflug legt und sieht zurück, der ist nicht geschickt zum Reich Gottes« (Lk 9,62). Hätte das Abschiednehmen jenen zur Nachfolge Bereiten noch wankelmütig gemacht? Wenn die Freunde ihm gesagt hätten, was er ihnen bedeute? Wenn sie miteinander zurückgeblickt hätten auf gute und auf schwere Tage, die sie miteinander durchgestanden haben? Abschiede haben ihre eigene Poesie der Wehmut, so dass nach einem solchen Abschied mancher wie benommen ist, weil sein Herz sich noch nicht gelöst hat.

Heißt dieser Wochenspruch, dass wir in unserem Leben keine Erinnerungskultur pflegen, kein Fotoalbum anlegen, kein Jubiläum feiern, keine Memoiren schreiben sollen? Heinrich Böll sagt einmal, Pilatus sei der Schutzheilige all derer, die ihre Memoiren schreiben. Die Beobachtung trifft nicht nur Politiker. Auch die Autobiographien von bedeutenden Kirchenmännern machen oft den Eindruck, als wollten sie ein für allemal klarstellen, dass sie alles zuletzt so recht gemacht haben. Aber ist es nicht eine Chance, aus dem, was wir erlebt haben, zu lernen und anderen die Gelegenheit zu geben, aus unserem Lernen zu lernen?

Und soll es im deutschen Volk keine Erinnerungskultur geben? Soll nicht gerade die Kirche hier einen besonderen Auftrag haben – am 9.November, am Volkstrauertag und am 3. Oktober? Ist ein Volk, das seine Vergangenheit vergisst, nicht in der Gefahr, sie wiederholen zu müssen? Liegt nicht im Erinnern das Geheimnis der Erlösung? Und überhaupt, stimmt das Wort nicht: Nur wer um seine Herkunft weiß, gewinnt seine Zukunft? Geschichtslosigkeit ist doch oft eine Form von Leichtsinn und Dummheit.

Und sollen wir uns nicht in das Leben von Christenmenschen vertiefen, die den Glauben an Jesus Christus unter großen Schwierigkeiten bewährt haben? Sollen wir nicht ergründen, wo die Quellen ihrer Kraft lagen und wie sie klug wurden, die Geister zu unterscheiden?

Schließlich: Ist nicht unser ganzes Bibellesen ein Blick zurück in die Geschichte Gottes mit seinem Volk, auf die Geschichte Jesu mit seinen Jüngern, auf die Apostelgeschichte und das, was die Apostel den Gemeinden geschrieben haben?

Das Wort »Wer die Hand an den Pflug legt und sieht zurück, der ist nicht geschickt zum Reich Gottes« will uns nicht abhalten vom Rückblick auf die Geschichte Gottes mit seinem Volk und mit einzelnen Menschen. Jesus selbst hat in diesem ständigen Rückblick gelebt. Aber wir sollen uns nicht fixieren lassen durch das, was war. Wenn wir etwa aus den Biographien von Personen lernen, wie wir unseren Weg gehen können, dann doch nicht so, dass wir ihren Weg nachahmen sollten. Tun wir das, dann sind wir nicht geschickt zur Gottesherrschaft. Gott arbeitet nicht mit Imitationen, sondern mit Originalen. Martin Buber berichtet in seinen Chassidischen Geschichten von Susja von Hannipol, der gesagt hat: »Am Jüngsten Tag werde ich nicht gefragt: Susja, warum bist du nicht Mose gewesen? Warum bist du nicht Elia gewesen? Ich werde gefragt: Susja, warum bist du nicht Susja gewesen?« Gott hat mit jedem von uns seine unverwechselbare Geschichte. Wir sollen uns nicht gegen sie sperren, weil wir gern die Geschichte eines anderen wiederholen wollen.

Oder: Es gibt eine Ausrichtung an einem Gemeindemodell, wie es etwa in der Apostelgeschichte beschrieben wird, das uns daran hindert, im 21. Jahrhundert auftragsgemäß so christliche Gemeinde zu sein, dass wir »Salz der Erde« sein können. Gottes Geist führt uns voran und konserviert uns nicht als ein Modell. Wenn wir uns auf ein vergangenes Modell fixieren, dann werden wir eine museale Existenz führen wie etwa die Hutterer in Nordamerika. Wir werden in unserer exotischen Art vielleicht manchem Menschen imponieren, werden aber nicht wirklich einwirken können auf die Gesellschaft des 21. Jahrhunderts.

Das gilt auch für unsere Vision vom Europa der Zukunft. Mancher Vertreter des christlichen Abendlandes hat ein Wunschbild von Europa, das dem in der Schrift von Novalis »Die Christenheit oder

Europa« entspricht. Es verklärt eine mittelalterliche, von einer unge-
teilten Kirche geprägte Gesellschaft. Das neue Europa hat verschiedene geistige Quellen. Erst wenn wir das anerkennen, können wir daran
erinnern, dass ein Europa, das sich seiner Wurzeln schämt und sie
ängstlich verschweigt, trotz allen Absingens von »Freude, schöner
Götterfunken« auch künftig nur ein seelenloses Wirtschaftsgebilde
bleiben wird, das den Völkern nichts zu sagen hat.

In unserer Landeskirche sehen wir gern auf die Jahre 1552 bis
1568 zurück, in denen Herzog Christoph zusammen mit Johannes
Brenz das Herzogtum Württemberg zu einem Musterstaat und europäischen Modell gestaltet hat. Damals war Württemberg dabei, ein
Musterländle zu werden. Wir sehen an diesen Jahren, was eine gute
Zusammenarbeit zwischen einer vom Evangelium geweckten Kirche
und einem Land, das sich raten lässt, bringen kann. Es hat aber keinen Sinn, wenn wir an diesem Modell für unser Gegenüber zum
Land Baden-Württemberg Maß nehmen. Und wir dürfen nicht grol-
len, wenn unser Staat uns nicht die Rolle überlässt, die Herzog Christoph einst Johannes Brenz überlassen hat. Wer vergangenen Vorrech-
ten nachtrauert, ist nicht geschickt zum Reich Gottes.

Oder: Mancher von uns denkt gern an die Zeit zurück, in der er
Jugendarbeit gemacht hat. Und je weiter sie zurückliegt, desto lieber
verklären wir sie. Goldne Abendsonne, wie bist du so schön! Es bringt
aber denen, die heute einen Weg für die Jugendarbeit suchen, gar
nichts, wenn sie bei uns die Erwartung spüren, sie sollten es machen
wie wir.

Oder: Ein Ruheständler – das soll es bei Pfarrern i. R. oft geben –
erlebt mit wachsendem Befremden den Weg der Gemeinde, zu der er
nun gehört. Und er empfiehlt denen, die jetzt die Verantwortung tragen, es so zu machen, wie er es gemacht habe. Seine Sätze beginnen
jeweils mit »Zu meiner Zeit ...« So ist er aber nicht geschickt zur
Gottesherrschaft, die dafür sorgt, dass wir »nicht zweimal in den gleichen Fluss« steigen. Gott will Neues schaffen. Und er braucht Leute,
die in einer gewissen Neugier darauf in die Zukunft gehen.

Nicht umsonst wurde Hermann Hesses Gedicht »Stufen« so populär. Es steckt etwas von der Hoffnung auf das Reich Gottes drin in
diesem »Und jedem Anfang wohnt ein Zauber inne« und »Des Le-

bens Ruf an uns wird niemals enden...Wohlan denn, Herz, nimm Abschied und gesunde!«

Okuli heißt der Sonntag, zu deutsch »Augen«. Das erinnert an Psalm 25,16: »Meine Augen sehen stets auf den Herrn; denn er wird meinen Fuß aus dem Netze ziehen.« Dieses Netz könnte auch unsere Verhaftung in die Vergangenheit sein, aus dem Gott unsere Füße befreien will.

Lätare
(4. Sonntag der Passionszeit)

Wenn das Weizenkorn nicht in die Erde fällt und erstirbt, bleibt es allein, wenn es aber erstirbt, bringt es viel Frucht.

Johannes 12,24

In der Antike dachte man sich den Vorgang von Saat und Frucht so: Das Korn stirbt in der Erde. Aus seinem Sterben heraus wächst der Halm, der neue Frucht bringt: Stirb und Werde, Leben aus dem Tod.

Wenn Jesus in Johannes 12,24 seinen eigenen Tod und das neue Leben, das durch ihn entsteht, im Bild dieses Naturvorgangs anschaulich macht, dann sollten wir allerdings einen ganz entscheidenden Unterschied zwischen einem allgemeinnatürlichen »Stirb und Werde« im Sinne Goethes und dem Weg Jesu durch die Passion sehen: Jesus stirbt nicht kraft einer naturhaften Zwangsmäßigkeit, sondern er stirbt freiwillig. Er *gibt* sein Leben in den Tod. Besonders im Johannes-Evangelium, aber auch bei Matthäus, Markus und Lukas, wird deutlich, dass Jesus diesen Weg in eigener Entscheidung geht. Zwar als den Weg, den Gott ihm bestimmt hat, aber er geht ihn nicht gezwungenermaßen. Er folgt ihm aus eigenem Entschluss.

Eine Zeichnung Rembrandts, die Jesus bei der Gefangennahme zeigt, sehe ich vor mir, wenn ich im Johannes-Evangelium die Geschichte von der Passion Jesu lese: Der Jesus, der gefangen genommen wird, ist etwa doppelt so groß wie die Leute des Verhaftungskommandos, die ihn gefangen nehmen. Im Gegenüber zu ihm wirken sie wie

Pygmäen. Er ist und bleibt der Herr der Szene. So bleibt Jesus, auch wenn er Objekt und Opfer wird, der Herr seiner Passion. Er gibt sein Leben in den Tod, indem er es ohne Wenn und Aber einsetzt für die verlorene Menschheit.

Petrus widersteht ihm heftig. »Herr, das verhüte Gott! Das widerfahre dir nur ja nicht!« (Mt 16,22). Aber Jesus fährt ihn ungewöhnlich hart an – als habe Petrus etwas ausgesprochen, das für ihn, Jesus, eine enorme Versuchung sei. »Verschwinde, Satan! Du bist mir ein Ärgernis; du denkst nicht, was göttlich, sondern, was menschlich ist« (Mt 16,23). Was Petrus hier äußert, ist »menschlich«, ist unser aller Empfinden. Aber Jesus weiß, dass er zum Werkzeug der Versöhnung der Menschheit mit Gott nur werden kann, indem er sich völlig für sie einsetzt und ganz auf sich nimmt, was die Menschheit Gott, der die Liebe ist, und zugleich sich selbst täglich antut.

Fruchtbar an anderen Menschen wird sein hingebungsvolles Leben nur, wenn er es in den Tod gibt. »Wer sein Leben lieb hat, der wird's verlieren; und wer sein Leben auf dieser Welt hasst, der wird's erhalten zum ewigen Leben«, sagt er (Joh 12,25, ähnlich Mt 10,39; 16,25; Mk 8,35) in unmittelbarem Zusammenhang zu dem Wort vom Weizenkorn, das in der Erde stirbt. Walter Jens gibt uns eine gute Verstehenshilfe, indem er diese Worte so überträgt:

> Ein Weizenkorn, das in der Erde nicht zugrunde geht,
> bringt keine Frucht und bleibt nutzlos:
> ein Körnchen, für sich allein.
> Nur wenn es stirbt,
> macht es die Erde reich und bringt Frucht.
> Wer sein Leben liebt,
> über alles,
> und nur an sich selbst denkt,
> der geht zu Grunde und stirbt ab.
> Wer aber in dieser Welt sein Leben für nichtswürdig hält,
> weil es nur sein Leben ist,
> und es hingibt, damit es Frucht bringe unter den Menschen,
> der wird es wiedergewinnen,
> unter den Himmeln,
> und wird in Ewigkeit leben.

In dieser entschlossenen Hingabe kann ein Mensch nur glauben und leben, wenn er mit dem Gott rechnet, der uns im Tod nicht vergisst, der uns aus dem Tod herausholt, der aus dem Nichts Leben schafft. »Wenn er spricht, so geschieht's, wenn er gebietet, so steht's da« (Ps 33,9); »Gott (...), der da lebendig macht die Toten und ruft dem, was nicht ist, dass es sei« (Röm 4,17). Wenn er an den Gott glaubt, der das Totenfeld lebendig macht (Hes 37).

Das ist Jesu Weg nach dem Christus-Hymnus in Philipper 2,5–11: Selbstentäußerung, Knechtsgestalt, Weg ganz »nach unten«, Gehorsam bis zum Tod am Kreuz. Aber Gott hat ihn erhöht, hat ihm den Namen gegeben, der über allen Namen ist, mit der Folge, dass die ganze Menschheit samt den Engeln im Himmel und samt denen, die »unter der Erde« sind, ihn anbeten und bekennen werden, dass er der Herr ist.

Und so ist sein Weg auch im Lied vom leidenden Gottesknecht Jesaja 53 vorgezeichnet: durch Schändung, Qual, Verachtung, Unverständnis der Menschen, durch harte Seelenarbeit, durch einen Tod, der an den Tod eines Lammes auf der Schlachtbank erinnert, zur Fülle eines wirksamen, ungemein fruchtbaren Lebens: »... er wird Nachkommen haben und in die Länge leben ... er wird das Licht schauen und die Fülle haben.« Er wird »den Vielen Gerechtigkeit schaffen (...). Darum will ich ihm die Vielen zur Beute geben, und er soll die Starken zum Raube haben, dafür, dass er sein Leben in den Tod gegeben hat und den Übeltätern gleichgerechnet ist und er die Sünden der vielen getragen hat und für die Übeltäter gebeten« (Jes 53,12). Auch hier: Durch ein Leben und Leiden, das total fruchtlos erscheint, zu einem Leben, das vielfältig Frucht bringt: Viele, viele Menschen werden sich selbst zu ihm bekennen und werden sich seiner Sache, sozusagen mit Haut und Haaren, zur Verfügung stellen. Er wird vielen Gerechtigkeit schaffen. Sogar ausgesprochen starke Menschen wird er gewinnen. Alles, was hier gesagt wird, hat sich in Jesu Geschick erfüllt und erfüllt sich täglich an ihm.

Und was an Jesus geschieht, das bleibt nicht auf ihn beschränkt. Er nimmt andere Menschen mit auf seinen Passionsweg. Sie geraten durch ihn in Mitleidenschaft, in Seelenarbeit, Konflikt und Leid. Sie nehmen, wie er selbst, viel Kopfschütteln, Entfremdung, Einsamkeit auf sich. Es sieht so aus, als würden sie in ihrer Jesusnachfolge sich selbst isolieren. Aber er nimmt sie mit in die große Gemeinschaft der versöhnten und erlösten Menschen diesseits und jenseits der Todeslinie.

Nicht der Christus-Nachfolger, der sich ganz für andere Menschen einsetzt und dabei auf mancherlei in seinem Leben verzichtet, vereinsamt. Vielmehr der Mensch, der sich selbst immer mehr zum Mittelpunkt wird, der in seinen Gefühlen und Gedanken ständig um sich selbst und seine Selbstverwirklichung kreist und der es gern hätte, dass andere ständig um ihn kreisen, er vereinsamt. Das Korn, das sich nicht in den Boden hineinsäen lässt, das nicht »sterben« will, »bleibt allein«. Es kümmert vereinsamt und fruchtlos vor sich hin, bis ein Spatz sich seiner erbarmt.

Augustinus hat diese Lebenshaltung und das mit ihr verbundene Geschick in folgendem Bild ausgedrückt: »Die Traube, welche die Kelter der Leiden scheut, wird von den Spatzen gefressen.« Er will sagen: Wer sein Leben nicht einsetzt in der Nachfolge Christi für andere, der kann nicht mit anderen zusammen ein kostbarer Wein werden. Aus dessen Leben wird »Spatzenfutter«.

Wenn bei Jesus von Frucht und Fülle die Rede ist, dann soll auch die Fülle des Lebens erwähnt werden, die er uns schon im Diesseits schenkt. Nikolaus Ludwig von Zinzendorf in seinem Lied »Wir wolln uns gerne wagen« schreibt:

> *Wir sind nicht einsam blieben,*
> *wir wolln uns üben*
> *mit größern Gnadentrieben*
> *als eins allein.*
> *Wir sind am Stamm geblieben*
> *der Kreuzgemein.*
> *Drum gilt's gemeinsam lieben,*
> *sich mit betrüben,*
> *und unsre Lasten schieben,*
> *die Christi sein.*
> (EG 254)

An den Herrnhuter Missionaren hat Zinzendorf erfahren, dass aus der Tränensaat der Nachfolger Christi eine neue Frucht wird. Diese Missionare haben sich auf der Sklaveninsel St. Thomas im Karibischen

Meer ganz zu den Ärmsten und Entrechteten herunterbegeben. Einige ließen sich als Sklaven verkaufen und an Wagen anketten, die sie ziehen mussten. Sie erfuhren dabei, dass Menschen, die geschändet werden, durch Brüder und Schwestern, die ihr Los teilen, etwas von der »herrlichen Freiheit der Kinder Gottes« entdecken. Obgleich sie geschundene Kreaturen sind, werden sie sich ihrer Würde bewusst. Sie werden frei von Furcht- und Minderwertigkeitskomplexen, die man ihnen gnadenlos ins Wachs ihres Charakters gedrückt hat. Es erfüllt sich an ihnen, was geheimnisvoll im Psalm 126 so beschrieben wird:

> Wenn der Herr die Gefangenen Zions erlösen wird,
> so werden wir sein wie die Träumenden...
> Die mit Tränen säen,
> werden mit Freuden ernten.
> Sie gehen hin und weinen
> und streuen ihren Samen
> und kommen mit Freuden
> und bringen ihre Garben.

Um an den Zusammenhang zwischen einem Sterben in der Nachfolge Jesu mit der Frucht, die dabei herauskommt, zu erinnern, nannte Zinzendorf die Gräber der Herrnhuter »Beete«. So heißen sie in der Herrnhuter Brüdergemeine, nicht nur in Herrnhut, sondern auch in Bad Boll, Königsfeld im Schwarzwald und an vielen Orten rund um den Globus, auch heute noch.

In Martin Luther Kings Gedankenwelt und Erfahrung finden wir Ähnliches: Durch gewaltloses Leiden von Menschen, die sich entschieden einsetzen für das Recht der Ärmsten – das können die Müllarbeiter von Memphis ebenso sein wie die von Napalmbomben verbrannten Kinder in Vietnam – geschieht eine erlösende Wirkung. Menschen, die weggesehen haben, sehen hin, lassen sich vom Leid der Geschändeten erschüttern. Das Gute in ihnen, das Gefühl für die Würde des Menschen, das verdrängt und verschüttet war, kommt zum Vorschein, setzt sich durch gegen die Schuttschicht, unter der es begraben war. Sie werden durch das gewaltlose Leiden anderer »neu geboren«. Beobachter nannten das gelegentlich Martin Luther Kings psychosoziale Theologie des Kreuzes. Er selbst und die Wirkung seines Todes auf ungezählte Menschen meiner Generation – nicht umsonst hängt sein Bild in meinem Studierzimmer neben den Bildern Christoph Blumhardts, Paul Schneiders und Dietrich Bonhoeffers – zeigen etwas von dem Weizenkorn, das, wenn es im Boden erstirbt, Frucht bringt. Der Moskauer Dichter Jewgeny Jewtuschenko schrieb nach Kings Ermordung folgenden Vers:

> *Er war ein Neger, aber weiß wie Schnee*
> *und rein war seine Seele.*
> *Er wurde getötet von Weißen*
> *mit schwarzen Seelen.*
> *Als ich's erfuhr,*
> *traf mich die gleiche Kugel.*
> *Ihn tötete die Kugel,*
> *doch mich gebar sie neu,*
> *gebar mich als einen Neger.*

Martin Luther King wusste sich in der Auffassung, dass gewaltloses Leiden zur Geburt eines neuen Rechtsbewusstseins und zu einer Art Erlösung der Menschenwürde führt, einig mit Mahatma Gandhi. Beide haben vielfach eingewirkt auf die Friedensbewegung der Siebziger- und Achtzigerjahre des 20. Jahrhunderts. Ihre Gedanken wurden seither von vielen vergessen. Viele wurden ihrer müde – auch des Anspruchs, der mit ihnen verbunden ist. Einstweilen wächst an allen Ecken und Enden dieser Erde die Gewalttätigkeit. Immer deutlicher wird, dass wir der Gewalt nicht durch Gewalt beikommen. In dieser sich zuspitzenden Situation hege ich die Hoffnung, dass wenigstens von Einzelnen die Botschaft von dem Weizenkorn, das im Boden viel Frucht bringt, neu entdeckt wird. Vielleicht in einer entideologisierten, gereiften Gestalt.

In einer Kirche, in der das nervöse Gieren nach Erfolg und Effektivität das spannkräftige Warten auf Frucht verdrängt, die sich auf allerlei Abwege begibt, um sich Erfolge zu schaffen und diese vorzuführen, wird, wenn Gottes Geist sich über unsere hektische Dürftigkeit erbarmt, neu die Hoffnung grünen auf die Frucht, die unter Schnee und Eis wächst und die, wenn das Eis taut, wachsen und reifen wird. Und in einer Welt, in welcher ein Selbstmordattentäter, Mörder und

Selbstmörder, Gegenbild des sich hingebenden Christus, »Märtyrer« genannt wird, werden wenigstens Einzelne – so hoffe ich – im Nachdenken über den gekreuzigten und auferweckten Christus die wahre Passion der Liebe entdecken. Aus ihr lebt alles Lebendige, durch sie wird erdrücktes Leben von Schutt und Eis befreit und in ihrer Kraft allein wird unser Leben fruchtbar.

Judika
(5. Sonntag der Passionszeit)

Der Menschensohn ist nicht gekommen,
dass er sich dienen lasse, sondern dass er
diene und gebe sein Leben zu einer Erlösung für viele.

Matthäus 20,28

Die Geschichte, an dessen Ende dieses Wort steht (Mt 20,20–28), zeigt uns, wie allzumenschlich es unter den Jüngern in der unmittelbaren Umgebung Jesu zuging. Man versteht, dass er – bei anderer Gelegenheit – sagen konnte: »Wie lang soll ich noch bei euch sein? Wie lang soll ich euch noch aushalten?« (Mt 17,17).

Die Mutter der Kinder des Zebedäus – so umständlich kann man sich nur in einer patriarchalischen Gesellschaft ausdrücken, in der die Frau über ihren Mann und ihre Söhne definiert wird – fällt vor Jesus nieder wie vor einem König, der Audienz hält, und trägt ihm ihren Herzenswunsch vor. Es geht ihr um ihre Söhne, ihre beiden Prachtsbuben, um deren künftige Stellung. Sie rechnet damit, dass Jesus demnächst seine Herrschaft aufrichten wird, der Davidssohn, der künftige König. Ein König braucht Minister. Auch unter den Ministern gibt es Hierarchien. Die wichtigsten, sagen wir: der Kanzler und der Außenminister, sitzen bei großen Anlässen rechts und links vom König. Wäre das nicht der gegebene Ort für ihre Söhne? Wahrscheinlich hat sie mit deren Begabung, ihrer Gescheitheit, Tatkraft, ihren rhetorischen Fähigkeiten, ihrem Fleiß, ihrer Treue und Zuverlässigkeit argumentiert.

Jesus versteht diese Frau, die immer für ihre Söhne gelebt hat und die nun noch etwas tun will für deren Karriere. Aber lächelnd sagt er: »Ihr wisst nicht, um was ihr bittet, könnt ihr den Kelch trinken, den ich trinken werde, und euch taufen lassen mit der Taufe, mit der ich getauft werde?« Er meint die Bluttaufe, auf die er zugeht. Die beiden, die auch dabeistehen, antworten forsch – als hätten sie vorher ein Bewerber-Coaching der Personalabteilung absolviert, nur ja zu seiner Kompetenz stehen! »Ja, das können wir!« Der Leser fragt sich unwillkürlich: So viel Ahnungslosigkeit in der unmittelbaren Umgebung Jesu kurz bevor dessen Passion in die heiße Phase kommt? Offenbar. Wie mag Jesus dieses »Ja, das können wir« empfunden haben?

Dann sagt er: »Meinen Kelch sollt ihr zwar trinken, aber das Sitzen zu meiner Rechten und Linken zu geben, steht mir nicht zu, sondern denen es bereitet ist von meinem Vater.« Ich verstehe diese Auskunft so: Mit euren Karrierewünschen seid ihr bei mir am falschen. Damit kann ich nicht dienen.

Die hoch vertrauliche Unterredung blieb im Jüngerkreis nicht ganz geheim. Die anderen fühlen sich hintergangen. Ärger kommt auf. Es ist Zeit, dass Jesus ein klärendes Wort spricht: »Ihr wisst, die Fürsten halten ihre Völker nieder, und die Mächtigen tun ihnen Gewalt. So soll es nicht sein unter euch!« Mit diesem »So unter euch nicht!« trennt Jesus die Jüngergemeinschaft ganz entschieden von anderen Gemeinschaften. Haben wir Kirchenleute dieses »So soll es unter euch nicht sein!« in seiner Tragweite verstanden? Oder ist unsere Art »Kirche zu machen« gerade dadurch charakterisiert, dass wir dieses »So nicht!« leichthändig wegwischen, um zu argumentieren: »In der Wirtschaft …, so macht man das heute?« Es wird dann aus dem Kreis der zusammenarbeitenden Geschwister eine Art Aufsichtsrat. Es wird dann nicht mehr geleitet, sondern gesteuert. Und wer eine höhere Position erreicht hat, nimmt unwillkürlich das Gehabe des Generalmanagers oder gar des Gouverneurs an. Es gibt aber – und es wird sie immer geben – Gemeindeglieder, die sich von alledem nicht beeindrucken lassen, weil sie dieses »So soll es nicht sein unter euch!« noch im Ohr haben.

Wie dann? »Wer groß sein will unter euch, der sei euer Diener; und wer der Erste sein will unter euch, der sei euer Knecht.« Geht das? Funktioniert so ein großer Betrieb wie die Kirche? Hat nicht eine klare Hierarchie, in der die Leute wissen, wo sie dran sind, viel für sich? Es kann sich ja einer »nach oben« dienen, wenn er tüchtig und anpassungsfähig ist! Gewiss. Aber: »So soll es nicht sein unter euch.« Je höher die Position, desto entschiedener dienen. Der Erste soll der letzte Knecht sein.

Nun haben freilich Herrscher zu allen Zeiten, die um die Auseinandersetzung mit diesem sperrigen Jesus-Wort nicht einfach herumkamen, um sich die Aura verbreitet, sie seien »der erste Diener des Staates«. Friedrich der Große schreibt in seinen Memoires de Brandenbourg mehrfach »Un prince est le premier serviteur et le premier magistrat de l'etat« – ein Prinz ist der erste Diener und der erste Beamte des Staates. Und es mag sein, dass er in seiner Weise durchaus versucht hat, diesem seinem Selbstverständnis zu entsprechen.

Die Art, in der Jesus dieses Dienen lebt, ist aber völlig anders. »Der Menschensohn ist nicht gekommen, dass er sich dienen lasse, sondern dass er diene und gebe sein Leben zu einer Erlösung für viele.« Die Herrscher dieser Welt, auch wenn sie sich als »erste Diener des Staates« verstehen, setzen ihre Leute für ihre Machtinteressen ein. Es ist bekannt, mit welch zynischen Worten der alte Fritz seine Soldaten in die Schlacht geschickt hat. Jesus dagegen setzt sich selbst für das Wohl und das Heil der Seinen ein. Die Herrscher dieser Welt, auch religiöse, lassen Menschen vor ihnen knien. Jesus kniet vor seinen Jüngern und wäscht ihnen die Füße.

Mir kommt dazu auch Papst Benedikt XVI. in den Sinn. Wie soll ich die Bilder aus Bayern, die Bilder der großen Papstauftritte mit dem irdischen Jesus zusammenbringen? Der Mann, der sich trotz der klaren Anweisung Jesu in Matthäus 23,9 »Heiliger Vater« nennt, der sich den Titel Stellvertreter Jesu gefallen lässt, in seinem Aufzug so anders als der, den er – ist Jesus abwesend? – glaubt vertreten zu müssen? Ich zweifle nicht daran, dass Benedikt XVI. seiner Arbeitsleistung und seinem Eifer nach »der erste Diener der römisch-katholischen Kirche« ist. Dass er darüber hinaus gern der erste Diener der Weltchristenheit und sogar der Menschheit sein wollte, ich verneige mich vor seinem guten Willen und seinem Einsatz. Ich halte es auch für möglich, dass ihm selbst das päpstliche Gepränge nicht viel bedeutet. Warum aber lässt er dies alles mit sich veranstalten? Warum tritt er auf, wie niemals ein Staatsmann auftreten würde? Kann er in diesem Aufzug Zeuge dessen sein, der zu den Jüngern gesagt hat: »So soll es nicht sein unter euch?« Meine katholischen Geschwister mögen zu verstehen versuchen, dass ich als Protestant, der von der Bibel her über das Erlebte nachdenkt, diesen Widerspruch nicht so leicht vergessen kann. Am meisten wundert es mich, dass ich bis jetzt, wenn ich etwa den Personenkult, der um den Papst wie um keinen anderen »Herrscher« dieser Welt getrieben wird, in führenden Kreisen der katholischen Kirche thematisiert habe, nur einhellige Abwehr bewirken konnte. Nie habe ich bei Mitgliedern der römisch-katholischen Kirchenleitung bei solchen Bedenken Verständnis erlebt. Es muss nach ihrer Auffassung wohl so und nicht anders sein. Heute, im Medienzeitalter, sowieso. Personenkult um den Papst? Man sagte mir, da die Zeitgenossen vorbildliche Personen suchten, würde man ihnen helfen, indem man den Papst als solchen herausstellen und zur Verehrung freigeben würde.

Daneben und dagegen das schlichte Wort – es kommt aus einer anderen Welt (Joh 18,36) – von dem Menschensohn, der nicht gekommen ist, um sich wie einem König huldigen zu lassen, sondern »dass er diene«. Der Titel Menschensohn gerade in diesem Zusammenhang. Seit Daniel 7,10–14 ist der Menschensohn der endzeitliche Richter, an dem und durch den sich das endzeitliche Geschick jedes Menschen entscheidet (vgl. Mt 25,31–46). Er ist es, der »es richten wird«, der uns zurechtbringt, nicht ohne das Gericht, in welchem wir mit der Wahrheit über uns selbst konfrontiert werden. Er, dem die letzte Vollmacht gegeben ist, ist gekommen zu dienen.

»... und gebe sein Leben zu einer Erlösung für viele«. Wir Menschen des 21. Jahrhunderts haben es – nach so vielen Individualisierungsschüben – schwer, zu verstehen, dass die Lebenshingabe eines Menschen auf andere irgendeine wesentliche Wirkung haben könnte. Das Lebensgefühl sehr vieler Zeitgenossen lässt sich auf den schlichten, oft ebenso wehmütig wie endgültig vorgetragenen Satz Hermann Hesses vereinfachen »Keiner kennt den andern, jeder ist allein.« Lang vorbei ist die Zeit, in der Schiller mit seiner »Bürgschaft« Saiten zum Schwingen brachte. Der Freund, der jede Schwierigkeit überwindet, um den für ihn bürgenden Freund vor dem Kreuzestod zu bewahren, um selbst an seiner Stelle zu sterben, erweckt nur Kopfschütteln. Lang vorbei auch die Zeit, in der Fontanes Ballade verstanden wurde:

> *John Maynard war unser Steuermann,*
> *aushielt er, bis er das Ufer gewann,*
> *er hat uns gerettet, er trägt die Kron,*
> *er starb für uns, unsre Liebe sein Lohn.*
> *John Maynard.*

Zwar gibt es auch heute Menschen, die ihr Leben für andere einsetzen: bei der Bergwacht, der Rettungsmannschaft nach dem Grubenunglück, bei der Polizei, der Feuerwehr. Und, viel zu wenig bemerkt und geachtet, Mütter, die für ihre Kinder, besonders etwa für ein behindertes Kind, leben. Aber der spätbürgerlich verblödete Individualist, der seiner Selbstverwirklichung lebt und seine Karriere plant, nimmt das kaum wahr. Es sagt ihm nichts.

Doch gibt es dann und wann Schriftsteller, in deren Werk die Frage aufblitzt, ob es außer der letzten Sterbenseinsamkeit des Menschen noch anderes gibt. Ausgerechnet der Existentialist Albert Camus schildert einen Maler, der sich in die Höhe seines Ateliers zurückzieht. Unter der Decke hat er sich ein Nest gebaut, um ungestört sein definitives Werk zu schaffen. Eines Tages bleibt das Essen, das man ihm täglich hinstellt, unberührt. Man findet ihn da oben knapp unter der Decke tot. Wo ist nun sein definitives Werk? Sie sehen nichts. Bis einer im Gips der Decke ganz klein zwei Worte, nein, ein Wort findet, dessen mittlerer Buchstabe durchgestrichen und durch einen anderen ersetzt wurde. Das Wort »solitaire« – *einsam,* dessen »t« durch ein »d« ersetzt ist; »solidaire«, *gemeinsam.* Einsam – gemeinsam, auf dieses Thema hat sich für den sterbenden Künstler zuletzt alles konzentriert.

Wenn der endzeitliche Richter, der uns durch sein Richten in Ordnung bringen wird, sein Leben zu unserer Erlösung gibt, dann eröffnet er mit dieser über alles kostbaren Gabe die Dimension des Wortes »solidaire«, gemeinsam! Das »solitaire« streicht er mit seinem einsamen Tod am Kreuz ein für allemal durch.

Kann ich dieses Mysterium einem Skeptiker demonstrieren? Wohl nicht. Ich könnte ihn einladen zum Tisch des Herrn. Wir könnten miteinander die Worte »Das ist mein Leib, das ist mein Blut« wörtlich nehmen. Jesus gibt uns sein Leben, damit wir eine Vitalität höherer Ordnung, Liebesvitalität, Glaubensvitalität, Hoffnungsvitalität empfangen.

Erlösung für viele? Von vielem, was uns die Luft abstellt, will er uns erlösen. Nicht zuletzt von jener trostlosen Vereinsamung auf vertikaler und horizontaler Ebene. Er will die Ohren unseres Herzens erwecken, dass wir seine Stimme hören können. Er will die Zunge unseres Herzens lösen, damit wir zu ihm reden können, betend, singend, stammelnd, seufzend, mit Stößen des Jubels und dann wieder in wortloser Stille. Er will uns dazu erlösen, dass wir auf der horizontalen Ebene wieder zusammenkommen. Mit den Nahen und den Fernen. Mit den nahen Fernen besonders. Auch so, dass wir selbst unsere Unnahbarkeit, die von allen uns trennt, verlieren und dass wir herzlich zugängliche Menschen werden.

Palmsonntag
(6. Sonntag der Passionszeit)

Der Menschensohn muss erhöht werden,
damit alle, die an ihn glauben, das ewige Leben haben.

Johannes 3,14.15

Die Worte »erhöhen« und »erhöht werden« haben im Johannes-Evangelium einen merkwürdig doppeldeutigen Klang. Fast hat man den Eindruck, man habe es mit einem sprachlichen Sarkasmus zu tun. Wenn ein Kronprinz zum König erhöht wird, dann wird er auf seinen Thron gesetzt. Er wird unter feierlichen Worten gekrönt mit einer kostbar funkelnden Krone. Er bekommt im Rahmen uralter Rechte Befehlsgewalt. Mindestens war das so zur Zeit Jesu. In der konstitutionellen Monarchie sind diese Rechte eingeschränkt. Umso pathetischer und prunkvoller läuft die Zeremonie vor den Fernsehkameras aus aller Welt ab. Nun huldigt ihm das Volk. Es kam, um dieses erhabene Schauspiel zu sehen. Es bedankt sich mit großem Applaus.

Wenn Jesus erhöht wird, dann wird er vorher ans Kreuz genagelt. Das Kreuz wird dann aufgerichtet, was dem am Kreuz Hängenden wahnsinnige Schmerzen verursacht. Vorher wurde ihm die Dornenkrone in den Kopf gestoßen. Der am Kreuz Hängende ist extremer Ohnmacht ausgeliefert, bevor er vollends ohnmächtig wird. Der Festgenagelte kann keine Fliege verscheuchen. Das Volk steht und gafft. Nicht wenige spotten: »Steig doch herab vom Kreuz …« Die betroffen sein müssten, haben sich fast alle rechtzeitig aus dem Staub gemacht.

»Erhöhung« bei einem Kronprinzen und »Erhöhung« bei INRI, Jesus Nazarenus Rex Judaeorum, Jesus von Nazareth, König der Juden. Unterschiedlicher kann es nicht sein. Lediglich die Erhöhung seines Stellvertreters auf Erden kann bei den Erhöhungen von irdischen Herrschern mithalten oder sie weit übertreffen.

Merkwürdig ist die Art, wie es Gott seinem wirklich von ihm Erwählten gehen lässt in dieser Welt. Warum? Weil es ihm selbst, Gott, in dieser Welt so geht. Weil er, der die Liebe ist, mit Dornen gekrönt, zynisch verspottet, gekreuzigt wird, weil ihm die Macht entzogen wird von Menschen, die selbst Herr über Leben und Tod, Herrgott, spielen wollen. Die Erwählten Gottes müssen alle etwas davon durchleben, in Person abbilden, wie es Gott in seiner Menschheit geht.

Was wird hier aufgerichtet, wenn der Menschensohn am Kreuz erhöht wird? Es wird öffentlich gemacht, wie es Gott mit seiner Menschheit geht. Unübersehbar, dass er selbst von Instanzen, die sich dieses Recht anmaßen, verurteilt wird; dass er, Gott, zynisch verspottet wird. Passen wir Christen auf, dass unsere Anbetung, unser Kult, auch unsere Passionsfrömmigkeit, nicht in die Gottesverhöhnung derer im Keller des Pilatus abgleitet! Am gekreuzigten Christus wird abgebildet, wie die von Gott geschaffene und erhaltene Menschheit Gott ausschließt, ausstößt, hinauskreuzigt aus ihrer »feinen« Gesellschaft. Das Kreuz macht deutlich, dass das Ziel unserer Selbstherrlichkeit der Gottesmord ist. »Wir wollen nicht, dass dieser über uns herrsche!« (Lk 19,14). »Das ist der Erbe, kommt, lasst uns ihn töten!« (Mt 21,38).

Von Johann Wolfgang von Goethe wird berichtet, wie sehr er den Anblick des Gekreuzigten gemieden hat. Nicht nur, dass er möglichst nie zum Gottesdienst ging. Er war auch nur sehr schwer außerhalb des Gottesdienstes in eine Kirche zu bringen. Der Kruzifixus hat ihn abgeschreckt, dieses Sinnbild des Gottesmordes, das jeden Menschen anklagt. Das freilich auch daran erinnert, wie viele der »geringsten Brüder« und Schwestern Jesu in dieser Welt »gekreuzigt« werden. Auch davon wollte der Geheime Rat und Minister Goethe wenig wissen. Geht man durch die sieben von ihm selbst als Museum ausstaffierten Räume des Goethehauses in Weimar, sieht man die wohl ausgesuchten Zeichnungen und Bilder wohlproportionierter Menschen an der Wand, so wird einem sofort der fundamentale Gegensatz zwischen der Sphäre von Golgatha und der des Weimarischen Olympiers bewusst.

Goethe hat in seinem Ärger über das Kreuz Christi das Kreuz und den Gekreuzigten aber wohl besser verstanden als mancher oberflächliche Christ, für den das Kreuz oder Kreuzchen ein Ziergegenstand, ein Schmuckstück geworden ist. Dass der Sohn Gottes in dieser Weise erhöht wird, das ist eine unerhörte Herausforderung der ganzen Menschheit. Sie muss sich fragen lassen, ob sie sich dieses Sinnbild ihres eigentlichen Wesens oder Unwesens gefallen lässt. Jeder Humanist, für den der Mensch im Grunde schon gut ist, ärgert sich am Kreuz. Und dass in Bayern Eltern, die der Humanistischen Union angehören, die Entfernung des Kruzifixus aus dem Schulzimmer fordern, weil sie diesen Anblick ihren Kindern nicht zumuten wollen, ist aus ihrer Sicht jedenfalls folgerichtig.

Der am Kreuz erhöhte Gottessohn sagt aber noch etwas ganz Anderes. Und das ist die Hauptbotschaft. Er ist das Sinnbild für den Gott, der aus unerfindlichen Gründen seine Menschheit so sehr liebt, dass er sich so tief mit ihr einlässt. Dabei kommt dann der Gottesmord heraus. Wie viel einfacher und plausibler ist der Allah des Koran. Er ist und bleibt der Menschheit unendlich überlegen. Er hat seine Propheten – auch Isa, Jesus gehört dazu, freilich ohne die Geschichte von Jesu Passion. Allah bleibt in unendlicher Distanz. Er hält sich heraus. Er lässt sich mit den Menschen auf nichts ein, das ihn in Verlegenheit bringen könnte. Am Ende wird er sich mit jedem Menschen als Richter befassen, wird jedem geben, was er wert ist. Die Botschaft vom gekreuzigten Gott zeigt aber, wie weit christliches und muslimisches Gottesverständnis voneinander entfernt sind. In der Peripherie ähnlich klingende Vorstellungen – im Zentrum totaler Dissens. Der Gott, den Jesus seinen Vater nennt und der sich in Jesus verkörpert, ringt um jeden Menschen unter Einsatz seines Lebens. Er liefert sich den Menschen aus, um sie zu gewinnen. Er wird ihr Opfer, um sie aus ihrer mörderischen Verzweiflung herauszulösen. Er erleidet und trägt ihre Sünde, um sie zu bewältigen und sie von ihnen wegzutragen.

Hier spielt die alte Geschichte von Moses und der ehernen Schlange mit hinein (4.Mose 21,6–9). Das Volk Israel murrt und wirft Gott seine Erlösungstat vor: »Warum hast du uns aus Ägypten geführt, dass wir sterben in der Wüste?« (4. Mose 21,5). Gott straft es damit, dass er es in ein Schlangental geraten lässt. Die Schlangen könnten hier ein Sinnbild für das Gift der Gottesfeindschaft und des Unverständnisses für sein Heil sein. Das Volk kämpft gegen die Schlangen um sein Leben. Ohne jede Chance. Je entsetzter die Menschen auf ihre Todfeinde, die Schlangen, starren, desto hilfloser werden sie deren Opfer. Um das Volk nicht einfach zugrunde gehen zu lassen, lässt Gott den Mose eine eherne Schlange aufrichten, Sinnbild der besiegten Schlange. In den alten Abbildungen wird die eherne Schlange meist mit dem aufs Kreuz genagelten Kopf – »er wird dir den Kopf zertreten« (1. Mose 3,15) – dargestellt. »Wenn nun jemanden eine Schlange biss, sah er die eherne Schlange und blieb am Leben« (4. Mose 21,9).

Die uralte Geschichte ist ein Symbol für unsere Chancen im Kampf gegen das, was uns kaputtmacht. Nennen wir es Sünde, Tod und Teufel. Wir haben keine Chance. Und je angstvoller oder kämpferisch angestrengter wir diese vernichtenden Gewalten fixieren, desto übermächtiger fixieren sie uns. Ihr Biss trifft ein fixiertes, ganz und gar erstarrtes Opfer. Aber im gekreuzigten Jesus ist uns das Sinnbild des Sieges über Sünde, Tod und Teufel gegeben. Der allmächtige Gott nimmt den tödlichen Biss auf sich. Sehen wir unbeirrt auf dieses Zeichen des Heils, so kann uns der Schlangenbiss und Giftstich nichts tun. Dann beißt uns die Schlange wohl noch, was uns weh tut, aber der Giftzahn ist ausgebrochen. Der Biss bringt uns nicht um.

Weil diese Botschaft von äußerster Gefährdung, Kampf und Sieg – den nicht wir ausfechten – die Zentralbotschaft der Erhöhung des

Gottessohns am Kreuz ist, darum heißt unser Wochenspruch im Zusammenhang: »Wie Mose in der Wüste die Schlange erhöht hat, so muss der Menschensohn erhöht werden, damit alle, die an ihn glauben, das ewige Leben haben.«

Merkwürdig aber, dass gerade bei diesem Wort der Menschensohn-Titel Jesu genannt wird, der doch eigentlich dem ohnmächtigen, gekreuzigten Jesus am fernsten stehen müsste. Der Titel Menschensohn meint den endzeitlichen Richter, von dessen letztgültigem Urteil unser Heil und Unheil abhängt. Wenn Jesus sagt, der Menschensohn werde wie die eherne Schlange am Kreuz erhöht, deutet er dann damit an, wie Gott der Herr durch seinen Beauftragten Gericht übt? Dass der Richter die Strafe selbst trägt? Dass dieser Richter den Schuldigen nicht büßen lässt? Dass er dessen Schuld selbst bewältigt oder am Kreuz Christi längst bewältigt hat?

Dann wird am Jüngsten Tag wohl unsere Schuld rückhaltlos herauskommen. So rückhaltlos sie für den, der sehen kann, schon am Kreuz Jesu herauskommt. Er wird uns von unserer bereits bewältigten Schuld vollends befreien und reinigen, so dass wir als Gereinigte vollends fähig werden zum Leben im Licht. Es wird, wie Christoph Blumhardt sagt, kein Hinrichten, sondern ein Herrichten sein. Der »Tag des Zorns« wird Luthers »lieber Jüngster Tag«, den wir letztlich nur herbeiwünschen können.

Was aber am Kreuz Jesu geschehen ist, das hat keine sozusagen automatische Wirkung, als seien wir Menschen wie Feilspäne, die auf einem magnetischen Feld durch das Kreuz neu gepolt und automatisch neu ausgerichtet würden. Wir sind und bleiben Personen im Gegenüber zu Gott. Er achtet unser Personsein. Wir werden zu unserem Heil nicht gezwungen. Was Gott für uns bewältigt, zielt darauf, von uns im Glauben angenommen zu werden.

»… damit alle, die an ihn glauben, das ewige Leben haben.« Das Wort »glauben« können wir nicht personal genug fassen. Ich glaube an den gekreuzigten und auferstandenen Christus, das heißt: Ich weiß die Frage meines ewigen Heils, ob ich endgültig scheitere oder ob mein Leben zum guten Ziel kommt, bei Jesus Christus in den besten Händen. Er wird mit meinem Irren und Wirren fertig. Er bewirkt es, dass auch meine Fehlleistungen und Irrtümer letzten Endes dazu beitragen, dass ich »hergerichtet« werde zum ewigen Leben. Ich kann und will vielerlei tun für manchen guten Zweck. Für mein ewiges Leben will ich nichts tun. Ich verlasse mich darauf, dass dafür bereits alles getan ist und dass am Jüngsten Tag dieses und nichts anderes herauskommen wird.

Was bedeutet nun »ewiges Leben«? Es ist die Beschreibung einer ewig gültigen und ewig dauernden Beziehung. Es meint: ein auf immer ungetrübtes Verhältnis zu Gott. Dieses ist jetzt gestört, getrübt, gefährdet. Aber Christus gibt mir sein ungetrübtes Gottesverhältnis. Nichts behält er für sich allein. Gerade das Kostbarste teilt er mit uns. Anders gesagt: In sein ungetrübtes Verhältnis zum Vater nimmt er mich, den verlorenen Sohn, mit hinein. An der Seite Jesu kann ich ungehindert und ungetrübt vor Gott stehen und bestehen.

Das Lebendige, das zwischen Gott und uns lebt, wird uns noch einmal lebendig machen, wenn wir gestorben sind. Nicht irgendein Personkern in uns, unsterbliche Seele genannt, wird die Gewalt des Todes überstehen, sondern diese Beziehung. Gott will in alle Ewigkeit »etwas mit uns haben«. Damit er etwas mit uns haben kann, ruft er uns zu sich, ruft er uns aus dem Tod ins Leben.

Warum das Wort von der Erhöhung Jesu am Palmsonntag? Die Begeisterten am Tor Jerusalems mit ihren Palmwedeln wollten Jesus erhöhen. Sie wollten den Ben David zu ihrem König machen. Sie ahnten wohl gar nicht, in welcher Weise Gott ihn erhöhen wird. Ich weiß nicht, wie viele von ihnen wenige Tage später vor dem Richthaus des Pilatus dabei waren und »Kreuzige!« geschrien haben. Aber damit hatten sie doch Recht, dass uns geholfen wird, wenn er erhöht wird.

Karfreitag

Also hat Gott die Welt geliebt,
dass er seinen eingeborenen Sohn gab,
damit alle, die an ihn glauben,
nicht verloren werden,
sondern das ewige Leben haben.

Johannes 3,16

Die Welt hat Gott geliebt! Keineswegs nur die fromme oder die kirchliche oder die christliche Welt, sondern die Welt in ihrer ganzen Vielfalt von der frommen oder sich fromm dünkenden Welt über die gottlose oder sich gottlos dünkende Welt bis hin zur brutal gottfeindlichen und dann gewiss auch menschenfeindlichen Welt.

Ein Journalist hat mich zu Weihnachten interviewt. Er vertrat die Auffassung, Weihnachten, das sei doch für alle Menschen da, auch für solche, die nicht christlich sind. Weihnachten sei ein allgemein menschliches Fest. Aber Karfreitag und Ostern, das seien eben rein »christliche Feste«, nur für Christen.

Ich war einigermaßen erstaunt, versuchte ihm klarzumachen, dass Jesus für alle Menschen, nicht nur für die Christen, gestorben sei. Er sei das Lamm Gottes, das der Welt Sünde trägt (Joh 1,29). Also sei der Karfreitag ein Fest für alle Menschen so gut wie Weihnachten. Und an Ostern würden wir die Auferweckung dessen feiern, mit dem die Hoffnung auf Leben für alle Menschen begraben gewesen sei. Die Hoffnung für alle Menschen, ja überhaupt für alles Geschaffene, das sich nach Leben und Freiheit sehnt (Röm 8,18–21), sei auferstanden; das würden wir an Ostern feiern; insofern sei doch Ostern das Fest für alles, was lebt und was zum Leben drängt.

Aber wahrscheinlich haben wir es in den letzten Jahrzehnten versäumt, die Botschaft des Karfreitags auf alle Menschen hin auszulegen. Weshalb jener Journalist den Karfreitag als ein Exklusivfest allein für Christen versteht.

Dagegen die Botschaft, dass Gott die Welt geliebt hat und gewiss weiterhin liebt. Diese Welt, die er geschaffen hat mit all ihren Vitalkräften, die alle von ihm stammen. Diese Welt, die er erhält trotz allen Gefahrenpotentials, das wir Menschen in ihr vervielfachen. »In wie viel Not hat nicht der gnädige Gott über dir Flügel gebreitet«, singen wir einander und uns selbst ganz persönlich zu (EG 317). Wir können es ebenso gut dieser Welt, auf der und von deren Vitalkräften wir leben, zusingen. Dieser Welt, die trotz der Erfindung der Atombombe und des ersten Abwurfs derselben auf Hiroshima und Nagasaki die Schwelle zum 21. Jahrhundert geschafft hat. Nur sehr pausbäckig selbstbewusste Starkspieler können es damit erklären, das Gleichgewicht der Stärke habe eben funktioniert und, wo entsprechend viel Drohpotential aufgehäuft sei, schrecke die Menschheit doch vor dem Äußersten zurück. Wer will, mag an dieser Logik festhalten. Wir Christen bekennen, dass Gott die Welt geliebt hat, dass er noch immer seine schützende Hand über sie hält, wunderbarerweise, dass sie allein deswegen vor dem definitiven globalen Selbstmordattentat bewahrt wurde.

Zeitgenossen, die auf die ausnahmslose Zuverlässigkeit menschlicher Technik schwören, rechnen es der modernen Sicherheitstechnik zu, dass nach dem Supergau von Tschernobyl weitere Atomkraftwerke bis zur Stunde noch nicht in die Luft gingen. Die zahlreichen Störfälle in Kraftwerken, bei denen vieles spitz auf Knopf stand, werden dann ausgeblendet. Wir Christen vertrauen weder auf die lückenlos perfekte Sicherheit unserer Technik noch auf die ausnahmslose Zuverlässigkeit der Menschen, die in Atomkraftwerken arbeiten. Vielmehr ahnen wir im Blick auf diese gefährlichen Zentren: »In wie viel Not hat nicht der gnädige Gott über dir Flügel gebreitet.« Dass Gott diese Welt liebt, ist die einzig zureichende Erklärung dafür, dass diese Welt noch nicht in ein Tohuwabohu wie vor der Schöpfung zurückimplodiert ist.

Diese Bewahrungen sind aber nicht dazu geschehen, dass wir das Gefahrenpotential weiter vervielfachen. Vielmehr dazu, dass wir entschieden zur Beseitigung dieser Drohpotentiale beitragen.

Diese Welt hat Gott geliebt. Im Sprachgebrauch des Evangelisten Johannes ist diese Welt keineswegs nur eben die Schöpfung in ihrer gefährdeten Schönheit, sondern das Wort »Welt« bedeutet vor allem den Bereich, in welchem der Mensch herrscht, der sich von Gott heimlich oder öffentlich, leise oder auch ganz laut losgesagt hat. Die Menschenwelt, die unter sich bleiben und ihre Dinge ohne Gotteseinfluss mit sich selbst ausmachen will. Die Welt ist die Menschheit, die sich selbst nicht nur verrückt überschätzt, sondern auch verherrlicht und gar vergottet. Die Welt, die Gott geschaffen hat, ihn aber in Jesus kreuzigt, ist »sein Eigentum, in das er wohl kam, das ihn aber nicht aufnahm« (Joh 1,11); die Welt ist die Finsternis, in der das Licht scheint, die das Licht aber nicht ergriffen hat.

Ich werde nie vergessen, wie die Mutter eines ermordeten jungen Mannes mit mir sprach. Wir planten eine rötliche Gedenkplatte im grauen Granit des Ulmer Münsterplatzes, die an die abscheuliche Ermordung ihres Sohnes erinnern sollte. Wir fragten uns, was man auf einer solchen Platte eingravieren könne. Sie schlug das Wort aus Johannes 1,5 vor: »Das Licht scheint in der Finsternis, doch die Finsternis hat's nicht ergriffen.« Die Mördermenschheit, in der solche Untaten geschehen, die umgeben ist von Finsternis, ist diese Welt, die Gott geliebt hat, liebt und bis zur Erlösung und Vollendung lieben wird. Sie verdichtet und offenbart ihre Art in der Passionsgeschichte Jesu als nur noch brutale Welt. Sie kann es aber nicht verhindern, dass Gott sie unter allen Umständen liebt.

Was Paulus in seinem »Hohen Lied der Liebe« als Art der Liebe (1. Kor 13,4–7) schildert, liest sich wie eine Beschreibung der Liebe, die Jesus am Kreuz bewährt: »Die Liebe ist langmütig und freundlich … sie sucht nicht das Ihre, sie lässt sich nicht erbittern, sie rechnet das Böse nicht zu, sie verträgt alles, sie glaubt alles, sie hofft alles, sie duldet alles.« Es ist nicht die »Liebe«, die wir an uns kennen und die sehr davon abhängt, ob sie erwidert wird, die sozusagen den Echo-Gesetzen dieser Welt unterworfen ist. Es ist vielmehr eine Liebe, die von Anfang an bis zuletzt freie göttliche Initiative ist. Sie lässt sich durch nichts hindern. Sie ist und bleibt die freie Macht der göttlichen Liebe.

In der protestantischen Theologie wird oft betont – Karl Barth hat das sehr konsequent getan – dass diese Liebe reine Caritas, Agape, selbstlose Liebe, ist, die am Gegenstand ihrer Liebe nichts Attraktives, sondern nur das Gegenteil findet. Ich weiß nicht, ob wir diese Auffassung so durchhalten können. Mindestens im Alten Testament ist jedenfalls das Verhältnis zwischen Jahwe und seinem Volk als ein durchaus erotisches Liebesverhältnis geschildert (Hes 16 und Hos 2,21). In Epheser 5, 25 ff. erscheint Christus als der Ehemann seiner Gemeinde; in Offenbarung 21,2 sehen wir die neue Gesellschaft »wie eine für den Mann geschmückte Braut«. »Die Hochzeit des Lammes« (Offb 19,7) wird gefeiert.

Wir müssen weder die Liebe Gottes zu seinem Volk noch die Liebe Jesu zu seiner Gemeinde noch die Liebe des Schöpfers und Erlösers in menschlichen Definitionen wie Caritas oder Agape oder Eros oder gar Sexus sperren. Doch dürfen wir ein heftiges sehnsüchtiges Verlangen Gottes nach seiner Welt und besonders nach jedem Menschen aus der biblischen Botschaft von der Liebe Gottes herausspüren.

Aber wo soll ich das sehen, dass Gott die Welt geliebt hat? Wie hat er die Welt geliebt?

Wenn ich das erste Wort dieses Zentralverses »also hat Gott die Welt geliebt« lese, höre ich mehrfach dieses »Also« in den Klängen einer Vertonung von Melchior Frank. Mehrfach nacheinander bringt er dieses »Also«, als wolle er sagen: So! So merkwürdig! So anstößig für viele, dass sie es für töricht halten, so und nicht anders, Gott allein weiß, warum, also hat Gott die Welt geliebt.

Warum nicht anders? Wir werden das letzten Endes nicht ergründen können. Unsere Sühne–Theorien, die nachweisen wollen, warum Gott, wenn er uns liebt, seinen Sohn so grausam sterben lassen musste, sind wohl ein allzu menschlicher Versuch, dem menschlichen Verstand oder Rechtsempfinden zu demonstrieren, warum Gott so und nicht anders handeln konnte, wenn er die Welt liebt. Glauben heißt immer wieder: sich auf etwas einlassen, das man noch nicht recht versteht, dessen Bedeutung und Kraft erst auf dem Weg erfahren wird.

»… dass er seinen einzig geborenen Sohn gab« (griechisch: monogenes!). Jesus als die entscheidende Gabe Gottes an die Welt. Nicht erst am Kreuz, sondern von Anfang an: auch der lehrende Jesus, der Therapeut, der Heiland, der zeichenhaft Lebende, der ausgemusterte Menschen zurückholt, der seine Jünger sammelnde und ertragende Jesus, schließlich der hinauf nach Jerusalem und ans Kreuz gehende Jesus – Gottes Gabe an die Welt.

Manchmal frage ich mich, was aus unserer Welt geworden wäre, wenn das Kreuz Jesu Christi nicht auf ihr gestanden hätte. Wenn Gott seinen Sohn dieser unserer Welt und uns ganz persönlich nicht gegeben hätte. Wo stünden wir? Welche Mentalität hätte uns geprägt?

Dabei müssen wir uns immer wieder klarmachen, dass es viele Menschen gibt, auch feinsinnige, sensible Menschen, für die das Kreuz weder ein Zeichen der Liebe noch ein Zeichen der Hoffnung ist und die bei Begriffen wie »Blut Christi« erschrecken, als gehe es an ihr Blut. Ganz plötzlich wurde ich daran vor vielen Jahren erinnert, als ich mit dem jüdischen Historiker, Professor Joseph Walk, einem Mitarbeiter des Yad Vashem-Museums in Jerusalem, einen kleinen Ausflug durch die oberschwäbische Landschaft unternahm. Wir betraten die Basilika von Weingarten, bewunderten ihr starkes und lichtvolles Barock und sahen am Ausgang den Kartenständer mit den Ansichtskarten vom Weingartener Blutritt. Ich erzählte meinem Gast harmlos, fast ein wenig stolz, wie da 2500 Reiter auf ihren Pferden hinter dem heiligen Blut Christi durch die Fluren reiten. »Da wendet sich der Gast mit Grausen« und fragt erschreckt: »Ist das gegen uns Juden gerichtet?«

Sofort musste ich daran denken, wie in den Judenvierteln mittelalterlicher Städte in der Karzeit die Übergänge zu den Christenvierteln geradezu zugenagelt wurden zum Schutz der Juden vor »passionsfrommen« Christen, die, besonders am Karfreitag, aus dem Gottesdienst zum Pogrom aufbrachen, um den Mord des Gottessohnes an den Gottesmördern, den Juden, zu rächen. Das Kreuz, das Blut Christi, als Zeichen der Bedrohung! Wir können nur hoffen, beten und wachen, dass keine neuen Kreuzzugstöne und Kreuzzugstaten im 21. Jahrhundert aufkommen, sodass aus dem Zeichen des Heils für viele ein Zeichen der Bedrohung wird.

Für uns Christen ist das Kreuz, ist das »Blut Christi« Zeichen jener unendlichen Liebe, die sich hingibt, damit ihr Leben in uns leben kann. Das feiern wir im Herrenmahl: Er gibt sich uns, er gibt uns sein Leben, damit es in uns lebt und unserem dürftigen Leben aufhilft.

Aber wie können wir sagen, dass der Tod Jesu Gottes Selbsthingabe sei? Wie kann etwa Jürgen Moltmann gar vom »gekreuzigten Gott« reden und sich damit in die Nähe der so genannten Patripassianer begeben, denen man in der Alten Kirche vorwarf, sie würden zu wenig zwischen Vater und Sohn unterscheiden und dann vom Tod Gottes am Kreuz reden?

In einem Gespräch erinnerte mich Jürgen Moltmann einmal daran, wie das ist, wenn ein Vater oder eine Mutter miterlebe, wie ihr Kind stirbt. Ist das nicht, wie wenn sie selbst sterben? Und gar, wenn das Kind, der erwachsene Sohn, die erwachsene Tochter durch mörderische Gewalt sterben? In diesem Sinn leidet Gott selbst, wenn der einzig Geborene am Kreuz stirbt. Gott selbst gibt sich in die Hände der Mördermenschheit.

Um diese Hände und noch mehr die Herzen zu verwandeln, um sie herauszulösen aus dem Bann, der sie gefangenhält.

»... damit alle, die an ihn glauben, nicht verloren werden ...« Wieder höre ich die Vertonung dieses Wortes von Melchior Frank, wie er dieses »Alle« gleich dreimal, mitten in der Karfreitagsmusik geradezu hüpfend und heiter singen lässt: »Alle, alle, alle«. Es ist wie das »Kommet her zu mir alle ...« im Heilandsruf eine Einladung gerade auch an die Menschen, die fernab stehen und sich auf die Nähe des gekreuzigten Jesus nicht einlassen wollen. Alle! Wir können die Botschaft, die in diesem kleinen Wort liegt, nicht genug bekannt machen. Es ist die rückhaltlose Einladung für jeden Menschen, gleich welcher Vergangenheit, gleich welcher Kultur oder Unkultur, welcher Mentalität. Den »Generalpardon vom Kreuz Christi für alle Menschen, Lebende und Tote« hat Johann Christoph Blumhardt am Karfreitag 1872 ausgerufen.

»... die an ihn glauben«, die sich mit ihrer ganzen Existenz, mit ihrem Wollen und Glauben, mit ihrer Schuld und Sehnsucht nach Heilung auf ihn einlassen. Dieses »Alle, die an ihn glauben« wird uns nicht gesagt, um uns zu veranlassen, in uns oder gar in anderen zu stieren nach einem eindeutig dingfest zu machenden Glauben. Nicht zur inquisitorischen Introversion ist der Karfreitag gegeben, sondern dazu, aus uns hinauszublicken auf den Christus, der uns sein Leben gibt. Damit wir sein Leben annehmen mit offenem, dankbarem Sinn.

Wenn ein Mensch sich im Ruin seines Lebens fragt, ob er zu denen gehört, die Gott ins volle ewige Leben führen will, dann soll er aus sich selbst heraus und von sich selbst weg allein auf den gekreuzigten Christus sehen, der sich selbst für ihn hingibt. Der sein Leben hingibt, um uns sein ewiges Leben zu schenken. Martin Luther und Johannes Calvin wurden nicht müde, uns immer neu den gekreuzigten Christus als »speculum electionis nostrae«, als Spiegel unserer Erwählung, vor Augen zu halten.

Damit wir »nicht verloren werden, sondern das ewige Leben haben«. Damit wir Gott nicht verloren gehen, damit wir uns selbst nicht verlieren in hoffnungsloser Selbstüberforderung, wenn wir uns eine Straße zum Heil bauen wollen. Damit wir uns nicht verlieren in lebensfeindlichen Fehlhaltungen. Vielmehr: Damit wir leben in der Beziehung zu Gott, die er uns neu eröffnet. In jener Beziehung, die uns jetzt und noch im Tod lebendig macht. Denn wer in der Beziehung zur Quelle des ewigen Lebens lebt, der lebt wirklich und hat den Tod hinter sich gelassen.

Ostersonntag

Christus spricht: Ich war tot, und siehe,
ich bin lebendig von Ewigkeit zu Ewigkeit und
habe die Schlüssel des Todes und der Hölle.

Offenbarung 1,18

Dieses Wort stammt aus der großen Eröffnungsvision (Offb 1,12–20), die der Presbyter Johannes am Herrentag – hier wird zum ersten Mal der Sonntag genannt – auf der Sträflingsinsel Patmos hatte. Dort ist er »um des Wortes Gottes und des Zeugnisses von Jesus willen« (Offb 1,9). Er hört eine große Stimme wie von einer Posaune, sieht inmitten der sieben goldenen Leuchter den Menschensohn im Schmuck des Hohenpriesters. Glanz geht von ihm aus. Seine Augen sind wie Feuerflammen, seine Füße wie goldenes Erz, das im Ofen glüht, seine Stimme klingt wie gewaltiges Wasserrauschen, in seiner Hand sieben Sterne, mit denen wohl seine Macht über den Kosmos und über alle Schicksalsmächte versinnbildlicht wird. Nicht die Gestirne, kosmische Einwirkungen, das eherne Schicksal haben die letzte Macht über die Erde und die Menschen, sondern Christus. Aus seinem Mund geht ein scharfes zweischneidiges Schwert. Er wird richten, auch scheiden zwischen Recht und Unrecht. Sein Angesicht leuchtet, wie die Sonne scheint in ihrer Macht. Johannes, über den die Vision kommt, fällt zu seinen Füßen nieder wie ein Toter. Wer kann vor dem erhöhten Christus bestehen? Aber er spürt die tröstende, aufrichtende Hand Jesu Christi auf sich und hört das Wort: »Fürchte dich nicht! Ich bin der Erste und der Letzte und der Lebendige. Ich war tot, und siehe, ich bin lebendig von Ewigkeit zu Ewigkeit und habe die Schlüssel des Todes und der Hölle.«

Wenn der Mensch dem heiligen Gott begegnet, bekommt er es mit der Angst zu tun. Er spürt seine Ohnmacht. Und er spürt, wie gottfern und fragwürdig er selbst ist. Auch in den ersten Osterberichten dominiert zunächst die Furcht. Die Frauen am leeren Grab, als der Engel ihnen erscheint, entsetzen sich (Mk 16,5) und auch, als er ihnen gesagt hat, Jesus sei auferstanden und er werde ihnen in Galiläa erscheinen, wird von den Frauen Maria Magdalena und Maria, der Mutter des Jakobus, gesagt: »Sie gingen hinaus und flohen von dem Grab; denn es war sie Zittern und Entsetzen angekommen. Und sie sagten niemandem etwas; denn sie fürchteten sich« (Mk 16,8).

Diese Furcht nimmt ihnen der Christus, indem er sie berührt, ihnen ganz nahe kommt. Sein »Fürchtet euch nicht!« löst den Schrecken. Er offenbart sich als »der Erste« und »der Letzte« (Jes 44,6; 48,12), Das heißt, er identifiziert sich mit Gott, der Quelle und dem Ziel alles Lebens. Und er fügt die Selbstbezeichnung »der Lebendige« hinzu. Auch diese Bezeichnung ist im Alten Testament Gott vorbehalten (Jos 3,10; Ps 42,3 »Meine Seele dürstet nach Gott, nach dem lebendigen Gott«). In diesem Wort »lebendig« steckt nicht nur die Aussage, dass er selbst kein toter Götze, sondern voller Leben ist, sondern auch, dass er Leben schenkt, zum Leben erweckt, dass er sein Leben anderen mitteilt. Der Lebendige lässt die, denen er begegnet, nicht im Tod, sondern er ist Leben, von dem Funken des Lebens sprühen.

Die Übertragung dieser Bezeichnungen »der Erste und der Letzte und der Lebendige« auf Jesus nimmt im Sinne einer »Präexistenzchristologie« auf, dass Jesus bereits vor seiner Menschwerdung, ja sogar vor der Schöpfung, bei Gott und mit Gott lebte (Phil 2,6; Joh 1,1; Hebr 1,3). Der Akzent liegt hier aber nicht darauf, dass er schon in der Schöpfung mittätig war, sondern darauf, dass er die Geschichte umspannt. Der Christus, der in Raum und Zeit Mensch wurde, ist die allem Geschaffenen zugekehrte Seite Gottes, ist Gott selbst.

»Ich war tot, und siehe, ich bin lebendig von Ewigkeit zu Ewigkeit ...« Genauer übersetzt müsste es heißen: »Ich wurde tot.« Es ist der Tod Jesu am Kreuz nicht eine ewig gültige mythische Wahrheit, sondern ein geschichtliches Faktum, geschehen an dem heute noch identifizierbaren Ort, dem Hinrichtungshügel, der ›Schädelstätte‹ vor Jerusalem, irgendwann um das Jahr 30 nach Christi Geburt.

Aber er ist lebendig, wie er es immer war, noch ehe sich überhaupt das Leben auf dieser Erde entwickeln konnte. In seinem historischen Tod im Jahr 30 auf der Schädelstätte vor Jerusalem verdichten sich tausend Tode des Christus, der die dem Menschen zugekehrte Seite Gottes ist, auf ungezählten Schädelstätten dieser Erde. Und in seiner historisch geschehenen, aber die Historie sprengenden Auferweckung von den Toten konzentriert sich sein Leben von Ewigkeit zu Ewigkeit. Gottes Leben sprengt das Grab auf, in das Menschen ihn, den Lebendigen, sperren wollten. Und weil der lebendige Gott sein Leben nie für sich behält, sondern sich immer mitteilt, darum wird am Ostermorgen das Leben der Menschheit, die sich selbst ruiniert und begräbt, auferweckt von den Toten.

»Ich bin lebendig« heißt: »Ich lebe und ihr sollt auch leben« (Joh 14,19). Wir könnten ebenso übersetzen: »Ich belebe, ich mache lebendig, ich bringe zum Leben.«

»... und ich habe die Schlüssel des Todes und der Hölle.« Das Wort »Hades«, das hier gebraucht wird, kann auch den Bereich der Unterwelt, den der Hebräer Sheol nennt, bezeichnen. Aber in der Offenbarung Johannis werden Thanatos (Tod) und Hades immer personifiziert als dämonische Mächte verstanden. Offenbarung 6,8: »Und ich sah ein fahles Pferd, und der darauf saß, dessen Name hieß Tod, und die Hölle folgte ihm nach. Und ihm wurde Macht gegeben über den vierten Teil der Erde, zu töten mit dem Schwert und Hunger und Tod und durch wilde Tiere auf Erden!« Wir denken hier unwillkürlich an Heinrich Heines Vers:

> *Das ist der böse Thanatos,*
> *er kommt auf einem fahlen Ross;*
> *ich hör den Hufschlag, hör den Trab,*
> *der dunkle Reiter holt mich ab ...*

Und Offenbarung 20,14: »Und der Tod und sein Reich wurden geworfen in den feurigen Pfuhl.« Der Tod hier als personifizierte Macht wie in 1. Korinther 15,26: »Der letzte Feind, der vernichtet wird, ist der Tod.« Das bedeutet dann nicht nur: Der Tod als physischer Zustand ist überwunden, sondern der Tod als Macht, die schon die physisch Lebenden umklammert im Sinn des Liedes Martin Luthers: »Mitten wir im Leben sind mit dem Tod umfangen« (EG 518). Es ist der »gegenwärtige Tod«, der uns das Leben entwertet und der uns um unser Leben betrügt, indem er sich wie ein dichter Grauschleier auf unser Leben legt, uns die Freude am Leben, die Lebenslust, nimmt und uns immer lebensunwilliger und lebensunfähiger macht. Es ist der »Tod im Topf«, der manche Beziehung, die eine Liebesbeziehung hätte werden können, zu einer Beziehung des Misstrauens und der Qual werden lässt. Es ist der gegenwärtige Tod, der Menschen zu verzweifelter Aggression und Todesdrohung verführt, sodass sie ihr Leben damit sichern wollen, dass sie anderen, in denen sie Feinde vermuten, drohen: »Du bist ein Kind des Todes«, wenn du mir zu nahe kommst. Es ist die Macht des Todes, die sich in der Schreckensherrschaft manifestiert und Menschen Werkzeuge des Todes bauen lässt, um mit ihnen voreinander ihr Leben zu schützen.

Der Tod ist tot! Wer diese Botschaft wirklich feiert, der wird sich auf der Seite derer wiederfinden, die aufbegehren gegen ein System, in welchem durch ein »Gleichgewicht des Schreckens« das Leben gesichert werden soll. Auf der Seite derer, die nicht glauben, dass dem Leben gedient wird durch die Drohung mit der massenhaften Entfesselung des Todes.

Ich denke gern an die Ostersonntage meiner Jugend. Man traf sich am frühen Morgen auf dem Friedhof und feierte mit Posaunenklängen über den Gräbern den Sieg des Lebens. Wir gingen in die Kirche, hörten das Osterevangelium, sangen und lobten den, der den Tod überwunden hat. Und dann zogen wir uns um, den Sportsack auf den Buckel, Wanderschuhe an, und eilten nach Stuttgart zur Demo gegen die Atombewaffnung. Vor uns Kämpen, im Kirchenkampf des Dritten Reiches hochbewährt, wie Otto Mörike, die mit lauter Stimme durch die Straßen Stuttgarts riefen: »Die Bombe muss weg!« Mag sein, dass viele Bürger uns, die wir sofort als Pfarrer und Pfarrerssöhne kenntlich waren, wie wir da unter ganz anderen Leuten daherkamen, komisch fanden. Und ich muss gestehen, dass mein »alter Adam« dann und wann lieber im Winkel mit einem guten Buch zu Hause geblieben oder mit einer Freundin durch Wald und Wiesen gestreift wäre. Aber es war dieser österliche Dreischritt stimmig: zuerst Osterfeier des Lebens auf dem Friedhof, dann in der Kirche, dann in den Straßen bei der Demo. So haben wir versucht, dem nachzufolgen, der der »Fürst des Lebens« (Apg 3,15) ist.

Wenn gesagt wird, Christus habe »die Schlüssel des Todes und der Hölle«, so knüpft dieses Bild einerseits an der alten Vorstellung an, die oft Thanatos und Hades mit Schlüsseln in der Hand zeigt. Tod und Hölle können entfesselt werden oder sich selbst entfesseln. Sie können Menschen in ihr finsteres Reich wie in ein Gefängnis verschließen. Vielleicht spielt auch das Bild vom Wesir mit, dem im Schloss die Schlüsselgewalt übertragen ist, der zuschließen und aufschließen kann. Mich erinnert das Bild von den Schlüsseln des Todes und der Hölle an die Novelle des Jeremias Gotthelf mit dem Titel »Die schwarze Spinne«. Im Gebälk eines alten Hauses, fest verschlossen, lebt die schwarze Spinne, Sinnbild all dessen, was den Menschen um sein Leben bringt. Eines Tages zieht ein Übermütiger den Holzkeil heraus, der das Loch der schwarzen Spinne verschlossen hat. Die schwarze Spinne springt heraus und setzt sich in Windeseile auf Menschen, meist auf deren Wangen. Ein Stich von ihr genügt und in der Wange des Getroffenen wächst eine weitere schwarze Spinne, die bald aus der eiternden Beule herausbricht und sich ihrerseits auf andere Wangen setzt, um den Menschen, der sie beherbergt hatte, der Pest zu überlassen. Keiner wird verschont, nicht das Kind, nicht die junge Frau, nicht der Greis. Und es ist nun die Frage, wer die schwarze Spinne wieder in ihr Loch verschließen und der Vervielfachung ihrer Macht ein Ende setzen kann.

Christus, dem der Schlüssel über den Tod und den Hades gegeben ist, Christus, der den Tod und die Hölle wegschließt! Das viel diskutierte und immer wieder in schlimmer Weise kopierte »tausendjährige Reich« in Offenbarung 20,1–3 beginnt damit, dass ein Engel vom Himmel »den Drachen, die alte Schlange, das ist der Teufel und Satan«, bindet, in den Abgrund wirft und im Abgrund verschließt, damit er tausend Jahre die Völker verschont. So schließt Christus den Tod von uns weg, damit wir als »Kinder des Lebens«, auch im Angesicht des physischen Sterbens, frei nach dem Lied des Matthias Claudius »wie Kinder fromm und fröhlich sein« können.

Und er verschließt die Hölle, die trostlose Gottesferne, in der Menschen auch einander nur trostlos fern sein können, wie Jean-Paul Sartre formulierte: »Die Hölle, das sind die andern.« »Es heizt der Mensch sich seine Hölle selbst«, sagt ein Sprichwort. Christus verschließt uns diese finstere Möglichkeit, die wir durchaus in uns tragen. So dass wir miteinander leben, uns am eigenen Leben und aneinander freuen können. Keiner hat diese österliche gemeinsame Feier des Lebens so schön dargestellt wie Goethe in seinem Faust:

> *Aus dem hohlen finstern Tor*
> *Dringt ein buntes Gewimmel hervor.*
> *Jeder sonnt sich heute so gern.*
> *Sie feiern die Auferstehung des Herrn,*
> *Denn sie sind selber auferstanden ...*

Quasimodogeniti
(1. Sonntag nach Ostern)

Gelobt sei Gott, der Vater unseres Herrn Jesus Christus,
der uns nach seiner großen Barmherzigkeit wiedergeboren
hat zu einer lebendigen Hoffnung durch die Auferstehung
Jesu Christi von den Toten.

1. Petrus 1,3

Für viele von uns ist dieser Sonntag Quasimodogeniti, der »weiße Sonntag«, mit diesem Leitwort aus 1. Petrus 1,3, unlösbar verbunden mit dem letzten Kapitel des Lebens von Dietrich Bonhoeffer. Er war im Februar 1945 mit anderen Gefangenen zusammen aus dem Gestapogefängnis in der Prinz-Albrecht-Straße in Berlin abtransportiert worden in Richtung Südwesten. Zahlreiche Personen des Widerstandes, die man noch nicht umgebracht hatte, waren dabei, auch Admiral Canaris, auch Oberst Oster. Zwei Wochen hat man die prominenten Häftlinge, die Himmler wohl noch als Geiseln gegenüber den Alliierten nutzen wollte, im KZ Buchenwald gefangengehalten. Nun ging der Zug in den Holzvergaserlastwagen weiter in Richtung Süden. Für die mit Maschinenpistolen bewachten Menschen ein Todeszug mitten durch die erwachende Frühlingslandschaft der bayerischen Oberpfalz. Verwechslungen von Personen kamen vor, weshalb Bonhoeffer nicht gleich mit den anderen Hauptverschwörern nach Flossenbürg kam. Mit Frau Gördeler, dem Neffen des russischen Außenministers Molotow, mit dem gefangenen englischen Fliegeroffizier Payne Best und anderen sollte Bonhoeffer den weißen Sonntag unter scharfer Bewachung in einem Schulhaus in Schönberg verbringen. Die Gefangenen baten ihn, eine Morgenandacht zu halten. Bonhoeffer sprach über die Tageslosung aus Jesaja 53,5 »Durch seine Wunden sind wir geheilt« und über das Leitwort zum Sonntag Quasimodogeniti »Gelobt sei Gott, der Vater unseres Herrn Jesus Christus, der uns in seiner großen Barmherzigkeit wiedergeboren hat zu einer lebendigen Hoffnung durch die Auferstehung Jesu Christi von den Toten«.

Viel konnte er nicht sagen. Die Tür wurde aufgestoßen. Er hörte den Befehl »Gefangener Bonhoeffer, fertigmachen und mitkommen«. Bonhoeffer bat Payne Best, seinen ökumenischen Freund in England, Bischof George Bell, zu grüßen. Als er den kleinen Schulraum verließ, sagte er. »Das ist das Ende. Für mich der Beginn des Lebens.«

George Bell, der Erzbischof von Chichester, hat später berichtet, Bonhoeffer habe ihm sagen lassen, er glaube mit ihm an die universale christliche Bruderschaft, die sich über alle nationalen Interessen erhebe. Und: »Unser Sieg ist sicher.«

Bonhoeffer wurde zum KZ Flossenbürg transportiert. Nach einem kurzen, chaotischen Standgericht – die Urteile waren von Hitler bestellt – wurde Bonhoeffer am nächsten Morgen mit vier anderen Mitverschwörern erhängt. Noch am selben Tag haben amerikanische Truppen das Lager befreit.

Von denen, die diese chaotische Todesfahrt durch die Oberpfalz überlebt haben, wird berichtet, Bonhoeffer habe in jenen Wochen ganz auffallend um sich die Atmosphäre freudiger Hoffnung ausgestrahlt. Seine Nähe habe ihnen sehr viel Überlebenshoffnung vermittelt. Das ist nicht selbstverständlich, wenn wir daran denken, wie sehr er im Gefängnis in Berlin-Tegel oft von drückender Trauer bedrängt wurde.

Lebendige Hoffnung durch die Auferstehung Jesu Christi von den Toten. Der auferstandene Christus strahlt eine Hoffnung aus, die über den Tod, auch über einen frühen, gewaltsamen Tod, hinaussieht. Das Leben, das uns der Sieger über den Tod gibt, kann uns der besiegte Tod nicht mehr nehmen. Wie immer wir uns die Zukunft jenseits der Todeslinie vorstellen mögen, es wird uns der Tod eine Tür zum Leben sein.

Und Christus gibt uns die Hoffnung darauf, dass seine Sache – in Bonhoeffers und Bells Worten: die Sache der universalen christlichen Bruderschaft oder Geschwisterlichkeit – durch alle Untergänge hindurch zuletzt das Feld behauptet wird. Die Sache Jesu ist im Kommen durch alle Rückschläge hindurch. Das heißt auch: Die Sache des Friedens, der Menschenliebe, der geschwisterlichen Gerechtigkeit, für die Christen sich einsetzen, um die sie beten, für die sie arbeiten, wird sich durchsetzen.

Es wird gewiss nicht ohne schwere Opfer gehen. Der Weg führt durch Situationen, die uns das Fürchten lehren könnten. Aber nicht die menschenfeindlichen und gottfeindlichen Gewalten, so sehr sie die Szene beherrschen, werden zuletzt siegen. Jesus Christus ist der Sieger. Und es gilt, was Kurt Müller-Osten 1941, in dem Jahr, in welchem Hitlers Mordpolitik in die endgültige Phase des Grauens kam, gedichtet hat (EG 359):

In dem Herren freuet euch,
freut euch allewege.
Der am Kreuz den Sieg errang,
der ins Reich des Himmels drang,
ist nah auf eurem Stege.

Mag der Feind mit Finsternis
euren Schritt umhüllen,
seid nur um den Herrn geschart,
dessen Heil und Gegenwart
all Stund euch kann erfüllen.

Werft das stolze Sorgen fort,
bittet Gott mit Danken.
Sieh, es leuchtet seine Gnad

über eurem schmalen Pfad,
führt euch durch alle Schranken.

Friede höher als Vernunft,
Licht von höchster Zinne;
wird dir heut und jeder Frist
hüten ganz in Jesus Christ
das Herz und alle Sinne.

Das Wort »wiedergeboren« spielt am Sonntag Quasimodogeniti eine besondere Rolle. Der Name dieses Sonntags erweckt bei dem, der weiß, dass es »wie die neugeborenen Kindlein« heißt, ein gewisses Lächeln. Der Zusammenhang, aus dem es genommen ist: »So leget nun ab alle Bosheit und allen Betrug und Heuchelei und Neid und alle üble Nachrede und seid begierig nach der vernünftigen, lauteren Milch wie die neugeborenen Kindlein, damit ihr durch dieselbe zunehmt zu eurem Heil, wenn anders ihr geschmeckt habt, dass der Herr freundlich ist« (1. Petr 2,1.2). Dahinter steht die große Sehnsucht, das verschlagene, betrügerische, bösartige Wesen samt all der Heuchelei, in der es sich verbirgt – trau, schau, wem! –, das wir im Grunde so satt haben, abzulegen und spontan und direkt, so arglos und vertrauensvoll wie ein Kind zu werden.

Vor allem aber: dass wir von der lauteren Milch der Gnadenbotschaft des Evangeliums so leben, wie ein neugeborenes Kind von der Milch lebt. Dass das Wort »Milch« mit dem Wort »lauter« verbunden ist, erinnert uns daran, welch großen Wert die Reformatoren darauf legen, dass das Evangelium »lauter und rein« gepredigt wird. Das heißt: ohne die Beimengung irgendwelcher »Fündlein«, die der Prediger besonders interessant findet und die doch nur die Botschaft von der bedingungslosen Gnade Gottes gegen den sündigen Menschen verunreinigen. Was Luther und Brenz damit gemeint haben, ging mir auf, als ich eines Tages ein zu früh geborenes Kind in der Frühchen-Station einer Klinik besuchte. Da lag das winzige Kind im Brutkasten, wurde durch die Nase ernährt durch spielzeugartig wirkende Schläuchlein und kämpfte um Sein oder Nichtsein. Klar, dass die Milch, die ein solches Kind bekommt, in Ordnung sein muss. Keine Krankenschwester dürfte ihr nach eigenem Gutdünken diesen oder jenen chemischen Zusatzstoff beifügen. Die Milch muss »lauter und rein« sein. Nur dann wird das Kind die nächsten Wochen überstehen und wird langsam, grammweise, zunehmen. Vor dem Kind sah ich im Geist manches mittelalterliche Bild, auf dem die Menschenseele in Gestalt eines neugeborenen Kindes gezeigt wird. Das hat Luther aufgenommen. Die Menschenseele, besonders am sensibelsten und wichtigsten Punkt, wo es um ihr Verhältnis zu Gott, der Quelle des Lebens, geht, ist ungemein verletzlich. Nur die »lautere, reine« Milch des Evangeliums kann ihr helfen. Beimengungen von Bedingungen für die Gnade verunreinigen die Milch. Sie schädigen den Menschen. Es soll das Evangelium nur predigen, wer ein Gespür hat für die hohe Verletzlichkeit einer Menschenseele, wo es um ihr Verhältnis zu Gott geht. Und wer verstanden hat, wie bedingungslos uns Gottes Gnade durch Jesus Christus zugesagt wird. Wer freilich meint, der Mensch habe auch im Blick auf sein Gottesverhältnis einen »Saumagen«, der möge sich als religiöser Meisterkoch gebärden, nach seinen eigenen Rezepten, auf die er schwört, kochen und die Hungrigen mit seinen Spezialitäten füttern. Es gibt vieles auf dem religiösen Markt und in den religiösen Küchen. Vom Evangelium soll er aber seine Hände lassen. Und unsere Kanzeln soll er anderen lassen, die das Evangelium von Jesus Christus entdeckt, verstanden und lieb haben.

Aber zurück zu den Begriffen »wiedergeboren« und »Wiedergeburt«. Sie sind zusammenzusehen mit dem, was das Wort »Bekehrung« meint. Es ist mir fraglich, ob die beiden Begriffe zwei verschiedene Ereignisse im Christenleben bezeichnen oder nicht eher die beiden verschiedenen Aspekte des gleichen Vorgangs: Bekehrung bezeichnet das aktive Verhalten, wenn ich umkehre zu Gott, so dass ich nach allen Entfremdungen ihm neu die Sache meines Heils in die Hand lege, um nun allein von seiner Gnade zu leben, um mich in allem, was ich tue, unter die Regie seines Willens zu stellen. Das wird nicht ohne eine gewisse selbstkritische Gedankenarbeit und Seelenarbeit meinerseits gehen. Es wird nicht gehen, ohne dass mein Wille aktiv wird und ich dann diesen Weg zurück zu Gott immer neu gehe, indem ich mich mit mir selbst oft und oft aktiv kritisch auseinandersetze. Das meint das Wort Bekehrung: die aktive Seite der Medaille.

Wiedergeburt bezeichnet den passiven Aspekt desselben Vorgangs. Ich kehre um zu Gott, setze mein ganzes Vertrauen auf ihn, den

Barmherzigen, übergebe ihm die Regie meines Lebens. Mein Wille wird in dieser Richtung tätig. Und doch, dass es bei mir überhaupt möglich und wirklich wird, das geschieht an mir, das konnte ich nur geschehen lassen; es ist wie eine Geburt, die das Kind, das geboren wird, weder selbst inszeniert noch selbst bewirkt.

Als ein Geschehen, das über einen Menschen kommt, beschreibt Jesus die Wiedergeburt auch in dem nächtlichen Gespräch mit Nikodemus (Joh 3,1–9).

Leider haben viele Christen zum Wort »Wiedergeburt« ein ebenso gespanntes Verhältnis wie zum Wort »Bekehrung«. Das kommt bei den meisten auch davon her, dass sie Menschen kennengelernt haben, die sich selbst als wiedergeboren bzw. als Bekehrte bezeichnen, die sich dadurch auch ganz bewusst von anderen, die sie für unbekehrt und nicht wiedergeboren halten, abgrenzen, oft mit einem herablassend mitleidigen Ton. Wer so von seiner Bekehrung oder Wiedergeburt spricht, der hat aus diesem Vorgang eine Art biographischen Besitz gemacht, den er vor anderen herträgt, als gehöre er ihm. Luther würde sagen: er hat aus der certitudo, der Heilsgewissheit, eine securitas, eine Heilssicherheit, einen Heilsbesitz, gemacht, auf den er womöglich glaubt pochen zu können.

Unser Gespür sagt uns mit Recht, dass da etwas nicht stimmt. Dass ein Mensch seine erfolgte Wiedergeburt so wenig wie seine irgendwann erfolgte Bekehrung als ein festes Erlebnis mit sich herumtragen kann. Vor allem aber: dass der Mensch, der in seiner Wiedergeburt oder Bekehrung einen Besitz sieht, diesen Vorgang bei sich bereits verdorben hat. Wiedergeburt und Bekehrung, sie mögen einmal in einem Menschenleben geschehen sein, sind aber doch Vorgänge, die wir teils hinter uns, teils vor uns haben. Wir stehen als Christen in dieser Bewegung mitten drin. Sie ist wie das in der Taufe abgebildete Sterben und Auferstehen eine Grundbewegung unseres Christenlebens. Und wenn wir wirklich zu einer lebendigen Hoffnung wiedergeboren wurden oder wiedergeboren werden, dann gewiss zu einer Hoffnung, die andere Menschen, die sich selbst für nicht wiedergeboren halten, nicht aus-, sondern einschließt. Dazu, dass wir uns von »nicht wiedergeborenen« Menschen als »beati possidentes«, als glückliche Besitzer, abgrenzen, eignet sich die Wiedergeburt zu einer lebendigen Hoffnung nicht.

Luther sagt in der ersten seiner 95 Thesen, dass unser ganzes Leben eine Buße, eine Umkehr, eine Bekehrung sein solle. Wir könnten ebenso gut sagen, unser ganzes Leben solle eine Wiedergeburt sein. Wir werden wiedergeboren aus Wasser und Geist (Joh 3,5), ein neuer Mensch durch die Taufe, die wir neu entdecken, in die wir zurückkehren oder, wie Luther sagt, »zurückkriechen« und durch den Heiligen Geist, der wie Feuer ist, das unsere Seelen entzündet. Dieser Feuer- und Wasservorgang an uns ist wie ein Ereignis, das wir nicht in unserer Biographie abhaken können. Dieser Vorgang steht ständig als die Chance unseres Lebens vor uns.

Wer diese Chance wahrnimmt und sich in diese Grundbewegung des Christenlebens immer neu hineinbegibt, der kann Gott loben, den Vater Jesu Christi, der uns zu diesem Vorgang frei macht (Joh 8,36). Wir leben dann in österlicher Freiheit, tragen das weiße Kleid, das die erwachsenen Täuflinge einst in der Osternacht angezogen haben, als Sinnbild des Festes und der Reinheit, die uns der auferstandene Christus schenkt. Weil die Täuflinge das neue weiße Kleid in der Regel in der Osterwoche bis zum Sonntag Quasimodogeniti getragen haben, darum heißt dieser Tag »weißer Sonntag«. Wir müssen und sollen dieses weiße Kleid am weißen Sonntag nicht ablegen. Wir werden es unsichtbar, aber vielleicht doch spürbar, immer tragen, bis wir es neu tragen werden in der Vollendung, der wir entgegengehen.

Miserikordias Domini
(2. Sonntag nach Ostern)

Christus spricht: Ich bin der gute Hirte.
Meine Schafe hören meine Stimme,
und ich kenne sie und sie folgen mir,
und ich gebe ihnen das ewige Leben.
Johannes 10,11.27.28

Wenn Jesus in Johannes 10 sich als den guten Hirten bezeichnet, dann tut er das in dem Wissen, dass im Psalm 23 Gott der gute Hirte genannt wird. Es ist eine Bezeichnung, die er nur als der Messias oder der Sohn Gottes auf sich beziehen darf. Jesus gibt damit zu verstehen, dass er das Hirtentum Gottes verkörpert und offenbart im Sinn des Wortes »Wer mich sieht, der sieht den Vater« (Joh 14,9 und 12,45).

Zu Hirten waren im alten Israel vor allem die Könige berufen. Die Erwartung, der politische Führer des Volkes möge ein Hirte sein, begann schon viel früher. Der alte Mose bittet Gott, »er wolle einen Mann setzen über die Gemeinde, der vor ihnen her aus- und eingeht und sie aus- oder einführt, damit die Gemeinde des Herrn nicht sei wie die Schafe ohne den Hirten« (4. Mose 27,15–17). Darauf hört Mose die Stimme Gottes, die Josua zum Hirten des Volkes bestimmt. Als solcher wird Josua durch Handauflegung von Mose eingesetzt (4. Mose 27,18–23).

Alle Könige Israels standen unter der Erwartung, sie mögen das Volk wie ein Hirt die Schafe führen. Die Erwartung war jedoch nicht allein auf die Person des Königs fixiert. Wer immer im Volk Gottes politisch oder religiös eine führende Position hatte, der hatte ein Hirtenamt. Das heißt, von ihm wurde erwartet, dass er die Herde Gottes weidet, führt, schützt.

Wie sehr im Lauf der Jahrhunderte diese Erwartung enttäuscht wurde, das zeigt das 34. Kapitel im Buch des Propheten Hesekiel, das sich wie eine Generalabrechnung mit den Hirten Israels liest: Sie weiden sich selbst! »Das Schwache stärkt ihr nicht, und das Kranke heilt ihr nicht, das Verwundete verbindet ihr nicht, das Verirrte holt ihr nicht zurück und das Verlorene sucht ihr nicht; das Starke aber tretet ihr nieder mit Gewalt. Und meine Schafe sind verstreut, weil sie keinen Hirten haben, und sind allen wilden Tieren zum Fraß geworden und zerstreut. Sie irren umher auf allen Bergen und auf allen hohen Hügeln und sind über das ganze Land zerstreut, und niemand ist da, der nach ihnen fragt oder auf sie achtet« (Hes 34,4–6). Ein schonungsloses, vernichtendes Urteil wird da über die Hirten Israels gesprochen.

Es folgt die Ankündigung: »Ich will meine Schafe erretten aus ihrem Rachen, dass sie sie nicht mehr fressen sollen« (Hes 34,10). Und darauf: »So spricht der Herr: Siehe, ich will mich meiner Herde selbst annehmen und sie suchen … Ich selbst will meine Schafe weiden, und ich will sie lagern lassen, spricht Gott der Herr. Ich will das Verlorene wieder suchen und das Verirrte zurückbringen und das Verwundete verbinden und das Schwache stärken und, was fett und stark ist, behüten; ich will sie weiden, wie es recht ist« (Hes 34,11.15.16).

Aber wie, durch wen soll das geschehen? Die Antwort: »Ich will ihnen einen einzigen Hirten erwecken, der sie weiden soll, nämlich meinen Knecht David« (das meint selbstverständlich nicht den König David, der seit Jahrhunderten tot ist, sondern es meint den Gottesknecht, von dem Deuterojesaja spricht, und den künftigen Messias, den Davidssohn). »Der wird sie weiden und soll ihr Hirte sein, und ich, der Herr, will ihr Gott sein, aber mein Knecht David soll der Fürst unter ihnen sein; das sage ich, der Herr« (Hes 34,23.24).

Dieser Knecht Gottes und Davidssohn wird verwirklichen, was Deuterojesaja in geradezu zarten Farben – wir hören Händels Arie aus dem »Messias« – dem verzweifelten Volk vor Augen malt: »Er wird seine Herde weiden wie ein Hirte. Er wird die Lämmer in seinem Arm sammeln und im Bausch seines Gewandes tragen und die Mutterschafe führen« (Jes 40,11). Als dieser Hirte stellt Jesus sich vor: »Ich bin der gute Hirte.«

»Meine Schafe hören meine Stimme.« Schafe haben ein untrügliches Gehör für die Stimme ihres Hirten. Der beste Stimmenimitator könnte sie nicht täuschen. Wenn eine große Herde von circa fünfhundert Schafen mit einer anderen ebenso großen zusammenweidet, wenn die Hirten dann wieder mit ihren Schafen auseinandergehen und ihrer Wege ziehen wollen, dann müssen sie sich nur an zwei verschiedene Seiten der Menge der Schafe stellen und rufen. Die Schafe folgen ihnen instinktiv. Es wird nachher kein Schaf dabei sein, das in die falsche Richtung gelaufen ist.

Wenn uns die große Sorge um die Christenheit ankommt – ihr fehlt doch offenbar dieser untrügliche Instinkt, wie soll sie unter den vielen lauten Stimmen, die auf sie eindringen, die Stimme ihres guten Hirten unterscheiden können? – dann sollen wir dieses Wort »Meine Schafe hören meine Stimme« als eine Zusage nehmen. Etwa in folgender Weise: Es mag sein, dass bei uns Menschen, auch bei uns Christen, alles ungleich komplizierter geht als bei Schafen. Unser geistlicher Instinkt ist schwer beschädigt, abgestumpft; er kann getäuscht werden. Doch wird der gute Hirte sich den Seinen immer neu selbst hörbar machen. Er wird ihnen das Ohr wecken und öffnen (Jes 50,4.5). Sie werden sehr wohl unterscheiden können, was die Stimme des guten Hirten ist. Die Reformatoren, Luther besonders, haben sich auf dieses

Wort verlassen und darum der Gemeinde Recht und Pflicht zugesprochen, Lehre zu beurteilen.

»Und ich kenne sie.« Von Schäfern erlebt man es immer wieder, dass sie in einer großen Herde jedes Schaf kennen. Sie erkennen es an ihren Bewegungen, Reaktionen, an ihrer Stimme. Der gute Hirte hat einen Blick auf jedes seiner Schafe. Christus kennt die Seinen. Er erkennt sie mit dem Blick der Liebe. Ob wir Menschen einander kennen, ist mehr als fraglich. »Ach! Wir kennen uns wenig!«, klagt Hölderlin. Er sieht dem Treiben der Menschen zu, die miteinander umgehen, »als kennten sie sich«.

Kennen wir uns selbst? Das bekannte Gedicht Bonhoeffers mit der Frage »Wer bin ich?« endet mit dem Vers: »Wer bin ich? Einsames Fragen treibt mit mir Spott. Wer ich auch bin, du kennst mich, dein bin ich, o Gott.« Dass Christus uns kennt, ist weniger ein bedrohliches, als vielmehr ein tröstliches Faktum. Gerade wenn ich mich bei mir selbst nicht mehr auskenne und meine eigenen wirren Gedankenfetzen mich bedrohen, kann ich mit dem Psalm 139,2 beten: »Du verstehst meine Gedanken von ferne.«

»Und sie folgen mir.« Können wir das einfach so bestätigen? Etwa auch dann, wenn dieses Nachfolgen vor allem Schwierigkeiten bringt? Oder ist das eine Zukunftsaussage? Vieles von dem, was Jesus sagt, ist bis jetzt mehr verheißen als erfüllt. Ehe wir uns aber in Diskussionen darüber einlassen, was verheißen und was davon erfüllt ist, tun wir besser daran, anzufangen, es bei uns wahr werden zu lassen.

»Und ich gebe ihnen das ewige Leben.« Leben ist ein Zwischen, sagt Martin Buber. Es lebt zwischen Personen. Und in dem Maß, als das geschieht, leben sie. Es lebt zwischen Gott und uns. Der gute Hirte bringt uns zurück in die lebendig machende Gottesbeziehung. Er nimmt uns hinein in seine eigene Beziehung zu Gott. So ist er selbst unser Leben und gibt uns von seinem Leben. Das ewige Leben ist nicht irgendein unzerstörbarer Personkern in uns, sondern es ist diese Beziehung zwischen Gott und uns, die uns Jesus neu eröffnet. Sie wird uns ewig beleben. Zu wem Gott redet, der ist nicht tot, sagt Luther.

Schade, dass in diesem Leitwort zum Hirtensonntag die anderen Aussagen aus Johannes 10 über den guten Hirten ausgelassen werden. Dass der gute Hirte im Gegensatz zum Mietling, der nur jobbt, sich total für das Leben der Schafe einsetzt. Er lässt sein Leben für die Schafe. Oder die Aussage: »Ich habe noch andere Schafe, die nicht aus diesem Stall sind; auch diese muss ich herführen und es wird eine Herde und ein Hirt sein« (Joh 10,16). Dieses Wort verhindert jede Verengung des guten Hirten auf seine Christenheit. Er ist größer und weiter als sie. Wir tun gut daran, in Menschen, die ganz anderswo ihre Wurzeln haben, potenzielle Christen zu sehen und entsprechend mit ihnen umzugehen.

»Niemand wird sie mir aus meiner Hand reißen.« Ein Christ hat einen unzerstörbaren Charakter, weil der gute Hirte ihn sucht und findet, wenn er sich auch weit von ihm entfernt (Lk 15,4–7).

Am Sonntag »Misericordias Domini«, Barmherzigkeit des Herrn: Sollen wir an diesem Tag auch alle die Hirtenämter in der Kirche, in der Gesellschaft, im Erziehungswesen, im Krankenhaus, im Gefängnis und bei den Suchtkranken, in der Mitternachtsmission, bei behinderten Menschen, sollen wir auch das Hirtenamt der Mütter und Väter bedenken? Durchaus. Es gibt so etwas wie ein »allgemeines Hirtentum aller Glaubenden«. Wir haben Anlass, die Würde und die Schönheit von Hirtenämtern deutlich zu machen. Wir tun aber gut daran, recht weltlich davon zu reden. Der Fußballtrainer einer Jugendmannschaft hat ein Hirtenamt. Der Chef einer Firma hat ein Hirtenamt an den Arbeitenden. Sie sind nicht nur Arbeitskräfte. Sie sind Menschen. Und er ist nicht nur der Manager des Großbetriebs XY. Er hat eine Hirtenfunktion.

Und kirchenleitende Ämter? Die solche ausüben, haben ihren Auftrag und ihre Würde von dem Erzhirten Jesus Christus. Reden wir nüchtern über diese Ämter. Eine pathetische Überhöhung irdischer Hirten ist mit der Gegenwart des guten Hirten nicht vereinbar. Noch weniger passt der derzeitige inszenierte oder erduldete, jedenfalls genutzte Papstkult zum Glauben an den guten Hirten, der so lebendig und gegenwärtig ist, dass er keinen »Stellvertreter auf Erden« braucht.

Erst wenn wir am Hirtensonntag dem guten Hirten die ganze Ehre geben, erst dann werden wir auch recht nüchtern und dann umso hoffnungsvoller von den vielen Hirtenaufgaben reden können, in die uns Christus hineinstellt.

Jubilate
(3. Sonntag nach Ostern)

Ist jemand in Christus, so ist er eine neue Kreatur;
das Alte ist vergangen, siehe, Neues ist geworden.

2. Korinther 5,17

Der Sonntag Jubilate – der Name erinnert an Psalm 66,1 »Jauchzet Gott, alle Lande« – ist in der Regel mitten im schönen Monat Mai platziert. Die »neue Kreatur« erblickt, riecht, atmet jeder Mensch, der das Sehen, Riechen, Schmecken noch nicht ganz verlernt hat. Manches Gedicht mag uns im »holden, holden Frühling« in den Sinn kommen. Mörike, Uhland, Fontane, Eichendorff. Nur eines von Ludwig Uhland sei erwähnt:

> *Die linden Lüfte sind erwacht,*
> *sie säuseln und weben Tag und Nacht,*
> *sie schaffen an allen Enden.*
> *O frischer Duft, o neuer Klang!*
> *Nun, armes Herze, sei nicht bang!*
> *Nun muss sich alles, alles wenden.*
>
> *Die Welt wird schöner mit jedem Tag,*
> *man weiß nicht, was noch werden mag,*
> *das Blühen will nicht enden.*
> *Es blüht das fernste, tiefste Tal:*
> *nun, armes Herz, vergiss der Qual*
> *Nun muss sich alles, alles wenden!*

Indem ich dieses hoffnungsvolle Frühlingsgedicht hier aufschreibe, fühle ich mich als Theologe, der seinem Vater versprochen hat, nicht etwa ein Feld-, Wald- und Wiesentheologe zu werden, vielmehr die Dinge allein von der Heiligen Schrift – und das heißt: allein von Jesus Christus her – zu bedenken. Mit der »neuen Kreatur« ist nicht die alljährlich im Frühling aufwachende und aufblühende Pflanzenwelt gemeint, die auch ein noch nicht ganz »gefrorner Christ« spürt. Nicht die Schöpfung, die nur blüht, um im Sommer zu reifen, im Herbst ihre Früchte zu geben, im November ihre Blätter fallen und im Winter sich vom weißen Leichentuch des Schnees bedecken zu lassen.

Vielmehr ist die »neue Kreatur« die Schöpfung, die nicht mehr dem Winter entgegenstirbt, die das Erstarren und Sterben hinter sich hat. Die Kreatur, die im neuen Menschen und durch ihn neu werden soll.

Darf man im Maienduft jede Blumenwiese und jedes Waldgezwitscher als göttliche Erinnerung an diese neue Schöpfung verstehen, ohne sich der Sünde der natürlichen Theologie schuldig zu machen? Ich denke, man darf. Wir müssen nicht Klötze sein, die sich von der Maienschönheit der Schöpfung nicht zu Gefühlen dem Schöpfer gegenüber und zu neuer Hoffnung auf die Erneuerung der Welt rühren lassen.

Paul Gerhardt hat in seinem Lied »Geh aus, mein Herz, und suche Freud« , das mancher Busfahrer auswendig kann, weil so oft Kirchenchöre auf Ausflugsfahrt es mit Inbrunst singen, die Fülle der uns umgebenden Schönheit besungen: der Gärten Zier, Narzissus und die Tulipan, die Lerche, das Täublein, die Nachtigall, die Glucke, der schnelle Hirsch, das leichte Reh, das Lustgeschrei der Schafe und ihrer Hirten, die unverdrossne Bienenschar, der Weizen, der mit Gewalt wächst … Er verweilt mit Lust in all dieser irdischen Schönheit.

Aber dann die zweite Hälfte des Liedes, die man im Bus fast nie singt. Sie beginnt mit der Strophe:

> *Ach, denk ich, bist du hier so schön*
> *und lässt du's uns so lieblich gehn*
> *auf dieser armen Erden:*
> *Was will doch wohl nach dieser Welt*
> *dort in dem reichen Himmelszelt*
> *und güldnen Schlosse werden?*

Schade, dass diese und die folgenden Strophen meist weggelassen werden. Paul Gerhardt jedenfalls will uns einladen, hinter der lustvollen Vielfalt der Frühlingswelt den Schöpfer zu sehen, der sie ins Leben gerufen hat, und im Schöpfer den Neuschöpfer zu glauben, der uns eine neue, unvergängliche Schöpfung bereithält, die noch viel schöner sein wird.

Es wäre freilich ebenso wenig im Sinn des Dichters, würden wir die ersten Strophen vergessen und erst mit der neunten Strophe, die an die Schönheit der kommenden Welt erinnert, beginnen. Christsein – das können wir von Paul Gerhardt lernen – heißt in der alten Schöpfung, die nicht nur nach Erlösung seufzt, in der es vielmehr auch Lustgeschrei gibt, mit der neuen, an Ostern aufgebrochenen unvergänglichen Schöpfung zu rechnen.

Eine neue Kreatur ist der Mensch, der in Christus ist. Bei der neuen Kreatur müssen wir uns sehr vorsehen, dass wir nicht gleich dem Hang nachgeben, in einer individualisierenden Engführung sie nur oder vor allem in uns selbst zu suchen, in Anzeichen einer bei uns erfolgten Wiedergeburt oder Bekehrung. Es gibt im württembergischen Pietismus gelegentlich einen Hang, solche Aussagen zu verinnerlichen. (Ich meine hier freilich nicht die »Klassiker« des württembergischen Pietismus, Bengel, Oetinger oder die beiden Blumhardts, die ja alle die neue Schöpfung in ihrer umfangreichen Weite gesehen haben.) Durch diesen Hang bleibt uns nichts anderes übrig, als die erfolgte Bekehrung oder Wiedergeburt in uns selbst dingfest zu machen, mit der Folge, dass wir zu introvertierten, skrupulösen Menschen werden, die zwischen Selbstgerechtigkeit und Verzweiflung hin- und herschwanken. Nein, die neue Schöpfung, die mit der Auferstehung Jesu Christi aufgebrochen ist, schafft in allen Kreaturen. So auch in uns. Wir dürfen uns als ihr Teil verstehen, dürfen an ihrer neuen, erlösten Art Anteil haben, uns ihr öffnen.

Das können wir, wenn wir in Christus sind. In diesem Bild wird die versöhnende, erlösende und erneuernde Ausstrahlung Jesu wie ein Raum verstanden, in den ich eintreten kann. Zugleich wird bei Paulus dieses Bild wieder umgekehrt gebraucht, indem das scheinbare Gegenteil gesagt wird: nicht nur ich in Christus, sondern zugleich auch Christus in mir! Dasselbe kann ich von der Luft sagen. Ich befinde mich in dem Bereich jener linden Lüfte, die Uhland so wirkungsvoll beschreibt. Zugleich atme ich diese linden Lüfte ein und hoffe, mich durch sie vom rauen Winter zu erholen und in dem neuen Klima gesund zu werden. Ich atme diese linden Lüfte ein. Sie sind dann auch in mir.

So kann man die Geistesausstrahlung Jesu Christi beschreiben: wir sind in ihr, sie ist in uns. Ich muss aber, dass ich in Christus bin und dass er in mir ist, es weder mir noch anderen nachweisen. So wenig ich die Frühlingsluft um mich und in mir messen kann. Ich darf dazu ein schlichtes, glaubendes, herzliches »Ja« sagen, es gelten lassen und unter der Voraussetzung leben, dass ich in Christus bin und dass er in mir ist. Wobei dieses Teilhaben am auferstandenen Christus und an seiner Neuschöpfung ein reines Gnadengeschenk des barmherzigen

Gottes ist, nie und nimmer von mir bewirkt. Es ist so sehr ein Geschehen, das an mir geschieht, wie meine Geburt ein Geschehen war, zu dem ich nichts beigetragen habe.

Freilich, was hätte ich von der neuen Schöpfung, deren Teil ich sein darf, wenn ich mich ihr verschließen würde, wenn ich der bleiben wollte, der ich immer war? Was hätte ich von der Ausstrahlung Jesu Christi, in die ich versetzt bin, wenn ich mich vor ihr schützen, ihre Einflüsse auf mich abblocken, mich ihr gegenüber unzugänglich erweisen wollte? Wir werden nicht Teil einer neuen Schöpfung gegen unseren bleibenden dumpfen Widerstand. Was an uns ohne Zutun unseres Willens geschieht, bleibt nicht an oder in uns, wenn unser Wille nicht freudig in diesen Zustand einstimmt, wenn wir zur Einwurzelung in den Garten Jesu im Grunde Nein sagen. Dann werden wir in ihm allenfalls verdorren.

Ist damit das In-Christus-Sein genügend beschrieben? Ich will nicht verschweigen, dass Dietrich Bonhoeffer in seiner Dissertation mit dem Titel »Sanctorum Communio« (Gemeinschaft der Heiligen) feststellt, dass Paulus darunter das bewusste Leben in der Gemeinde Jesu versteht: nicht in einer idealen, gedachten himmlischen Gemeinschaft von Christen, deren Gemeinschaft mich jederzeit erhebt und nur immer stärkt, sondern das bewusste Leben in der real existierenden christlichen Gemeinde vor Ort, im Besuch ihrer Gottesdienste, im Teilhaben an Wort und Sakrament in ihr, in der Teilnahme an ihrem Gemeindeleben, im gemeinsamen Tragen der Lasten Einzelner. Er sieht in der christlichen Gemeinde keinen geringeren als »Christus, als Gemeinde existierend«. Die Rede des Paulus von der Gemeinde als Leib Christi (Röm 12,5; 1. Kor 12,12–31) nimmt er nicht als ein Gleichnis, sondern als eine Gleichung: Christus ist unter uns in Gestalt seiner Gemeinde, sie mag dürftig sein, aber sie ist der gegenwärtige Christus. Wobei man Bonhoeffer nicht darauf hinweisen musste, dass es doch ein Gegenüber zwischen Haupt- und Restleib gebe, dass wir alle auch Christus gegenüberstehen. Aber Bonhoeffer, der in Berlin-Grunewald ziemlich fern von der Gemeinde aufgewachsen ist, der die Gemeinde erst entdecken musste, beharrt darauf: »In Christus sein« heißt, bewusst und entschlossen in der Gemeinde sein. Das sollten wir – gegen alle protestantisch-bürgerliche Individualisierung des

Christseins und gegen alle nischenhafte Innerlichkeitskultur, die oft durch Gemeindeferne erkauft wird, bedenken.

Was ist aber gemeint mit »Das Alte ist vergangen, siehe, Neues ist geworden«? Im Zusammenhang 2. Korinther 5,16 ff. ist das Neue, dass Gott uns in Christus mit sich versöhnt hat. »Gott versöhnte in Christus die Welt mit ihm selbst und rechnete ihnen ihre Sünden nicht zu und hat unter uns aufgerichtet das Wort von der Versöhnung« (2. Kor 5,19). So sieht Paulus auch sein eigenes Leben: Es ist geprägt durch eine harte Zäsur in vorher und nachher. Vorher, ehe Christus ihn vor Damaskus aus dem Sattel geworfen hatte (Apg 9, 4), versuchte Saulus als gesetzestreuer, gewissenhafter, eifriger Jude, der aus angesehener Familie war, der bei den besten Gelehrten in Jerusalem gelernt hatte, sich seinen Status vor Gott und den Menschen durch seine eigene Tüchtigkeit zu bauen und zu suchen. Erst später wurde ihm klar, dass seine ganze Lebenseinstellung und Lebensart damals die Folge dessen war, dass er mit Gott unversöhnt war. Er konnte nach dem umstürzenden Ereignis vor Damaskus all das, was ihm früher Sicherheit geben sollte, in dem er sich eingerichtet, das sein Selbstbewusstsein begründet hatte, sehr respektlos als »Kot« bezeichnen (Phil 3,8). Durch die Begegnung mit Jesus Christus wurde er ein anderer Mensch. Einer, der nicht mehr aus seiner religiös verkleideten Selbstbehauptung, sondern aus reiner Gnade lebte. Ein Mensch, der im Frieden mit Gott lebt, weil Gott ihn eingeholt, ihn vom hohen Ross gestürzt, ihn zuerst in einen völlig desolaten Zustand versetzt und dann durch den tapferen Diener Christi Ananias in ein neues Leben geführt hat (Apg 9,1–19).

Paulus ist nicht der Versuchung erlegen, aus dem »Einst und Jetzt« in seinem Leben ein Schwarz-Weiß-Schema zu machen, mit dem er dann sein Leben vereinfachend dargestellt hätte. Sehr offen lässt er in Römer 7 in seine Verzweiflung hineinsehen, die ihn immer wieder überkam, wenn er an das dachte, was er als bekehrter und wiedergeborener Mensch faktisch zu tun vermochte. »Ich elender Mensch, wer wird mich erlösen?« Doch kann er dann getrost antworten: »Ich danke Gott durch Jesus Christus, meinen Herrn« (Röm 7,24. 25).

Und in 2. Korinther 4,7 ff. zeigt er auf, wie wir den Schatz des neuen Seins »in irdenen Gefäßen« haben. Also nicht in unzerstörbaren

Eisentöpfen, sondern wie in einem Tongefäß, das dünne Wände hat und das man leicht zerbrechen kann. Er will damit sagen: Das neue Sein in Christus macht uns nicht zu geistlichen Superman-Leuten, die nichts mehr umwirft. Wir bleiben die verletzlichen Personen, die wir sind. Aber gerade in diesen lebt eine Kraft, die nicht von uns ist. Bei Paulus heißt das: »Wir haben allenthalben Trübsal, aber wir ängstigen uns nicht. Uns ist bange, aber wir verzagen nicht. Wir leiden Verfolgung, aber wir werden nicht verlassen. Wir werden unterdrückt, aber wir kommen nicht um. Wir tragen allezeit das Sterben Jesu an unsrem Leibe, auf dass auch das Leben Jesu an unserem Leibe offenbar werde. Mitten im Leben werden wir immer neu in den Tod gegeben um Jesu willen, damit auch das Leben Jesu offenbar werde an unserem sterblichen Fleisch ... Darum werden wir nicht müde; sondern wenn auch der äußerliche Mensch verfällt, so wird doch der innerliche von Tag zu Tag erneuert« (2. Kor 4,8–16).

So feiern wir – in der Regel mitten in blühender Maienlandschaft – den Sonntag Jubilate und die Gabe des neuen Seins in Christus doch als Menschen, die jeder böse Schlag treffen und daran erinnern kann, dass diese unsere Maienwelt noch durchaus nicht erlöst und dass in einzelnen Menschen die pure Verzweiflung übermächtig ist, während andere mit österlichen Liedern Gottes Neuschöpfung feiern.

Kantate
(4. Sonntag nach Ostern)

Singet dem Herrn ein neues Lied, denn er tut Wunder.

Psalm 98,1

Mancher von uns hat den achtstimmigen Doppelchorsatz von Heinrich Schütz zu diesem Psalm gesungen, einstudiert, dirigiert, hat miterlebt, wie die beiden Chöre einander nachfolgen, einander begegnen, sich wieder voneinander entfernen, um aufs Neue zusammenzukommen zu der befreienden Aufforderung: »Jauchzet dem Herrn alle Welt, singet, rühmet und lobet!« Wir haben Posaunen und Trompeten eingesetzt und haben dann kräftig das Meer brausen, die Ströme frohlocken, die Berge fröhlich sein lassen vor dem Herrn, der kommen wird, den Erdkreis zu richten mit seiner Gerechtigkeit.

Alles klingt in diesem Psalm zusammen: die Menschen, die Gottes Befreiungstaten erlebt haben, in denen er das Heil seines Volkes und das Heil der Menschheit vorbereitet. Geistliches Singen kommt aus der Heilsgeschichte Gottes mit seinem Volk und mit seiner Menschheit, und es hat unser Singen diese Heilsgeschichte der großen Taten Gottes zum Inhalt. In Zeiten, in denen »die süße Wundertat« Jesu Christi das große Thema ist, wie zum Beispiel in der Reformationszeit, brechen die Quellen neuer Lieder auf, die dann so stark sind, dass sie Generationen zum Glauben und zum Gotteslob helfen.

Es klingen in den Psalmen die Instrumente, die Menschen in ihrer großen Kunst entwickelt haben, das unendliche Reich der Töne entdeckend, das uns erst wirklich erschlossen wird, wenn Christus es uns aufschließt. Es braust, frohlockt, applaudiert die ganze Kreatur, sie muss nun nicht mehr ächzen und seufzen unter dem, der sie unterworfen hat, sie spürt die Erlösung der Kinder Gottes und fühlt, dass sie mit ihnen zusammen erlöst wird. Im Osterjubel der orthodoxen Kirche spüren wir, wie alle Kreatur einbezogen ist in den Lobgesang: »Durch deine Auferstehung, o Herr, ist erleuchtet das All ... die ganze Schöpfung lobsingt dir, bringt dir täglich dar eine Hymne.« Es klingt auch in manchem Osterlied unseres Gesangbuchs an: »Die ganze Welt, Herr Jesu Christ, halleluja, halleluja, in deiner Urständ fröhlich ist ... Jetzt grünet, was nur grünen kann ... Es singen jetzt die Vögel all, jetzt singt und klingt die Nachtigall« (Friedrich Spee, EG 110). Wir hören den Osterjubel der Kreatur auch in manchem Morgenlied der Singbewegung des 20. Jahrhunderts, etwa bei Werner Gneist in seinem Lied »Es tagt der Sonne Morgenstrahl, weckt alle Kreatur«:

Zuletzt erschwingt sich flammengleich
mit Stimmen laut und leis
aus Wald und Feld, aus Bach und Teich,
aus aller Schöpfung Kreis
ein Morgenchor, an Freude reich,
zu Gottes Lob und Preis.

Jürgen Moltmann hat in seinem Buch »Das Kommen Gottes« die Hoffnung auf den Lobgesang der ganzen Schöpfung vielfältig entfaltet. Ich zitiere die letzten Sätze dieses großen Werkes der Eschatologie: »Aus der Auferstehung Christi entfaltet die Freude kosmische und eschatologische Perspektiven auf die Erlösung des ganzen Kosmos. (…) Im Fest der ewigen Freude sollen alle Geschöpfe und die Schöpfungsgemeinschaft Gott ihre Hymnen und Lobgesänge singen. (…) Die Hymnen und Lobgesänge der sich am auferstandenen Christus freuenden Menschen sind nach ihrem eigenen Verständnis nur ein schwacher Widerhall der kosmischen Liturgie und der himmlischen Lobgesänge und der zum Ausdruck gebrachten Daseinsfreude aller anderen Lebewesen. Das Fest der ewigen Freude wird von der Fülle Gottes und dem Jubel aller Geschöpfe bereitet. Aus der unerschöpflich reichen Phantasie Gottes, seiner schöpferischen Einbildungskraft, geht Leben um Leben in bunter Fülle hervor.« Die verklärte Schöpfung ist »wie ein großer Gesang oder ein reiches Gedicht oder ein wunderbarer Tanz seiner Phantasie, um seine göttliche Fülle mitzuteilen. Das Lachen des Universums ist Gottes Entzücken. Soli Deo gloria.«

In der Bibel wird über das Singen wenig theoretisiert. Und den Sonntag Kantate haben wir weniger dazu, einander musiktheoretische, theologische, psychologische Abhandlungen über das Singen zu bieten. Es ist besser, wir folgen schlicht der Aufforderung »Kantate« und singen miteinander.

Einige biblische Erinnerungen können zum Verständnis helfen: Nach der wunderbaren Errettung am Schilfmeer singen die Kinder Israel ihren Lob- und Dankgesang: »Der Herr ist meine Stärke und mein Lobgesang und mein Heil.« Das ganze atemberaubende Geschehen der Rettung des Volkes wird besungen und Mirjam, die Schwester Aarons, eröffnet mit der Handpauke den Reigen der Frauen dazu (2. Mose 15,20.21). Von David, als er die Bundeslade nach Jerusalem holt, heißt es, er habe mit ganz Israel »mit aller Macht in Reigen, mit Liedern, mit Harfen und Psalmen und Pauken und Schellen und Zimbeln« getanzt (2. Sam 6,5.14.15). Die Gegenwart Gottes, der sein Volk in die Freiheit führt, kann nur mit jubelnden Klängen gefeiert werden. Und wie in Mirjams Tanz auch hier wieder: Alle meine Gebeine loben Gott. Der Tanz der Befreiten ist nicht eine moderne

Marotte, sondern, so schüchtern und ungeübt er in unseren Kirchen daherkommen mag, er bricht in der Bibel jeweils dann auf, wenn Gottes wunderbare Heilstaten Menschen aus der lethargischen Ruhe bringen.

Eigentlich wird in der Bibel nicht sehr oft vom Singen Israels berichtet. Aber die 150 Psalmen sagen mehr als alle Berichte über Gesangstage oder als theoretische Erörterungen sagen könnten. Sie sind ein unglaublich reiches Gesangbuch, in welchem von der Klage des zu Tode Betrübten bis zum Jubel der Erlösten die ganze Skala der menschlichen Möglichkeiten sich vor Gott entfaltet. Schade, dass wir nicht mehr sagen können, wie die Melodien dieser Gesänge geklungen haben. Denn sie wurden ja doch wohl großenteils nicht gesprochen, sondern gesungen. Und gelegentlich erinnert noch eine kleiner Hinweis an den Chormeister betreffend die Melodie, dass es sich um gesungenes Gotteslob handelt (z.B. Ps 56,1; 57,1; 58,1; 59,1; 60,1; 69,1; 75,1; 76,1; 77,1). Aus den Psalmen nur eine kleine Passage, die uns einen Eindruck gibt von der Schönheit des Lobgesangs, der Menschen am frühen Morgen weckt:

> *Mein Herz ist bereit, Gott,*
> *mein Herz ist bereit, dass ich singe und lobe.*
> *Wach auf, meine Seele, wach auf, Psalter und Harfe,*
> *ich will das Morgenrot wecken!*
> *Herr, ich will dir danken unter den Völkern,*
> *ich will dir lobsingen unter den Leuten.*
> *Denn deine Güte reicht, so weit der Himmel ist,*
> *und deine Wahrheit, so weit die Wolken gehen.*
> *Erhebe dich, Gott, über den Himmel.*
> *Und deine Herrlichkeit über alle Welt.*
>
> (Psalm 57,8–12).

Ein besonderer Lobtanz und wohl auch Lobgesang begegnet uns im Neuen Testament nach der Heilung des Lahmen im Tempel (Apg 3,1–11). Der lang gelähmte Mann, dessen Füße und Knöchel nun wieder fest sind und der endlich durch die »schöne Pforte« in Gottes Haus durfte, führt einen – wohl noch ungelenken – Freudentanz auf, dankt und lobt Gott. Dieses spontane, elementare Lob Gottes rührt den, der sich das Geschehen vorstellt.

Ein Urbild österlichen Singens in einer unösterlichen Welt ist der Lobgesang des Paulus und des Silas im innersten Verließ eines Gefängnisses in Philippi (Apg 16,23–26). Die Ausgepeitschten, die nun, die Füße im Stock fest eingeschraubt, im untersten Verließ sitzen oder liegen und sich gegen keine Ratte wehren können, loben Gott mit österlichen Gesängen. Der folgende Bericht hat hohen Symbolwert: »Plötzlich aber ward ein großes Erdbeben, so dass sich die Grundfesten des Gefängnisses bewegten. Es wurden alsbald alle Türen aufgetan und die Fesseln aller gelöst« (Apg 16,26). Das österliche Lob Gottes in der Nacht sprengt das Todesgefängnis dieser unerlösten Welt. Es befreit auch andere Gefangene, die es hören, aus ihren Fesseln.

In Kolosser 3,16 ff. lesen wir den apostolischen Rat: »Lasst das Wort Christi reichlich in euch wohnen; lehrt und vermahnt euch selbst in aller Weisheit mit Psalmen und Lobgesängen und geistlichen Liedern und singt Gott dankbar in euren Herzen.« Wo das Wort Christi reichlich in uns wohnt – reichlich bedeutet hier nicht die Vielzahl der Worte, sondern dass wir seinem Wort reichlich Entfaltungsraum geben in unserem Denken, Fühlen und Zusammenleben –, da wird ein Mensch fast von selbst in die Lieder der Kirche hineinfinden. Und er wird spüren, wie sehr diese Lieder auf seinen Sinn eine hilfreiche, heilende, ihn orientierende Wirkung haben werden.

Besonders in den Passagen des Alten und des Neuen Testaments, die den Ausblick auf die letzte Erlösung öffnen, finden wir Danklieder der Erlösten, so in Jesaja 12. Und mehrfach in der Offenbarung des Johannes. Etwa wenn die 24 Ältesten das neue Lied dem singen, der würdig ist, das Buch der menschlichen Geschichte mit seinen sieben Siegeln in die Hand zu nehmen und die Siegel zu öffnen. Sie singen dem, der allein die Menschheitsgeschichte entschlüsseln, verstehen und verständlich machen kann (Offb 5,8 ff.). Oder in Offenbarung 14,2.3, wo die 144 000 Erlösten (die Symbolzahl 12 × 12 000 ist schwer zu dechiffrieren) vor dem Thron des Lammes, den »vier Gestalten« (welche die Himmelsrichtungen verkörpern; in unseren Kirchen auch als vier Evangelisten dargestellt) und den Ältesten ihr Loblied singen. Oder in Offenbarung 15,2 ff., wo die Überwinder am »gläsernen Meer« (einem Symbol des für Gottes Licht transparent gewordenen Kosmos) das Siegeslied singen, das Moses nach der Rettung aus dem

Roten Meer mit dem Volk der Erlösten gesungen hat: »Groß und wundersam sind deine Werke, Herr, allmächtiger Gott! Gerecht und wahrhaftig sind deine Wege, du König der Völker.«

Wenn wir unsere Dank- und Loblieder singen, dann stimmen wir ein in den Chor derer, die in der Kraft Jesu Christi bereits diese Welt überwunden haben. Unser Singen feiert quasi vorweg, wie das Mahl des Herrn eine Vorfeier ist auf das Mahl der letzten Vollendung.

Ist es noch nötig darauf hinzuweisen, dass wir unsere Lieder dem Herrn singen sollen, nicht den Menschen? Leicht werden unsere kirchenmusikalischen Ereignisse zu puren Darbietungen. Man ist dann hin- und hergerissen in der Frage, ob man ihnen in der Kirche applaudieren soll oder nicht. Einerseits will und sollte man als Zuhörer den Ausführenden seine Freude und Dankbarkeit für die gelungene Aufführung zeigen. Die Leute haben sich angestrengt, haben wohl auch ihr Bestes gegeben. Sie haben ihre Kunst und Leidenschaft in den Dienst der guten Sache gestellt. Wir sollten sie darin bestärken und ihnen zeigen, dass sie uns, den Zuhörenden, viel gegeben haben. Andererseits beschleicht uns das Gefühl, es sei komisch, wenn nach einer Aufführung, die soli Deo gloria stattfand, wie im Konzerthaus das Ritual des vielfachen Applauses zelebriert wird. Es ist schwer, sich hier richtig zu verhalten zwischen rigoroser Strenge und billiger Anpassung. Wichtig ist, dass die Singenden und Musizierenden ihr gemeinsames Wirken als Gebet und Gotteslob auffassen, nicht als Selbstdarstellung.

Und was bedeutet das »neue Lied«? Schön, dass wir in einer Zeit unübersehbarer Fülle von neuen geistlichen Liedern jeglicher Qualität leben. Das ist ein Zeichen von geistlicher Kreativität. »Den Geist dämpfet nicht« (1. Thess 5,19)! Aber das »neue Lied« im Sinn der Bibel bedeutet: Es kommt, egal in welchem Jahrhundert verfasst, von Ostern her. Das »alte Lied« ist das Gebrumm der Selbstrechtfertigung, das Gebruddel der Unzufriedenheit, der bitteren Resignation: immer das alte Lied!

Der auferstandene Christus ist dabei, unser Wesen zu verwandeln, es neu zu schaffen. In dieser Gewissheit, mit dieser Erfahrung im Rücken und erfüllt von dieser Hoffnung, singen wir das »neue Lied«. Treffend schreibt Bonhoeffer: »Neu ist dasjenige Lied, das den Menschen neu macht, das aus Dunkelheit und Sorgen und Angst hervorbricht zu neuer Hoffnung, neuem Glauben, neuem Vertrauen. Neu ist das Lied, das Gott selbst neu in uns erweckt – und ob es ein uraltes Lied wäre – der Gott, der sich ›Lobgesänge schafft mitten in der Nacht‹. Der Lobgesang in der Nacht unseres Lebens, unseres Leidens und unserer Furcht, in der Nacht unseres Todes ... – das ist das neue Lied von Christus, dem Herrn und Erlöser.«

Rogate
(5. Sonntag nach Ostern)

*Gelobt sei Gott, der mein Gebet nicht verwirft,
noch seine Güte von uns wendet.*

Psalm 66,20

Christian Friedrich Daniel Schubart hat wohl keine Chance, sich irgendwann in einem Heiligenkalender wiederzufinden. Zwar hat er viel Mut bewiesen, indem er dem württembergischen Herzog Carl Eugen verbalen Widerstand geleistet hat. Und er hat seine kecken Bemerkungen über den Herzog und seine Donna Schmergalina, das Fränzel, Franziska von Hohenheim, gegen des Herzogs »Sklavenplantage«, die Hohe Karlsschule, mit elf Jahren Haft auf dem Hohenasperg hart büßen müssen. Aber ein Heiligsprechungsprozess wird für ihn nie eingeleitet werden. Seine Frauengeschichten, sein Alkoholismus, seine Spottlust ...

Aber Schubart hatte ein Gespür dafür, wie wir Menschen dran sind. So schrieb dieser Pfarrerssohn und früh gefeuerte Kirchenmusiker im Januar 1776 in Ulm, ein Jahr vor seiner arglistigen Gefangennahme und Verhaftung, folgende Sätze in seiner »Deutschen Chronik«: »Sind wir doch alle Bettler vor Gott und Bettler untereinander. Oft bettelt der Höhere bei dem Niedrigen und die Untertanen bei ihrem Fürsten. Der Soldat nennt seinen Bettelbrief Kontribution, der Zahnarzt Patent, der Handwerksbursch Pass und der Skribent nach der Sanduhr Merkur, alter Deutscher, Korrespondent, Postreuter oder

Chronik. Der Virtuose bettelt mit seinem Instrument und einigen armseligen Koncerten durch die Welt. Unsere Hochzeiten, Kindstaufen und Leichen sind Betteleien. Wir betteln mit Neujahrswünschen, Panegyren, Päanen, Motetten, Zinken und Posaunen, heiligen Dreikönigssternen und Kühhörnern durch die Welt, und der Nachtwächter verkündet am hellen Tage die Stunde der Mitternacht, und das alles darum – weil wir Bettler sind; arme, arme Bettler, die wir nach dem Tode der Mutter Erde ein Plätzchen abbetteln müssen.«

Ernst Barlach war bis zu seinem 36. Lebensjahr ein talentierter Jugendstil-Gebrauchsgraphiker, mehr nicht. Im Jahr 1904 besuchte er seinen Bruder in Charkow. Auf dieser Reise stieß er sehr oft auf russische Bettlerinnen und Bettler. Sie gingen in seiner Seele um. Er modellierte nun Bettler, aus Ton, Keramik, Klinkerstein. Die Bettler wurden zum Thema seines Lebens. An ihnen wurde er, fast von einem Jahr auf das andere, zum großen Künstler, der in der Konzentration auf das Wesentliche Menschen schaffen konnte. Ich freue mich, dass das Deutsche Brotmuseum als ständige Leihgabe im Ulmer Münster einen wertvollen Abguss des »Bettlers«, der für die Lübecker Katharinenkirche geschaffen worden ist, aufgestellt hat. Es war mir einst, als ich dazu beitrug, wichtig, dass in diesem hohen Haus, dort, wo die Touristen das Münster betreten, dieser Bettler steht. Wenn Barlach gefragt wurde, warum er immer neu Bettlerinnen und Bettler gestalte, dann konnte er sagen: »Weil das doch unsere wahre Situation zwischen Himmel und Erde ist«.

Bekannt ist, dass die letzten Worte, die Luther vor seinem Tod 1546 in Eisleben, schon fieberkrank, aufgeschrieben hat, heißen: »Wir sind Bettler, das ist wahr.«

Der Name des Sonntags Rogate (Bittet!) erinnert an Jesu Worte: »Bittet, so wird euch gegeben; suchet, so werdet ihr finden; klopfet an, so wird euch aufgetan. Denn wer da bittet, der empfängt, und wer da sucht, der findet; und wer da anklopft, dem wird aufgetan. Welcher ist unter euch Menschen, so ihn sein Sohn bittet ums Brot, der ihm einen Stein biete? oder, so er ihn bittet um einen Fisch, der ihm eine Schlange biete? So nun ihr, die ihr doch arg seid, könnt dennoch euren Kindern gute Gaben geben, wieviel mehr wird euer Vater im Himmel Gutes geben denen, die ihn bitten« (Mt 7,7–11).

Es fällt auf, dass Jesus, wenn er vom Beten redet, fast immer, als sei das selbstverständlich, vom Bitten redet. Warum erinnert er uns nicht viel mehr an das Danken, zu dem wir viel Grund haben und das in den Psalmen eine ganz große Rolle spielt, zu dem wir auch in den apostolischen Briefen immer wieder ermahnt werden? Lediglich die Erzählung von den zehn vom Aussatz Geheilten, von denen nur einer den Weg zu Jesus zurückfindet, um ihm zu danken (Lk 17,11–19), erinnert uns daran, wie wichtig Jesus das Danken und wie wesentlich für unsere wirkliche Heilung es ist.

Und könnte er uns nicht mehr auf die stille Meditation hinweisen, die uns gewiss gut tun würde? Etwa im Sinne des Verses von Gerhard Tersteegen »Alles in uns schweige und sich innigst vor ihm beuge …«? Aber Jesus ist kein fernöstlicher Meditationslehrer. Er geht in seinen Worten über das Gebet ganz selbstverständlich davon aus, dass unserer Situation als Menschen das Bitten angemessen ist. Oder, zugespitzt, dass wir Bettler sind.

Auch was das Kommen des Gottesreiches betrifft, so können wir nur Gott bitten, dass er das Entscheidende tut: »Dein Reich komme!« (Mt 6,10). Auch in der Frage, ob in unserer Menschenwelt die richtigen Menschen gefunden werden, das Gottesreich anzukündigen und in Gottes Ernte in seinem Auftrag zu arbeiten, ist es angemessen und primär, dass wir ihn bitten, das Entscheidende zu tun. Angesichts des Volkes, das ihn jammert, weil die Menschen verschmachtet und zerstreut sind, wie die Schafe, die keinen Hirten haben (Mt 9,36), rät er uns: »Die Ernte ist groß, aber wenige sind der Arbeiter. Darum bittet den Herrn der Ernte, dass er Arbeiter in seine Ernte sende« (Mt 9,37. 38).

Besonders in den Abschiedsreden im Johannes-Evangelium macht er uns – ganz im Sinne von Psalm 66,20 – Mut, damit zu rechnen, dass Gott unser Gebet nicht verwirft, als sei es für ihn unwesentlich, was wir erbitten, oder als seien wir für ihn keine Partner. Er sagt uns zu, dass unser Gebet erhört werden wird. Hier kommt noch hinzu, dass er uns empfiehlt, in seinem Namen zu bitten: »Wahrlich, wahrlich, ich sage euch: Wenn ihr den Vater etwas bitten werdet in meinem Namen, so wird er's euch geben. Bisher habt ihr nichts erbeten in meinem Namen. Bittet, so werdet ihr nehmen, dass eure Freude vollkommen sei« (Joh 16,23.24, vgl. Joh 15,16). Der Abschied nehmende, zum Vater gehende Christus spricht so. Er kann dann auch sagen, dass er selbst die Arbeit seiner Jünger fruchtbar machen und ihr Gebet um Frucht ihrer Arbeit erhören werde: »Wahrlich, wahrlich, wer an mich glaubt, der wird die Werke auch tun, die ich tue, und wird größere als diese tun, denn ich gehe zum Vater. Und was ihr bitten werdet in meinem Namen, das will ich tun, auf dass der Vater verherrlicht werde in dem Sohn. Was ihr mich bitten werdet in meinem Namen, das will ich tun« (Joh 14,12–14). Diese Zusagen erinnern stark an das, was Paulus am Ende seines großen Auferstehungskapitels 1. Korinther 15 schreibt: »Darum, meine lieben Brüder, seid fest, standhaft, und nehmt immer zu in dem Werk des Herrn, weil ihr wisst, dass eure Arbeit nicht vergeblich ist in dem Herrn« (1. Kor 15,58).

In diesem Zusammenhang ist es eindrücklich, wie Jesus in der Zeit, in der er als Wanderprediger und Heiler durch Galiläa zog, mit den Bitten, die an ihn herangetragen wurden, umging. Vor allem die Bitten Kranker um Heilung erfüllt er, zum Beispiel die Bitte des Aussätzigen (Mk 1,40). Er erfüllt die Bitte des Jairus, seiner sterbenden Tochter zu helfen (Mk 5,21 ff.) und ebenso die Bitte des Hauptmanns von Kapernaum, dessen Knecht Gicht hat und in großen Qualen liegt (Mt 8,5–13). Er erfüllt aber nicht die Bitte der Mutter der Zebedäussöhne, die will, dass ihre Söhne, wenn er das Gottesreich aufrichten wird, ihm zur Rechten und zur Linken säßen. »Ihr wisst nicht, was ihr bittet«, sagt Jesus und verweist auf die Leiden, die der eingeht und an die sich sein Weg in die Passion anschließt.

Die Art, wie Jesus mit Bitten umgeht, zeigt seine große Barmherzigkeit denen gegenüber, die in höchsten Nöten sind; ebenso aber auch, dass er eine Bitte auf das hin prüft, ob ihre Erfüllung dem Bittenden gegenüber wirklich hilfreich ist. Er bleibt, wenn er Bitten erfüllt, der Herr. Er wird nicht zu unserem Erfüllungsgehilfen.

Besondere Beachtung verdient seine Empfehlung: »... bittet für die, die euch verfolgen, auf dass ihr Kinder seid eures Vaters im Himmel« (Mt 5,44.45). In unseren Bitten sollen wir besonders für die Menschen eintreten, die uns das Leben schwer machen. Keineswegs darf unser Beten dazu verkommen, dass wir in unseren Konflikten Gottes Macht gegen Menschen instrumentalisieren wollten. Man wird in diesem Gebot, für und nicht gegen die Feinde zu bitten, auch eine deutliche Auseinandersetzung mit dem Tenor nicht weniger Psalmen erkennen können, in denen der Beter Gottes Hilfe gegen seine Feinde erbittet. Nicht dass eine solche Bitte in den Augen Jesu nicht bestehen könnte, besonders wenn dem Beter das Wasser am Hals steht und er von nirgendwoher Hilfe erfährt. Aber sie wird nie ein Gebet gegen Menschen sein, sondern ein Gebet für Menschen, die derzeit eine dem Beter feindliche Rolle einnehmen.

Entschieden lehnt Jesus das Gebet ab, das zu einem wortreichen »Plappern wie die Heiden« gerät. Sie meinen, sie würden erhört, wenn sie viele Worte machen (Mt 6,7).

Im Blick auf Menschen, die »viel plappern wie die Heiden«, sagt Christoph Blumhardt: »Nun gibt es Leute, die beten immer fort und schwatzen und können gar nicht aufhören, und vor lauter Beten bekommen sie gleichsam einen Schwindel. Hast du gebetet, so sei still, und mach es wie der Bauer, der seinen Samen ausgestreut hat; jetzt ist er in der Kraft Gottes, jetzt geht er eben auf. Aus deinem ewigen Wortemachen im Gebet kommt keine Hilfe heraus. Aus deiner Stille kommt die Hilfe heraus, aus deiner Geduld, aus deinem Glauben: ›Gott macht es, ich bin still‹, aus deiner Hoffnung: ›das Reich Gottes hört nicht auf, es rumort in allen Übeln der Welt‹. So werde ein Gottesdiener in stiller, heiliger Ruhe, und du wirst eins ums andere erleben dürfen zur Freude deines Herzens und zum Trost für alle deine Umgebung.«

Das Gleichnis von der bittenden Witwe (Lk 18,1–8) darf man nicht als Ermutigung zu einem gewaltsamen, Gott ermüdenwollenden Bitten heranziehen. Es wird hier eine arme Frau geschildert, der schweres Unrecht geschieht und die beharrlich dieses Unrecht anmahnt und heftig Abhilfe von diesem Unrecht erbittet. Sie steht für Menschen, die beständig die Bitte »Dein Reich komme!« beten, die sich mit dem ungeheuren Unrecht, das ungezählten Menschen täglich angetan wird, nicht müde abgeben. Die bittende Witwe ist das Sinnbild der Christenheit, die leidet an dem, was menschliches Leben so schwer schädigt und was vor Gott nicht recht ist. Ihr sagt Jesus zu: »Sollte Gott nicht auch Recht schaffen seinen Auserwählten, die zu ihm Tag und Nacht rufen, und sollte er's bei ihnen lang hinziehen? Ich sage euch, er wird ihnen Recht schaffen in Kürze« (Lk 18,7).

Ebenso verabscheut Jesus das Gebet, mit dem ein Mensch seine Frömmigkeit vorführt (Mt 6,5). Das Gebet ist ein Reden des Herzens mit Gott (Luther). Es ist kein Reden mit anderen Menschen, und sei es zum Zweck, sie zu erbauen. Wo immer der Betende durch sein Gebet, etwa als Liturg im Gottesdienst, nicht nur Gott, sondern zugleich anderen zuhörenden Leuten etwas sagen will – womöglich etwas, das er ihnen längst einmal sagen wollte und das er sich in der freien Rede Auge in Auge zu sagen nicht traute – missbraucht er das Gebet.

Es ist kein Plädoyer gegen das gemeinsame Gebet, wenn Jesus empfiehlt »Wenn du aber betest, so geh in dein Kämmerlein und schließ die Tür zu und bete zu deinem Vater, der im Verborgenen ist« (Mt 6,6), sondern es ist gegen jeden Missbrauch des Gebets als Mitteilung an andere oder gar als Demonstration gerichtet. Müssten wir Friedensbewegten, die wir gern von Martin Luther King lernen, unter diesem Aspekt auch einmal unsere Gebetspraxis bei Friedensgebeten untersuchen? So herzlich wir um den Frieden bitten sollen, so leicht kommt doch ein falscher Nebenton in unser Gebet, wenn wir im Gebet das sagen wollen, was in einer Ansprache oder im Gespräch gesagt gehört. Man kann und soll auch auf einer Demo beten. Aber das Gebet taugt nicht zur Demonstration. Es bleibt ein Reden des Herzens mit Gott.

Im Vaterunser gibt uns Jesus die entscheidende Orientierung, um was wir bitten sollen. Das dreimalige »Dein« in der ersten Hälfte dieses Gebets wird ergänzt durch das dreimalige »Unser« im zweiten Teil. Zuerst geht es im Gebet um Gott, um ihn selbst, und um das, was er tun will: dass sein Name geheiligt werde – nicht zuletzt von uns! – dass seine Gottesherrschaft komme – zu uns! – die erlöst und in Ordnung bringt; dass sein Wille geschehe – nicht zuletzt bei uns und durch uns. Das Gebet ist keine Möglichkeit, dass wir vor Gott unsere allzumenschlichen Wunschzettel ausbreiten, die – wie einst die Weihnachtswunschzettel in wohlhabenden Bürgerhäusern – unter der Überschrift »Das wünsche ich mir«, stehen. Es geht um das, was Gott tun will. Nicht umsonst sagt Jesus »Trachtet am ersten nach dem Reich Gottes und nach seiner Gerechtigkeit, so wird euch solches alles zufallen« (Mt 6,33).

Und dann, sozusagen in dieser Klammer, die Brotfrage, die Schuldfrage, die Frage nach Führung und Erlösung. Aber dem »Dein«

entspricht nicht das »Mein«, sondern das »Unser«, wie ja auch Gott als »unser Vater« angerufen wird. Es geht um unsere Ernährung mit allem, was dazu gehört, das uns lebensnotwendig ist: Um unsere gemeinsame Schuld, die wir miteinander vor Gott bringen; es geht darum, dass wir nicht in Versuchung geführt und darum, dass wir erlöst werden vom Bösen. Wobei offen bleiben kann, ob hier der oder das Böse gemeint ist. Es ist immer primär unsere Sache, um die es Gott geht, nicht meine Sache. Und erst wenn dieses Wort »unser« recht bedacht ist, kann es dann auch um meine Sache gehen, um das, was ich brauche zum Leben, um meine persönliche Schuld, um meine Bewahrung vor Versuchungen und um meine Erlösung vor dem Bösen.

Erhört Gott unser Gebet? Erhörung heißt nicht einfach Erfüllung unserer Bitten. Der Arzt bleibt Arzt, wenn er dem Patienten wirklich helfen will. Er lässt sich von ihm nicht das Heft aus der Hand nehmen. Gott bleibt der Herr, wenn er unser Gebet erhört. Er hilft uns auf seine Weise. Besser, wir fixieren uns nicht auf unsere Vorstellungen, wie er helfen soll. Und: »Es gibt ein erfülltes Leben trotz vieler unerfüllter Wünsche« (Bonhoeffer). Wer das versteht, der kann zuversichtlich und freudig beten.

Himmelfahrt und Sonntag Exaudi

Christus spricht: Wenn ich erhöht werde von der Erde, so will ich sie alle zu mir ziehen.
Johannes 12, 32

Manchmal steht vor mir jenes sehnsüchtig einfache Weihnachtslied aus dem Mittelalter, in dem einer singt und betet: »Trahe me post te, trahe me post te.« Das ist gräuliches Mönchslatein, mit dem ich vor meinem Lateinlehrer nicht hätte bestehen können. Aber die Sache ist richtig: »Ziehe mich zu dir.«

Danach sehnt sich einer, dem die Welt zu eng wird. Nicht diese Erde – sie hat viel Platz und sie ist bildschön, so dass es geradezu eine Sünde oder mindestens eine Geschmacklosigkeit wäre, sie zu verachten. Aber unser Eingebundensein in tägliche Konflikte, bei denen wir selbst hin und her schwanken, weil wir spüren: »Da ist keiner, der Gutes tue, auch nicht einer« (Röm 3,12). Wir selbst nun wirklich auch nicht. Diese banalen Konflikte ermüden uns.

Unser Hin-und-her-Gerissensein im Eingehen auf andere und in der Auseinandersetzung mit anderen Menschen, die mit ihren Auffassungen uns bestürmen, die von uns Recht bekommen wollen, die ja teilweise auch Recht haben, denen wir gern gerecht werden würden, die aber so ungemein schwierig sind und die an uns bewirken, dass wir durch sie selbst zu »schwierigen Menschen« werden.

Unsere Bemühung, im Leben unsere Spur zu finden und unsere Spur zu halten, wie schwer wird sie uns bei Wind und Wetter im unwegsamen Gelände. Vor allem, da wir ja auch unseren Weg durchaus nicht allein gehen. Christian Morgenstern schreibt:

> *Sieh nicht, was andre tun,*
> *der andern sind so viel,*
> *du kommst nur in ein Spiel,*
> *das nimmer mehr wird ruh'n.*
>
> *Geh einfach Gottes Pfad,*
> *lass nichts sonst Führer sein,*
> *so gehst du recht und grad,*
> *und gingst du ganz allein.*

Ja gut, aber kann einer das, wenn er Familie hat und sich abstimmen muss mit denen, für deren Wohl und Wehe er sich verantwortlich weiß? Geht das bei einem, der einen Teil seines Tages in Gremien verbringt, die demokratisch verfasst sind und auf Mehrheitsfindung angelegt? Geht das bei einem, der in untergeordneter Position in einer Firma ist, die erwartet, dass er ausführt, was auf der oberen Etage beschlossen wurde? Und ginge es, wenn er im Chefsessel sitzen würde? Sind nicht die Chefs am abhängigsten – von ihren Aufsichtsräten, von den Aktionären, von der Presse und vor allem von dem Gott unserer Tage, auf den jeder starrt, von dem Gott Erfolg?

»Trahe me post te!« Wenn ich spüre, dass ich immer wieder zurückfalle auf die Ebene meiner Triebe, Sehnsüchte, meiner leibseelischen Schlaffheit und darum wenig von dem zuwege bringe, was ich als meinen Auftrag vom Herrn meines Lebens erkannt habe? Dass dieses lähmende Gemisch aus Müdigkeit, Verzagtheit und Willensschwäche stärker ist? Was dann?

Das Wort aus Johannes 12,32 »Wenn ich erhöht werde von der Erde, so will ich sie alle zu mir ziehen« ist sowohl am Himmelfahrtsfest als am darauffolgenden Sonntag Exaudi das Leitwort. Vom Geschehen der Himmelfahrt Christi wird im Neuen Testament nur in wenigen Versen berichtet: Markus 16,19; Lukas 24,51; Apostelgeschichte 1,9; andeutungsweise Matthäus 28,16–20.

Es geht bei Jesu Himmelfahrt nicht um eine Art astronautisches Ereignis. Sonst müssten wir – wie schon einige naturwissenschaftlich aufgeklärte Theologen im 16. Jahrhundert – fragen, ob Christus denn schon im Himmel angekommen sei. Und Gagarins Ausspruch nach dem ersten Weltraumflug im Sputnik, er habe dort oben keinen Herrgott und keinen Christus gefunden, beruht natürlich auf der irrigen Voraussetzung, die Christen meinten, Jesus Christus habe irgendwo im Weltenraum räumlich Platz genommen.

Die Wolke, die ihn bei der Himmelfahrt aufnimmt, ist ebenso die Verhüllung, die ihn unseren Blicken, unserer sinnlichen Wahrnehmung, vollends unseren Messgeräten, entreißt. Und sie ist Ausdruck der Gegenwart Gottes. Die entscheidende Aussage bei der Himmelfahrtsbotschaft ist: Derselbe Jesus, der auf der untersten Stufe mit den Ohnmächtigen dieser Erde gelitten hat und weiter leidet, der sich ihr Wohl und Heil zu seiner Sache gemacht hat, derselbe Jesus Christus, der in der hilflosesten und entehrendsten Weise den Sklaventod am Kreuz gestorben ist und der weiterhin in ihnen, die seine Leiden voll machen, Schande, Verzweiflung und Elend der Menschen erduldet, er »sitzt zur Rechten Gottes«. Mit ihm teilt Gott seine Macht. Er ist befugt, das entscheidende Wort zu sprechen über jeden Menschen. Und ihm steht rechtmäßig die Macht zu in der Auseinandersetzung mit den menschenfeindlichen und gottfeindlichen Gewalten.

Er will uns, die wir an ihm hängen, zu sich ziehen. Das sollten wir nicht so verstehen, als wolle er uns dieser Erde, unseren Mitmenschen, unseren Aufgaben entfremden im Sinn von Rosenmüllers Chorsatz »Welt ade, ich bin dein müde, ich will nach dem Himmel zu«. Wer solche Anwandlungen in sich spürt, sollte nicht denken, es sei der Zug Jesu Christi, den er in sich spürt. Vielleicht, vielleicht, wenn wir einmal ganz alt sind oder jedenfalls ganz am Ende unserer physischen Kräfte und unsere Arbeit auf dieser Erde endgültig getan ist. Aber vorher gilt uns, was der frühere Bundespräsident Johannes Rau gelegentlich prägnant sagen konnte: »Hier geblieben!«

Auch Paulus, als er ungeniert auf seine gelegentliche Todessehnsucht hinweist – »ich habe Lust abzuscheiden und bei Christus zu sein, was auch viel besser wäre« (Phil 1,23) – identifiziert diese Lust durchaus nicht als den Zug des erhöhten Christus; vielmehr begegnet er dieser seiner Sehnsucht gehorsam und in der vernünftigen Einsicht: »Aber es ist nötiger im Fleisch zu bleiben, um euretwillen.« Der erhöhte Christus will nicht, dass seine Leute ihren Platz auf dieser Erde räumen, bevor er sie nicht zu sich nimmt. Vorher gilt, was Bonhoeffer zu Silvester 1942 seinen Mitverschwörern schreibt: »Mag sein, dass der Jüngste Tag morgen anbricht; dann wollen wir gern die Arbeit für eine bessere Zukunft aus der Hand legen, vorher aber nicht.«

»So will ich sie alle zu mir ziehen.« Etwa dazu, dass wir uns immer mehr hineinleben in seine Gedanken, in seine Sicht der Menschen und ihrer Geschichte, dass wir Anteil bekommen an seiner Gemeinschaft mit dem Vater, dass wir dann umso mehr mit seinen Augen uns selbst und unsere Mitmenschen sehen, dass wir unseren Maulwurfsblick verlieren und über die bedrängenden Tagesereignisse hinaussehen, uns weder faszinieren noch beängstigen lassen von dem, was uns in ganz unangebrachte Euphorie oder in noch weniger angebrachte Panik versetzen will. Vielleicht, dass wir Wilhelm Raabes Wort näherkommen sollen:

> Das Ewige ist stille,
> laut die Vergänglichkeit,
> schweigend geht Gottes Wille
> über den Erdenstreit.

»So will ich sie alle zu mir ziehen.« Etwa damit wir dann aus der festen Verwurzelung mit Christus uns für Menschen einsetzen, die keinen Fürsprecher haben, für Menschen, die sich selbst durch einen Fehltritt kompromittiert haben. Und damit wir es mit Gleichmut ertragen, wenn wir zu ihren Komplizen gemacht werden oder wenn man – auch in führenden kirchlichen Kreisen – über uns Naivlinge lächelt.

Vielleicht auch, damit wir dort, wo andere nur noch das Ende aller Friedensbemühungen wahrnehmen und sich resignierend auf die tödliche Auseinandersetzung einstellen, mit der weißen Fahne vor die Front gehen und im Namen Jesu Christi bittend Verständigung suchen. Auf die Gefahr hin, dass unsere eigenen Leute uns in den Rücken schießen, weil sie behaupten, wir seien ihnen in den Rücken gefallen.

Vielleicht, damit wir fähiger werden, in der Nachfolge Jesu Konflikte, auch Verletzungen unserer Ehre, zu ertragen und dabei durchaus nicht in das geraten, was Heinrich Heine einmal »eine schiefe Duldermine« genannt hat. Damit wir vielmehr frei und gelassen, aber umso entschiedener, den Weg gehen, den uns der erhöhte Herr weist, und dabei jene Leichtigkeit empfinden, die man den Engeln nachsagt: sie könnten darum so weit fliegen, weil sie sich selbst leicht nehmen.

Wenn wir dieses Himmelfahrtswort bedenken, sollten wir auch gerade die Möglichkeit des Leidens auf dem Weg der Nachfolge Jesu Christi nicht ausblenden. Es hat immer wieder Ausleger, die über diesen Wochenspruch nachdenken, befremdet, dass im folgenden Vers (Joh 12,33) die Worte stehen: »Das sagte er aber, um zu zeigen, welchen Todes er sterben würde.«

Erhöhung ist bei Johannes die Erhöhung am Kreuz. Leiden und Herrlichkeit gehen bei ihm merkwürdig zusammen, als würde sich über eine dunkle Folie eine ganz helle schieben, die dann das Bild merkwürdig verwandelt. Wen er »zu sich zieht«, der wird nicht den Konflikten, den Anfechtungen, den Leiden dessen entzogen sein, der seinen Platz unter seinem Kreuz gefunden hat.

> *Menschen gehen zu Gott in seiner Not,*
> *finden ihn arm, geschmäht, ohne Obdach und Brot,*
> *seh'n ihn verschlungen von Sünde, Schwachheit und Tod.*
> *Christen stehen bei Gott in seinem Leiden.*
>
> (Dietrich Bonhoeffer)

Das Himmelfahrtsfest ist kein Jubelfest, bei dem wir diese Wahrheit ausblenden müssten. Aber es ist der von Gott erhöhte Christus, den wir am Kreuz finden. Der dornengekrönte Bruder ist der Herr. Es gab immer wieder Passionslieder (z. B. EG 92 »Christe, du Schöpfer aller Welt), in denen im johanneischen Sinn die Erhöhung Jesu Christi schon am Kreuz aufscheint.

Zum Schluss noch zwei Gedanken zum Wort »ziehen«: Wenn Christus uns müde, verzagte Menschen zu sich zieht, dann ist der idealistische Gedanke ausgeschlossen, als seien wir zu geistigen oder seelischen Höhenflügen fähig und als würden unsere Höhenflüge ihn erreichen. *Er* zieht uns in seine Sphäre, in seine Gegenwart. Wir können es uns nur dankbar gefallen lassen.

Und: Das Ziehen setzt ein Seil voraus, das uns mit ihm verbindet. Es geht darum, dass wir an ihm bleiben! »Bleibet in mir und ich in euch!« (Joh 15,4). »Wenn ihr bleiben werdet an meiner Rede, so seid ihr in Wahrheit meine Jünger« (Joh 8,31). Der Zug des erhöhten Christus in seine Sphäre, den er an uns ausübt, geschieht nicht durch irgendetwas, er geschieht nicht durch diese oder jene religiöse Übung, sondern schlicht dadurch, dass wir an seinem Wort bleiben.

Pfingsten

Es soll nicht durch Heer oder Kraft,
sondern durch meinen Geist geschehen,
spricht der Herr Zebaoth.
Sacharja 4,6

Vor einiger Zeit hatte ich die Gelegenheit, ein Wochenende mit deutschen Generälen zusammenzusein, die mit Bundeswehrtruppen im Kosovo Dienst tun. Die freie, kritische, auch selbstkritische Art, in der sie über sich und ihre Mission nachdachten, hat mich beeindruckt. Sie befehligen dort eine Art Friedenstruppe, deren tägliche Aufgabe es ist, Menschen voreinander zu schützen. Vor allem müssen sie nach allem, was den Kosovoalbanern von Serben angetan wurde, serbische Menschen vor der Rache verfeindeter Kosovoalbaner beschützen. Ihre Berichte haben mich davon überzeugt, dass ihnen das zum großen Teil gelingt und dass ihre Präsenz im Kosovo tatsächlich Menschen schützt.

Auf die Frage, wie lang die Bundeswehr dort noch sein werde, konnten sie mir keine Antwort geben. »Bis der wirkliche Friede ausbricht.« »Wann wird das sein?« »Wir sind weit davon entfernt.« »Kann die Bundeswehr den Frieden bringen?« »Gewiss nicht, das müssen andere tun.« »Wer?« »Wir arbeiten gern zusammen mit Friedensarbeitern, die von christlichen und anderen Friedensorganisationen ins Land geschickt werden. Aber es sind viel zu wenige.« »Hat die orthodoxe Kirche, haben die muslimischen Religionsgemeinschaften eine positive Wirkung auf den Friedensprozess?« »Wir können es nur hoffen.«

Der Einsatz von UNO-Friedenstruppen an mehreren Krisenpunkten der Erde zeigt, dass militärische Macht unter Umständen Schlimmeres verhindern kann. Dass militärische Aktionen oft aber alles viel schlimmer machen, das haben wir im Libanonkrieg ebenso erlebt wie in fast allen anderen Kriegen der letzten Jahrzehnte. Aber, auch ich als der Kriegsdienstverweigerer, der ich es war und bin, muss anerkennen, dass durch kontrollierten Einsatz von Friedenstruppen vorübergehend verhindert werden kann, dass verfeindete Völker einander niedermetzeln.

Doch: Können sie Frieden schaffen? Das von ihnen zu erwarten, wäre eine unsinnige Zumutung. Es wäre eine unfaire Überforderung. Denn Friede ist mehr als nur dieser Zustand, in dem Verfeindete von anderen durch Androhung und Einsatz von Gewalt daran gehindert werden, übereinander herzufallen. Friede beginnt in der Umkehr und Verwandlung der Menschen, ihrer Gesinnung, ihrer Gefühle, ihrer Taten. Das kann keine Macht der Welt erzwingen. Das dürfen wir auch von Politkern nicht erwarten, so wichtig ihr Friedensdienst am Verhandlungstisch ist.

Können wir es von den Kirchen erwarten? Keine Frage, sie haben eine kaum zu überschätzende Friedensaufgabe. Und es ist von großer Bedeutung, ob sie Konflikte einfach treiben lassen oder gar noch schüren und mit allerlei religiösen Argumenten rechtfertigen oder ob sie entschlossen den Kriegstreibern widerstehen und ihrerseits sich auf den Weg machen zwischen den Fronten, um ein Wegenetz der Verständigung zu bauen. Und auch die Zusammenarbeit mit Menschen anderer Religion sollten selbstbewusste Christen durchaus suchen, wenn es darum geht, dem Frieden zwischen den Menschen zu dienen.

Aber können die Kirchen einfach Frieden schaffen? Es kommt in allem, was wir tun, auf den rechten Geist an. Der rechte Geist ist der Heilige Geist. Über den verfügen wir nicht. Den können und sollen wir erbitten. Ihm sollen wir uns öffnen und uns von ihm leiten lassen. Seinen Initiativen sollen wir folgen. Doch können wir nicht selbst erarbeiten oder gar erzwingen, dass der Funke des Geistes überspringt. Auf ihn kommt alles an. Er ist die Seele unseres Tuns. Auch das beste Tun bleibt tot, vergeblich, nutzlose Kraftverschwendung, wenn nicht der Funke des Geistes unser Tun belebt, so dass der Herr der Kirche selbst durch uns wirkt.

Irgendwann nach dem zweiten Jahr in der Regierungszeit des persischen Großkaisers Darius, also nach 520 v. Chr., hatte der jüdische Politiker Serubabel – mit persischer Genehmigung, ja sogar Empfehlung – die Aufgabe, den Tempel in Jerusalem wieder aufzubauen. Je näher die aus Babylon heimgekehrten Juden der Verwirklichung dieses Planes kamen, desto heißer wurde ihre Erwartung auf den Anbruch einer ganz neuen Zeit; ja, sie hofften, wenn der Tempel wieder stünde, dann werde eine Art Heilszeit anbrechen.

Doch ein »großer Berg« liegt vor Serubabel, der ihn daran hindert, den Tempelbau voranzubringen. Ist es wirklich nur der Schuttberg, der von der Zerstörung des ersten Tempels herrührt und der noch nicht ganz abgeräumt ist? Es ist offenbar viel mehr der Widerstand der Samaritaner, die im Land geblieben waren und die sich nun gar nicht sonderlich über die Rückkehr der vor langer Zeit deportierten Juden freuen. Noch weniger freuen sie sich, wenn diese unerwünschten Spätheimkehrer nun in Jerusalem ihr Heiligtum neu aufbauen. Und dass diese Heimkehrer – ich finde: ungeschickter Weise! – den Samaritanern zu verstehen gegeben haben: Ohne euch! Der Tempel ist ganz für uns da! Eure Glaubenshaltung ist uns suspekt! Das hat in den Samaritanern nicht gerade Sympathien für den Tempelbau erweckt. Im Gegenteil, sie versuchen auf alle mögliche Weise, den Tempelbau zu verhindern.

Dazu kommen Gleichgültigkeit, Skepsis auch unter den Heimkehrern. »Ist das wirklich jetzt dran, dass wir den Tempel neu aufbauen? So ein teueres Riesenprojekt? Sollten wir nicht zuerst einmal uns selbst und unseren Kindern anständige Häuser bauen? Der Tempelbau, wäre das nicht Sache unserer Enkel?«

Ein Berg liegt vor Serubabel. Auf der einen Seite der Bevölkerung hoch gespannte Erwartung auf den Tempelbau, auf der anderen Schwierigkeiten über Schwierigkeiten! Da kann man schon verstehen, dass in dem Politiker Serubabel die Versuchung wächst, drauflos zu schlagen, Gewalt einzusetzen. Polizeigewalt? Die Kritiker und Miesmacher verhaften, wegen zersetzender Tätigkeit hinter Gitter bringen? Truppengewalt? Eine Schutztruppe bilden und den Samaritanern ein paar Dörfer anzünden, damit sie sehen, dass wir uns nicht mehr alles bieten lassen? Und dann im Schutz »drakonischer Maßnahmen« den Tempel bauen zur Ehre Gottes?

»Ja das nicht!«, sagt Sacharja, »du wirst sehen, der große Berg der Schwierigkeiten wird vor dir zur Ebene werden. Aber nicht durch drakonische Maßnahmen, vielmehr: ›Es wird nicht durch Heer oder Kraft geschehen, sondern durch meinen Geist, spricht der Herr Zebaoth.‹«

Pfingsten, Fest des Heiligen Geistes, der die Kirche schafft. Wodurch wird die Kirche, das »Haus der lebendigen Steine« (1. Petr 2,4), »das königliche Priestertum, das heilige Volk, das Volk, das Gott gehört« (1. Petr 2,9) gebaut? Was überwindet den Berg der Schwierigkeiten, den wir oft vor uns sehen, den wir durch geduldigen Fleiß abbauen wollen, an dem wir aber oft genug scheitern?

Nicht »drakonische Maßnahmen« helfen. Im Gegenteil, sie schaden nur. Sie wecken den inneren Widerstand derer, die in der Kirche eine durchaus unerwünschte gesellschaftliche Kraft sehen. Und sie deprimieren und demotivieren die Gutwilligen, die sich gern für eine starke Kirche engagieren würden. Aber nichts ist demotivierender, als eine Kirche zu erleben, die in ihrer Schwäche ihre Hoffnung auf »drakonische Maßnahmen« setzt. Mit Recht erwartet man von der Kirche, dass sie im Geist der Vergebung, auch der Feindesliebe, auf ihre Widersacher zugeht. Und mit Recht erwartet man von ihr, dass sie in ihren eigenen Reihen Fragen des Geistes, der rechten Schriftauslegung, der Lehre, Fragen der ethischen Entscheidung gewaltlos angeht, durch geschwisterliches Gespräch, das sehr wohl auch zum Streitgespräch werden, das im äußersten Notfall auch zu Trennungen führen kann. Aber nicht »Kraftproben« im weltlichen Sinn entscheiden die Wahrheit, sondern das geduldige Ringen umeinander, das gemeinsame

Ringen um die Wahrheit und um den rechten Weg. Da ist ein »Geduldiger besser als ein Starker und wer sich selbst beherrscht besser, als wer Städte gewinnt« (Spr 16,32). Da kann man auch manches offen lassen und den Geist Gottes bitten, er möge uns künftig mehr Weisheit schenken.

Es ist auch ganz gegen das Wesen der Kirche als Geschöpf des Geistes Gottes, wenn wir für den Bestand der Kirche auf die Hilfe staatlicher Macht vertrauen. Dass wir auf die Einhaltung alter Verträge achten, das tun wir auch im Interesse des Staates – Recht muss Recht bleiben – und dass wir, etwa im Religionsunterricht, das Angebot des Staates wahrnehmen und unseren Auftrag in dieser Sache so gut als irgend möglich erfüllen, das steht zu hoffen. Aber das Leben der Kirche ist durchaus nicht von der Gunst des Staates abhängig. Und je freier sie ihrer Sache dient – auch im Wächteramt in Bezug auf staatliche Maßnahmen gegenüber benachteiligten und bedrohten Menschen, je selbstbewusster sie ihrem Herrn und ihm allein folgt, desto eher wird sie Werkzeug des Heiligen Geistes sein können.

Derzeit sind die Landeskirchen stark in Umstrukturierungen begriffen. Sie müssen sich sinkenden Kirchensteuereinnahmen anpassen. Daher die Pfarrplanprojekte, das Projekt »Wirtschaftliches Handeln in der Kirche«, die Diskussion über eine Neuordnung der Kirchlichen Verwaltungsstellen und über kreisscharfe Zuschnitte der Dekanatsgrenzen, auch das Ausloten der Frage, auf welchen Gebieten Kirchenbezirke miteinander zusammenarbeiten können, zum Beispiel in der Diakonie, in der Erwachsenenbildung, auch in der Verwaltung. In der großen Programmschrift der Evangelischen Kirche in Deutschland mit dem anspruchsvollen Titel »Kirche der Freiheit. Perspektiven für die Evangelische Kirche im 21. Jahrhundert« wird das alles dargestellt.

Wir sollten meines Erachtens denen, die sich um diese Aufgaben mühen, ebensoviel Weisheit wie Erfolg wünschen. Und wir sollten ihnen dankbar sein, dass sie diese Arbeit tun.

Uns selbst und allen Christen können wir nur wünschen, dass wir nicht in dem Sinn »strukturgläubig« werden, dass wir meinen, diese oder jene Struktur garantiere mehr wirkliches Leben in der Kirche. Strukturen hin oder her, es kommt auf den rechten Geist, auf den

Heiligen Geist an. Um den können wir nicht genug bitten. Und unsere Bitte soll und darf um Jesu Christi willen, der für seine Kirche einsteht, voll Zuversicht sein.

Trinitatisfest

Heilig, heilig, heilig ist der Herr Zebaoth,
alle Lande sind seiner Ehre voll.

Jesaja 6,3

Das dreimal Heilig, das Trishagion, steht im Zusammenhang der Berufung des Propheten Jesaja. Im Todesjahr des Königs Usia geht er in den Tempel. Er sieht, was er vorher nie sah, undeutlich und mehr verhüllt als offenbart, den »Saum des Gewandes Gottes«. Allein sein Gewandsaum füllt den Tempel. Der heilige Gott bleibt auch dem künftigen Propheten gegenüber unsichtbar. Die Seraphen, merkwürdige Gestalten, halb Engel, halb Tier, die da im Tempel abgebildet sind, werden plötzlich lebendig. Sie stehen über ihm und rufen: »Heilig, heilig, heilig ist der Herr Zebaoth, alle Lande sind seiner Ehre voll!«

Nun, wo die Heiligkeit Gottes ausgesprochen wird, beben die Schwellen des Tempels, als könne der Tempel als Behausung Gottes nur erzittern unter seiner Gegenwart, als würde seine Heiligkeit das Tempelgehäuse sprengen. Rauch füllt den Raum wie von einem verzehrenden Feuer. Jesaja hat den Eindruck, dass das sein frühes Ende ist. »Weh mir, ich vergehe! Denn ich habe den König, den Herrn der himmlischen Heerscharen, gesehen!« Er geht von dem aus, das in Israel jedem klar war: Wer Gott sieht, muss sterben. Wir werden ihm direkt, unmittelbar, erst in unserer Todesstunde begegnen.

Vor allem wird sich Jesaja seiner persönlichen Unreinheit, besonders seiner geistigen Verdorbenheit bewusst: »Ich bin unreiner Lippen und wohne unter einem Volk von unreinen Lippen.« Das Geschwätz, das täglich von uns ausgeht und das unser Denken und Empfinden besetzt hat, trennt uns von dem heiligen Gott, es disqualifiziert uns von der Begegnung mit ihm, es macht es unmöglich, dass wir auch nur einen Gedanken von ihm erfassen, in uns aufbewahren und dann angemessen weitersagen können. Und es geht allen im Volk so. Wir leben alle in einer Sprachgemeinschaft, die auch eine Denkgemeinschaft ist. Wer ihr angehört, ist für die Kommunikation mit Gott verdorben, disqualifiziert.

Jesaja erlebt dann einen ungemein schmerzhaften Reinigungsprozess. Einer der Seraphim fliegt zum Räucheraltar, nimmt eine Kohle vom Räucherbecken und brennt dem Mann, der künftig Gottes Botschaft seinem Volk sagen soll, die Lippen rein. Das heißt, er reinigt in äußerst schmerzhaftem Prozess sein Denken und Reden. Und er vergibt ihm, ja er tilgt aus ihm die Sündenmacht, die sein Denken und Empfinden gefangenhält. Dann erfolgt die Berufung und Sendung des Jesaja. Er erhält seinen schweren Auftrag, den er am Volk Gottes ausführen soll.

Wenn von Gottes Heiligkeit in der Bibel die Rede ist, dann signalisiert diese Rede eine Distanz ohnegleichen. Nie und nimmer dürfen wir Gott für uns vereinnahmen. Er entzieht sich uns. Er ist der Herr, nicht wir sind seine Herren und Auftraggeber. Ganz unmöglich, dass wir ihn vor den Karren unserer Interessen spannen, dass er von uns dazu missbraucht wird, dass er unsere Kriege führt oder sanktioniert, unsere Vorurteile und Urteile religiös überhöht. Er ist nicht der Sammelbegriff unserer religiösen Gefühle. Und wir können ihn auch nicht mit unseren Begriffen »definieren«, das heißt begrenzen, ihn sozusagen mit unserer Theologie dingfest machen. Der heilige Gott entzieht sich allen unseren Versuchen, uns seiner zu bemächtigen.

Deshalb das Bilderverbot (2. Mose 20,4. 5). Wer den heiligen Gott abbildet, der hat bereits versucht, ihn seiner Vorstellung zu unterwerfen, den freien Gott zu fixieren auf die eigene Gottesvorstellung.

Vorsicht bei jeder Art von Theologie! Der heilige Gott passt nicht in unsere Begriffsgehäuse. Versuchen wir, ihn in unsere Begriffe und Sprachbilder einzusperren, so wird er die Gehäuse sprengen, anzünden mit heiligem Feuer. Unsere Sprachbilder können allenfalls schwache Hinweise sein auf ihn. Und sie müssen immer »nach oben offen« bleiben wie die ausgebrannte Ruine einer Kirche. Gott ist nicht der Gefangene unserer Theologie, auch nicht unserer Liturgie, auch nicht der Garant unserer Ethik, er ist nicht der Gefangene seines Volkes, nicht der Gefangene der Christenheit, nicht der Hausgötze dieser oder jener Kirche. Er ist und bleibt der freie Gott.

»Ziehe deine Schuhe aus, denn der Ort, auf dem du stehst, ist heiliges Land«, so hört Mose eine Stimme vom brennenden Dornbusch (2. Mose 3,5). Vielleicht könnte man in dem brennenden Dornbusch, der von Gottes Feuer erfasst ist, der aber doch nicht verbrennt, das Sinnbild seines Volkes Israel und das Sinnbild jedes Menschen, der von ihm erfasst ist, sehen: Das Feuer Gottes brennt auf ihm, es lodert aus ihm heraus. Aber wunderbarer Weise verbrennt er nicht. Das Feuer, das ihn doch eigentlich verzehren müsste, erhält ihn und macht ihn zum Leuchtfeuer in der Wüstennacht.

In der Geschichte von Abrahams Fürbitte für Lot wird deutlich, dass der heilige Gott zwar nicht mit sich handeln, dass er sich aber durchaus bitten lässt, wenn die Bitte aus ernster Sorge um Menschen kommt und wenn der leidenschaftliche Fürbitter doch weiß, wer vor ihm steht und wen er um das Leben seiner Freunde bittet: »Siehe, ich habe mich unterwunden zu reden mit dem Herrn, obgleich ich Erde und Asche bin« (1. Mose 19,27).

Im Neuen Testament heißt es in 1. Timotheus 6,15 f.: »Der Selige und allein Gewaltige, der König aller Könige und Herr aller Herren, der allein Unsterblichkeit hat, der da wohnt in einem Licht, da niemand zukommen kann, welchen kein Mensch gesehen hat noch sehen kann.« Jochen Klepper hat sich davon anregen lassen zu seinem Lied:

> Gott wohnt in einem Lichte,
> dem keiner nahen kann.
> Von seinem Angesichte
> trennt uns der Sünde Bann.
> Unsterblich und gewaltig
> ist unser Gott allein,
> will König tausendfaltig,
> Herr aller Herren sein.

(EG 379,1).

In diesem Zusammenhang ist zu bedenken, dass Jesus uns im Vaterunser vor allem anderen zu bitten lehrt: »Dein Name werde geheiligt« (Mt 6,9). Und im zweiten Gebot heißt es: »Du sollst den Namen des

Herrn deines Gottes nicht missbrauchen, denn der Herr wird nicht ungestraft lassen den, der seinen Namen missbraucht« (2. Mose 20,7). Wenn Menschen den Namen Gottes entehren, ihn instrumentalisieren, mit ihm ihre Spielchen treiben, so schädigen sie vor allem sich selbst.

Vor einigen Jahren sorgte das Theaterstück »Corpus Christi« für Aufsehen. Seit dem Karikaturenstreit, der Muslime in aller Welt zu bösen Gewalttätigkeiten getrieben hat, scheint das Thema auch im abendländischen christlichen Bereich wieder an Reiz zu gewinnen. Fällt im spätbürgerlichen Europa den »Kulturschaffenden« nun auch gar nichts mehr ein, dann greifen sie in die Mottenkiste des Sakrilegs.

Was tun? Wir werden wenig verhindern können. Gotteslästerungsparagraphen gibt es in unserem Recht nicht mehr, was auch gut ist. Denn die Konsequenz wäre, dass staatliche Richter in Religionssachen urteilen müssten.

Das würde auf einen »Gottesstaat« hinauslaufen. Es gibt nur den Schutz vor Verletzung religiöser Empfindungen. Was das betrifft, so erwartet man von den Nachfolgern des gekreuzigten Christus eine gewisse unwehleidige Leidensfähigkeit. Wirklich aktiv werden kann die Polizei erst, wenn die öffentliche Ordnung bedroht ist. Das heißt, wir Christen müssten Pflastersteine werfen, Leute verprügeln und Häuser anzünden, damit die Polizei eingreifen kann. Das kann wohl nicht unsere Art sein, solange der Geist Jesu uns leitet. Aber so viel sollten wir mindestens tun: Wir sollten öffentlich und rückhaltlos sagen, was wir von dem Spiel mit dem Heiligen halten. Wir sollten kein Verständnis zeigen, sollten dieses Spiel mit dem Feuer nicht auch noch interessant finden, sollten uns hier nicht als ach so tolerante Zeitgenossen empfehlen, sollten denen, die dieses Spiel treiben, vor allem nicht den kleinen Finger reichen. Nein, wir sollten denen, die auf diese Weise um Aufmerksamkeit buhlen, respektlos zeigen, dass das, was sie tun, eine pubertäre Kinderei ist. Und mehr als das.

Freilich wird der nachhaltigste Protest gegen die Entheiligung des Heiligen darin bestehen, dass wir uns in unserem persönlichen Leben durch den heiligen Gott in Beschlag nehmen lassen. »Ihr sollt heilig sein, denn ich bin heilig, der Herr, euer Gott« (3. Mose 19,1), so wird zum Volk Gottes Israel gesagt. Ebenso: »Ihr sollt mein Eigentum sein vor allen Völkern ... ihr sollt mir ein Königreich von Priestern und ein heiliges Volk sein« (2. Mose 19,5. 6).

Im Neuen Testament wird dieser Begriff »heiliges Volk« auch im Blick auf die Christen gebraucht: »Ihr seid das auserwählte Geschlecht, das königliche Priestertum, das heilige Volk, das Volk des Eigentums, dass ihr verkündigen sollt die Wohltaten dessen, der euch berufen hat von der Finsternis zu seinem wunderbaren Licht« (1. Petr 2,9). Das ist freilich eine gewaltige Würde, die uns Christen hier zugesprochen wird. Und in ihr steckt ein großer Anspruch. Priesterlich leben, für schuldige Menschen einstehen vor Gott und den Menschen. Vor den Menschen einstehen als Zeugen des lebendigen Gottes. Und dabei Menschen sein, denen auf die Stirn geschrieben steht, dass Jesus Christus allein ihr Herr, ihr König ist, dass sie sein königliches Volk sind.

Die Heiligkeit Gottes bedeutet eben nicht nur »Distanz ohnegleichen«, sie ist zugleich im Gegenteil Heiligkeit, die von dem heiligen Gott auf die Menschen übergeht, die er für sich in Beschlag nimmt und die sich ihm zur Verfügung stellen.

Wie soll das zugehen? Gewiss nicht ohne Jesus Christus, der von sich in seinem hohenpriesterlichen Gebet gesagt hat: »Ich heilige mich selbst für sie, damit auch sie geheiligt seien in der Wahrheit« (Joh 17,19). Und: »Heilige sie in der Wahrheit; dein Wort ist die Wahrheit« (Joh 17,17).

Und damit das Wort der Wahrheit uns wirklich erfassen, verwandeln und zu Werkzeugen der Liebe Gottes machen kann, brauchen wir das Wirken des Geistes Jesu Christi, des »Geistes der Wahrheit«, den Jesus uns senden wird (Joh 16,13). Damit sind wir beim Sinn des Dreieinigkeitsfestes. An ihm loben wir den dreieinigen Gott als den dreimal Heiligen: Gott als den heiligen Schöpfer und den heiligen Vater. Jesus Christus als den, der sich für uns heiligt. Den heiligen Geist als den, der uns für den heiligen Gott in Beschlag nimmt, der uns seine Wahrheit öffnet und uns fähig macht, durch unsere Liebe Gottes Namen zu heiligen.

Wobei neben der hohen Aufgabe nicht zu kurz kommen darf die Zusage, dass Gott seine Heiligen führt. »Es werden alle Heiligen zu dir beten zur Zeit der Angst. Darum, wenn große Wasserfluten kommen, werden sie nicht an sie gelangen«, heißt es in Psalm 32. Oder in

Psalm 4: »Erkennt, dass der Herr seine Heiligen wunderbar führt; der Herr hört, wenn ich ihn anrufe.« Und schließlich können wir mit Petrus in seiner Pfingstrede in Jerusalem sagen (Apg 2,26 f.): »Mein Herz ist fröhlich und mein Zunge ist fröhlich; und mein Fleisch wird ruhen in der Hoffnung. Denn du wirst meine Seele nicht bei den Toten lassen und nicht zugeben, dass dein Heiliger die Verwesung sehe.«

1. Sonntag nach Trinitatis

Christus spricht zu seinen Jüngern:
Wer euch hört, der hört mich,
und wer euch verachtet, der verachtet mich.

Lukas 10,16

Es wäre merkwürdig, wenn bei diesem Wort nicht alle roten Warnleuchten in uns zu blinken anfingen. Vorsicht! Ist ein solches »päpstliches« Selbstbewusstsein wirklich von der Bibel her zu begründen? Ganz abgesehen von der Frage: Kann ein Mensch des 21. Jahrhunderts sich ein solches Bewusstsein gefallen lassen? Ist nicht alles, was wir Christen, auch was wir Theologen, von uns geben, nicht allenfalls ein Diskussionsbeitrag? Lehnen wir Protestanten die päpstliche Unfehlbarkeit ab, wie viel mehr werden wir es ablehnen, dass etwa ein Pfarrer auf seiner Kanzel mit einem päpstlichen Unfehlbarkeitsanspruch auftritt!

Und wie oft haben Menschen, die mit diesem Unfehlbarkeitsanspruch auftraten, andere Menschen ins Verderben geschickt und zu schlimmen Taten veranlasst!

Nur drei Beispiele: Auf der Synode von Clermont im Jahr 1095 gab Papst Urban II. vor vielen tausend Menschen den Startschuss zum ersten Kreuzzug. Seine Begründung: »Deus io volt«, Gott will es. Viele Tausende, meist Franzosen, entschlossen sich in den nächsten Wochen unter dem Einfluss der begeisterten Kreuzzugsprediger zum Kreuzzug, wobei die verschiedensten Motive zusammenspielten. Als erstes war da das religiöse Motiv: die Kreuzfahrer erlangten durch die Teilnahme am Kreuzzug vollkommenen Ablass aller Sündenstrafen;

aber auch sehr weltliche Motive spielten mit: Abenteuerlust, phantastische Vorstellungen vom märchenhaften Orient mit seinen Schätzen, das Verlangen, sich lästigen Verhältnissen zu Hause zu entziehen und vieles mehr. »Wer euch hört, der hört mich.« Papst Urban II. hat tatsächlich in diesem Bewusstsein die Weichen gestellt zu Vorgängen, die wir Christen uns heute noch als Schandfleck in der Geschichte der Kirche vorhalten lassen müssen.

Ein zweites Beispiel: Statt auf Luthers 95 Thesen gegen den Ablass einzugehen, hat Papst Leo X. Martin Luther in seiner Bulle »Exurge Domine« den Bann, das heißt den Ausschluss aus der Kirche und vom ewigen Heil, angedroht. Mit dieser Bannandrohungsbulle, deren Androhung bald darauf an Luther und allen seinen Anhängern wahr gemacht wurde, hat der Papst die Kirche gespalten. Er tat es in der Auffassung, Jesus Christus spreche durch ihn.

Ein drittes Beispiel: Ich denke an eine Predigt vor dem Ausmarsch einiger Regimenter im Jahr 1917 im Ulmer Münster, die einer meiner Namensvetter gehalten hat. Sie steht für sehr viele Kriegspredigten, die damals gehalten wurden. Seinen Kriegsgedichten nach zu schließen hat wohl auch mein Großvater väterlicherseits solche Predigten gehalten. In der Predigt wird nicht verschwiegen, dass die Zeiten ernst und der Krieg schlimm seien; im entscheidenden Augenblick aber, wenn der Zuhörer fragt, warum der Pfarrer dann Soldaten in diesen schlimmen Krieg schicke, ruft der Pfarrer von der Kanzel immer wieder: »Aber Gott will es!« Der Prediger macht sich nicht einmal die Mühe, das zu begründen. Es steht für ihn einfach fest, dass Gott diesen Krieg will und dass er, der Münsterpfarrer, deswegen nun im Namen Gottes die Soldaten in diesen Krieg zu senden habe.

Sehr viele Männer haben in solchen Kriegen den Glauben an Gott verloren. Spätestens wenn sie auf Franzosen trafen, die man ebenso im Namen Gottes an die Front geschickt hatte und die sich fragen mussten: Auf welcher Seite steht nun eigentlich Gott? Sollen wir hüben und drüben in den Schützengräben das Mahl Jesu Christi feiern und dann morgen früh im Morgengrauen einander auf die scheußlichste Weise abschlachten?

»Es ist das beladenste aller Menschenworte«, schreibt Martin Buber über das Wort »Gott« in seinen autobiographischen Fragmenten,

»keines ist so besudelt, so zerfetzt worden … die Geschlechter der Menschen haben die Last ihres geängstigten Lebens auf dieses Wort gewälzt und es zu Boden gedrückt; es liegt im Staub und trägt ihrer aller Last. Die Geschlechter der Menschen und ihre Religionsparteiungen haben das Wort zerrissen; sie haben dafür getötet und sind dafür gestorben; es trägt ihrer aller Fingerspur und ihrer aller Blut … Sie zeichnen Fratzen und schreiben ›Gott‹ darunter; sie morden einander und sagen ›im Namen Gottes‹.« Angesichts dieser erdrückenden Tatsachen müssen wir uns die moderne Skepsis gegen das Wort Jesu »Wer euch hört, der hört mich und wer euch verachtet, der verachtet mich« gefallen lassen.

Und doch gilt dieses Wort Jesu. Es gilt für Menschen, die sich sehr selbstkritisch prüfen, ob die Botschaft, die sie ausrichten, wirklich das Evangelium von Jesus Christus ist und ob sie seinen Willen, wie er uns im Neuen Testament vielfach bezeugt wird, zur Sprache bringen. Diese selbstkritische Prüfung kann nicht gründlich genug sein. Keineswegs dürfen wir für das, was unsere religiöse Genialität hervorbringt und was wir vielleicht mit hohem Pathos vortragen, den Anspruch erheben, das sei die Stimme Jesu Christi. Es geht auch nicht an, dass wir uns auf innere Gewissheiten berufen. Es geht darum, dass wir die Botschaft Jesu Christi und die Botschaft von Jesus Christus, wie wir sie dem Neuen Testament entnehmen, ausrichten. Nur insofern, dass wir das tun, dürfen und sollen wir damit rechnen, dass Jesus Christus selbst durch unser Wort spricht.

Aber wenn wir das Evangelium Jesu Christi wirklich predigen, sollen wir damit auch wirklich rechnen, dass dabei das Wort wahr wird: »Wer euch hört, der hört mich.« Wir sollen und dürfen damit rechnen, dass Jesus Christus durch unser dürftiges Wort Menschen erreicht. Und wir sollen uns von dieser Gewissheit auch nicht abbringen lassen durch den berechtigten Vorwurf, wir würden selbst dem Wort Christi zu wenig entsprechen, wir seien unwürdige Diener des Wortes, weil zu wenig fromm, moralisch zu fragwürdig. Besonders wo es um den Kern des Evangeliums, um den Zuspruch der Vergebung der Sünden, den Zuspruch von Gottes Gnade und Heil geht, sollen wir uns durch die Frage, ob der Diener des Wortes würdig und als Mensch glaubwürdig sei, nicht irritieren lassen. Das Wort gilt, weil es das Wort Jesu Christi ist und weil er selbst mit seinem Leben und Sterben dafür einsteht.

Was folgt aus der Zusage Jesu »Wer euch hört, der hört mich, und wer euch verachtet, der verachtet mich« für die Pfarrerin oder den Pfarrer, die Lektorin oder den Lektor? Zunächst, dass sie in dem Bewusstsein ihrer enormen Verantwortung bei der Predigtvorbereitung intensiv prüfen, ob das, was sie als Schriftauslegung vorbringen wollen, dem Gesamtzeugnis der Bibel entspricht und ob es wirklich Christusverkündigung ist. Sodann dass sie betend in den Gottesdienst gehen. Walter Schlenker bringt in seinem schönen Buch »Wir sind nicht allein« zu diesem Wochenspruch ein gutes Gebet Luthers, das er dessen Auslegung des ersten Buches Mose entnimmt: »Herr Gott, du hast mich in der Kirche zu einem Bischof und Pfarrherrn gesetzt: du siehst, wie ich so ungeschickt bin, solch großes und schweres Amt recht auszurichten; und wo es ohne deinen Rat gewesen wäre, so hätte ich schon längst alles miteinander verderbt. Darum rufe ich dich an. Ich will zwar gerne meinen Mund und mein Herz dazu leihen und neigen: ich will das Volk lehren, ich will selbst auch immer lernen und mit deinem Wort umgehen und demselben fleißig nachdenken; brauch du mich als dein Werkzeug. Lieber Herr, verlasse du mich nur nicht, denn wo ich werde allein sein, so werde ich es leichtlich alles miteinander verderben. Amen.«

Selbstverständlich wird ein Diener des Wortes auch in freier Weise Gott um die Hilfe seines Geistes bitten, ehe er auf die Kanzel geht und wenn er von der Kanzel kommt. Und dasselbe vor jeder Konfirmandenstunde, Religionsstunde, jedem Hausbesuch, jedem seelsorgerlichen Gespräch und besonders, bevor er an Krankenbetten geht.

Er oder sie sollen aber, wenn sie von der Kanzel kommen, dann auch zu dem stehen, was sie gesagt haben und sollen dann zuversichtlich den Geist wirken lassen. Es ist nicht nötig, dass der Pfarrer, wenn er gesprochen hat, den Rest des Sonntags an seiner gehaltenen Predigt und der Frage ihrer Wirkung herumgrübelt. Er lobt Gott besser, wenn er sich nun mit freien Gedanken und Gefühlen seinen Kindern oder Enkeln widmet. Das Wort ist nun gesagt, es ist heraus. Nun ist es allein Gottes Sache, für die rechte Wirkung zu sorgen.

Der Prediger soll dann freilich weder überrascht noch beleidigt noch mimosenhaft wehleidig sein, wenn er Widerstand erntet, wenn ihn auch verächtliche Reaktionen treffen. Nicht umsonst sagt Jesus: »Wer euch verachtet, der verachtet mich.« Die Botschaft Jesu und die Botschaft von Jesus Christus streichelt den Zuhörenden in der Regel nicht das Fell. Sie bürstet sie gegen den Strich. Es ist die dem gewöhnlichen Menschen fremde Botschaft. Sie ist nicht Bestätigung dessen, was im Trend liegt, sondern Störung und Herausforderung. Kann es uns wundern, wenn wir auch Widerstand ernten? Wenn wirklich Jesus Christus durch uns spricht, dann beginnt damit immer ein kämpferisches Geschehen. Es wird uns nicht gelingen, uns selbst da ganz herauszuhalten. Je nüchterner wir damit rechnen und je selbstverständlicher und unpathetischer wir das ins Kalkül ziehen, desto angemessener werden wir unserer Aufgabe entsprechen.

Was folgt aus dem Wort Jesu »Wer euch hört, der hört mich, und wer euch verachtet, der verachtet mich« für die gottesdienstliche Gemeinde?

Sie wird für den Menschen, der heute das Evangelium weitersagen soll, herzlich beten, wird ihm Mut machen. Sie wird ihn couragiert und geschwisterlich anfragen, wo sie meint, dass er das Evangelium verkürzt oder verfälscht. Sie wird vor allem aber den Gottesdienst miterleben mit der Erwartung, dass nicht der geniale oder unbegabte Prediger zu ihr spricht, dass vielmehr Jesus Christus zu ihr spricht. Sie wird hören wollen, »was der Geist den Gemeinden sagt« (Offb 2,7. 11. 17. 29; 3,6. 13. 22).

Könnte aus dieser Zusage Jesu in dieser und jener Gemeinde auch wieder eine neue Wertschätzung der Pfarrerin oder des Pfarrers folgen? Nicht um ihrer persönlichen Vorzüge, sondern um ihres Amtes willen? Etwa so, dass ein Kirchengemeinderat sich nicht wie der Aufsichtsrat der Firma gebärdet, sondern sich als Kreis der Schwestern und Brüder versteht, die der Pfarrerin, dem Pfarrer beistehen, seiner eigentlichen Aufgabe nachzukommen? Das könnte bedeuten, dass sie von ihm weniger Manager- und Unterhalterfähigkeiten erwarten, auch nicht die vielfältigen Gaben des Generalisten, dass sie ihn vielmehr darin bestärken, die Stimme Jesu Christi zur Sprache zu bringen und mit der Gemeinde und mit einzelnen das Wirken des Heiligen Geistes zu erbitten.

2. Sonntag nach Trinitatis

Hierher! Zu mir Geknechtete:
Eingespannt in das Joch,
wie ihr seid, und erschöpft von der Last!
Ich will euch ausruhen lassen.

Matthäus 11,28

Bewusst bringe ich den »Heilandsruf« aus Matthäus 11,28 einmal in der Übertragung von Walter Jens, die ziemlich genau dem Wortlaut entlanggeht. Wir kennen ihn in der Fassung: »Kommet her zu mir alle, die ihr mühselig und beladen seid, ich will euch erquicken.«

Mancher von uns sieht bei diesem Wort Rembrandts Hundert-Guldenblatt, auf welchem in einer gewaltigen, dunklen Ruine, die den Raum dieser Welt bezeichnet, die Gestalten, die aus dem Dunkel kommen, hin zum Licht zu Jesus drängen. Einzelne geschoben auf dem Schubkarren, geführt, getragen, gestützt. Die von ihrem Leben Zugerichteten, auch der zweifelnde Thomas sitzt zu Jesu Füßen. Und dass auf der linken, hellen Seite des Bildes Schriftgelehrte und Pharisäer miteinander ziemlich respektlos über Jesus und seine Lehre diskutieren, damit will der Maler vielleicht sagen: Auch sie sind geknechtet, eingespannt in das Joch, in ein Joch, das ihnen so nicht Gott auferlegt hat, das sie sich selbst auferlegen und in das sie andere Menschen einspannen? Es ist die Nötigung, sich selbst, seine eigene Existenzberechtigung, den Sinn des eigenen Lebens erarbeiten, nachweisen zu müssen durch ein moralisch erfolgreiches, frommes Leben. Menschen, die unter dem Joch dieser Überforderung leben, bedrückt und bedrückend, sind auch mühselig, sie besonders, ihre aufgesetzten selbstbewussten Mienen können uns nicht darüber hinwegtäuschen. Auch ihnen, ihnen besonders, gilt Jesu Ruf »Hierher! Zu mir Geknechtete!«

Geknechtete, Mühselige, Beladene. Ganz gewiss sind jene Menschen gemeint, die durch körperliche Behinderungen ein sehr eingeschränktes Leben führen müssen. Sie sehen andere ihres Alters, die laufen und springen, die sich selbst helfen können, die zu sportlichen Leistungen fähig sind. Sie selbst müssen mit ihrer Unbeholfenheit leben, müssen ständig jemanden bitten, haben oft gräuliche Rücken-schmerzen, wollen andere nicht mit ihren Nöten behelligen. Sie brauchen Rücksicht, aber sie wollen nicht das Mitleid, das einen Menschen noch mehr demütigt. Sie erleben es, dass sie auf der Straße mit »du« angequatscht werden, als seien sie nicht Erwachsene wie andere auch. Sie müssen mit penetranten Blicken zurechtkommen, die sie peinigen. Wenn kleine Kinder sie so anstarren und vielleicht entsprechende Kommentare abgeben, das kann sogar ganz lustig sein. Aber Erwachsene!

Es ist gut, dass körperbehinderte Menschen sich heute zusammen-tun, Behindertenverbände bilden, dass wir Behindertenvertreter haben, auch in der Kirche. Dass Betriebe darauf verpflichtet werden, wenigstens eine gewisse Anzahl von behinderten Menschen einzustellen. Es darf nicht sein, dass im zunehmenden Konkurrenzkampf behinderte Menschen nach und nach ausgesondert werden, weil sie mit anderen nicht mehr konkurrieren können. Es ist gut, dass auch körperbehinderte Menschen sich schreibend zu Wort melden und ihre Situation auch literarisch zur Sprache bringen. Ich entsinne mich gerne einer Lesung von Ursula Egli aus der Schweiz – eine Freundin hatte sie, die an ihren Rollstuhl gefesselt war, in einem Kastenwagen nach Ulm transportiert – und wie sie mit freudigem Stolz ins Gästebuch geschrieben hat: »Wir Behinderten kommen überall hin. Man muss uns nur mitnehmen.«

Ja, körperbehinderten Menschen steht die Nähe Jesu besonders offen. Denn bei ihm gelten nicht die Schönheits- und Kraftideale, denen Menschen, meist unbewusst, nachhängen und die stündlich durch die Werbung weiter transportiert und vertieft werden. In der Nähe Jesu gilt der von Gott geliebte Mensch, er selbst, nicht sein äußeres Erscheinungsbild.

Und ganz gewiss gilt das von geistig behinderten Menschen, die wohl spüren, aber gar nicht sagen können, was sie bedrückt. Die von sehr vielen Menschen gar nicht als Ansprechpartner wahrgenommen werden. Wenn meine Frau oder ich unsere geistig und körperlich schwer behinderte Tochter Esther durch die Stadt fahren und ein Bekannter uns begegnet, kommt es sehr oft vor, dass er nur uns begrüßt und dass er für Esther keinen Gruß, geschweige denn ein Wort übrig hat. Er übersieht sie verlegen. Er unterhält sich mit mir auf unserer Höhe, über Esthers Kopf hinweg. Dabei würde sich Esther schon am bescheidensten »Hallo Esther« freuen. »Sehet zu, dass ihr nicht jemand von diesen Kleinen verachtet, denn ich sage euch: Ihre Engel im Himmel sehen allezeit das Angesicht meines Vaters im Himmel« (Mt 18,10). Sie haben vor Gott ihre ständige Vertretung. Gott hört, Gott fühlt, Gott weiß, wie es ihnen derzeit geht.

Unsere Gemeinden sind großenteils davon geprägt, dass in dieser und jener Weise behinderte Menschen in ihnen zusammen sind, sodass wir mit Paulus, wenn er an die Korinther denkt, sagen müssen: »… nicht viel Weise nach dem Fleisch, nicht viele Gewaltige, nicht viele Edle sind berufen. Sondern was töricht ist vor der Welt, das hat Gott erwählt, damit er die Weisen zuschanden mache; und was schwach ist vor der Welt, das hat Gott erwählt, damit er zuschanden mache, was stark ist; und das Unedle vor der Welt und das Verachtete hat Gott erwählt, das da nichts ist, damit er zunichte mache, was etwas ist, auf dass sich vor Gott kein Fleisch rühme« (1. Kor 1,26–29). Geniert uns das?

Friedrich Nietzsche fand es, je älter er wurde, als eine Genugtuung, das Christentum als den Aufstand der Minderwertigen, der Sklaven, der zu kurz Gekommenen, der Abfallelemente aller Art, der am Boden Kriechenden gegen alles, was Größe hat, zu diffamieren. Und immer wieder lassen sich Christen von dieser Schelte beeindrucken. Ich habe als Vater einer schwer behinderten Tochter diese wütenden Angriffe des kranken Philosophen« mehr verstehen gelernt als Ausdruck seiner immer hemmungsloser werdenden Furcht vor dem Zustand der geistigen und körperlichen Behinderung, den er in sich selbst vorausspürte. Der Mensch hasst, was ihn bedroht. Das ist verständlich. Kurz vor seinem völligen Zusammenbruch in Turin steigert sich seine Hassrhetorik in seinen Schriften »Ecce homo« und »der Antichrist« zu einem nun wirklich krankhaften Furioso, das ganz eindeutig den manisch depressiven Verfasser verrät. Das Beispiel Friedrich Nietzsche zeigt mir: Ein bedauernswert schwacher, von Ängsten gepeinigter Mensch wird aggressiv gegen behinderte Menschen. Ein in sich Gefestigter, der in einer gewissen Ich-Stärke lebt, hat das nicht nötig. Es ist kein Zufall, dass Adolf Hitler, dessen psychopathische Eigenschaften Fachleuten wie dem Psychiater Karl Bonhoeffer und seinen Berliner Kollegen von Anfang an deutlich waren, diesem und keinem anderen Philosophen einen Kranz ans Grab niederlegen ließ. Sein psychopathischer Hass auf die angeblich Minderwertigen in der »Aktion Gnadentod« fand im zehntausendfachen Massenmord der hilflosesten Menschen seinen furchtbaren Ausdruck.

Sören Kierkegaard hat in der Auslegung dieses Wortes in seiner Schrift »Einübung im Christentum« besonders auf dieses Wörtchen »alle« hingewiesen. Ausnahmslos alle, die belastet sind, was immer ihre Last sei, lädt er zu sich. Da ist auch der hoch Qualifizierte gemeint, der sehr folgenreiche Entscheidungen zu treffen hat, der mit seiner Gewissenslast leben muss. Der Forscher, der sich quält mit der Frage, was andere aus seinen Forschungen machen werden und ob sein Lebenswerk dann wirklich der Menschheit Gutes bringen wird. Ich denke an den Atomphysiker und Kirchengemeinderat Max Planck, der fast wahnsinnig wurde, nachdem die Amerikaner die Bombe in Hiroshima gezündet hatten. Da ist der Politiker eingeladen, der für Frieden und Gerechtigkeit angetreten ist und dem es geht wie Paulus: »Ich bewirke nicht, was ich will; sondern was ich hasse, bewirke ich … Wollen habe ich wohl, aber vollbringen das Gute, das finde ich nicht« (Röm 7,15.18). Da ist auch der Prominente angesprochen, den unanständige Presseorgane in den Dreck ziehen und der gegen das Häme-Gericht machtlos ist.

Jesus ruft Menschen zu sich. Er ruft nicht zu dieser oder jener hilfreichen Lehre und nicht zu dieser oder jener Meditationspraxis auf, in der wir in uns den verlorenen Frieden wiederfinden; sondern er ruft uns schlicht zu sich. Hilfreicher Glaube bedeutet Leben in einer persönlichen Beziehung zu Jesus Christus, die er uns eröffnet. Kurz vorher die Worte: »Alles ist mir übergeben vom Vater …« Es ist die göttliche Vollmacht, in der er mit uns Gemeinschaft hat. So kann er uns im Gegenüber Kräfte vermitteln, die aus Gottes Kraft geschöpft sind.

Und was geschieht in dieser Gemeinschaft? »Ich will euch ausruhen lassen«, Luther übersetzt »Ich will euch erquicken«. Er sagt nicht, dass er uns unsere Lasten einfach abnimmt. Die Behinderung bleibt, die Gewissenslast bleibt, die offenen Fragen nach dem Sinn unseres

Tuns bleiben. Es bleiben auch Konflikte, in die wir gestellt sind. Wir werden nicht aus der Schusslinie in irgendwelche konfliktfreien Zonen genommen. Und der Gegner, der uns mit seiner unanständigen Art peinigt, wird nicht plötzlich uns zuliebe anständig. Es bleiben viele bedrückende Fragen offen. Sie werden uns auch morgen beschäftigen. Aber wir dürfen bei ihm »ausruhen«, aufatmen, Kraft und Mut schöpfen. Auch eine Gelassenheit, die uns im Konflikt mit unseren Aufgaben sehr leicht abhanden kommt. Wir erfahren in der Gemeinschaft mit ihm, was es bedeutet, dass er sagt: »In mir habt ihr Frieden. In der Welt habt ihr Angst; aber seid getrost, ich habe die Welt überwunden« (Joh 16,33).

Noch ein Gedanke dazu: Dietrich Bonhoeffer, der immer wieder auch im Gegenüber zu Friedrich Nietzsche über den Weg des Christentums nachdenkt, äußert in seinen Briefen aus dem Gefängnis in Tegel gelegentlich, man habe Gott zu sehr an den Rändern des Daseins, in den so genannten Grenzsituationen von Schuld und Tod angesiedelt. Wo der Mensch mit seinen Kräften am Ende sei, da lasse er dann gern Gott kommen und das Problem lösen. Gott erscheine dann wie im antiken Theater als der »Deus ex machina«, der Gott, der aus den Theaterkulissen einschwebe, um den Konflikt zu lösen. Indem man Gott sozusagen am Rand unseres Vermögens angesiedelt habe, lasse man ihn die Funktion eines Lückenbüßers ausfüllen. Und dass wir ihn einseitig als den Heiland aller Kranken und Gescheiterten verstünden, das habe bei nicht wenigen Christen, wohl auch bei Pfarrern, die Folge, dass sie alles Gesunde, Gute, Starke, zuerst krank reden oder gar krank machen würden, um dann mit der Botschaft vom »Heiland« landen zu können. Diesen »pfäffischen Trick« würden viele Menschen durchschauen und dann vom christlichen Glauben und der Kirche Abstand nehmen. Bonhoeffer, der in den vierziger Jahren im Gegenüber zu den Männern der Verschwörung gegen Hitler Theologie treibt, distanziert sich entschieden von dieser Verdrängung Gottes an die Ränder unserer Existenz. »Gott ist ... kein Lückenbüßer; nicht erst an den Grenzen unserer Möglichkeiten, sondern mitten im Leben muss Gott erkannt werden; im Leben und nicht erst im Sterben, in Gesundheit und Kraft und nicht erst im Leiden, im Handeln und nicht erst in der Sünde will Gott erkannt werden.« Die Kirche sei mitten im Dorf. So sei Gott nicht an den Rändern, sondern mitten in unserem Leben.

Bonhoeffers diesbezügliche Bedenken schmälern nicht den Heilandsruf Jesu, seine Einladung an alle, die an den Grenzen ihrer Kraft stehen. Aber sie können uns davor bewahren, Gottes Wirken erst dort beginnen zu lassen, wo wir am Ende sind.

3. Sonntag nach Trinitatis

Der Menschensohn ist gekommen,
zu suchen und selig zu machen,
was verloren ist.
Lukas 19,10

Wenn wir von einem Menschen sagen, er kämpfe auf verlorenem Posten, dann geben wir damit zu verstehen: Was immer er tun wird, es hat keinen Sinn. Er hat verloren, ehe er anfängt.

So sagen wir von Leuten, die jenseits all dessen sind, was man zur Gesellschaft zählt, was nach unserer Auffassung noch »auf dem Spielfeld ist«, sie seien ein verlorener Haufe. In diesem Urteil steckt ein geheimes Einverständnis mit anderen: Denen ist nicht zu helfen. Vergeude an ihnen nicht deine Energien. Die sind auch nicht zu überzeugen. Die muss man laufen lassen. Solche gibt es leider auch. Schlimm ist das, aber nicht zu ändern.

Verlorene Menschen. Das Wort kann viel bedeuten: Leute, die Gott aus ihrem Leben verloren haben, wodurch auch immer. Leute, die sich selbst verloren haben und die sich nun hoffnungslos und rettungslos treiben lassen. Leute, die wir verloren haben: der verlorene Sohn einer Familie. Er kam seiner Familie abhanden, hat sich in Kreise orientiert, die seiner Familie so fern sind, dass es da keine Brücke mehr gibt. Der Kontakt ist abgebrochen.

So gibt es viele, sehr viele Menschen, die wir mit der Botschaft des Evangeliums und mit unserer Gemeindearbeit nicht erreichen und vielleicht auch gar nicht mehr wirklich erreichen wollen, weil wir den

Eindruck haben, da sei jede Liebesmüh vergeblich. Sie seien nicht »unsere Leute«.

Wer längere Zeit Pfarrer und dabei selbstkritisch geblieben ist, der ertappt sich gelegentlich mit einer Schere im Hirn. Er bekommt, wie er meint, einen Blick für die Leute, bei denen wir mit unserer Botschaft allenfalls eine Chance haben, und anderen, bei denen doch offenbar alle Anknüpfungspunkte fehlen. Warum ihnen nachlaufen? Man erntet da keinen Blumentopf. Halten wir uns lieber an die Leute, bei denen eine gewisse Aussicht besteht.

Der Bibelkundige kann für dieses sein Verhalten einige biblische Begründungen finden. Etwa im Psalm 1,1: »Wohl dem, der nicht wandelt im Rat der Gottlosen, noch tritt auf den Weg der Sünder, noch sitzt, wo die Spötter sitzen ...« Er kann wohl auch Johannes Calvins Prädestinationslehre heranziehen: Gott hat nicht wenige Menschen für immer zum Unheil bestimmt. Sie sind nun eben verstockt. Ihnen ist nicht zu helfen.

Zur Zeit Jesu war dieses Sortieren zwischen »rechten« Leuten und anderen, mit denen ein rechtschaffener Mensch nichts zu tun haben sollte, sehr alltäglich. Die Pharisäer – zu deutsch: die sich abgesondert haben – so ernst und imponierend sie ihre Frömmigkeit zu leben versuchten, haben diese Haltung sehr gefördert. Einige von ihnen waren durchaus bereit, stellvertretend für die Menschen des gesetzlosen Volkes Bußübungen auf sich zu nehmen. Der Pharisäer, der zweimal in der Woche fastet (Lk 18,12), sühnt mit seinem Fasten am einen Tag für seine eigene Sünde, am zweiten für die anderer Menschen. Fasten für die Verlorenen – ja! Aber essen mit ihnen – niemals!

Das Wort »Der Menschensohn ist gekommen zu suchen und selig zu machen« (besser übersetzt: zu retten), »was verloren ist« steht am Ende der Geschichte von der Einkehr Jesu bei dem Zöllner Zachäus. Dieser wohlhabende Mann hatte sein Geld auf eine Weise verdient, für die jeder selbstbewusste Jude nur Verachtung übrig hatte: Er zog den Zoll ein bei Reisenden, bei Kaufleuten besonders. Er hatte und nahm sich dabei erhebliche Freiheiten, musste einen Prozentsatz des eingezogenen Geldes den römischen Besatzern geben, den Rest konnte er für sich behalten. Klein gewachsen war der Mann auch. Jetzt konnte jeder darüber spekulieren, was der kleinwüchsige Mann mit seinem Machtgehabe und seiner Protzerei im Schatten der Besatzer kompensiere. Solche Leute waren verachtet. Bei ihnen war, so die Auffassung eines selbstbewussten Juden, Hopfen und Malz verloren. Konnte man sich gegen sie nicht wehren, so konnte man sie doch die eigene Verachtung spüren lassen.

Auch dieser Mann will Jesus sehen. Warum? Wir sind nicht berufen, sein Verlangen zu deuten. Pure Neugier? Irrationale Hoffnung, dass mit Jesus einer kommt, bei dem er nicht abgeschrieben ist? Sehnsucht nach einem anderen Leben? Gott weiß es.

Dass er in die Krone eines Baumes klettert, wird nicht nur damit zu erklären sein, dass der kleine Mann im Gedränge sonst keinen Platz fand. Wer in einer Baumkrone sitzt, sieht durch das Blätterdach und wird selbst nicht gesehen. Mancher von uns weiß das noch aus der Zeit, als er noch auf den Bäumen saß. Lauschen, beobachten, aber selbst nicht beobachtet werden, das ist spannend. Es kann fast zu einer Lebenshaltung werden.

Das Entscheidende an dieser Geschichte ist, dass Jesus ihn gleich entdeckt und dass Jesus zu ihm sagt: »Zachäus, steig eilig herab, ich muss heute in dein Haus einkehren.« Ich muss zu dir kommen.

Weil diese Geschichte nur eine unter vielen ist, weil Jesus oft das Kastenwesen der Frommen durcheinandergebracht hat, »murrten sie alle und sprachen: Bei einem Sünder ist er eingekehrt«.

In Israel kenne ich eine Frau, die sich selbst als unreligiös bezeichnet. Ja, den Pessach-Abend feiere sie, denn irgendwie müsse man doch sein Judesein noch leben. Aber an Gott glaube sie eher nicht. Ihr Bruder hat die Tochter eines hoch gestellten orthodoxen Rabbiners geheiratet, er lebt seither streng religiös. Freitags kommt er regelmäßig zu seiner Schwester, ehe er in die Synagoge geht, gelegentlich, um ihr Vorhaltungen zu machen wegen ihrer unkoscheren Küche etc. – »Du wirst krank« werden, wer so lebt und isst, den straft Gott« – aber er besucht sie treu. Nur: Essen würde er nie bei ihr auch nur einen einzigen Bissen, trinken keinen Schluck. Und das eben verletzt seine Schwester. Bin ich denn unrein, dass er bei mir nichts isst? fragt sie. Sie fühlt sich von ihm als Objekt behandelt, nicht als Schwester ernst genommen. Die Freitagsbesuche des Bruders demütigen sie.

So ähnlich wird es mancher Schwester oder manchem Bruder auch bei uns Christen gehen, besonders bei frommen Verwandten. Es sind Risse spürbar im Boden, die wehtun und traurig machen.

Und sehr spürbar sind solche Risse auch in Dörfern: Kirchenleute und Leute der Vereinswelt, die einander zwar freundlich behandeln, die aber nicht bereit sind, wirklich zusammenzuarbeiten. Wer selbst eine Brücke zwischen beiden Welten bilden will, wird schon als nicht ganz zuverlässig angesehen: einer, der auf beiden Schultern Wasser trägt.

Ganz zu schweigen von den Gräben, die uns von Asylbewerbern, von Menschen anderer Kultur, anderer Sprache, anderer Religion trennen. Um eine Kastengesellschaft zu finden, muss man nicht nach Indien gehen. Und um eine Segregationsgesellschaft zu erleben, müssen wir uns nicht in das Palästina zur Zeit Jesu versetzen.

Viele Christen spüren, dass das so nicht in Ordnung, nicht dem gemäß ist, was Jesus lehrte. Sie beobachten vor allem, dass Gemeinden zu Milieugemeinden werden. Sie »schmoren im eigenen Saft« und schrumpfen vor sich hin. Nicht von ungefähr entstand die »Aktion wachsende Kirche«. Vielleicht sollte sie lieber eine »Aktion suchende Kirche« sein. Der Titel »Wachsende Kirche« erweckt manchmal den Eindruck, dass es der Kirche vor allem um die Vermehrung ihrer Mitgliederzahl, um das Gewinnen von neuen Anhängern, Mitarbeitenden, wohl auch um ihre Kirchensteuer, geht. Die »wachsende Kirche« gerät leicht in den Verdacht, ihre so genannten Ressourcen vermehren zu wollen. Ein Programm »Suchende Kirche« ließe die Erwartung aufkommen, es gehe der Kirche darum, die Menschen, die sie verloren hat und die ihrerseits die Kirche verloren haben, zu finden, sie persönlich zu suchen.

Die charakteristische Art Jesu war die des Suchens. Deswegen ist seine Wegroute längere Zeit so merkwürdig unbestimmt, als hätte er selbst nicht so recht gewusst, wo er hingehöre und hinwolle. Es ist die Route von Suchbewegungen. Er ist unterwegs, Menschen zu suchen. Erst als er weiß, dass der Zeitpunkt seiner Passion im engeren Sinn gekommen ist, zieht er dann sehr konsequent »hinauf nach Jerusalem«.

Die Menschen, die er sucht und findet, sind oft Menschen, bei denen man nicht genau sagen kann: Wurden sie mehr von anderen abgehängt, abgesondert, isoliert? Oder haben sie sich mehr selbst durch ihr Verhalten von denen, die rechtschaffen leben wollen, abgesondert?

Wie kam eine Hure ins Bordell? Ging es ihr so wie jener jungen Frau, von der die Heilbronner Mitternachtsmission einmal berichtet hat, ihre Pflegeeltern hätten sie, als sie 18 geworden sei, im Heilbronner Eros-Center abgegeben, da könne sie, die unnütze Esserin, ein gutes Geld verdienen? Oder die junge Polin, die sich immer nach dem Westen gesehnt hat, von Kriminellen unter falschen Versprechungen angeheuert, nach Deutschland geschleust, dann mit brutaler Erpressung zur Prostitution gezwungen wurde. Oder die junge Frau, die in finanziellen Schwierigkeiten und arbeitslos war, die aus eigenem Entschluss »auf den Strich« ging und dort hängengeblieben ist. Eigene und fremde Schuld verquicken sich oft. Es ist nicht unsere Aufgabe, hier zu unterscheiden so, als könnten wir das.

Es ist aber wohl die Aufgabe eines Menschen, der den Weg Jesu geht, Menschen, die sich isoliert haben, zu suchen. Und die Aufgabe einer christlichen Gemeinde ist es nicht, für eine gemeinsame Befriedigung unser gesellschaftlichen, sozialen, kulturellen und religiösen Bedürfnisse zu arbeiten. Vielmehr ist es Aufgabe der Gemeinde Jesu, Menschen zu suchen, die sie verloren hat und die ihrerseits die Kirche und wohl auch das Evangelium verloren haben.

Wer das tut, der begibt sich in den Augen der bürgerlichen Welt in ein Zwielicht. Es wird immer Menschen geben, die »seinen Hang zu zwielichtigen Gestalten« unfreundlich deuten. In gewissem Sinn wird es ihm dabei ähnlich gehen, wie es Jesus ging, als die »Gerechten« über ihn und sein Verhalten »murrten«. Wer aber dem Herrn Jesus Christus auch in dieser Bewegung folgt, der soll damit rechnen, dass der auferstandene Christus ihn auf solchen Wegen wohl führen und dass er ihm die Freiheit geben wird, mit dummen und hämischen Urteilen des hochverehrten Publikums zurechtzukommen.

Wie wäre es, wenn wir unsere Gemeinde ganz anders, nämlich als einen Suchtrupp Jesu verstehen würden?

Ausnahmsweise will ich berichten, wie mir das in einem Traum aufging. Es war die erste Nacht unseres Urlaubs in Südtirol. Ich sah vor mir das ganze Tal zugeschüttet von einer Lawine aus Geröll, Eis und Schnee. Dahinten auf dem Eis stand ein Mann – ich kannte ihn vom Gottesdienst. Er ruderte heftig mit den Armen, als wollte er sagen: »Schnell, komm! Hier unter dem Eis liegt ein Mensch!« Ich rannte hin, so gut einer im Traum unter seiner Bettdecke rennen kann. Der Mann, der mich hergeholt hatte, gab mir einen Eispickel, ich schlug aufs Eis aus Leibeskräften, stieß auch tatsächlich auf einen Arm, der seitlich aus der Schneewand herausragte. Ich ergriff die Hand, spürte einen Händedruck und fühlte: Die Hand ist noch warm. In diesem Augenblick erwachte ich mit der Frage: Wessen Hand habe ich gerade gedrückt? Wer ist der Mensch, der, verloren, begraben liegt unter Schutt und Eis? Der Mensch, der doch leben will und dessen Hand noch warm ist. Viele Menschen fielen mir ein. Zuerst der Mann, den ich vor dem Urlaub noch hatte besuchen wollen. Ein Lastwagen hatte ihn in Frankreich auf der Kreuzung schrecklich zusammengefahren, mit vielen Knochenbrüchen war er ins Krankenhaus eingeliefert worden. Nun saß er mühsam verkrümmt im Rollstuhl. Er war nicht der Einzige, der mir an diesem Morgen zwischen drei und vier vor Augen stand. So viele! Menschen, die leben wollen und die doch unter Geröll und Eis verschüttet sind.

Und wir Christen? Die Gemeinden? Abgezirkelte Gemeinschaften, die sich versammeln nach dem Motto »Gleich und gleich gesellt sich gern«, das – nach einer Feststellung des Theologieprofessors Ulrich Bach, der selbst seit Jahrzehnten im Rollstuhl sitzt – das Lebensgesetz jeder Segregationsgesellschaft ist? Oder Suchtrupps, Rettungstrupps Jesu Christi, mit ihrem Herrn unterwegs zu Menschen, die verloren gingen? Helferinnen und Helfer des guten Hirten, der die 99 vorübergehend sich selbst überlässt und das eine Schaf sucht, das sich im unwegsamen Gelände verstiegen hat?

»Selig machen« will Jesus Christus, was verloren ist. Diese Übersetzung ist nicht ganz treffend. Wörtlich übersetzt heißt es »zu retten«, was verloren ist. Es geht hier nicht um irgendeine emotionale Gefühlsbeglückung, die stattfinden oder auch notfalls unterbleiben kann. Es geht um »Rettung«, wie im Berg eingeschlossene Grubenarbeiter gerettet werden sollen, wie man Schiffbrüchige vor dem nassen Tod rettet, wie Erdbebenverschüttete mit Suchhunden aufgespürt und gerettet werden. Oder wie die Bergwacht einen verletzten Bergsteiger, der in der Bergwand hängt, herausholt. Die Übersetzung »selig machen« ist fast zu harmlos. Es geht nicht um schöne Gefühle, sondern viel elementarer um das Leben.

Schließlich noch die Bezeichnung »der Menschensohn«. Warum sagt Jesus nicht schlicht: »Ich bin gekommen, zu suchen …«, warum »der Menschensohn …«? Der Menschensohn ist der kommende Richter (Mt 25,31 ff.; Offb 2,12 ff.). Der kommende Richter, an dem und durch den sich jedes Menschenleben zum Heil oder Unheil entscheiden wird, ist bereits »gekommen, zu suchen und selig zu machen, was verloren ist«. Christoph Blumhardt hat von dem Richter des Jüngsten Tages gesagt, der Heiland sei kein Hinrichter, sondern ein Herrichter. Seine Mission sei, Menschen herzurichten für das Leben. Eberhard Jüngel sieht im Jüngsten Gericht Gottes großes Therapeutikum. Er wird richten, zurechtbringen, heilen.

So fällt von dieser Selbstaussage Jesu auch ein helles Hoffnungslicht auf die Erwartung des Jüngsten Tages. Das Gericht des Menschensohns wird die letzte entscheidende Rettungsaktion sein.

4. Sonntag nach Trinitatis

Einer trage des anderen Last,
so werdet ihr das Gesetz Christi erfüllen.

Galater 6,2

Von Ernst Barlach stammt ein merkwürdiges Halbrelief. Sein Titel lautet »Der Blinde und der Lahme«. Der Blinde sieht nichts. Er ist zwar stark und hat ganz gute Beine. Aber weil er nichts sieht, ist er völlig hilflos und ständig in der Gefahr, in diese oder jene Baugrube zu stürzen, die Böschung hinunterzufallen, einem anderen vor den Wagen zu laufen. Der Lahme sieht sehr gut. Aber er kann nicht auf seinen eigenen Beinen stehen. Auf Barlachs Relief hat der Blinde den Lahmen auf seine Schultern gesetzt. Der Lahme leitet ihn, der Blinde geht. So kommen sie beide recht ordentlich voran. Denn einer trägt die Last des anderen.

Es soll keiner und keine von uns meinen, er oder sie würde nur die Last anderer tragen. Je enger Menschen mit uns zusammenleben, desto spürbarer werden auch wir ihnen zur Last. Selbst das schwer behinderte Kind, das den Eindruck macht, als sei es nur Objekt der Fürsorge, von dem mancher ganz ungeniert so redet, als sei es nur noch eine Last, weiter nichts, trägt die Last seiner Eltern, ihre Erschöpfung, ihre Stimmungen, ihre Verzweiflung, ihren Kleinglauben, ihr Aufbegehren gegen ihr Geschick, ihr Hadern mit Gott. Und dieses Kind trägt die Last der Eltern ganz hilflos. Es kann nicht einmal mit ihnen darüber diskutieren.

Das sollen sich auch Eheleute sagen. Sie sind einander nicht nur eine Lust, sondern wohl auch eine Last. Es ist besser, die Wahrheit gelten zu lassen, als sie zugunsten einer idealistischen Überhöhung der Ehe zu verdrängen. »Du glaubst, du seist der Schönste wohl auf der ganzen Welt ja Welt, und auch der Angenehmste, ist aber weit gefehlt.«

Des anderen Last. Das kann seine Sucht sein, in die er immer wieder zurückfällt. Oder seine Krankheit, die ihn ganz schwach werden lässt. Seine Neigung zur depressiven Verstimmung. Sein offensichtlicher Tick, den er – vielleicht aus frühkindlichen Schockerfahrungen – an sich trägt. Seine Neigung, aus jeder Mücke einen Elefanten zu machen und ständig neu in Panik zu geraten. Seine Angst, die er oft kaum bändigen kann. Aber auch etwa sein vorlautes Mundwerk, das oft jede sachliche Arbeit gefährdet, sein Hang zur Übertreibung, der auch ein normales Gespräch plötzlich zum Psychodrama werden lässt. Seine Furcht um sein eigenes Ich.

Des anderen – oder auch meine – Last; dass einer, wie Karl Barth einmal schreibt, den anderen Menschen mit dem am nachhaltigsten auf die Nerven geht, was er für seine größte Stärke hält. Des anderen Last: Seine übermäßige Ordnungsliebe, vor der jeder Mensch zum hoffnungslosen Schlamper wird. Oder seine zunehmende Unzuverlässigkeit. Sein unstillbares Bedürfnis, der Beste, der Interessanteste, der Genialste, der Tüchtigste, der Unschuldigste, der Gerechteste, der Frömmste, der Verruchteste, der Verworfenste, der genial Gefährdetste zu sein, kurzum, sich immer in Superlativen zu bewegen oder, wie Eduard Mörike es nennt, ein »sehrhafter« Mensch zu sein, vor dessen Eigenschaften jeweils mindestens das Wort »sehr« zu setzen ist.

Des anderen – oder meine? – Last kann aber auch sein, dass ein Mensch mit sich eine Altlast herumträgt, die ihm andere bei Gelegenheit böse oder hämisch vorhalten. Oder er trägt sie heimlich mit sich, weil er nicht will, dass andere mit ihren harten Urteilen ihm das antun, was er selbst immer neu anderen angetan hat.

Vielleicht ist die schwerste Last, die wir einander zu tragen geben, die Selbstgerechtigkeit, in der wir Steine auf andere werfen, ohne zu merken, dass wir selbst im Glashaus sitzen. Ein Mensch, der sich seiner Schwäche bewusst ist, ist viel leichter zu ertragen als einer, der vom hohen Ross herab mit Urteilen um sich wirft und dabei gar nicht mehr wahrnimmt, wie er selbst auf andere wirkt.

Warum steht das Wort »Einer trage des anderen Last« gerade im Brief des Paulus an die Galater, in seinem wohl streitbarsten Brief? Er setzt sich in ihm mit Menschen auseinander, die, obgleich sie Christen geworden sind und gelernt haben, in aller Freiheit die Frage, wie sie vor Gott und voreinander dastehen, dem lieben Gott zu überlassen, plötzlich wieder zurückfallen in eine ängstliche Haltung. Sie wagen es nicht, sich der Freiheit anzuvertrauen, die sich der Gottes- und Nächstenliebe überlässt, sie wollen sozusagen auf Nummer sicher gehen, das Gesetz Moses in seinen Einzelheiten halten, um dadurch »Sicherheiten« zu gewinnen, dem Urteil Gottes gegenüber. Mit der Folge, dass sie andere eng und lieblos beurteilen und dass sie mit Menschen, denen der jüdische Speisezettel samt Reinigungsriten und Sabbatordnung fremd sind, nicht mehr am selben Essenstisch sitzen können.

Sie ruft Paulus mit beschwörenden Worten zurück in die Freiheit, zu der uns Christus befreit hat. Dies ist ja nun wirklich keine Freiheit, dem anderen die Ellbogen in die Rippen zu schlagen oder den anderen linksliegen zu lassen, vielmehr: jene Freiheit, in der ein Mensch andere Menschen mit den aufmerksamen und verstehenden Augen Jesu sieht und darauf aus ist, dem anderen zu helfen, seine Last zu tragen. »Einer trage des anderen Last, so werdet ihr das Gesetz Christi erfüllen.« Und damit ist die Lebensordnung Jesu Christi gemeint.

Das ist die Haltung Jesu, zu der Paulus die Christen der Provinz Galatien zurückführen will. Jene Bereitschaft, sich, soweit möglich, in die Lage des anderen hineinzuversetzen, statt ihm distanziert urteilend gegenüberzutreten; den Richtertisch zu verlassen und sich zu dem Angeklagten auf eine und dieselbe Bank zu setzen.

Können wir uns diese Haltung denn leisten, wo wir doch selbst genug Lasten mit uns herumschleppen? Gebietet uns nicht der Wille, uns selbst zu schützen, maßvoll und wählerisch unser Mitleiden mit anderen zu dosieren, wohl wissend, dass wir selbst keine Heilandsgestalten sind? Und gibt es nicht auch ein ganz unangenehmes Helfersyndrom, in welchem sich ein Mensch nur wohl fühlt, wenn ihn andere in der Rolle des hingebungsvollen Helfers und Lastträgers sehen? Könnten wir nicht leicht in die Rolle des Schweizer Helden Winkelried geraten, der alle Speere auf seine eigene Brust lenkt, damit andere über ihn hinweg in die Gasse, zu der er geworden ist, und durch sie in die Freiheit laufen? Ist nicht unsere Bereitschaft, Lasten anderer zu tragen, so sehr vom Abgleiten in Fehlhaltungen bedroht, dass wir am Besten im Ganzen nach dem Motto leben »jeder ist sich selbst der Nächste« und »sehe jeder selbst, wie er zurande kommt«? Wie können wir dieses Wort erfüllen, ohne uns selbst in Unmögliches zu verrennen und ohne dem Helfersyndrom zu verfallen?

Dreierlei erscheint mir wichtig. Das Erste: dass wir die Menschen, deren Last uns begegnet, die uns Gott über den Weg schickt und die er uns auf die Seele bindet, in der Fürbitte vor Gott bringen. Wenn ich für einen Menschen bete, dann löst sich bei mir ganz von selbst die Verkrampfung, als hinge alles von mir ab. Ich bitte Gott, ihm zu helfen. Ich bete für ihn im Namen Jesu Christi, der seine Last längst auf sich genommen hat. Gott kann ihm helfen, durch mich und/oder durch andere Menschen, von denen er sehr viele zur Verfügung hat.

Das Zweite: Ich muss meine eigene Last nicht verschweigen, darf mich mit meiner Last anderen Menschen zumuten. Ich darf es mir gefallen lassen, dass sie als Schwestern und Brüder meine Last mittragen. Das wird freilich am besten mehr im vertrauteren Raum geschehen. Meine persönliche Last mache ich lieber nicht zum Gegenstand des öffentlichen Interesses. Aber ein paar Menschen, die davon wissen wollen, dürfen und sollen davon wissen. Der trutzige Satz »Damit muss ich allein zurecht kommen, das geht niemanden etwas an« ist in seiner Trostlosigkeit nicht christlich. Erst wenn ich es mir gefallen lasse, dass andere meine Last mittragen, erst dann kann ich anderer Leute Last tragen. Erst wenn ich mir helfen lasse, kann ich anderen helfen.

Das Dritte: Solange wir den Satz »Einer trage des anderen Last« als Aufforderung an Einzelne weitergeben, richten wir vor ihnen eine Forderung auf, an der sie scheitern. Unwillige Abwehrreaktionen dürfen uns nicht wundern. Dieser Satz gehört in eine Gemeinschaft, in der die »Lebensgesetze« des Leibes Christi gelebt werden. Die Gemeinde, die im Geist Jesu Christi gemeinschaftlich lebt, ist der Ort, an dem die Mahnung oder besser die Bitte »einer trage des anderen Last ...« ihren angemessenen Platz hat.

Und noch ein Letztes zum Thema »Last«. »Der Übel größtes ist die Schuld«, sagt in seiner Tragödie »Die Braut von Messina« Friedrich Schiller mit Recht. Die Schuld, die wir mit uns herumtragen, die offenbare und fast noch mehr die verborgene, die verdrängte wie die Schuld, deren wir uns sehr wohl bewusst sind, ist die schwerste Last. Wir bringen sie mit unserer eigenen Schuld vor Gott und bitten: »Und vergib uns unsere Schuld ...« Wir können und sollen aber auch auf den schuldbeladenen Menschen zugehen in der Haltung »Dir sind deine Sünden vergeben«. Selten wird vermutlich ein solches Wort direkt in unserem Gespräch gesagt werden. Wir haben eine begründete Scheu, das Heilige in den Mund zu nehmen. Und doch wird jeder Mensch, der mir begegnet, bald spüren, ob meine Art, mit ihm umzugehen, darauf gerichtet ist, ihn bei dem, was er sich und anderen schuldig bleibt, zu behaften, ihn womöglich auf seine Fehlleistungen und Versäumnisse festzunageln, oder ob ich in der Begegnung mit ihm durchdrungen bin von dieser Botschaft »Dir sind deine Sünden vergeben«. Alles an uns bezeugt oder verleugnet diese Kernbotschaft des Evangeliums. Und daran, ob diese Botschaft und keine andere uns bestimmt, wird sich entscheiden, ob wir fähig sind des anderen Last zu tragen und der Lebensordnung Jesu Christi zu entsprechen.

5. Sonntag nach Trinitatis

Aus Gnade seid ihr selig geworden durch Glauben,
und das nicht aus euch: Gottes Gabe ist es.

Epheser 2,8

Wenn wir den Zusammenhang lesen, in dem dieser Satz steht, dann fällt auf, wie tief die Lebenswende gewesen sein muss, die Menschen in Ephesus hinter sich hatten, nachdem sie Christen geworden waren.

An starken Ausdrücken, die den Zustand vor dem Christwerden bezeichnen, fehlt es nicht: »Tot in Sünden« seien sie gewesen, dem »Mächtigen, der in der Luft herrscht« – ist das eine Umschreibung des »Fürsten dieser Welt«, des Teufels? – hätten sie gehorcht. Reine Triebmenschen seien sie gewesen, denen ihre Triebbefriedigung das Wesentliche im Leben gewesen sei, »Kinder des Zorns« von Natur, also Leute, die sich so aufführen, dass man den Eindruck hat, Gott habe sie am Tag des Zorns erschaffen. Und so würden sie dann auch leben und wirken, Menschen, bei deren Leben gar nichts Gutes herauskommen kann, weil sie von bösen Mächten getrieben sind.

Und dann beschreibt er in den hellsten Tönen die große Wende: Die tot waren in Sünden, habe Gott durch den auferstandenen Christus in einer Art Auferweckung von den Toten lebendig gemacht. Er habe sie »in das himmlische Wesen« gesetzt, indem er sie in die Gemeinde Jesu geführt und damit zu Gliedern seines Leibes gemacht habe. Der Reichtum seiner Gnade habe ihr Leben total verwandelt. Und dann dieses Wort, das zum Wochenspruch am 5. Sonntag nach Trinitatis wurde: »Aus Gnade seid ihr selig (oder: gerettet) worden durch Glauben und das nicht aus euch, Gottes Gabe ist es, nicht aus den Werken, damit sich niemand rühme.«

Viele haben eine solche tiefe Wende in ihrem Leben nicht erlebt, manche kommen aus ziemlich christlichen Häusern, einige aus Pfarrhäusern. Nicht dass sie deswegen sozusagen durch die Gene oder durch die Muttermilch zu gläubigen Christen geworden wären. Auch ein frommes oder kirchliches Elternhaus hat seine spezifischen Probleme. Und Eltern können nicht – wie man es heute auch aus bischöflichem Mund immer wieder hört – den Glauben weitergeben. Der Glaube ist das freie Geschenk des Geistes Gottes, der weht, wo er will, der beschenkt, wen er will, der auch durchaus nicht unseren zeitlichen Erwartungen entspricht. Er setzt sich selbst den Zeitpunkt, an dem er in einem Menschen wirken will. Es kann oft merkwürdig lang dauern. Und es kann der Funke oft zu einem Zeitpunkt überspringen, an dem man damit nicht gerechnet hätte. Der Geist Gottes wirkt dort, wo und wann es Gott gefällt.

Aber ganz ohne Vermittlung der Menschen, sozusagen senkrecht von oben, wirkt der Geist doch relativ selten. Die meisten von uns hatten auf ihrem Lebensweg Menschen, die ihnen etwas verkörpert haben vom Reichtum der Gnade Gottes. Es waren weniger die faszinierenden, mitreißenden Gestalten. Diese konnten in unserem Leben manches Strohfeuer anzünden. Aber was blieb davon außer Ernüchterung und Enttäuschung? Es waren dagegen oft stille, bescheidene Leute, aus denen etwas »herausgeleuchtet« hat von dem, was man Gnade oder Freiheit nennen könnte. Vielleicht geschah das nur in einem kurzen Augenblick, in einem kurzen Gespräch, in dem eine wirkliche Leidenschaft für die Sache Jesu Christi spürbar wurde.

Im Ulmer Münster haben im Jahr 1533 die Bilderstürmer sämtliche Heiligenfiguren »mit Stricken umwunden und mit Pferden geschleift«. Sie hatten genug von der Verquickung von Heiligenverehrung und Seelenschacher, von finanzieller Ausbeutung der Seelenängste der Leute im Ablasswesen. Luther und Brenz wollten von einer solchen Reformation mit der Axt und dem Stemmeisen in der Hand nichts wissen. Aber es gab eben in allen Bewegungen Leute, die gröber gestrickt sind, die »etwas Starkes tun« wollen.

Dann blieben die Sockel bis 1880 leer, 350 Jahre immerhin. Und dann haben Ulmer Bürgerfamilien ihre milde Hand aufgetan und neue Heiligengestalten in Stein hauen und auf die leeren Sockel stellen lassen. Da stehen sie seither, Propheten und Apostel, in den Seitenschiffen die Zivilisten, Kaiser, Herzöge, im Südschiff protestantische Theologen, Musiker etc.

Etwa ein Viertel der Sockel sind noch leer. Und hoffentlich entsteht in Ulm keine Spenderinitiative von Leuten, die sie unbedingt füllen wollen. Denn diese leeren Sockel an den Säulen können wir im Geist bevölkern, mit den Leuten, die uns in unserem Leben zu Werkzeugen der Gnade Gottes wurden. Wen würden Sie auf einen solchen Sockel stellen? Vermutlich Menschen, deren Namen kaum einer von uns je gehört oder gelesen hat, unbekannte Menschen, die Ihnen irgendwann begegnet sind, die Ihnen an irgendeiner Wegbiegung oder in irgendeinem tiefen Tal Ihres Lebens den Weg gezeigt, die Last ein Stück weit abgenommen oder mitgetragen haben. Vielleicht auch dann und wann ein Mensch, der die Gabe hatte, Sie mit seinen Worten in die Geschichte Gottes mit seinen Menschen hineinzunehmen.

Können wir etwas dazu, dass uns solche Menschen begegnet sind? Dass sie auf uns diese und keine andere Wirkung hatten? Vielleicht kennen Sie Jugendfreunde, die Ihnen, wenn sie hören würden, dass Sie gerade diesen Menschen auf den Sockel der Wegweisenden stellen wollten, sagen würden: Der? Nie und nimmer! Den habe ich ganz anders erlebt! Mag sein! Aber Sie haben ihn so erlebt. Ihnen wurde er zum Werkzeug des Segens.

Sind Sie dankbar, dass es in Ihrem Leben solche Menschen gab? Können Sie noch Namen nennen? Haben Sie diesem oder jenem schon einmal Ihren Dank ausgedrückt? Wollen Sie das irgendwann tun?

Oder gehen Sie mit ganz anderen Eindrücken um? Mit der Erinnerung an Christen, die sich in Ihren Augen als pure Heuchler entpuppt haben? Menschen, die Sie gepeinigt haben, durch deren Gegenwart es Ihnen lange Zeit fast unmöglich war, am christlichen Glauben irgendetwas Gutes zu finden? Womöglich Menschen, die wie der Engel mit dem hauenden Schwert Ihnen vor der Tür zum Garten Eden stehen und Ihnen den Zutritt verwehren?

Wenn Sie trotz solcher faulen Knechte doch wenigstens zu Ansätzen des Glaubens kamen, was für ein Glück! Wie erstaunlich.

Aber, so oder so, es ist, recht verstanden, Zufall, ob es nun so oder so ging. Zufall nicht im Sinn von blindem Zufall, sondern Zufall im wörtlichen Sinn: Es ist Ihnen und mir zugefallen. Wir haben das weder erarbeitet noch inszeniert. Wir hätten es auch in keiner Weise machen oder uns verdienen können. Es ist Gottes Wirken an uns, dann und wann es Gott gefällt.

Waren in Ephesus einige Leute drauf und dran, sich selbst etwas darauf zu Gute zu halten, dass sie Christen geworden sind? Etwa so: Ich war schon immer ein wertvoller Mensch, ein Suchender, einer, der es wert ist, dass Gott sich mit ihm abgibt, einer, bei dem die göttliche und menschliche Mühe einen Wert hat?

Haben einige Epheser, die so über sich dachten, andere im Stillen verachtet: hoffnungsloser Fall, bei dem greift keine Bemühung, wo soll sie denn anknüpfen? Er ist ein ein fleischlicher Mensch, Höheres zieht da nicht!

Stecken in uns womöglich auch solche Gedanken? Oder wirken wir so, dass man meinen könnte, wir würden die Menschen auch so einteilen?

Wie immer, es ist wieder Zeit, dass wir uns sagen lassen: dass wir Christen wurden, ist reines Geschenk, hat mit irgendwelchen inneren Werten, an denen Gott hätte anknüpfen können, rein gar nichts zu tun. Wir können nur beschämt Gott danken.

Ich weiß wohl, dass, wenn wir die Linien dieser Auffassung logisch exakt ausführen, wir auf schwierige Gedanken kommen. Johannes Calvin, der konsequente Denker, hat die Linien so exakt ausgezogen, dass daraus seine Lehre von der doppelten Prädestination wurde: Gott hat (nach seiner Auffassung) die einen zum Heil, die anderen (nicht wenige!) zum Unheil bestimmt. Und was immer geschieht, es ist nur die Ausführung seines vorzeitigen Prädestinationsratschlusses.

Soweit müssen wir nicht gehen. Und Calvin hätte möglicherweise auch besser getan, seinen allzu konsequenten Gedanken in dieser Sache Zügel anzulegen. Es gibt Fragen, in denen uns eine wissende Ignoranz mehr ziemt.

Folgern wir aus der Tatsache, dass es pure Gnade ist, wenn Gott uns zu Christen hat werden lassen, dass er anderen Menschen jederzeit dieselbe Gnade auch geben kann. Wenn wir diese Gnade durch nichts verdient haben, dann kann Gott mit seinem Geist auch in Menschen wirken, die wie wir es durchaus nicht wert sind. Nehmen wir die Schere aus dem Hirn, mit der wir ständig Menschen sortieren und solche abtrennen, bei denen wir meinen, für sie sei das Christsein und Christwerden nichts. Das sei alles für die Katz, weil sie kein Sensorium für Geistliches hätten. »Die Ersten werden die Letzten, die

Letzten werden die Ersten sein«, sagt Jesus (Mt 19,30). Man soll nie nie sagen. Und, wer weiß, vielleicht kann Gott gerade Sie und mich bei solchen Menschen brauchen, um sie dem Reichtum seiner Gnade begegnen zu lassen. Warum eigentlich nicht? Wir sollten ganz anders auf die Leute zugehen und sollten uns Gott viel rückhaltloser als bisher zur Verfügung stellen. Vielleicht wäre das die angemessene Art, für das, was wir in unserem Leben empfangen haben, zu danken.

6. Sonntag nach Trinitatis

So spricht der Herr, der dich geschaffen hat:
Fürchte dich nicht, denn ich habe dich erlöst.
Ich habe dich bei deinem Namen gerufen;
du bist mein.

Jesaja 43,1

Wir sollten dieses Wort, das wir oft bei Taufen, als Denkspruch bei der Konfirmation, als Wort zur Trauung benutzen, nicht zuerst auf uns persönlich beziehen. Es ist zu Israel gesagt, dem von Gott zuerst und besonders erwählten Volk. Zu dem Volk, das sein Geschöpf ist. Er hat es entstehen lassen durch die Erzväter, als er Jakob dem Kämpfer um Gott, in der langen schweren Nacht am Jabok (1. Mose 32) den Namen Israel gab. Als er durch Joseph die Söhne Jakobs und ihre Familien vom Hungertod rettete, in Ägypten, als er sie trotz aller Bedrohung und aller Dezimierungsmaßnahmen des Pharao wachsen ließ. Und besonders als er dieses Volk befreite von der tödlichen Gewalt aus dem Knechtshaus, als er es durch das Rote Meer gerettet hat, ihnen am Sinai die Thora gab, es durch die hundert Gefahren der Wüste ins Gelobte Land geleitet hat. Es war das Leben dieses Volkes immer neu ein Sterben und Auferstehen. So ist er für dieses Volk Israel »der Herr, der dich geschaffen hat«.

»Der Herr!« Diesen Begriff würden manche von uns, die noch in den Spätfolgen der antiautoritären Welle stecken, am liebsten abschaffen. Ist ihnen wirklich geholfen, wenn sie in Bibelübersetzungen für den Kirchentag das Wort »der Herr« durch das hebräische »Adonai«

ersetzen? »Der Herr« meint viel weniger ein autoritäres Verhältnis zwischen Herrn und Knecht. Der Herr ist im Alten Testament der Gott, der den feindlichen Gewalten, die sein Volk vernichten wollen, gebietet, der sein Volk aus dem Knechtshaus in die Freiheit führt. Das ging mir besonders auf, als ich in der Gorbatschow-Ära, während der so genannten Perestroika in Brest (Weißrussland) vier Stunden den Rednern bei einer öffentlichen Taufe im Fluss Bug zuhörte. Mit welcher Wonne haben sie das Wort »Gospodin« gerufen. Es konnte nicht oft genug vorkommen. »Gospodin, Herr!« Und der Klang dieses Wortes in ihrem Mund war wie »Freiheit!« und »Glaubt ja nicht, dass ihr uns noch einschüchtern könnt, ihr vom KGB, eure Tage sind gezählt. Wir fürchten uns nicht mehr!«

So ähnlich wird es geklungen haben, wenn Hebräer in den bösen, gefahrvollen Jahrzehnten ihrer Geschichte, als sie bedrückt, bedroht, schließlich gefangen waren im fremden Land, vom Herrn geredet, zum Herrn gebetet haben. So ähnlich hat es wohl geklungen, wenn ein junger Christ in den ersten Jahrzehnten der frühen Kirche bei der Taufe das Bekenntnis gesprochen hat »Kyrios Jesous«, Jesus ist der Herr. Und diesen Klang hatte das Wort »Herr«, wenn Christen in den dunkelsten Zeiten des Dritten Reiches und danach gesungen haben »Jesus Christus König und Herr, dein ist das Reich, die Kraft, die Ehr. Gilt kein andrer Name heut und ewig. Amen.« Was ist mit uns Christen geschehen, wenn wir plötzlich das Wort, das einst Ausdruck der Freiheit war, nicht mehr in den Mund nehmen wollen und uns mit »guter Gott« und anderen gut gemeinten Ausreden um das Bekenntnis zu dem Herrn unseres Lebens herummogeln?

Aber zurück zu Israel, dem dieses Wort zuerst gilt. Es bleibt Gottes ersterwähltes Volk. Wir haben angesichts dessen, was in Römer 9 bis 11 steht, kein Recht, Israel sein Erwähltsein abzusprechen. »Gott hat sein Volk nicht verstoßen, welches er sich zuvor ersehen hat« (Röm 11,2) und »Gottes Gaben und Berufung können ihn nicht gereuen« (Röm 11,29).

Israel bleibt bedroht von innen und von außen. Durch die Gefahr, sich selbst zuzuschreiben und zugute zu halten, was doch allein Gottes Gnade ist. Durch Halsstarrigkeit. Durch eine formale Gesetzestreue, die doch die Liebe zu Gott und den Menschen tötet. Durch

Verzagtheit in den zermürbenden Situationen, die es in der Völkerwelt bis zum heutigen Tag durchmacht. Und Israel bleibt bedroht durch Neid und Hass der Völker, die ihm seine Erwählung neiden und die sich selbst zum erwählten Volk ausrufen. Es bleibt bedroht durch Völker, die sich ihre eigenen nationalen Götter schaffen, womöglich mit christlichem Anstrich und die darum den Gott der Bibel, der erwählt, wen er will, bekämpfen. Sie schlagen sein Volk und meinen den Gott, der sich dieses Volk erwählt hat. So trägt Israel bis zum heutigen Tag mit an dem Aufstand der Völker gegen Gott. Es geht durch Feuer und Wasser, die großen Sinnbilder der tödlichen Gefahr.

Diesem bedrohten Israel gilt das Wort seines Schöpfers und Erlösers: »Fürchte dich nicht, denn ich habe dich erlöst, ich habe dich bei deinem Namen gerufen, du bist mein!«

Es gilt aber auch dem neuen Israel, das das erste Israel keineswegs ersetzt, das ihm auch keinesfalls den Rang in Gottes Heilsgeschichte streitig machen darf, das aber ihm zur Seite gestellt ist im Auftrag, Gottes Recht unter die Völker zu bringen. Jesus hat zwölf Jünger zu Aposteln gemacht, um zu zeigen: Hier entsteht das neue Israel im neuen Bund.

In der Offenbarung des Johannes sind es dann nicht zwölf, sondern 24 Älteste (Offb 4,4; 4,10; 5,8; 11,16), also die Vertreter des alten und des neuen Israel, die vor dem Thron des Lammes anbeten.

Es gilt dieser Zuspruch der Gemeinde Jesu Christi, die sein Leib ist, an dem die Leiden Christi deutlich werden. Sie ist dadurch gefährdet, dass Furcht und Kleinglauben sie übermannen. Dass ihr Mut sinkt, ihr die Zivilcourage abhanden kommt. Die gefährdet ist durch überpersönliche Kräfte, die ihr Bekenntnis durchsäuern und ersticken. Durch Abfall, Verleugnung und Verrat in der Stunde der Finsternis, wie wir das am Verhalten der Jünger Jesu in seiner Passion sehen. Ihr, die ein Geschöpf des Wortes des lebendigen Gottes ist, gilt: »So spricht der Herr, der dich geschaffen hat: Fürchte dich nicht, denn ich habe dich erlöst, ich habe dich bei deinem Namen gerufen, du bist mein.«

»Fürchte dich nicht!« Sehr viel Unruhe, Unfrieden, Panik, Aggression entstehen in der Gemeinde Jesu, weil wir uns fürchten. In der Geschichte von den Jüngern, die im Boot in den Sturm geraten (Mk

4,35–41), wird die Furcht der Jüngergemeinde drastisch beschrieben. Sie fürchten sich, obgleich Jesus mit ihnen im Boot ist. Und erst als er Wind und Wellen bedroht, werden sie wieder ruhiger. Sodann auch nach dem Kreuzestod Jesu, als die frühe Gemeinde der Jünger sich hinter verrammelter Türe aus Furcht verkriecht (Joh 20,19–23). Der Gemeinde gilt vor allem anderen der Ruf: »Fürchte dich nicht!« Und der es sagt, in dessen Mund ist es nicht einfach ein Appell, sondern durch seine Gegenwart nimmt er seiner Gemeinde die Furcht.

»Ich habe dich erlöst!« Von den bedrückenden Kräften, die auch die Gemeinde bedrohen: Kleinglauben, Selbstgerechtigkeit, Arroganz, Machtkämpfe, Separatismus, jene Geißeln, mit denen die Gemeinde sich selbst kränkt und entstellt. Sie haben kein Recht auf die Gemeinde. Christus hat sich alle diese Dämonien gefallen lassen, er hat sich ihnen gestellt, um ihnen seine Gemeinde zu entwinden. Um seine Gemeinde für sich zurückzugewinnen. Man sollte all diesen Kräften viel respektloser gegenübertreten. Sie haben keine Macht an sich und in sich. Ihre Macht in der Gemeinde lebt nur davon, dass wir sie gar zu sehr respektieren.

»Ich habe dich bei deinem Namen gerufen, du bist mein.« Auch Gemeinden haben Namen. In den sieben Sendschreiben (Offb 2 und 3) werden sie namentlich angeredet. Und dass diese Sendschreiben jeweils an ihren Engel adressiert sind, bedeutet nicht, dass der Brief an den jeweiligen Gemeindeleiter adressiert und dieser zum Engel der Gemeinde erklärt wurde. Vielmehr sind Gemeinden vor Gott lebendige Organismen, von denen wie von den »Kleinen« gesagt werden kann: »Ihre Engel im Himmel sehen allezeit das Angesicht meines Vaters im Himmel« (Mt 18,10). Das sei allen gesagt, für die eine Gemeinde nur eine Art Verschiebemasse ist, an der wir unsere gestalterischen Energien auslassen können. Sie sind gewachsen durch das Wort und durch den Geist Gottes. Sie haben ihr eigenes Wachstum, sie machen ihre Krankheiten durch wie Kinder und wie Erwachsene. Sie haben ihr je eigenes Leben, das wir zu respektieren haben, weil es von Gott ist.

»Du bist mein!« Meine Gemeinde ist nicht meine Gemeinde. Sie ist die Gemeinde Jesu Christi. Ebenso wenig sind die Menschen in ihr meine oder unsere Leute. Sie sind »des Herrn«. Und sie werden es spüren, ob wir sie so oder anders verstehen. Prälat Karl Hartenstein konnte bei seinen Predigten die anwesende Gemeinde geradezu feierlich mit »werte Gemeinde« ansprechen. Er wollte damit sagen: Sie ist teuer erkauft (1. Kor 6,20). Ich kann ihr deswegen nur mit Respekt begegnen.

Wenn das alles bedacht ist, dann dürfen wir aber auch ohne Scheu dieses Wort auf uns selbst als einzelne Person anwenden.

»So spricht der Herr, der dich geschaffen hat.« Für den du die Verwirklichung eines geliebten Gedankens bist. Der an deiner Entstehung, an deinem Werden und Ergehen hohen Anteil nimmt. »Fürchte dich nicht!« Man sagt, 365 Mal komme in verschiedenen Variationen dieser Zuruf in der Bibel vor. Das wird, was die Zahl betrifft, so nicht ganz stimmen. Aber es ist doch der entscheidende Zuruf für jeden Tag. Da ja die Furcht unser aller Gefahr ist, Furcht vor dem Tod und Furcht vor dem Leben, Furcht vor anderen Menschen und Furcht vor uns selbst. Furcht vor dem, was wir anrichten könnten. Und Furcht vor dem, was andere an uns anrichten. Furcht vor den destruktiven Kräften in unserem Unbewussten, die wir nicht kennen. Furcht vor Feuer und Wasser. Furcht vor der Gefährdung unserer Liebe. Vor den Feuersgluten und den Wasserfluten. »Wenn du durch Wasser gehst, will ich bei dir sein, dass dich die Ströme nicht sollen ersäufen; und wenn du ins Feuer gehst, sollst du nicht brennen, und die Flamme soll dich nicht versengen. Denn ich bin der Herr, dein Gott, der Heilige Israels, dein Heiland« (Jes 43,2. 3).

»Ich habe dich erlöst.« Diesem Begriff kommen wir erst auf die Spur, wenn wir verstehen lernen, dass wir Anteil bekommen am Sterben und Auferstehen Jesu Christi. Durch ihn sind wir der Sündenmacht, die uns ruinieren und entstellen will, gestorben.

»Was er (Christus) gestorben ist, das ist er der Sünde gestorben ein für allemal; was er aber lebt, das lebt er Gott. Also auch ihr, haltet euch dafür, dass ihr der Sünde gestorben seid und lebet Gott in Jesus Christus« (Röm 6,10. 11). Erlösung hat damit zu tun, dass wir unseren »alten Adam«, der sich selbst helfen, der sich selbst erlösen, sich selbst verwirklichen, sich selbst rechtfertigen und vollenden will, mit Christus sterben lassen – lass fahren dahin! – und dass wir unser wahres Leben in einer Art von ständigem Ostermorgen durch den auferstandenen Christus geschenkweise empfangen. Das wird in der Taufe abgebildet, weshalb wir dieses Wort mit Recht gern als Taufspruch nehmen.

Wobei wir diese Erlösung auch verstehen können als bildlichen Ausdruck der Befreiung von überpersönlichen Mächten, die uns im Würgegriff haben. Das kann ein ungesunder Ehrgeiz, mit dem wir uns und andere ruinieren, ebenso sein wie eine ganz banale Suchtkrankheit. Es kann depressive Nekrophilie sein oder die Furcht, im Leben zu kurz zukommen und deshalb, was immer sich bietet, ausschöpfen zu müssen, so dass wir in unserer Lebensgier ein Fass ohne Boden werden. Solche Mächte halten einen Menschen im Würgegriff. Er kann sich nicht selbst von ihnen befreien. Als Menschen, die dadurch gefährdet sind, dürfen wir hören: »Ich habe dich erlöst.« Lass es wahr sein. Lebe unter dieser Voraussetzung, so wirst du entdecken, wie schön die wiedergeschenkte Freiheit ist.

Wobei wir unter der »Erlösung«, die Jesus Christus schenkt, durchaus eine Befreiung der einzelnen Person und ihre Vollendung verstehen dürfen. Es hat die Erlösung, die das Evangelium ansagt, nichts zu tun mit einer Art Auflösung der Person in größere Einheiten, wie uns die »Erlösung« im Buddhismus angeboten wird. Nicht Erlösung vom Personsein, sondern Erlösung der Person. Nicht Auflösung des Tropfens im Meer, sondern Leben im personalen Gegenüber meint das erlösende Gottschauen, die visio beatificans, die in der christlichen Lehre Ziel des Weges ist, den Gott uns führt.

»Ich habe dich bei deinem Namen gerufen!« Dass wir trotz Standesamt die Taufe mit der Namensgebung verbinden, hat seinen Sinn. Gott beruft uns in sein Gottesreich. Und er nimmt uns auf in seine Kirche, die dem Gottesreich den Weg bereiten soll. Er ruft uns beim Namen. Und dadurch erst erhalten wir unseren Namen. »Ja, den Namen, den wir geben, schreib ins Lebensbuch des Lebens«, singen wir im Tauflied (EG 206,5 ebenso EG 207).

Weil Gottes Beziehung zu uns ganz persönlich ist, spielt der Name in der Bibel eine große Rolle. Gott gibt uns seinen Namen. Den sollen wir heilig halten, sollen ihn nicht missbrauchen, denn Gott wird nicht ungestraft lassen den, der seinen Namen missbraucht (2. Mose 20,7). Und Jesus lehrt uns als erste Bitte: »Dein Name werde geheiligt.« Wir werden beim Namen gerufen. Und wir können uns freuen, dass unsere Namen im Himmel geschrieben sind (Lk 10,20). Sie werden nicht gelöscht.

Wie wichtig es ist, dass im Religionsunterricht der Lehrer jeden Namen weiß, das hat mir erst kürzlich ein Schuldekan gesagt. Hat der Religionslehrer sich etwa ca. vierhundert Namen einzuprägen, dann stellt das an sein Gedächtnis hohe Anforderungen. Aber wer unterrichtet, wird sehr bald merken: Wenn ich ein Kind nicht mit seinem Namen anreden kann, wird es mir bald »abtauchen« und nicht mehr ansprechbar sein. In den Konzentrationslagern hat man den Häftlingen die Namen abgewöhnt und ihnen stattdessen Nummern gegeben. Leider bemerke ich in letzter Zeit in durchrationalisierten Krankenhäusern, in denen die Patienten lange warten müssen, bis sie untersucht werden, dass sie eine Nummer bekommen und dass statt des Namens ihre Nummer aufgerufen wird. Das habe nicht nur mit rationeller Bewältigung der Arbeit, sondern auch mit dem Datenschutz zu tun, sagt man mir. Ich sehe darin keinen Fortschritt.

Auf den Friedhöfen schreitet die Sitte der anonymen Bestattung fort. Mag sein, dass dahinter die Not der Einsamkeit isolierter Menschen steht, die sich selbst nicht mehr als Personen wahrgenommen wissen und die dann konsequenterweise für sich diese anonyme Entsorgung verfügen. Es ist aber Ausdruck einer Entpersönlichung, die wir nur als Folge der Entchristlichung und der daraus folgenden Entmenschlichung verstehen können. Gott ruft uns beim Namen. So dürfen wir einander auch beim Namen rufen.

»Du bist mein!« Der Klang dieses Wortes ruft uns in die große Freiheit, die ein Mensch erfährt, der sich in die Sphäre Gottes versetzt weiß. Martin Luther hat 1520 in seiner Schrift »Von der Freiheit eines Christenmenschen« geschrieben: »Ein Christenmensch ist ein freier Herr aller Dinge und niemandem untertan.« Und: »Ein Christenmensch ist ein dienstbarer Knecht aller Dinge und jedermann untertan in der Liebe.«

7. Sonntag nach Trinitatis

So seid ihr nun nicht mehr Gäste und Fremdlinge,
sondern Mitbürger der Heiligen und Gottes Hausgenossen.

Epheser 2,19

Gast sein kann bei gastfreien Freunden schön sein. Wenn ich wissen darf, sie haben ihre Einladung wirklich so gemeint. Sie freuen sich, wenn ich komme. Aber sie haben noch anderes zu tun, als mir aufzuwarten. Weshalb ich damit rechnen muss, dass sie sich auch freuen, wenn ich wieder gehe. Es kann bei solchen Besuchen irgendwann geradezu eine peinliche Spannung aufkommen. Die Gastgeberin sollte wissen, wann ich wieder gehe. Sie möchte wissen, wie sie disponieren kann im Blick auf das Essen, im Blick auf ihre häuslichen Arbeiten, zu denen sie erst wirklich frei ist, wenn der Gast weg ist. Im Blick auf die Freundin, die etwas mit ihr unternehmen will. Im Blick auf die erwachsenen Kinder, die mit ihren Kindern kommen wollen und die das Zimmer brauchen. Und ein paar Tage Ruhe brauchen die Gastgebenden dann auch. Es ist alles nur ein Weilchen schön. Aber die Gastgeberin möchte den Gast nicht verletzen, weshalb sie ihn nach dem Datum seiner Abreise nicht fragt.

Auch hat der Gast seinerseits sich an seine Rolle als Gast zu halten. Es geht nicht an, dass er, wenn in der Familie schwierige Entscheidungen getroffen werden, mitredet. Selbst wenn er um seine Meinung dazu gefragt wird, tut er gut daran, sich sehr zurückhaltend zu äußern. Er gehört nicht dazu. Und allzu leicht könnte sein Rat Mitglieder der Familie gegeneinander aufbringen. Es ist das Beste, er hält sich da ganz heraus. Es ist ein großer Unterschied, ob ich Gast bin oder ob ich ganz dazugehöre.

Sehr viel schwerer hat es der Fremde oder der Fremdling. Kein Wunder, dass unsere Dichter die Nöte des Fremdlings beredt zur Sprache bringen. »Fremd bin ich eingezogen, fremd zieh ich wieder aus«, singt Franz Schubert mit Texten von Wilhelm Müller in seiner »Winterreise«.

Nun sind wir also nicht mehr Gäste und Fremdlinge. Das waren wir. Das ist vorbei. Das Wort »nun« oder »nun aber« bezeichnet im Neuen Testament oft: Etwas Neues hat begonnen. Die Situation hat sich grundlegend geändert. Es ist etwas geschehen, das wie eine Zeitenwende ist. Wir stehen jetzt auf dem Boden ganz neuer Tatsachen.

Das hängt mit dem zusammen, was durch Jesus Christus in die Welt und in unsere ganz persönliche Geschichte kam. Gott wurde einer von uns, ein Mensch. Nicht wie ein Kirchenvater gesagt hat, um uns Menschen göttlich zu machen oder gar zu Göttern werden zu lassen. Er hat uns als Menschen geschaffen. Und wir haben keine größere Bestimmung als die, wirkliche Menschen zu sein, miteinander menschlich, geschwisterlich zu leben.

Das können wir aber erst, wenn die Grenze zwischen drinnen und draußen vor der Tür, zwischen Einheimischen und Fremden, zwischen dem Hausgenossen, der dazu gehört, und dem Gast, der nur vorübergehend da ist, überwunden, wird.

Wenige Verse vorher ist davon die Rede, dass Jesus Christus »den Zaun abgebrochen hat«, »der dazwischen war«. Es ist der Zaun, der Gott und Mensch trennt, ebenso wie der Zaun, der die Glieder des von Gott erwählten Volkes, des »Volkes seiner ersten Liebe« (Friedrich Heer) von den Menschen aus den Heidenvölkern trennt.

Weil das ein Faktum ist, das Jesus Christus mit seinem Leben und Sterben besiegelt hat, darum gibt es nun einen ganz anderen Status für die Menschen, die sich in ihrem Leben und Sterben an ihn halten. Nun sind sie nicht mehr Gäste und Fremdlinge, sondern Mitbürger der Heiligen und Gottes Hausgenossen.

Mitbürger der Heiligen werden wir zuerst genannt. Das Bild einer Stadt, wie es uns von den letzten beiden Kapiteln der Bibel (Offb 21 und 22) vertraut ist, taucht zuerst auf. Mitten in der Weltgesellschaft der Milliarden Menschen jeder Hautfarbe und verschiedenster Kultur die Stadt Gottes, das neue Jerusalem, das wir Menschen nicht schaffen, das »von Gott aus dem Himmel herab fährt«; das heißt mitten in der alten Weltgesellschaft die neue Gesellschaft, die allein durch das Wirken seines Geistes entstanden ist. Auch diese Stadt nicht etwa kleinstädtisch eng, eine abgezirkelte fromm introvertierte Gemeinschaft von Menschen, welche die Köpfe zusammenstecken und den Außenstehenden die kalte Schulter oder ihren verlängerten Rücken zeigen. Wer die Maße ernst nimmt, die in Offenbarung 21,16 genannt werden, kommt auf eine Stadt von nie dagewesener Weite und Breite. Sie ist etwa zweitausend Kilometer lang und ebenso breit. Eine Breite, in der sehr viel Platz ist! Gottes neue Gesellschaft, durch die er die Weltgesellschaft erneuern will, durch die er der Gesellschaft dieser Welt zuerst einmal ein gültiges, verlockendes Modell vor Augen stellt, ist so weit, dass sie getrost alle Völker zu sich einladen kann.

In dieser neuen Gesellschaft Gottes, zu der wir gehören dürfen, haben wir Bürgerrecht. Wer von der Wiege an sein Leben lang in seinem Heimatland Bürgerrecht hatte, zuerst das Recht des Kindes, dann das Recht des mündigen Bürgers, der kann gar nicht empfinden, was es heißt, als Fremder das Bürgerrecht zu erhalten. Einmal besuchte mich ein Mann aus Anatolien, der durch Fürsprache und vor allem durch seine zuverlässige Art, auch durch bestandene Tests, es erreicht hat, dass ihm die deutsche Staatsbürgerschaft gegeben wurde. Er kam, schwerkrank, um sich zu bedanken. Eine zu Herzen gehende Szene spielte sich in meinem Studierzimmer ab, die ich nie vergessen werde. Endlich, endlich war der Schwerkranke das, was er immer erhofft hatte: ein Mitbürger mit allem, was dazugehört an Rechten und Pflichten. Endlich nicht mehr ein von der Abschiebung bedrohter Fremder! Er brachte mir in einem hübschen Bilderrahmen das Vaterunser in aramäischer Sprache. Es hängt inzwischen neben meinem Schreibtisch. Es erinnert mich an die Dankbarkeit dieses Mannes, nun nach so vielen Jahren ein Mitbürger geworden zu sein. Einer, der nun ganz dazugehört.

Mitbürger der Heiligen dürfen wir sein. Christus allein ist der Fürsprecher, der sich mit Leib und Leben für uns einsetzt. Das genügt. Und vor allem: wenn Paulus seine Briefe »allen Geliebten Gottes und berufenen Heiligen zu Rom« (Röm 1,7), »den berufenen Heiligen« in Korinth (1. Kor 1,2), den »Heiligen zu Ephesus« (Eph 1,1) schreibt, dann meint er gewiss nicht eine Upperclass, eine Elite in diesen Gemeinden; vielmehr gilt sein Brief allen, die sich von Jesus Christus in die Gemeinde rufen ließen.

Mitbürger der Heiligen sein, was kann das heißen? Es bedeutet, dass wir zu einer engen Gemeinschaft bestimmt sind mit allen Menschen, die bewusst von der Gnade Jesu Christi leben, die auf ihn als die Hoffnung ihres Lebens sehen, die auf ihn hören und die sich redlich bemühen, ihr Leben nach seiner Weisung zu führen.

Gemeinschaft mit ihnen heißt durchaus, dass wir, wenn wir beten, nicht nur als Einzelseele vor Gott treten, sondern als Volk Gottes, verbunden mit Menschen aller Kulturkreise, die durch Jesus Christus mit uns verbunden sind. Und das gilt auch für Christen, die lang vor uns gelebt, geglaubt, gehofft, gestritten, gelitten und dabei Gottes barmherzige Durchhilfe erfahren haben. Die »Communio Sanctorum«, die Gemeinschaft der Heiligen, so hat Jürgen Moltmann es einmal formuliert, ist ein großer Kreis von Menschen, die durch Jesus Christus aus allen Nationen zusammengerufen und bei ihm zusammengehalten wurden. Die Todeslinie zerteilt diesen Kreis. Keiner von uns kann sie überwinden. Der Kreis ist durch den Tod in zwei Halbkreise zerschnitten. Doch Jesus Christus ist die Mitte beider Halbkreise. Und durch ihn sind wir, die irdisch Lebenden, mit denen unlösbar verbunden, die dieses Erdenleben hinter sich gebracht haben.

Dieses Wissen soll uns nicht zu irgendeinem parapsychologischen Verkehr mit den Toten verlocken. Die Verbindung geht allein über Jesus Christus. Wir wissen uns als Glieder in einer langen Kette. Wir haben das Evangelium von unseren Vätern und Müttern im Geist empfangen und haben mit ihm unsere eigenen Erfahrungen gemacht. Wir geben es weiter an die kommenden Generationen. Den Glauben können wir nicht weitergeben, aber die Botschaft, die in der Kraft des Heiligen Geistes Glauben weckt. Dieses Leben in der Gemeinschaft der Heiligen, gerade auch der Heiligen, die vor uns geglaubt, gezweifelt, geliebt und gehofft haben, kann uns ebenso ein gewisses ruhiges Selbstbewusstsein geben, wie es uns entlastet von dem Druck, wir müssten und könnten in unserer Generation ganz außergewöhnliche Verwirklichungen des Christentums hervorbringen.

Mitbürger der Heiligen: Diese Würde soll uns ja nicht dazu verführen, unsere Bürgerpflichten auf dieser Erde, in der Kommune, im Staat, in der Völkerwelt gering zu achten. Im Gegenteil. »Suchet der Stadt Bestes ... und betet für sie zum Herrn; denn wenn ihr's wohl geht, so geht's auch euch wohl.« Wir Christen haben allen Grund, redlich mitzuarbeiten in Stadträten, Kreistagen, in Parlamenten, in Bürgerinitiativen, die dem menschlichen Zusammenleben dienen. Wer Zeit und Kraft findet, soll einer politischen Partei beitreten und dort die Weisheit des Evangeliums zur Sprache bringen, so gut es ihm gelingt. Das heißt nicht, dass wir Christen uns am besten alle in derselben Partei wiederfinden sollten. Aber es wird zwischen Christen in verschiedenen Parteien immer eine Art Wiedererkennungseffekt geben. Und vielleicht können Christen auf diese Weise das Miteinander der Parteien, von dem die Demokratie lebt, befördern und der Selbstgerechtigkeit, die in den Parteien und zwischen den Parteien die politische Arbeit erschwert, entgegenwirken.

Und Gottes Hausgenossen. »Gutes und Barmherzigkeit werden mir folgen mein Leben lang und ich werde bleiben im Haus des Herrn immerdar« (Ps 23,6), darin gipfelt der Psalm, den man neben dem Vaterunser und den Seligpreisungen wohl zu den bekanntesten Stücken religiöser Weltliteratur zählen kann. Das Bleiberecht ist in den letzten Jahren im politischen Bereich zu einem von vielen Menschen über alles ersehnten Ziel geworden. Und es sieht so aus, als würde diese Entwicklung sich noch verschärfen. »Bleiben im Haus des Herrn für immer«. Bei Paul Gerhardt finden wir oft Verse, in denen er diese Hoffnung ausdrückt. Gelegentlich, wie etwa in seinem Lied »Ich bin ein Gast auf Erden«, verwendet der mit erdrückendem Leid und Ärger konfrontierte Dichter auch Ausdrücke, in denen er seine Ungeduld über das, was er erlebt, ausdrückt. Darf man das? Riskiert man damit nicht, als weltflüchtig abgestempelt zu werden? Paul Gerhardt steht zu seinen Gefühlen, zu seiner Enttäuschung, seinem Zorn, wenn er schreibt:

Die Welt bin ich durchgangen,
dass ich's fast müde bin.
Je länger ich hier walle,
je wen'ger find ich Lust,
die meinem Geist gefalle;
das meist ist Stank und Wust.
Die Herberg ist zu böse,
der Trübsal ist zu viel …

Wahrscheinlich ist es gesünder, man steht immer wieder zu seiner Enttäuschung, als dass man sich, weil irgendwer das von uns erwartet, zum »positiven Denken« unter allen Umständen zwingt. Und akzeptieren wir auch ein gewisses Heimweh nach dem, was wir in Ermangelung eines besseren Ausdrucks Himmel nennen! Auch zu ihm steht Paul Gerhardt, derselbe, der die Schönheit dieser Erde in dem Lied über die »liebe Sommerzeit« wie kein anderer beschrieben hat:

> *Da will ich immer wohnen,*
> *und nicht nur als ein Gast,*
> *bei denen, die mit Kronen*
> *du ausgeschmücket hast;*
> *da will ich herrlich singen*
> *von deinem großen Tun*
> *und frei von schnöden Dingen*
> *in meinem Erbteil ruhn.*
>
> (EG 529)

8. Sonntag nach Trinitatis

Lebt als Kinder des Lichts;
die Frucht des Lichts ist lauter Güte
und Gerechtigkeit und Wahrheit.
Epheser 5,8.9

Jedes Sprachbild, auch das schönste, kann missbraucht werden. Wenn ein Mensch sich selbst als Lichtgestalt empfindet und ständig die dunkle Folie anderer Menschen braucht, um sich von ihnen abzuheben und sich selbst ins rechte Licht zu rücken, dann sagt irgendetwas in uns: Halt! Da ist etwas faul.

Und wenn etwa ein christlicher Machtpolitiker die Sache seiner Machtentfaltung als Sache des Lichtes und die Machtausübung seiner politischen Gegner als Machenschaft der Finsternis etikettiert, wenn er mit seinen Streitkräften die »Söhne des Lichts« gegen die »Söhne der Finsternis« antreten lässt, dann wird – so ist zu hoffen – jeder

Christ, der das Neue Testament kennt, sich diesem Denken mit aller Entschiedenheit verweigern. Diese Aufteilung der Menschheit in Söhne des Lichtes und Söhne der Finsternis mag vielleicht mit der militanten Religiosität der Mönche von Qumran vereinbar sein, gewiss nicht mit der Lehre und dem Leben dessen, den wir Christen als das Licht der Welt verehren.

Es soll aber der Missbrauch dieses Begriffs uns nicht daran hindern, dankbar und freudig darüber nachzudenken, was mit den »Kindern des Lichtes« gemeint sein könnte.

Es fällt mir zuerst auf, dass von »Kindern«, nicht von »Söhnen des Lichts« die Rede ist. Die Bezeichnung »Söhne des Lichts« erinnert an eine männlich militante Kampfesreligion etwa im Sinne des Liedes, das wir einst als Halbwüchsige so gern geschmettert haben: »Sie werden Männer, die ihr Reich erringen, die es schützen vor dem bösen Feind, die Augen strahlen und die Lieder klingen und die Herzen sind zum Kampf vereint.« Nein, das ist kein christliches Lied, man hätte uns nicht an solche Lieder gewöhnen sollen.

Wenn hier von »Kindern des Lichts« die Rede ist, dann sind jedenfalls Menschen gemeint, die noch immer nah an ihrer Wiedergeburt sind, die in einem entscheidenden Teil ihres Wesens Kinder geblieben sind, die das Kind in sich so wenig abgetötet haben wie das Gotteskind, das im Entscheidenden ganz von der Mutter oder dem Vater, von ihrer Güte und Fürsorglichkeit lebt. Ein Kind, das seine Persönlichkeit nicht auf Glanzleistungen aufbaut, sondern das vielmehr darin geborgen ist, dass es, Leistungen hin oder her, rundum geliebt ist. Wir können nur hoffen, dass wir Deutschen, die wir nach Beobachtungen des Züricher Psychologen Allan Guggenbühl uns alle irgendwie in der »Pisafalle« befinden, unseren Kindern auch heutzutage ein paar Jahre lassen, in denen sie diese unbedingte, an keine Leistung gebundene Liebe erfahren können und dass sie nicht von unvernünftigen Bildungsmanagern, die ihren Druck auf Kleinkinder abladen, schon im Kindergartenalter ins Joch der Selbstbehauptung durch Leistung eingespannt werden. Und es bleibt unter Christenmenschen darüber hinaus zu hoffen, dass sie ihren Kindern trotz allen Leistungsdrucks, der auf sie in Schule und Gesellschaft ausgeübt wird, an ihren Eltern doch Menschen finden, die ihre Zuneigung nicht an Schulnoten, Preisen, Belobigungen koppeln. Kinder Gottes, Kinder des Lichts bleiben durch ein kindliches Vertrauen und ein kindliches Leben von dem, was Gott uns gibt, das soll das Ziel derer bleiben, die in der Lebensschule Jesu die Lektion gelernt haben: »Wenn ihr nicht umkehrt und werdet wie diese Kinder, so werdet ihr nicht ins Himmelreich kommen« (Mt 18,3).

Aber wer ist und wie werde ich ein Kind des Lichtes? Vielleicht finden wir die Antwort auf diese Frage wenig später in dem urchristlichen Weckruf, mit dem die frühen Christen wohl ihre Gottesdienste am Sonntagmorgen, bei der sonntäglichen Osterfeier, begonnen haben: »Wach auf, der du schläfst, und stehe auf von den Toten, so wird dich Christus erleuchten« (Eph 5,14). Es geht hier nicht darum, dass wir selbst zu Lichtquellen werden. Wir dürfen uns erleuchten lassen von dem auferstandenen Christus, in dem das Licht, das allen Menschen leuchtet (Joh 1,9), Person geworden ist (Joh 1,14). Und damit das geschehen kann, werden wir aufgerufen, aufzuwachen aus unserem Schlaf, aus den wirren Albträumen, die uns oft gefangen halten, aufzustehen und uns hinzubewegen in den Lichtkreis Jesu Christi. Die Erleuchtung, die wir in allen Teilen unseres Wesens brauchen, nicht zuletzt auch in den Tiefen unseres Unbewussten, aber ebenso auch in unserem Verstand, in unserem Willen und dann immer neu in unseren Beziehungen zueinander, geschieht nicht sozusagen automatisch, weil wir Menschen sind und weil Jesus Christus als das Licht der Welt einer von uns, unser Bruder wurde. Es geht vielmehr darum, dass wir uns aus der Finsternis unserer Selbstrechtfertigungs- und Selbsterlösungsversuche auf den Weg machen in sein Licht, um dort zu erfahren, wie es ist, wenn allein seine Gnade über uns gilt und wir jetzt schon aufatmen, jetzt schon wenigstens einen Hauch künftiger Seligkeit erfahren. Es wird also darum gehen, dass wir vor allem den Sauerteig aller frommen und unfrommen Selbstrechtfertigung aus unserem Wesen ausfegen, damit das Licht in uns wohnen, in uns sein erleuchtendes und verwandelndes Werk tun kann.

Ob und wann dann das Licht uns wirklich erreicht, ob der Funke auf uns überspringt, was das Licht Christi in uns bewirkt, das sollen und dürfen wir dann getrost Sache dieses Lichtes sein lassen. Wir können den Funken nicht überspringen lassen. Wir können in unseren Wohnungen durch die Betätigung des Lichtschalters das Licht anmachen. Dasselbe können wir in den Räumen unseres Menschenwesens nicht. Wir können nur Gott um diese viel entscheidendere Erleuchtung bitten. Wir sollen aber bitten im Vertrauen auf die Zusage: »Bittet, so wird euch gegeben, suchet so werdet ihr finden« (Mt 7,7).

Das Licht bringt Früchte hervor. Das weiß jeder. Im Keller wächst keine Pflanze. Sie braucht das Licht, um grün zu werden, um zu blühen, um Frucht hervorzubringen. Und wer Äpfel oder Trauben anbaut, der weiß, wie sehr die Süßigkeit und das Aroma davon abhängen, wieviel Sonne die Reben oder der Baum hatten. Sie können nie genug Licht bekommen. Weshalb alle Pflanzen, nicht nur die Sonnenblumen, dem Licht entgegenwachsen. Bei Bäumen im Wald sagt man sogar, sie würden miteinander um den Platz an der Sonne kämpfen.

Jeder von uns sehnt sich nach einem fruchtbaren Leben. Jeder leidet unter der Furcht, seine Mühen könnten fruchtlos bleiben. Die Fruchtbarkeit unseres Lebens ist letztlich nicht so sehr eine Frage unseres Mühens. Es gibt tatsächlich unheimlich viel unfruchtbare, auch kontraproduktive Bemühung. Wir sind nicht die Produzenten eines fruchtbaren Lebens. Es ist eine Frage des Lichtes. Es ist die Frage, wie ausgiebig wir mit allem, was wir sind, denken, fühlen, tun und lassen im Licht Jesu Christi stehen. Diese Sonne allein bringt die Früchte zum Reifen und macht es, dass ein Leben für andere Menschen jenes köstliche Aroma erhält, das wir an sonnengereiften Früchten so gern genießen.

Aber was sind solche »Früchte des Lichtes«? Wenn in Epheser 5,8.9 nur drei aufgezählt werden, dann ist das eine exemplarische, keine vollständige Aufzählung. In Galater 5,22 zählt Paulus gleich neun Früchte des Geistes auf (was gleichbedeutend ist mit Früchten des Lichtes): Liebe, Freude, Friede, Geduld, Freundlichkeit, Gütigkeit, Sanftmut, Keuschheit. Hier, in Epheser 5,8.9, sind nur drei Früchte des Lichtes genannt: Güte, Gerechtigkeit und Wahrheit.

Güte, man kann auch sagen: Gütigkeit, eine gütige Gesinnung, die dann zu gütigen Taten führt. Dass wir anderen Menschen gut sind und darum ihnen auch gut tun mit dem, was wir ihnen an Gutem tun können und vielleicht, indem wir einfach da sind für sie. Es kann ja oft auch ein alter, schwerkranker Mensch, der zu keinen großen Taten mehr die Kraft aufbringt oder auch ein dementer Mensch, der einem anderen Menschen nicht mehr viel Gutes sagen kann, Güte ausstrahlen, mit der er anderen unendlich wohl tut. Unsere Mitarbeiterinnen in den Hospizdiensten können davon viel Schönes sagen. Mancher Mensch gibt anderen Menschen Güte in Zeiten, in denen er gar nichts mehr tun kann, mehr als in der Zeit, in der er noch Bäume ausreißen konnte und ständig auf dem Sprung zu irgendwelchen energischen Großtaten war.

Güte, wir sollten sie nicht verwechseln mit Gutmütigkeit. Gutmütigkeit ist Ausdruck der Schwäche. Güte ist Ausdruck der Stärke. Der Gutmütige gibt nach, wenn der Druck stärker wird. Er ist nicht standfest und hat es nicht gelernt, für die Sache, die er als richtig erkannt hat, zu kämpfen. Der Gütige kann unter Umständen nachgeben, weil er weiß, dass die Sache, die er vertritt, über den Tag hinaus stark ist und sich durchsetzen wird. Er kann dem, der sich jetzt nicht überzeugen lässt, der ihm vielleicht sogar manche Verletzung zufügt, gut sein und bleiben, ganz unabhängig davon, ob sie miteinander einig werden, ob sie am selben Strang in dieselbe Richtung oder ob sie am selben Strang in zwei verschiedene Richtungen ziehen. Güte bedeutet auch: dem Menschen, mit dem ich in der Frage des Glaubens durchaus nicht einig werde, auf jeden Fall gut sein, so dass wir miteinander umso offener über die Sache des Glaubens streiten können, weil wir wissen, dass wir einander gut sind, auch wenn wir einander in dieser empfindlichsten und entscheidendsten aller Fragen derzeit nicht überzeugen können. Besonders für einen fruchtbaren interreligiösen Dialog und vollends für das ökumenische Gespräch ist diese Güte der Boden, auf dem wir uns erst wirklich furchtlos begegnen können.

Güte ist vor allem die Eigenschaft Gottes. »Gut ist nur einer«, sagt Jesus (Mt 19,17). »Der Herr ist gütig und eine Feste zur Zeit der Not und kennt die, die auf ihn trauen«, heißt es in Nahum 1,7. Von der Güte Gottes sind die Psalmen so voll – »Herr, deine Güte reicht, so weit der Himmel ist« (Ps 36,6) –, dass sie geradezu überfließen vom Wissen um die Güte Gottes. Und selbst in den Klageliedern des Jeremia leuchtet in allem Elend die Gewissheit auf: »Die Güte des Herrn ist's, dass wir nicht gar aus sind, seine Barmherzigkeit hat noch kein Ende« (Klgl 3,22).

Freilich, dass Gott wirklich der gütige Gott ist, das werden wir letztlich nur in der Nähe und durch die Ausstrahlung Jesu Christi erfahren und in Gewissheit erkennen können.

Es kommt aber darauf an, dass unser Versuch, einander gut zu sein und die Güte in uns wachsen und reifen zu lassen, immer neu im direkten Kontakt zu dem ist, der selbst die Quelle der Güte ist. Das Bild von Quelle und Bach gilt auch hier. Man kann auf die Dauer den Bach nicht ohne die Quelle haben. Die Quelle kann nicht rein bleiben, wenn sie nicht ständig in den Bach abfließt.

Und Gerechtigkeit – hüten wir uns, dass wir nicht unbewusst den Gerechtigkeitsbegriff des römischen Rechts übernehmen, der sich in dem sehr missbräuchlichen Wort »jedem das Seine« ausdrückt. Dies stand zynischerweise im Tor des Konzentrationslagers Buchenwald. Gerechtigkeit in der Bibel ist ein Beziehungsbegriff. Er hat nichts damit zu tun, dass die verschiedensten Menschen, gleich in welcher Situation sie sind, welche Möglichkeit sie haben, den gleichen Rechtsnormen unterworfen werden. Gerechtigkeit im Sinn der Bibel – auch des Alten Testaments – bedeutet: einem Menschen gerecht werden, weil Gott uns gerecht wird und wir uns auf den Weg machen, ihm gerecht zu werden. Wobei alle Bemühung unsererseits immer enden und beginnen wird in dem, dessen Gerechtigkeit uns gratis geschenkt wird, ohne alle Würdigkeit unsererseits. Bach des Wassers zu sein, das aus dieser Quelle fließt, das bedeutet, dass wir Menschen mit verstehenden Augen sehen, dass wir sie gerade auch von dem her verstehen, was sie erlitten haben oder erleiden. Dass wir mit dem, wie wir ihnen begegnen oder was wir an ihnen tun, vor allem die Frage im Blick behalten, was wir an ihnen bewirken, ob wir ihnen die Tür zum Leben öffnen oder zuschlagen, ob wir mit unserer Gerechtigkeit ihnen den Blick auf den gütigen Gott öffnen oder verbauen. Wir können nie biblisch und nie christlich genug über die Gerechtigkeit nachdenken, zu der wir berufen sind und zu der uns die Gemeinschaft mit Jesus Christus auch befähigt.

Und Wahrheit. Hier ist zunächst und vor allem die Wahrhaftigkeit gemeint, die Menschen angemessen ist, die ihr Denken, Fühlen, ihr Zusammenleben und Zusammenwirken im Licht Jesu Christi angesiedelt haben. Dass wir uns redlich bemühen, die Wahrheit und nichts als die Wahrheit zu sagen. Dass wir lieber zu wenig als zu viel sagen, wenn wir von einer Sache im Grunde nichts wissen und nur etwas vom Hörensagen her kennen. Dass wir auch jederzeit uns selbst korrigieren, wenn wir unsicher werden, ob das, was wir gesagt haben, denn eigentlich stimmt. Ob wir uns nicht falsch oder zumindest missverständlich ausgedrückt haben. Ein Mensch wirkt erfrischend, wenn von ihm die Atmosphäre der Wahrhaftigkeit ausgeht, sodass Freund und Gegner wissen, wo sie mit ihm dran sind und dass sie an der Wahrhaftigkeit seines Redens nicht zweifeln müssen.

Wie wichtig ist diese Wahrhaftigkeit auch in der Familie, zwischen Eheleuten. Man mag in der Ehe miteinander manche Spannung ausleben. Aber der Ehepartner soll doch wissen, dass er von dem Menschen, mit dem er das Leben teilt, nicht hintergangen und nicht belogen wird, dass er sich auf sein Wort unbedingt verlassen kann. Eltern wissen, wie belastend es für eine Familie ist, wenn Kinder die Eltern belügen. Es ist dann keineswegs nur die Frage, wie wir die Kinder dazu bringen, die Wahrheit zu sagen. Es ist meist mehr die Frage, wie wir uns selbst dazu bringen, dass unsere Kinder uns die Wahrheit zumuten und zutrauen können.

Es wird aber auch beim Begriff der Wahrheit darauf ankommen, dass wir den biblischen Klang dieses Wortes wahrnehmen. In der Bibel spannt sich alles Geschehen zwischen Verheißung und Erfüllung. Der Prophet hat es vorausgesagt, dass Gott sein Volk erlösen wird aus allen seinen Sünden. Es ist nur die Frage, ob, wie und wann das wahr werden wird. Der Begriff der Wahrheit entspricht in der Bibel nicht einem statischen Bild von Wahrheit, wie wir es in der griechischen Philosophie finden in dem Sinn: Die Wahrheit ist seit ewigen Zeiten fix und fertig, sie ist verborgen, es kommt nur noch drauf an, dass wir die Decke, den Schleier der Maja, wegnehmen und dann die Wahrheit als ewig fertig und vollendet wahrnehmen. In der Bibel ist die Wahrheit im Werden. In Jesus ist es ein für alle Mal wahr geworden, dass Gott zu seinen Gnadenverheißungen steht, hier ist die Wahrheit »vollbracht« (Joh 19,30); nur darum ist Jesus »der Weg, die Wahrheit und das Leben« (Joh 14,6); darum kann er »für die Wahrheit als Zeuge auftreten« (Joh 18,37). Und es ist völlig verständlich, dass Pilatus, der von dieser Geschichte, die sich von der Verheißung zur Erfüllung spannt, nichts weiß, als Außenstehender nur ein verständnisloses »Was ist Wahrheit?« (Joh 18,38) sagen kann. Es gilt im Blick auf die Wahrheit, die in Jesus wahr geworden ist, was wir im Adventslied singen:

Was der alten Väter Schar
höchster Wunsch und Sehnen war
und was sie geprophezeit,
ist erfüllt in Herrlichkeit.

(EG 12)

Wenn wir einander im Licht dieser Wahrheit sehen, dann sehen wir uns selbst und einander auf jeden Fall voller Hoffnung. Wir erkennen, was durch Jesus Christus wahr geworden ist. Wir verstehen das biblische Zwillingspaar Gnade und Wahrheit. Wir entdecken mit, wie die Wahrheit, die in Jesus Christus längst wahr und wirklich geworden ist, bei uns Menschen sich durch alle Nebel und durch alle Finsternisse durchkämpft, um auch bei uns, den Schwestern und Brüdern Jesu, immer wahrer und immer wirklicher zu werden.

9. Sonntag nach Trinitatis

Wem viel gegeben ist,
bei dem wird man viel suchen;
und wem viel anvertraut ist,
von dem wird man um so mehr fordern.

Lukas 12,48

Mit Bibelworten haben verschiedene Menschen ihre ganz persönliche Geschichte. Mich erinnert dieses Wort an einen Sonntagmorgen im Jahr 1989 in Minsk in Weißrussland. Wir, eine Gruppe, die sich auf eine politische Pilgerfahrt gemacht hatte, standen im Kreis zu einer Art Morgenwache vor unserem Hotel, bevor wir das Taxi zum Flugplatz nehmen wollten. Eine aufregende Woche lag hinter uns. Mit Halstüchern, auf denen stand »Komm und sieh«, nach Weißrussland hineinfahren, sich von irgendwelchen Friedenskomitees mit Blumen begrüßen, in Betrieben, auf Rathäusern herumreichen lassen; dann auch die Gedenkstätten des Zweiten Weltkrieges besuchen? Werden

die Leute, die uns empfangen, überhaupt etwas mit uns anfangen können? Wie werden wir uns verständigen, wo doch fast keiner von uns
ein Wort russisch spricht? Werden sie in uns nicht die westlichen Fa-
schisten und Kapitalisten sehen? Auf was habe ich mich da eingelassen?
»O, wie gerne kehrte ich um«, dachte ich, als ich in der russischen Ei-
senbahn saß und die weit gestreckte Ebene, samt den ärmlichen Hüt-
ten mit den kleinen Pferdewagen davor, an uns vorbeiziehen sah.
Aber dann kam alles anders, als von mir kleingläubig befürchtet. Die
Herzlichkeit der Menschen, die auf uns gewartet haben, hat mich von
Anfang an geradezu umgeworfen. Sie hatten wirklich auf uns gewartet. Sie wussten etwas mit uns anzufangen. Und wenn sie mit uns in
die Orte gingen, an denen die SS ganze Dörfer dem Erdboden gleich-
gemacht, die Bewohner bei lebendigem Leib verbrannt hatte, dann
war das doch nicht ein Spießrutenlaufen für uns Deutsche, sondern es
war ein gemeinsamer Gang zum Ort der Schuld und des Grauens.
Wir haben unsere Erschütterung miteinander geteilt, haben unsere
Bußgebete gesprochen, haben von Herzen Gott angerufen, er möge
uns in unserer Lebenszeit zu Werkzeugen seines Friedens machen und
er möge denen, die hier schwerste Schuld auf sich geladen haben, ihre
Schuld vergeben und ihre Seele reinigen, er möge sie und uns befähigen zum Leben in seinem Licht. So gingen wir miteinander, Christen
und Nichtchristen, besuchten eines der wenigen übrig gebliebenen
russischen Klöster, sprachen mit alten Partisanenführerinnen, die uns
durch das Museum des »vaterländischen Krieges« führten. Mit Ge-
werkschaftlern, Bürgermeistern, mit Wassyl Bykau, dem Schriftsteller,
der als der Chronist des Zweiten Weltkrieges gilt, und nicht zuletzt
mit Lyda, deren Eltern von der SS erschossen worden waren, die als
Kind durch den Wald geirrt war, bis Partisanen sie aufgegabelt und in
ein Kinderheim gebracht hatten. Lyda in ihrer engen Einzimmerwoh-
nung an ihrem Klapptisch – für einen festen Tisch war zu wenig
Platz. Lyda, die uns »auf die guten Deutschen« zugeprostet hat. Es
war wie eine Reihe von Friedensschlüssen. Und oft war mir, als würde
ich irgendwo von weither das Wort hören: »Euch sind euere Sünden
vergeben, euch Deutschen, euch allen. Friede sei mit euch.«
    Aber wenn das Wort Tschernobyl fiel, dieses tief bedrückende
Schweigen, die Angst, die die Gesichter ins Hoffnungslose verwandelte.

Tschernobyl, drei Jahre war es damals her. Und die Wahrheit war erst langsam durchgesickert. Jetzt erst hing die erste Karte der verstrahlten Gebiete auf der Hauptstraße in Minsk hinter einer Panzerglasscheibe. Eine Ärztin hatte mir im weißrussischen Gesundheitsministerium eben eine solche Karte mitgegeben. Sie ist seither eine ganz eigene Reliquie in meinem Besitz. Lange hing sie an meiner Wand. Ein Gebiet sehe ich da, auf dem zweieinhalb Millionen Menschen wohnen, ca. 800 000 Kinder, auf 22 000 Jahre mit Cäsium verstrahlt. Darin weite Gebiete, in denen die Verstrahlung das Fünfzigfache, ja das Hundertfache von dem ausmacht, was die WHO als zulässigen Höchstwert erklärt. Und überall Menschen, die im Fluss Fische fangen, im Wald Beeren sammeln, deren Hauptnahrung Pilze sind. Wie ausgiebig haben sie uns mit Pilzen bewirtet! Weißrussland, dreimal schwer gestraft: von Hitler, von Stalin und jetzt Tschernobyl!

Aber diese herzlichen Menschen! Wie sollte ich jetzt, vor der Fahrt zum Flughafen, unsere Eindrücke zusammenfassen? Ich las das Wort zum 9. Sonntag nach Trinitatis: »Wem viel gegeben ist, bei dem wird man viel suchen; und wem viel anvertraut ist, von dem wird man umso mehr fordern.« Ich habe nicht alles gesagt, was ich dachte. Vieles war noch zu ungeordnet in mir. Aber soviel konnte ich sagen und konnte dabei dessen gewiss sein, dass es jeder der hier Anwesenden versteht: Wir haben in dieser Woche unendlich viel empfangen. Wir haben es empfangen durch Menschen, von denen einige fromme orthodoxe oder baptistische Christen, andere mehr oder weniger überzeugte Kommunisten sind, aufgewachsen in der Spur des dialektischen Materialismus. Wir hatten die Botschaft empfangen, dass es Brücken über Blut und Asche gibt, dass die Schuld, auch die Völkerschuld, nicht die letzte Wirklichkeit ist, dass es Vergebung der Sünden gibt. »Freunde, dass der Mandelzweig wieder blüht und treibt, ist das nicht ein Fingerzeig, dass die Liebe bleibt? Dass das Leben nicht verging, soviel Blut auch schreit, achtet dieses nicht gering in der trübsten Zeit« (EG 655). So haben wir mit den Worten unseres alten Freundes Schalom Ben Chorin gesungen. Ja es war für uns wirklich geworden, was wir im Psalm 103 beten: »Er wird nicht für immer hadern noch ewig zornig bleiben. Er handelt nicht mit uns nach unseren Sünden … Sofern der Morgen ist vom Abend, lässt er unsere

Übertretungen von uns sein« (Ps 103,9–12). Keine Frage, das war die Hoffnung weckende Quintessenz unserer Pilgerfahrt.

Aber von Menschen, denen so viel gegeben ist, »wird man viel suchen; wem viel anvertraut ist, von dem wird man umso mehr fordern«. Was? Ich weiß nicht mehr genau, was ich konkret genannt habe. Wahrscheinlich habe ich mich sehr allgemein ausgedrückt. Dabei war es mir beim Lesen dieses Wortes plötzlich klar geworden: Wir kommen wieder. Wir werden etwas tun, um euch wenigstens ein Zeichen der Hilfe zu geben in eurer Not, die den Namen Tschernobyl trägt. Aber dieser Gedanke war ja eben erst geboren. Er vertrug es noch nicht, ausgesprochen zu werden.

Ein halbes Jahr später kam ich wieder, zusammen mit Gerhard Gädicke, Professor für Kinderheilkunde und weithin anerkannter Leukämiespezialist. Wir fuhren in die hoch verstrahlten Gebiete, nach Slawgorod, über dem sowjetische Kampfflugzeuge die Wolke ausgeregnet hatten, die nach dem Supergau von Tschernobyl in Richtung Moskau zog. In einer zerstörten, halb aufgebauten Kirche luden wir hundert Kinder ein, nach Ulm zu kommen zur Erholung im unverstrahlten Gras, zu baden im sauberen Schwimmbadwasser, sich voll zu essen an unverstrahlter Nahrung, auch: die Atmosphäre eines freien Landes zu erleben.

Und ein Jahr später kamen wir mit 25 Leuten, brachten in unseren Rucksäcken Medikamente, Vitaminmittel für das Krankenhaus in Slawgorod, das in seiner Dürftigkeit jeder Beschreibung spottet. Daraus wurde die »Ulmer Tschernobyl-Hilfe«, die fünfzehn Jahre lang für Millionenbeträge mit Lastenwagenkonvois Medikamente, Nahrung, Kleider, Rollstühle, Armstützen, auch größere medizinische Geräte in weißrussische Krankenhäuser gebracht hat.

Das fordernde Wort aus Lukas 12, Vers 48, gegen das etwas in uns eher die Stacheln stellt, hat uns die Tür aufgetan zu Aktionen, bei denen wir für uns selbst viel mehr empfingen, als wir gegeben hatten.

Ich hatte den ersten Teil dieses Wochenspruchs im Kontext der weißrussischen Reise mehr so verstanden: Viel gegeben ist uns an Gnade, Vergebung, an dem Frieden, der nicht unser Produkt, der vielmehr reines Geschenk des barmherzigen Gottes ist. Wem so viel geschenkt wird, der bekommt Lust, etwas von dem, was er empfangen hat, seinerseits verwandelt zurückzugeben.

Im Kontext Lukas 12, 35–48 ist mit dem »viel gegeben« wohl mehr gemeint: Der Mensch, der vor anderen den Vorzug hat, dass er den Willen seines Herrn kennt und dass er nicht zuletzt auch deswegen eine hervorgehobene Stellung im »Betrieb« seines Herrn hat, von ihm kann man mit Fug und Recht mehr erwarten als von einem, dem dieser Herr im Grunde unbekannt ist und der in der Nacht, in der alle Katzen grau sind, irgendwie seinen Weg sucht. Den Willen Gottes kennen, aufgewachsen zu sein mit den Zehn Geboten, vollends: die Weisungen Jesu, etwa aus der Bergpredigt, seine Seligpreisungen zu kennen, womöglich von Christen erzogen worden zu sein, die sich redlich bemüht haben, das alles nicht nur zu lehren, sondern auch zu leben, das ist ein enormes Vorrecht. Wer dieses Vorrecht genießt, dem ist »viel gegeben«.

Wir können ohne Weiteres dazusagen: Wer körperlich gesund ist, wer unbehindert seine fünf Sinne gebrauchen kann, wem der liebe Gott womöglich noch besondere Gaben in die Wiege gelegt hat, Gaben der Intuition, des Verstandes, einer Vernunft, die auch das vernimmt, was mir mein bloßer Verstand nicht sagen kann, wer die Gabe eines nicht ganz schwachen Willens hat, wer das alles im Lauf seines Lebens stetig entwickeln konnte, dem ist viel gegeben. Er soll sich ja nichts darauf einbilden, als sei das sein Verdienst. »Was hast du, das du nicht empfangen hast« (1. Kor 4,7)?

Ist es da unbillig, wenn es von einem Menschen, der solche Vorrechte genießt, heißt: »Bei dem wird man viel suchen« und »von dem wird man umso mehr fordern«?

Dabei ist es mir nicht ganz klar, wer mit diesem unbestimmten Wort »man« gemeint ist. Meint dieses Wort »man« die Leute, die uns umgeben, im Sinne von: Du giltst als ein Christ. Du kannst es nicht verhindern, dass man auf dich sieht und dass auch der Mensch, der dem Christentum ganz distanziert gegenübersteht, von dir mehr erwartet als von einem anderen, der ohne christliche Erziehung aufgewachsen ist? Das wäre ein Hinweis, der fast eine alltägliche Selbstverständlichkeit ausdrückt. Ja, so ist es, wer das Vorrecht einer christlichen Erziehung genossen hat, wer sich sogar als Christ bekennt, indem er in der Kirche Jesu Christi diese oder jene Aufgabe übernimmt, auf den sieht auch der Nichtchrist in der Regel mit größerer Erwartung. Und wir können uns bei ihm darüber nicht beklagen. Er misst uns an den

Worten, die wir oft selbst gebrauchen, an der Botschaft, die wir im Gottesdienst hören. Er hat ja Recht damit. Es wäre ja wirklich nicht schön, wenn einer beim Thema »Christen« nur mit dem Achseln zucken und sagen würde: »Geh mir weg mit den Christen.«

Und dass Nichtchristen, Skeptiker, Beobachter aus der Ferne, von uns Christen mehr erwarten als von anderen, das verpflichtet uns ja auch in guter Weise. Wir sind zwar nicht dafür verantwortlich, dass diese unsere Beobachter, indem sie uns erleben, zu Christen werden. Ein solches Wunder kann keiner von uns inszenieren. Das bleibt allein dem Geist Gottes vorbehalten. Aber dafür, dass der nichtchristliche Beobachter an uns etwas sieht, das ihn motiviert, mit Respekt über den christlichen Glauben nachzudenken, dafür sind wir allerdings verantwortlich. Glaube ist ja nicht einfach Privatsache, sondern Glaube, wenn er christlicher Glaube ist, ist ein öffentliches Bekenntnis, das durchaus eine missionarische Wirkung haben kann.

Oder ist dieses Wort »man« in den beiden Halbsätzen »bei dem wird man viel suchen« und »von dem wird man umso mehr fordern« ein Hinweis auf Gott selbst im Sinne von: Gott sucht das bei dir, Gott fordert umso mehr bei dir? Im Gleichnis von den anvertrauten Pfunden (Lk 19,11–27) erwartet der Herr von den Arbeitern, denen er viel anvertraut hat, durchaus, dass sie viel Gutes damit anfangen. Zornig wird er über den »bösen Knecht«, der sein Pfund im Schweißtuch behalten (Lk 19,20) oder im Boden vergraben (Mt 25,25) hat. Von dem Knecht, dem er eine Riesensumme erlassen hat, erwartet er, das er wenigstens seinen Mitbruder, der einiges bei ihm geliehen hat und nichts zurückbezahlen kann, dieses erlässt (Mt 18,21–35). Und im Gleichnis von den bösen Weingärtnern (Mt 21,33–41) erwartet der Besitzer des Weinbergs von den Leuten, denen er seinen Weinberg überlassen hat, dass sie ihm zu seiner Zeit die entsprechenden Früchte bringen (Mt 21,34). Wir sind Nutzpflanzen in Gottes Garten, er kann von dem Baum, den er in seinen Garten gepflanzt hat, Früchte erwarten (Mt 7,17–20). Er erwartet, wie Johannes der Täufer seinen Zuhörern in der Wüste gesagt hat, »rechtschaffene Frucht der Umkehr« (Mt 3,7). Ja, er fordert das von uns.

Überforderung? Wir tun uns selbst keinen Gefallen, wenn wir gleich mit diesem Wort reagieren. Wenn ein Lehrer von einem begabten Schüler etwas erwartet, dann drückt das eine gewissen Achtung aus. Wenn er von einem begabten Schüler nichts erwartet, dann gibt er damit zu verstehen: »Dieser junge Mann ist zwar begabt, aber er ist ein rechter Taugenichts. Ich denke nicht dran, meinen pädagogischen Eros ausgerechnet an ihn zu verschwenden. Da gibt es lohnendere Ziele.« Und wenn der Personalleiter einer Firma von einen Mitarbeiter nichts Positives erwartet, weil er weiß: Er ist faul oder jedenfalls willensschwach, dann wird sich zwischen ihm und dem Mitarbeiter, den er für eine Niete hält, nie ein erfreulicher Kontakt entwickeln.

Wir können uns freuen, wenn unser Schöpfer und Erlöser von uns Gutes erwartet. Dass er um unsere Schwächen weiß und dass er besser als wir versteht, dass im Grund jeder wirkliche Erfolg sein Geschenk ist, davon dürfen wir ausgehen. Er wird uns letztendlich mit verstehenden Augen sehen und er wird an dem, was wir in seinem Dienst zu tun versuchen, viel lieber das Gute sehen als unser Scheitern. Da mag dann vieles, was wir als ein einziges Versagen empfinden, in seinen Augen doch eine ganze Reihe von recht erfreulichen Ansätzen sein, die er brauchen kann und die er weiterentwickeln und schließlich vollenden wird.

10. Sonntag nach Trinitatis (Israelsonntag)

Wohl dem Volk, dessen Gott der Herr ist,
dem Volk, das er zum Erbe erwählt hat.
Psalm 33,12

Den 10. Sonntag nach Trinitatis hat man in der Christenheit lang als Gedenktag an die Zerstörung Jerusalems durch die Römer im Jahr 70 n. Chr. begangen. Je nachdem wie der Prediger eingestellt war, brachte er mehr das Bedauern und die Mitbetroffenheit von Christen mit dem Geschick Israels zur Sprache oder er zeichnete Israel als Paradebeispiel der Unbußfertigkeit und demonstrierte an der Zerstörung

Jerusalems und dem Geschick des ruhelosen »Ahasver«, wo es hinführt, wenn ein Volk Jesus, den Sohn Gottes, den Christus und Heiland, nicht erkennt und nicht anerkennt.

Oft wurde wohl darauf hingewiesen, dass Israel das von Gott erwählte Volk gewesen sei, erwählt und aus dem Knechtshaus Ägypten herausgeführt, am Sinai mit den Zehn Geboten beschenkt, durch die Wüste ins Gelobte Land geleitet, begabt immer neu durch Propheten, die es an den heiligen Willen Gottes erinnerten, damit es seinem Auftrag in der Völkerwelt nachkomme: das Recht Gottes unter die Völker zu bringen, für den Glauben an den einen Gott zu werben, dabei für ein Verständnis des Menschen einzutreten, nach welchem jeder Mensch Ebenbild Gottes ist, Zeugnis zu geben für die Hoffnung auf das kommende Gottesreich, vor allem aber: den Messias Jesus hervorzubringen, den Gott zum Christus und Heiland der Völker bestimmt hat, ihn zu erkennen, anzunehmen und, seinem Missionsbefehl folgend, in alle Welt hinauszugehen mit der Botschaft des Evangeliums.

Zum Programm der herkömmlichen Israel-Theologie der Kirchen, der evangelischen wie der katholischen, gehörte die Feststellung, dass Israel in seiner großen Mehrheit Jesus nicht als seinen Messias erkannt hat, es sei verstockt, habe die Binde vor seinen Augen, wie Paulus in Römer 11,8–10 schreibt und wie der Künstler, der am Straßburger Münster Synagoge und Ecclesia geschaffen hat, in mitfühlender Eindringlichkeit darstellt. Hingewiesen wurde auf die Selbstverfluchung vor dem Richthaus des Pilatus »Sein Blut komme über uns und unsere Kinder« (Mt 27,25). Es wurde als ausgemacht angesehen und durch die Geschichte der Juden als erwiesen, dass Gott diese Selbstverfluchung wahrgemacht hat. Und es wurde gefolgert: Das Volk der Juden wurde, weil es Jesus als seinen Messias abgelehnt hat, seines Vorrechtes, erwähltes Volk Gottes zu sein, enterbt. Das Vorrecht ist auf das neue Israel, die christliche Kirche übergegangen. Für das real existierende Israel der Gegenwart hatte man in der Heilsgeschichte Gottes keinen Platz mehr. Noch Karl Barth in seiner Erwählungslehre (Kirchliche Dogmatik II, 2), die eigentlich im Blick auf ein besseres Verständnis Israels und vor allem für eine neue Hoffnung für Israel einen Durchbruch bedeutet, kann mit dem gegenwärtigen Volk der Juden wenig Positives anfangen. Ungeachtet dessen, dass er die Hoffnung auf eine künftige Errettung Israels – »ganz Israel wird gerettet werden« (Röm 11,26) – stark hervorhebt, kann er doch im gegenwärtigen Volk der Juden nicht viel Hoffnung am Werk sehen. Die Juden, die Jesus nicht als ihren Messias erkennen, seien dazu bestimmt, das Vergehen des für Christus blinden Menschen unter dem göttlichen Nein abzubilden. Was zur Folge hatte, dass Karl Barth in seiner Lebenszeit mit lebenden Juden fast nicht im Gespräch war, so viel er auch für die Rettung von bedrohten Juden in den vierziger Jahren in der Schweiz getan hat. Erst kurz vor seinem Lebensende hat er in einem Brief an seinen Schüler Friedrich Wilhelm Marquardt dieses als eines der großen Versäumnisse seines Lebens beklagt. Immerhin hat Barth (KD, IV) wohl unter dem Eindruck der Gründung des Staates Israel im Jahr 1948, deutliche Anläufe unternommen, diese seine Sicht des gegenwärtigen Volkes Israel zu revidieren.

Der theologische Antijudaismus, der, aus dem Mittelalter kommend, vor allem durch Luthers späte Judenschriften »Von den Juden und ihren Lügen« und »Vom Schem Hamphoras« in die lutherischen Kirchen hineingetragen und auf Jahrhunderte in sie tief eingegraben wurde, hat sich im 20. Jahrhundert bei vielen »Deutschen Christen« mit dem rassischen Antisemitismus der Nationalsozialisten verbunden und der Rechtfertigung und Annahme dieser Auffassungen sehr Vorschub geleistet. Bei anderen Christen, die gespürt haben, dass die Rasse-Auffassungen eines Houston Steward Chamberlain oder eines Alfred Rosenberg nicht mit der Bibel zu vereinbaren seien und die mit tiefem Bedauern und Erschütterung das Leid ihrer jüdischen Mitbürger mit angesehen haben, wirkte sich die Auffassung, Gottes gerechtes Gericht gegen die »Gottesmörder« treffe nun die Juden, so aus, dass sie bei aller Erschütterung über das Geschehen sich doch nicht aufgerufen, ja, auch nicht berechtigt fühlten, dem strafenden Gott in die Arme zu fallen.

Es brauchte nach dem Zweiten Weltkrieg und dem Völkermord an den Juden große Anstrengungen, dieses schwerste aller Themen in den Kirchen anzugehen und sich zu fragen, was hier auch in der Israel-Theologie der Kirchen falsch gelaufen sei. Hatten doch fast alle

Christen in der Frage des Beistandes der bedrohten Juden völlig versagt. Auf Kirchentagen und Katholikentagen lernten Christen von jüdischen Lehrern wie Schalom Ben Chorin oder Pennina Levinson oder Peter Nathan Levinson und vielen anderen gesprächsbereiten jüdischen Gelehrten. Die Gesellschaft für jüdisch-christliche Zusammenarbeit brachte Christen und Juden in ein ständiges Gespräch. Für zahlreiche junge Deutsche war der Freiwilligendienst der Aktion Sühnezeichen Friedensdienste in Israel der Anfang, im Land Israel Juden zu begegnen und von ihnen zu lernen. Auch in Württemberg gab und gibt es Theologen, denen die Begegnung mit Israel und ein neues achtungsvolles Verhältnis zum erwählten Volk der Juden Herzensanliegen war und ist. Zu ihnen gehörten zum Beispiel Otto Mörike, der wesentlich die Arbeit der Aktion Sühnezeichen Friedensdienste in Israel gefördert hat, Rudolf Pfisterer, der mit großem Eifer jüdische Glaubenswelt für Christen erschlossen hat, Hans Stroh und Manfred Kunz, die regelmäßig mit den Pfarrern, die im Pastoralkolleg in Freudenstadt waren, in die Synagoge nach Straßburg gingen, Hartmut Metzger, der den Denkendorfer Kreis gegründet und jüdisch-christliche Thora-Lernwochen eingerichtet hat, Rudolf Maurer, der einst die Freiwilligen der Aktion Sühnezeichen in Israel angeleitet und später vor allem dem Denkendorfer Kreis seine Erfahrung und seine Kraft zur Verfügung gestellt hat.

Ein neues Lernen vom Judentum hat begonnen, ein Gespräch mit jüdischen Bibelgelehrten, das durch die Instituta judaica – ich denke an Otto Michels und Martin Hengels Arbeit in Tübingen – unterstützt wurde. Kirchengeschichte wurde unter dem Aspekt »Stellung zum Judentum« beleuchtet, etwa in der Dissertation von Martin Jung »Die württembergische Kirche und die Juden in der Zeit des Pietismus (1675–1780)«. Dieses Gespräch zwischen Juden und Christen wurde zwar immer wieder durch ein neues Aufkommen alter antijüdischer Klischees, etwa in den Bestsellern von Franz Alt u. a. oder in feministischer Literatur, gestört. Doch ist sowohl im Feminismus als auch in der Friedensbewegung eine selbstkritische Auseinandersetzung mit den antijudaistischen Vorstellungen in den eigenen Reihen zu beobachten.

Als eine Frucht des jüdisch-christlichen Gesprächs darf es auch angesehen werden, dass das Leitwort zum Israel-Sonntag verändert wurde. War es noch vor zwei Jahrzehnten das Wort aus Sprüche 14,34: »Gerechtigkeit erhöht ein Volk, aber die Sünde ist der Leute Verderben« – es wurde gar zu oft am Volk Israel exemplifiziert, das seine Sünde büßen müsse –, so haben wir heute als Leitspruch das Wort aus Psalm 33,12: »Wohl dem Volk, dessen Gott der Herr ist, dem Volk, das er zum Erbe erwählt hat.«

Ich versuche nun, als einer, der selbst im Blick auf Israel in Lernprozessen steht, dieses Wort zu beleuchten.

Nach wie vor ist Israel das von Gott erwählte Volk. Ihnen gehört »die Kindschaft und die Herrlichkeit und der Bund und das Gesetz und der Gottesdienst und die Verheißungen« (Röm 9,4). »Gottes Gaben und Berufung können ihn nicht gereuen« (Röm 11,29).

Gott ist mit seinem Volk Israel in besonderer, unvergleichlicher Weise unterwegs. Sein Ziel ist: »Ganz Israel wird gerettet werden« (Röm 11,26). Wie immer wir dieses Wort verstehen können, es bedeutet auf jeden Fall für Israel Rettung, Heil und Leben.

Die Enterbungstheorie, nach welcher Gott sein Volk enterbt und an Stelle seines Volkes die Christen als sein neues und einziges Gottesvolk eingesetzt habe, ist biblisch nicht zu begründen. Sie hat unendlich viel Leid über die Juden gebracht, durch sie wurde den Juden ihre stärkste und kostbarste Hoffnung abgesprochen. Christen haben, indem sie diese Auffassung propagiert haben, sich an Israel schwer versündigt.

Von Gott erwählt sein, bedeutet auch Teilhabe an Gottes Leiden an seiner Menschheit. Die Tiefe des antijudaistischen Hasses auf dieses Volk wird erst deutlich, wenn wir uns klarmachen, dass die Schläge, die dieses Volk treffen, im Grunde dem Gott zugedacht sind, dem die Völker nicht verzeihen, dass er durch dieses »Volk seiner ersten Liebe« (Friedrich Heer) im Besonderen seine Heilsgeschichte voranbringen will. Die Völker, die sich selbst gern als »erwähltes Volk« begreifen möchten und die sich entsprechend ihre Nationalreligion schaffen, neiden dem Volk Israel seine Stellung in der Völkerwelt und lassen es das Vorrecht seiner Erwählung büßen.

Besonders belastend für uns Christen ist die Einsicht, dass Christen diese Art von Judenhass mit sehr fragwürdigen theologischen Theorien geschürt und auf diese Weise Juden eine Annäherung an ihren Bruder Jesus aufs Höchste erschwert haben. Nach Paulus (Röm 11,11 ff.) ist es Gottes Plan, dass die Juden durch das Tatchristentum der Christen gereizt werden, das Heil in Christus zu finden. Das heißt, wir Christen sind dazu berufen, unser Christsein so anziehend zu leben, dass es Juden leicht wird, sich positiv mit Jesus zu beschäftigen. Dass durch Jahrhunderte und besonders im 20. Jahrhundert in unerhörtem Ausmaß durch Christen das Gegenteil geschah, das gehört zu den dunkelsten Schuldkapiteln der Christenheit. Weshalb der Israelsonntag nach der Schoah nur als christlicher Bußtag begangen werden kann.

Immer wieder neu zu entdecken haben wir Christen, dass Israel unsere Wurzel ist, in die wir Heidenchristen »eingepfropft« sind. Uns Christen schreibt Paulus ins Stammbuch: »Du sollst wissen, dass nicht du die Wurzel trägst, sondern die Wurzel trägt dich« (Röm 11,18). Es ist für uns Christen nicht lediglich eine interessante Erfahrung, mit Juden im geistigen Austausch zu sein. Vielmehr ist die Verbindung mit ihnen für uns als Kirche eine elementare Lebensfrage, wie die Verbindung einer Baumkrone mit Stamm und Wurzel für das Leben des Baumes lebensnotwendig ist.

Es ist in diesem Sinn für das Bibelverständnis der Kirche unerlässlich, dass sie ständig im Gespräch mit jüdischen Bibelgelehrten biblische Aussagen zu verstehen lernt. Es ist auch für unser Verständnis des Juden Jesus unerlässlich, dass wir zur Kenntnis nehmen, wie jüdische Gelehrte ihn verstehen. Es ist besonders im Ringen um das rechte Verständnis Jesu wichtig und hilfreich, dass wir über ihn mit Juden im Dialog sind, wobei wir echte Dialogpartner sein sollten, die zu einem wirklichen Austausch ihres Verständnisses der Person Jesu bereit sind. Wir tun niemandem einen Gefallen, wenn wir unsere eigene Jesus-Erkenntnis schamhaft verbergen.

»Judenmission« sollten wir Christen ablehnen. Das Wort »Mission« paganisiert die Juden. Es erweckt die Auffassung, als sei der Jude mit dem Heiden auf der gleichen Bank anzutreffen. Es missachtet dieses Wort, dass der Vater Jesu Christi dieses Volk zu seinem Volk gemacht hat, längst ehe unsere Vorfahren Christen wurden. Das Judentum ist keine Religion unter anderen, es ist, auch nach seinem Selbstverständnis, die göttliche Alternative zur Welt der Religionen.

So entschieden wir die »Judenmission« ablehnen sollten, so selbstverständlich sollten wir die Möglichkeit zum Dialog in Glaubensfragen, nicht zuletzt auch über Jesus, mit Juden nutzen. Die Frage, was der jüdische Gesprächspartner mit unserem Glauben an Jesus als den Christus anfängt, haben nicht wir, sondern hat allein er zu beantworten.

Mit aller Entschiedenheit treten Christen für das Lebensrecht Israels in Palästina ein. Sie müssen nicht jede Maßnahme der Politik des Staates Israel rechtfertigen. Es gibt unter Freunden auch kritische Solidarität. Auf jeden Fall aber werden Christen einer leichtfertigen Kritik, welche die enorme Bedrohtheit des Volkes der Juden im Nahen Osten bagatellisiert, entgegentreten. Und sie werden verstehen, dass Juden nach allem, was ihnen im 20. Jahrhundert angetan wurde und ihnen von Seiten des fundamentalistischen Islamismus angedroht und angetan wird, Drohungen ihrer Feinde ernst nehmen. Wir Christen in Europa sollten uns hüten, von unserer ungefährdeten Situation her das Volk der Juden, das in ständiger Bedrohung lebt, politisch zu schulmeistern.

11. Sonntag nach Trinitatis

Gott widersteht den Hoffärtigen,
aber den Demütigen gibt er Gnade.
1. Petrus 5,5

Ich nehme ruhig das stärkere Wort »die Hoffärtigen«, das in der älteren Luther-Übersetzung steht, und nicht das schwächere Wort »die Hochmütigen«. Hoffärtig, das Wort erinnert an Leute, die sich nichts sagen lassen, die immer gleich hochfahren, wenn einer sie anfragt, kritisiert, mit ihnen ein ernstes Wort reden will.

Der Begriff weist aber zuerst auf unsere Haltung vor Gott. Wenn ich meine, bestehen zu können mit meinem Leben, wenn ich von mir meine, ich hätte nach bestem Wissen und Gewissen gehandelt, wenn ich mir meiner eigenen guten Motive gewiss bin, wenn ich mich zur »Koalition der Anständigen« zähle und meine, Gott, der mich kennt, müsse mich auch dazu zählen, wenn ich die certitudo, die Gewissheit des Glaubens, die auf Gottes grundlegende Barmherzigkeit hofft, vertausche mit der securitas, der Sicherheit, die sich auf das eigene Rechtsein, den eigenen guten Willen verlässt, wenn ich im Grund den Jüngsten Tag vorwegnehme und mein eigener Anwalt, Richter, Rechtfertiger bin, dann bin ich ein vor Gott und den Menschen hoffärtiger Mensch.

Besonders unser oft so banales Insistieren darauf, dass wir doch jedenfalls den besten Willen hätten, sollten wir hinterfragen. Wer kennt sich selbst? Bin ich mein eigener Herzenskünder? Hans Küng erzählte einmal von einem Gespräch mit dem alten Karl Barth. Sie stritten sich über irgendeine Frage. Küng sagte beiläufig: »Den guten Willen will ich Ihnen ja wirklich nicht absprechen, aber ...«, da unterbrach ihn Barth und fragte: »Wirklich? Sind Sie sich da so sicher, dass mein Wille gut ist? Ich habe da so meine Zweifel.« Nun möchte ich zwar nicht behaupten, Karl Barth sei ein Muster christlicher Demut gewesen. So wenig ich das vom Berichterstatter dieses Gesprächs oder dem, der das hier so viele Jahre später aufschreibt, behaupten kann. Was man über Karl Barths Verhältnis zu seinen Geschwistern liest, macht nicht den Eindruck, als sei er mit einer auffallenden Portion Demut geboren worden. Und wie er mit seinen theologischen Gegnern zu Zeiten umging, das ließ auch nicht immer die hohe Schule der Demut ahnen. Aber immerhin hat er die Schärfe seines kritischen Verstandes nicht nur bei anderen zur Anwendung gebracht. Darin könnten wir von ihm lernen.

Das Wort »Hoffart« oder »Hochmut« meint aber nicht nur unsere Haltung vor Gott. Zu leicht könnte sich ein arroganter Mensch, unter dem seine Mitmenschen zu leiden haben, auf die unzugänglichen Mysterien seines Gottesverhältnisses herausreden, in welchem er vor Gott im Staub liegt, während er im Berufsleben oder im Kreis von Familie und Freunden andere in den Staub drückt. Die Haltung, die wir vor Gott einnehmen, bestimmt in der Regel auch sehr unseren alltäglichen Umgang mit den Menschen, die das Vergnügen oder die Last haben, mit uns zusammenzuarbeiten und zusammenzuleben.

Hoffart, Hochmut im Umgang mit Menschen könnte man heute mit dem Fremdwort Arroganz bezeichnen. Die Arroganz der Mächtigen ist in der Weltpolitik eine Geißel. Sie trifft besonders hilflose Leute. Der Arrogante kann sich in der Rolle dessen gefallen, der den Völkern die Freiheit und das Recht bringt und der dazu es nun eben leider auf einen Krieg ankommen lassen muss. Oft äußert sich in einer solchen Haltung ein erstaunliches Stück unverfrorener Dummheit, sodass man sich an das Sprichwort »Dummheit und Stolz wachsen auf einem Holz« erinnert fühlt oder an Dietrich Bonhoeffers Abhandlung »Von der Dummheit«: »Dummheit ist ein gefährlicherer Feind des Guten als Bosheit. Gegen das Böse lässt sich protestieren, es lässt sich bloßstellen, es lässt sich notfalls mit Gewalt verhindern, das Böse trägt immer den Keim der Selbstzersetzung in sich, indem es mindestens ein Unbehagen im Menschen zurücklässt. Gegen die Dummheit sind wir wehrlos. Weder mit Protesten noch durch Gewalt lässt sich hier etwas ausrichten; Gründe verfangen nicht; Tatsachen, die dem eigenen Vorurteil widersprechen, brauchen einfach nicht geglaubt zu werden – in solchen Fällen wird der Dumme sogar kritisch – und wenn sie unausweichlich sind, können sie einfach als nichts sagende Einzelfälle beiseite geschoben werden. Dabei ist der Dumme im Unterschied zum Bösen restlos mit sich zufrieden; ja, er wird sogar gefährlich, indem er leicht gereizt zum Angriff übergeht. Daher ist dem Dummen gegenüber mehr Vorsicht geboten als gegenüber dem Bösen. Niemals werden wir mehr versuchen, den Dummen durch Gründe zu überzeugen; es ist sinnlos und gefährlich … Um zu wissen, wie wir der Dummheit beikommen können, müssen wir ihr Wesen zu verstehen suchen. Soviel ist sicher, dass sie nicht wesentlich ein intellektueller, sonder ein menschlicher Defekt ist. Es gibt intellektuell außerordentlich bewegliche Menschen, die dumm sind, und intellektuell sehr schwerfällige, die alles andere als dumm sind.«

Die Mischung aus Dummheit und Stolz wird besonders zur Plage, wenn arrogante Menschen in Führungspositionen gelangen. Nicht selten streben sie solche an und wissen, ihre Gleise so zu legen, dass sie recht bald an ihr Ziel kommen. Wenn eine Organisation meint, ihren Nachwuchs damit am Besten zu fördern, dass sie den Begabten ihre Karriereplanung nahelegt, dann sollen ihre Verantwortlichen sich nicht

wundern, wenn sie eines Tages eben jene Arroganten in ihrer Leitungs-
ebene versammelt finden, die sich viel weniger ihrem Auftrag und dem
Dienst an den ihnen anvertrauten Menschen als ihrer Macht verpflichtet fühlen. Sie wurden ja beizeiten in diese Richtung konditioniert.

Den Hoffärtigen, Hochmütigen, Arroganten werden in diesem
Wort die Demütigen gegenübergestellt. Wer ist demütig? Und was
meint dieses Wort? Viele können es nicht mehr hören. Denn allzu oft
haben sie Leute erlebt, die sich auf ihre Demut etwas zugute taten.
»In unserer Demut lassen wir uns von niemanden übertreffen«, so gei-
stert ein Wort herum, das einer gesagt haben soll. »Es geht nicht darum, dass Christen mit einem schiefen Kopf herumlaufen, ein demü-
tiges Wesen zur Schau tragen und kein lautes Wort sagen. Man kann
auch mit einem demütigen Augenaufschlag und säuselnder Stimme
eigenwillig, rechthaberisch, verschlagen und hoffärtig sein«, stellt in
seiner Auslegung Walter Schlenker fest.

Luther hat im Kloster mit großem Ernst »humilitas«, Niedrigkeit,
Demut eingeübt. Seine ganze Theologie der Jahre 1514 bis zur refor-
matorischen Wende 1518 ist vom Streben nach Niedrigkeit bestimmt.
Er kam damit auf keinen grünen Zweig. Wenn er nicht entdeckt hätte,
dass Christus uns aus allen gemachten und eingeübten Haltungen befreit, dann wäre er wahrscheinlich in der totalen Depression oder im
Wahnsinn geendet. Es ist fraglich, ob wir uns zur Demut wirklich erziehen, ob wir sie wirklich einüben können. Gar zu leicht kommt etwas heraus, das nur ein Zerrbild und dann das Gegenteil von Demut
ist. Dann spielt der Mensch den Zöllner im Tempel und dankt Gott
dafür, dass er nicht ist, wie dieser widerliche Pharisäer.

Aber was ist gemeint mit der Demut, die Gott bei uns sucht? Ich
verstehe »Demut« herkommend vom mittelhochdeutschen »diemu-
ot«, der dienenden Gesinnung. Wenn ich es lerne, Gott und den
Menschen mit ganzem Einsatz aller Kräfte, die Gott mir gibt, zu dienen, dann wird mich das am ehesten davor bewahren, aus mir selbst
etwas machen zu wollen. Dann stehe ich oft vor meinen Grenzen, erfahre, wie eng sie sind. Ich kann gar nicht anders, als Gott zu bitten,
das Fragment meines Lebens barmherzig anzusehen. Ich werde unmittelbar die Hilflosigkeit vieler Menschen erleben und werde an ihnen selbst hilflos werden. Und doch werde ich erfahren, dass mir

Kräfte gegeben werden, die nicht von mir sind und die ich vorher nicht kannte. Solche Erfahrungen machen bescheiden und dankbar. Und wir finden uns so in derselben Reihe mit sehr vielen anderen Menschen wieder, die auf der untersten Stufe des Lebens Gott um ihr Überleben bitten.

»Gott widersteht den Hoffärtigen, aber den Demütigen gibt er Gnade.« Das Wissen darum, dass Gott der Hoffart widersteht und den Demütigen aufhilft, finden wir abgewandelt in vielen Bibelworten. Bei Jesaja, der den Hoffärtigen das Gericht ansagt: »Der Tag des Herrn wird kommen über alles Hoffärtige und Hohe und über alles Erhabene, dass es erniedrigt werde« (Jes 2,12 ff.). Im Lobgesang der Maria: »Er zerstreut, die hoffärtig sind in ihres Herzens Sinn, er stößt die Gewaltigen vom Thron und erhebt die Niedrigen« (Lk 1,51. 52). Besonders die Sprüche Salomos weisen immer wieder darauf hin: »Die Hoffart des Menschen wird ihn stürzen; aber der Demütige wird Ehre empfangen« (Spr 29,23). Oder: »Ein stolzes Herz ist dem Herrn ein Gräuel und wird gewiss nicht ungestraft bleiben« (Spr 16,5). Oder: »Wer zugrunde gehen soll, der wird zuvor stolz, und Hochmut kommt vor dem Fall« (Spr 16,18). Weil Hochmut vor Gott nicht bestehen kann, deswegen kann die Unart des Hochmütigen in der Bibel auch in geradezu grimmigem Humor beschrieben werden: »Es gibt eine Art, die ihrem Vater flucht und ihre Mutter nicht segnet; eine Art, die sich rein dünkt, und ist doch nicht von ihrem Schmutz gewaschen; eine Art, die Schwerter als Zähne hat und Messer als Backenzähne und mehrt die Elenden im Land und die Armen unter den Leuten« (Spr 30,11–14). Diese arrogant Mächtigen und mächtig Arroganten leben gottlos. Gott ist nicht bei ihnen. Weshalb sie keine wirkliche Zukunft haben. Vielmehr wählt der große Gott sich seinen Platz an der Seite der gedemütigten Menschen: »So spricht der Hohe und Erhabene, der ewig wohnt, dessen Name heilig ist: Ich wohne in der Höhe und im Heiligtum und bei denen, die zerschlagenen und demütigen Geistes sind, damit ich erquicke den Geist der Gedemütigten und das Herz der Zerschlagenen« (Jes 57,15).

Mag sein, dass sie mit ihrer zur Schau getragenen Sicherheit den rechtlich Gesonnenen zur schweren Anfechtung werden, wie es im Psalm 73 anschaulich geschildert wird:

Denn für sie gibt es keine Qualen,
gesund und feist ist ihr Leib.
Sie sind nicht in Mühsal wie sonst die Leute
und werden nicht wie andere Menschen geplagt.
Darum prangen sie in Hoffart
und hüllen sich in Frevel.
Sie brüsten sich wie ein fetter Wanst,
sie tun, was ihnen einfällt.
Sie achten alles für nichts und reden böse,
sie reden und lästern hoch her.
Was sie reden, das sollen vom Himmel herab geredet sein;
was sie sagen, das soll gelten auf Erden.
Siehe, das sind die Gottlosen;
die sind glücklich in der Welt und werden reich.

Wenn der Angefochtene aber mit diesen Eindrücken in den Tempel geht und über ihr Ende nachdenkt, stellt er fest:

Ja, du stellst sie auf schlüpfrigen Grund
und stürzest sie zu Boden.
Wie werden sie so plötzlich zunichte!
Sie gehen unter und nehmen ein Ende mit Schrecken.
Wie ein Traum verschmäht wird, wenn man erwacht,
so verschmähst du, Herr, ihr Bild, wenn du dich erhebst.

(Ps 73,18–20)

Wogegen die geistlich Armen, die hungern und dürsten nach der Gerechtigkeit, selig gepriesen werden (Mt 5,3. 6). Wir dürfen diesen Wochenspruch als ein Trostwort für die Angefochtenen verstehen.

Und – wenn wir den Zusammenhang in 1. Petrus 5 sehen – als spezielle Mahnung für Jung und Alt in der christlichen Gemeinde. Wenn Alte, besonders »die Ältesten« in der Gemeinde, denen die Leitung der Gemeinde anvertraut ist, mit den Jungen nicht recht zusammenarbeiten können, wenn da nichts läuft, hängt es oft daran, dass die Alten auf ihre Erfahrung pochen und nicht zu ihren Fehlern stehen können. Und daran, dass die Jungen sich nichts sagen lassen und in der naiven Auffassung leben: »Hoppla, jetzt kommen wir« und dass sie möglicherweise, wenn ein Älterer mit ihnen diskutieren will, ihm schnippisch zur Antwort geben: »Andere Generation!«

Beide Haltungen sind ebenso töricht wie unfruchtbar. Alte und Junge haben einander sehr viel zu sagen. Und wenn sie es in aller Bescheidenheit tun und dabei aufeinander hören, werden sie bald spüren, dass Gott selbst auf sie hört und ihr Zusammenwirken segnet.

12. Sonntag nach Trinitatis

Das geknickte Rohr wird er nicht zerbrechen und den glimmenden Docht wird er nicht auslöschen.

Jesaja 42,3

In der Südseite des Ulmer Münsters finden wir unter den Glasfenstern, die Peter Valentin Feuerstein geschaffen hat, eines, in welchem klein und unauffällig ein flackerndes Kerzenflämmchen dargestellt ist, das von zwei sorgsamen Händen geschützt wird. Diese kleine und nicht verlöschende Flamme versinnbildlicht unseren Glauben, unsere Liebe, unsere Hoffnung. Man spürt dem flackernden Flämmchen an, dass es bedroht ist von rauen Winden, von Stürmen, von kalten Duschen. Aber die Hand Gottes schützt das Flämmchen, das Entscheidende, das Lebendige in uns. Es ist bedroht, gefährdet, wie alles wirklich Wertvolle. Es kann nicht so still und klar leuchten, wie wir in der Regel die kleine Flamme einer Adventskerze darstellen. Es flackert im Wind. Jeden Augenblick kann es ausgeblasen werden. Aber gerade davor schützt es eine höhere Hand. Der Glaubende hat das, was die römisch-katholische Kirche ihren Priestern zuschreibt, einen »character indelebilis«, einen unzerstörbaren Charakter. Nicht weil unser Glaube so unverwüstlich wäre, sondern weil er Gott so wichtig ist, dass er ihn schützt. Und weil Jesus gesagt hat: »Ich habe für dich gebeten, dass dein Glaube nicht aufhöre« (Lk 22,32). Von unserer gefährdeten Liebe und unserer oft angefochtenen Hoffnung gilt das Gleiche.

Peter Valentin Feuerstein hat allerdings das Bild, das Deuterojesaja, den wir den zweiten Jesaja nennen, gebraucht, ein wenig verharmlost. Deuterojesaja redet nicht von einem flackernden Flämmchen, sondern von einer bereits heruntergebrannten Flamme, die nur noch am Docht glimmt, die also ein wenig Rauch verbreitet, die momentan noch ein paar Sekunden daran erinnert, dass da einmal eine kleine Flamme war, die aber erloschen ist. So hat Deuterojesaja, der Trostprophet der Bibel, den Glauben, die Hoffnung seines Volkes angetroffen in der babylonischen Gefangenschaft, die schon Jahrzehnte dauerte. Da war allenfalls noch eine schwache Erinnerung an das Glaubensleben, das die Väter und Mütter erfüllt hatte. Keine freudige Erinnerung. Vielmehr ein qualmendes Gemisch von Vorwürfen und Selbstvorwürfen – wir sind selbst schuld, wir haben all das, was über uns kam, verdient. Vorwürfe auch gegen Gott, der sein eigenes erwähltes Volk dermaßen hängen lässt, der so unmenschlich gnadenlos straft, der offensichtlich sein Volk, durch das er in der Völkerwelt Großes vorgehabt hatte, abgeschrieben hat.

Rauchender Docht kurz vor dem endgültigen Erlöschen, zerstoßenes Rohr, ein Rohrstock, der gebrochen, abgeknickt, gesplittert ist, auf den sich keiner mehr stützen kann.

Deuterojesaja sieht einen »Gottesknecht«, durch den Gott all das tun wird, was er durch das Volk Israel tun wollte. Er wird das Gottesrecht zu den fernsten Inseln, die man damals noch gar nicht kannte, bringen. Er wird aber vorher sehr viel Widerstand zu erleiden haben, ja, er wird durch eine Art Martyrium gehen (Jes 53).

Die Ausleger sind sich bis heute uneinig in der Frage, wer hier gemeint sein könnte. Der zweite Jesaja selbst? Oder ein unbekannter Prophet, den er kennt? Oder doch das Volk Israel? Oder ein kommender »Gottesknecht« in irgendeiner fernen Zukunft?

Jesus hat offensichtlich sich selbst als diesen Gottesknecht verstanden und hat diese Aussage »das zerstoßene Rohr wird er nicht zerbrechen und den glimmenden Docht wird er nicht auslöschen« auf sich bezogen (Mt 12,18–21). Die Parallele zwischen Jesu Geschick und dem des Gottesknechtes von Deuterojesaja ist ganz ungewöhnlich. Liest man besonders Jesaja 53, dann hat man den Eindruck: Es hat sich das, was hier vom Gottesknecht gesagt wird, an Jesus Wort für Wort erfüllt. Nicht umsonst spielt das Lied vom leidenden Gottesknecht Jesaja 53 deswegen in unserer Karfreitagsliturgie eine zentrale Rolle.

Hier in Jesaja 42 wird von der Art dieses Gottesknechts u. a. gesagt, er werde kein Propagandageschrei vollführen, man werde ihn nicht auf der Gasse hören; nichts Marktschreierisches werde an seiner Art sein. In Treue werde er das Gottesrecht hinaustragen. Und er, der den glimmenden Docht nicht auslöscht und das zerstoßene Rohr nicht zerbricht, wird selbst durchaus nicht erlöschen. Er wird trotz aller Widerstände nicht zerbrechen, bis er auf Erden das Gottesrecht aufrichte. Die Inseln würden auf ihn und auf das, was er an Botschaft und Weisung bringt, warten.

Das ist ein ganz wesentlicher Grundzug im Wirken Jesu, das charakterisiert eine christliche Gemeinde, wenn sie wirklich vom Geist Jesu geprägt ist, dass sie das Schwache, das objektiv gesehen ohne Chance auf Gesundung ist, pflegt. Es ist wahr, dass darauf ein Riesenmaß an Energie verwandt wird. Und es darf niemanden wundern, dass Christen, die ihre Lebenskraft dafür einsetzen, immer wieder auch kräftig seufzen und um neue Motivation ringen müssen. Es ist auch gar keine Frage, dass ihnen immer deutlicher vorgerechnet wird, was das alles kostet. Und dass man immer offener Methoden propagiert, die unsere Gesellschaft von dieser Anstrengung wenigstens teilweise entbinden. Die Diskussionen um die aktive Sterbehilfe und um Beihilfe zum Suizid sind sozusagen nur die Spitze des Eisberges. Neun Zehntel dieses Protestes gegen das Pflegen von Kranken und Behinderten, die keine Aussicht auf Heilung haben, wird nicht öffentlich artikuliert. Der australische Philosoph Peter Singer, der ganz offen der christlichen Praxis des Erhaltens des menschlichen Lebens auch in Extremfällen widerspricht, gilt bis jetzt noch als totaler Außenseiter. Den »Killerphilosophen« nennen ihn die Behindertenverbände, doch hat er neuerdings durchaus Zugang zu den Symposien deutscher Universitäten.

Im Hintergrund steht eine Art »Sozialdarwinismus«, den ich lieber »Asozialdarwinismus« nenne. Er geht davon aus, dass, was im Tierreich gilt, mehr oder weniger auch im Miteinander der Menschen gelten kann und vielleicht sogar gelten muss: dass die Vitalen, Lebenstüchtigen die Lebensuntüchtigen verdrängen und jedenfalls nichts tun, damit diese eine Überlebenschance bekommen. Wer den Asozialdarwinismus zu seiner Lebensphilosophie macht, der kann in dem, was an unheilbar Kranken oder schwer behinderten Menschen mit großem Aufwand getan wird, nur vergebliche Liebesmüh sehen. Ja, er wird sich früher oder später gegen diese »Verschwendung« von Energie sogar aggressiv äußern. Er wird mit einer unzumutbaren Vervielfältigung der Leiden argumentieren, mit einem Niedergang der Gesellschaft, er wird die drohende Bevölkerungsexplosion ins Feld führen und wird propagieren, dass es auf die Dauer für die Gesamtgesellschaft »gesünder« ist, unheilbar Kranke und behinderte Menschen ihrer Hilflosigkeit zu überlassen oder gar ihr Leben zu beenden, als sie mit großem Aufwand zu pflegen. Die Kostenexplosion auf dem Gesundheitssektor wird ihm als Argumentationshilfe dienen.

Es ist keine Frage, dass von dieser Seite her der Druck auf das christliche Ethos zunimmt. Dass Menschen, die angetreten sind, schwer behinderten Menschen beizustehen, es immer schwerer haben. Eltern, die ein behindertes Kind zur Welt bringen, kommen durch die respektlosen Fragen ihrer Mitmenschen in Rechtfertigungsdruck. Es wird schwieriger, im Sinn Jesu den »glimmenden Docht nicht auszulöschen«.

Je klarer sich ein Christ diese Entwicklungen macht, desto besser. Wir tun uns selbst keinen guten Dienst, wenn wir hier auf beiden Schultern Wasser tragen und unser christliches Ethos mit dem, was an Mentalität im Kommen ist, in Einklang bringen wollen. Wir sind zu einer klaren Entscheidung zwischen christlicher Lebenseinstellung und der Einstellung des Asozialdarwinismus aufgerufen.

Wobei die klare Ablehnung des Asozialdarwinismus als einer Lebenseinstellung keineswegs verwechselt werden darf mit einer Ablehnung dessen, was ein behutsamer und verantwortungsbereiter Forscher wie Charles Darwin über die Entwicklung der Arten erforscht hat. Wir haben keine guten Gründe, einem christlichen Fundamentalismus das Wort zu reden, der die Bibel zum Biologiebuch erklärt und im Namen des biblischen Weltbildes der naturwissenschaftlichen Forschung ihre Freiheit bestreitet. Aber dass wir unterscheiden zwischen dem, was im Tierreich vor sich geht, und dem, was uns Menschen besonders aufgetragen ist, dafür stehen wir Christen. Und daran hängt unser christlicher Humanismus.

Uns Menschen ist es aufgetragen, unsere Kräfte ohne Wenn und Aber für andere Menschen einzusetzen, die ohne fremde Hilfe nicht leben können. Wer stark ist, hat seine Kraft als unverdientes Geschenk von Gott. Diese Gabe schließt die Aufgabe ein, diese seine Kraft denen zu leihen, die kraftlos sind. Wir sind aufeinander bezogen. Christen, die Salz der Erde sind, wissen sich dazu berufen, auf diese Weise das Schwache zu stärken. Nicht weil sie eine krankhafte Hinneigung zum

Schwachen hätten, sondern weil sie in jedem hilflosen Menschen vor allem das Kind Gottes sehen, dem die grundlose Liebe Gottes, wie sie in der Art Jesu offenbart wurde, bedingungslos gilt. Wir Christen haben viel Grund, einander auf diesem Weg zu stärken.

Doch zurück zum Bild des glimmenden Dochtes und des zerstoßenen Rohres für unseren Glauben. Es ist keineswegs ungewöhnlich, wenn unser Glaube sich in dem Zustand befindet, der durch dieses Bild angedeutet wird. Wir »haben« ja unseren Glauben nicht wie etwas Festes, das wir als eine Art unverlierbaren Besitz betrachten können. Unser Glaube lebt ja, wenn er lebt, durch eine Art Auferweckung von den Toten, durch eine Art Schöpfung aus dem Nichts. Das Unmögliche wird möglich, wenn wir glauben. Und wo unsere »fleischlichen« Augen nur das Erlöschen, das Ende unseres Glaubens sehen, da sehen die geistgeweckten Augen ein neues Erwachen des Glaubens voraus.

Kann ein glimmender Docht noch einmal zu brennen anfangen? »Herr, mein Gott, du weißt es« (Hes 37,3). »Bei den Menschen ist's unmöglich, aber Gott sind alle Dinge möglich« (Mt 19,26).

13. Sonntag nach Trinitatis

Christus spricht: Was ihr getan habt
einem unter meinen geringsten Brüdern,
das habt ihr mir getan.
Matthäus 25,40

In Friedrich Dürrenmatts Drama »Der Besuch der alten Dame« kehrt Clara Zachanassian zurück in ihr armes, heruntergekommenes Heimatdorf, aus dem sie als junges Mädchen verstoßen worden war. Sie war schwanger gewesen von ihrem geliebten Alfred Ill. Der aber hatte bestritten, dass das Kind von ihm sei, hatte mit einem Freund ein Komplott geschmiedet, in welchem sie Clara als billig und willig verleumdet haben. Bei ihr könne kein Mensch sagen, von wem ihr Kind sei.

Clara ging und wurde eine Dirne, in dieser Funktion hat sie sich einen Multimillionär geangelt, dieser ist bald gestorben, nun war sie steinreich. Sie kommt zurück, um mit ihrem vielen Geld Rache zu üben an Ill. Mit höchsten Ehren wird sie in Güllen, ihrem Heimatdorf, empfangen. Als Wohltäterin, durch die der Ort wieder zu ungeahnter Blüte kommen würde. Das verspricht sie auch. Unter einer Bedingung: Ill muss sterben.

Die Dorfbewohner sind entsetzt, schwören alle Eide, dass sie ein solch unsittliches Ansinnen gegen ihren lieben, hoch geschätzten Mitbürger Ill nicht einmal erwägen würden, Clara Zachanassian, die sich mit ihren beiden Bodyguards und zwei Tigern im Hotel einquartiert hat, sitzt auf dem Balkon des Hotels, blickt in die Dorfstraßen und wartet.

Sie wartet nicht umsonst. Die Stimmung gegen Ill schlägt um. Einem Mordanschlag, durch den er still beiseite geräumt worden sollte, entkommt er gerade noch. Vor allem: die Dorfbewohner leben immer mehr auf die Zeit zu, in der Ill gestorben und die Wohltäterin ihre milde Hand aufgetan haben wird. Ill ist Eigentümer des einzigen Kolonialwarenladens des Ortes. Immer mehr Mitbürgerinnen kaufen bei ihm »auf Pump«. »Schreib's an. Wir bezahlen später«.

Es kommt zu dörflichen Versammlungen, in denen Ill mehr oder weniger deutlich nahegelegt wird, er möge doch selbst die Konsequenz ziehen und dem bitter nötigen Aufschwung des Ortes und dem so sehr entbehrten Wohlstand nicht im Wege stehen. Ein Selbstopfer sei doch sehr verdienstvoll.

Man blickt von einer moralischen Instanz im Ort zur anderen. Auch besonders auf den Pfarrer. Der verkündet würdevoll: »Die Kirche ist neutral.«

Wie neutral die Kirche ist, das zeigt die Pfarrfrau durch ihr Einkaufsgebaren. Sie vor allem kauft bei Ill auf Pump.

Es kommt zur ultimativen Versammlung. Ill, von der Bevölkerung bedroht, wendet sich hilfesuchend an den Pfarrer. Der wird salbungsvoll: »Nun, Ill, Ihre schwere Stunde ist gekommen.« Er versichert ihm: »Ich werde für Sie beten.« Darauf Ill: »Beten Sie für Güllen.« Der Pfarrer: »Gott sei uns gnädig.« Ill wird feierlich durch die Reihe der Männer des Ortes geführt, die sich verengt und sich plötzlich zum Menschenknäuel verwandelt. Es wird dunkel. Als die Presseberichterstatter mit ihrem Licht die Szene erleuchten, liegt Ill tot am Boden. Der Arzt stellt fest: »Herzschlag«. Der Bürgermeister kommentiert: »Tot aus Freude«.

Eine makabre tragische Komödie des Autors, der zugleich Pfarrersohn und Vater eines Pfarrers war und der sozusagen als das Weltkind in der Mitte sehr kritisch über christliche Moral und besonders über die Rolle der Kirche dabei nachdenkt. Kurz vor dieser feierlichen Hinrichtung will der Pfarrer noch den Propheten Amos zitieren. Aber Ill, der seine letzte Zigarette raucht, sagt: »Bitte nicht!«

Mag die Kirche Jesu Christi allzu oft sich neutral verhalten – viele werden das sogar von ihr wünschen und werden einiges dafür tun, dass sie auf dieser Linie bleibt –, Jesus ist durchaus nicht neutral.

»Was ihr getan habt einem unter meinen geringsten Brüdern, das habt ihr mir getan.« Und im Gleichnis vom Weltgericht (Mt 25, 31–46), aus dem dieses Wort stammt, steht daneben das andere: »Was ihr nicht getan habt einem unter diesen Geringsten, das habt ihr mir auch nicht getan« (Mt 25,45). Jesus identifiziert sich mit denen, die in die Ecke gedrängt, die niedergemacht werden. Die Frage, ob sie die späte Folge eigenen Verschuldens trifft, kümmert ihn nicht. In seiner Gegenwart gibt es kein kaltes »Selber schuld, der muss nun auslöffeln, was er sich selbst eingebrockt hat«. Er sieht den Menschen, der leidet. Der unter die Räuber gefallen ist. Ob nun diese Räuber als Biedermänner, womöglich mit frommer Verkleidung, auftreten oder nicht. Er sieht den hilfsbedürftigen Menschen, sieht in ihm die Schwester, den Bruder, ja er identifiziert sich selbst mit ihm.

Es geht dabei immer um das Tun, nicht um große Ideen, Programme, Absichten, Appelle. Nur das zählt, was de facto getan wurde.

Papst Benedikt XVI. spricht in seiner Enzyklika »Deus caritas est« vom »Liebestun« und prägt damit einen eigenartig neuen Begriff. Es geht um konkretes Tun, aber eben nicht um eine kalt und unpersönlich geplante und durchgeführte Maßnahme, sondern um ein Tun wirklicher Liebe, ein Tun, in welchem Gefühl und Verstand zur Tat drängen.

Dann wird es immer auch ein Tun im direkten Gegenüber von Menschen sein. Der Mensch, den ich mir nicht ausgesucht habe, den mir Gott über den Weg geschickt hat, der jetzt meine Zuwendung, meine Hilfe braucht, wie jener unter die Räuber Gefallene jetzt den Samariter braucht, um ihn geht es. Martin Buber berichtet einmal über seinen Vater, der im Ehrenamt Vorsitzender der Lemberger Brotkommission war, er sei »ingrimmig abgeneigt« gewesen »jeder blicklosen Barmherzigkeit«, das heißt jeder Hilfsmaßnahme, die den hilfsbedürftigen Menschen gar nicht als Person wahrnehme, bei der die persönliche Begegnung geradezu vermieden werde.

Wer sind nach Jesu Gleichnis (Mt 25,31–46) die Menschen, in denen er uns besonders begegnet? Die Hungrigen, von denen es in jeder Stadt, wohl auch in jedem Dorf, nicht wenige gibt. Es ist schlicht die Frage, ob wir von den Nahrungsmitteln, die wir für uns im Kühlschrank und in der Brotschublade aufbewahren, für sie etwas übrig haben. Es sind die Durstigen. Wobei das Wort »Durst« immer auch etwas ahnen lässt vom Durst nach mitmenschlicher Gemeinschaft. Es sind die Fremden, die man heute wohl noch mehr als zur Zeit Jesu zu Fremdlingen macht. Jeder Christ, der nicht blind ist, begegnet Menschen, die jahrelang um ihre Duldung oder Anerkennung kämpfen müssen. Und wenn ein Schwarzbuch geschrieben würde über das, was ihnen in unserem angeblich fortschrittlichen Staat geschieht, würden wir alle beim Lesen schamrot werden. Wer tritt für sie ein? Es gibt zum Glück Christen, die für sie nicht wenig an Kraft einsetzen. Sie verdienen unsere volle Unterstützung, wenn möglich: unsere Mitarbeit.

In den Nackten begegnet uns Christus. Besonders im Herbst sind die Kleiderkammern der diakonischen Bezirksstellen von Menschen überlaufen, die nicht das Geld haben, sich ordentliche Winterkleidung zu kaufen. Was bedeutet das für unseren Kleiderschrank? Freilich kommen hier auch die Menschen in den Blick, die sich selbst kompromittiert haben durch blamable Taten und die nun für den Rest ihres Lebens das Stigma des Täters an sich tragen. Wer steht zu ihnen? Wer von denen, die für sich selbst sagen »Christi Blut und Gerechtigkeit, das ist mein Schmuck und Ehrenkleid« (EG 350)? Hüllen wir auch jene nackt Dastehenden in dieses Ehrenkleid? Oder behalten wir es lediglich für uns?

Die Kranken, die auf Besuch warten! In ihnen wartet Christus auf dich und mich. Wie leicht schieben wir den fälligen Besuch von einem Tag auf den anderen, bauen um uns herum hundert Arbeiten, die offenbar wichtiger sind!

Die Gefangenen, die, allein oder zu mehreren, eine Art Isolationsfolter durchmachen. Wer begegnet ihnen in ihren Nöten? Wer zeigt ihnen, dass sie nicht lebendig begraben sind, dass sie noch dazugehören zur menschlichen Gemeinschaft? Und vor allem: Wer hilft ihnen nach der Haftzeit wieder ins bürgerliche Leben hinein? Gerade in diesen Strafgefangenen begegnet uns der Christus, der ihre Strafe getragen hat (Jes 53,5).

Könnte es sein, dass wir, wenn wir Hungrige speisen, Kranke und Gefangene besuchen, für Kompromittierte hinstehen, mehr empfangen, als wir ihnen gegeben haben? Dass in gewisser Weise der Arme, der durch seine Schuld Gezeichnete, uns zum Christus wird?

Wir dürfen nur nicht diese Erwartung das Motiv unserer Zuwendung sein lassen. Es kann der Segen, der auf dieser Zuwendung liegt, allenfalls das unbeabsichtigte Nebenprodukt eines ganz auf den Nächsten konzentrierten Liebestuns sein.

Und wir sollten noch weniger vom hilfsbedürftigen Menschen erwarten, dass er sich in seiner Hilfsbedürftigkeit besonders sympathisch verhält. Es kann sein, dass er uns anlügt, weil er fürchtet, uns die Wahrheit über sein Leben nicht zumuten zu können. Haben wir ein Recht, ihm das zu verübeln und uns beleidigt von ihm zurückzuziehen, weil er uns zu wenig vertraut? Sind wir denn so vertrauenswürdig, dass ein Fremder zu uns gleich volles Vertrauen wagen kann? Es kann sein, dass der Empfänger unserer Hilfe und unserer Ratschläge durchaus nicht tut, was wir ihm geraten haben. Haben wir ein Recht, uns darüber zu entrüsten? Bei meinen Versuchen, den Menschen in der hoch verstrahlten Zone nördlich von Tschernobyl Hilfe zu bringen, habe ich immer wieder Helfer erlebt, die ihre Hilfe konsequent daran banden, dass die Empfänger von Hilfslieferungen, etwa in Krankenhäusern, genau das tun, was der deutsche Helfer getan haben will, und die nach einem halben Jahr mit deutscher Gründlichkeit kontrollierten, ob ihre Direktiven ausgeführt seien. Meine weißrussischen Gesprächspartner, hoch gebildete Ärztinnen, Philosophie- und Deutschprofessoren, klagten, das komme ihnen vor wie eine Art karitativer Kolonialismus. Sie kämen sich da vor wie Naturkinder im Busch, die vom weißen Helfer erzogen werden sollten.

Wie nahe beieinander sind diakonische Hilfe und diakonische Machtausübung. Wir werden erst dann wirklich helfen können, wenn wir den Bedürftigen zwar unsere Erfahrung, unser Können und, wenn sie es denn wollen, auch unseren Rat geben, wenn wir dabei aber ganz darauf verzichten, sie zu entmündigen.

Und: So sehr sich Jesus Christus mit den Hilfsbedürftigen identifiziert, wir sollten nicht Bedürftigen primär darum einen Dienst tun, weil wir damit Jesus Christus dienen wollen. Wir sollen sie durch nichts zu Objekten machen, auch nicht zu Objekten unserer christlichen Liebe. Wir sollten ihnen, ihnen selbst, das Fällige tun. So dass sie wirklich unser lebendiges Gegenüber bleiben. So dienen wir Jesus Christus, der sich selbst wirklich mit ihnen identifiziert.

Die Haltung, die den bedürftigen Menschen gar nicht wirklich wahrnimmt, lehnt Jesus ab, indem er in seinem Gleichnis vom Weltgericht die Menschen, welche die tätige Nächstenliebe vermissen ließen, sagen lässt: »Herr, wann haben wir dich gesehen hungrig oder durstig oder als einen Fremdling oder nackt oder krank oder gefangen und haben dir nicht gedient?« Sie hätten also, so meinen sie, dem kommenden Weltenrichter alles zuliebe getan, nicht aber den hässlichen Armen, die sie geflissentlich übersehen haben. Nicht diese Art von Menschenliebe will Jesus in uns erwecken. Sie ist gar keine Menschenliebe, sondern ist ein religiöses Werk, mit dem einer sich selbst vor der letzten Instanz ins rechte Licht rücken will. Jesus setzt sich wirklich gleich mit den Bedürftigen. Weshalb er will, dass wir ihnen, ihnen allein, ohne jeden berechnenden Hintergedanken und Seitenblick, das Gute, das Fällige tun.

14. Sonntag nach Trinitatis

Lobe den Herrn, meine Seele, und vergiss nicht,
was er dir Gutes getan hat.
Psalm 103,2

Als ich einmal an einem Sonntagmorgen die Heilbronner Kilianskirche betrat, kam ich an einem älteren Mann vorbei, der spät, aber zu seiner großen Freude, Großvater geworden war. Doch hatte er einen schweren Kummer: der kleine Enkelsohn kam auf die Welt ohne Daumen. An beiden Händchen je vier Finger, aber keine Daumen.

Nun hatten die Eltern des Kindes doch den Mut gefasst, ihr Kind zunächst an einer Hand, operieren zu lassen. Ein Münchener Spezialist schaffte es tatsächlich, den Zeigefinger in die Position des fehlenden Daumens zu verlegen. Nach der Operation zeigte mir der dankbare Großvater detaillierte Fotos von der kleinen Hand, die zweite Hand sollte in einem halben Jahr dran kommen.

Je mehr Menschen ich mit einer Behinderung erlebe, desto dankbarer singe ich Paul Gerhardts Strophe (EG 447,3):

> *Dass unsere Sinnen wir noch brauchen können*
> *und Händ und Füße, Zung und Lippen regen,*
> *das haben wir zu danken seinem Segen.*
> *Lobet den Herren!*

Besonders bedanke ich mich für die immense Arbeit, die meine inneren Organe regelmäßig und pünktlich tun, ohne dass mein Wille sie in irgendeiner Weise dazu anleitet und in der Regel ohne dass ich überhaupt etwas davon merke.

Martin Luther hat im »Kleinen Katechismus« in seiner Auslegung zum ersten Glaubensartikel aufgezählt, was im kreatürlichen Bereich an uns und um uns her Grund zum Danken sein sollte. Ich wundere mich nicht darüber, dass der Historiker Leopold von Ranke in den Sätzen von Luthers Erklärung zu den drei Glaubensartikeln die schönsten Sätze in deutscher Sprache sieht: »Ich glaube, dass mich Gott geschaffen hat samt allen Kreaturen, mir Leib und Seele, Augen, Ohren und alle Glieder, Vernunft und alle Sinne gegeben hat und noch erhält; dazu Kleider und Schuh, Essen und Trinken, Haus und Hof, Weib und Kind, Äcker, Vieh und alle Güter; mit allem, was Not tut für Leib und Leben, mich reichlich und täglich versorgt, in allen Gefahren beschirmt und vor allem Übel behütet und bewahrt; und das alles aus lauter väterlicher, göttlicher Güte und Barmherzigkeit, ohn all mein Verdienst und Würdigkeit: für all das ich ihm zu danken und zu loben und dafür zu dienen und gehorsam zu sein schuldig bin. Das ist gewisslich wahr.«

Im Psalm 103, aus dem dieses Wort stammt, wird als Grund zum Danken zuerst die Vergebung unserer Sünden erwähnt: »Der dir alle deine Sünde vergibt« (Ps 103,3) und später:

Er handelt nicht mit uns nach unseren Sünden
und vergilt uns nicht nach unserer Missetat.
Denn so hoch der Himmel über der Erde ist,
lässt er seine Gnade walten über denen, die ihn fürchten.
So fern der Morgen ist vom Abend,
lässt er unsere Übertretungen von uns sein.
Wie sich ein Vater über Kinder erbarmt,
so erbarmt sich der Herr über die, die ihn fürchten.

(Psalm 103,10–13)

Er heilt alle unsere Gebrechen, heißt es weiter. Wenn ich das im Krankenhaus oder im Altenheim mit einem kranken, gebrechlichen Menschen zusammen bete, dann wird er mich still fragen, wie das speziell mit seinen Gebrechen sei. Wahrscheinlich lebt der Beter des Psalms 103 so sehr in der Hoffnung, dass er jetzt schon danken kann für das, was wir für »alle unsere Gebrechen« von Gottes Vollendung erhoffen.

So verstehe ich auch die beiden folgenden Hoffnungssätze: »der dein Leben vom Verderben erlöst, der dich krönet mit Gnade und Barmherzigkeit« (Ps 103,4). Wir danken Gott, dass wir im Licht dieser Hoffnung leben können. Unsere Gebrechen tragen wir, unser irdisches Leben, so sehr es dem Verderblichen ausgesetzt ist, leben wir. Manchem Zweifel an unserer eigenen Ehrbarkeit begegnen wir in der Hoffnung darauf, dass Gott uns dereinst nicht nur so irgendwie die Kontrollschleusen zum Ewigen Leben mit einem halbabschätzigen Blick passieren lassen wird, dass er vielmehr vorhat, die Seinen in seiner großen Barmherzigkeit zu gekrönten Häuptern zu machen. Das heißt doch wohl, dass die Art und Würde des königlich freien Menschen Jesus auf uns übergehen wird und wir aus gedrückten und kompromittierten Wesen zur herrlichen Freiheit der Kinder Gottes verwandelt werden. Dass wir in dieser Hoffnung unser Leben zubringen können, dafür können wir nicht genug dankbar sein.

Das Evangelium auf den 14. Sonntag nach Trinitatis, Lukas 17, 11–19, berichtet von den zehn Aussätzigen, die aus der Ferne – Aussätzige durften niemandem nahe kommen – zu Jesus riefen: »Jesu, lieber Meister, erbarme dich unser!« Jesus hat sie alle zehn zum Priester geschickt – die Priester waren damals zugleich Medizinmänner und

270

eine Art Gesundheitsamt –, sie sollten sich von ihm untersuchen lassen. Auf dem Weg zu ihm wurden sie gesund. Der hoffende Glaube in Folge der Begegnung mit dem Heiland Jesus hat sie »rein« gemacht, was immer das heißen mag. Aber nur einer kehrt um zu Jesus und dankt ihm für die Heilung. Worauf Jesus fragt: »Wo sind aber die neun?« Er vermisst an den neun anderen, dass sie umkehren und Gott die Ehre geben. Ausgerechnet dieser eine, der dankbar umgekehrt ist, ist ein Samaritaner, das heißt er gehört zu denen, die ein frommer Jude wegen ihrer mangelnden Glaubenskultur meinte gering achten zu können. Zu diesem – und nur zu diesem – sagt Jesus: »Dein Glaube hat dir geholfen.« Womit gesagt wird: die anderen neun sind nicht wirklich gesund geworden. Mag ihre äußere Haut sich gebessert haben, sie selbst sind krank geblieben. Denn nur der Mensch, der umkehrt, um zu danken, hat zurückgefunden in den Zustand des wirklich Genesenen.

Albert Schweitzer hat diese Erzählung so ausgelegt, dass alle zehn für ihre Heilung dankbar gewesen seien. Nur habe eben allein dieser Eine seiner Dankbarkeit gegen Jesus Ausdruck verliehen. So seien wir. Wir seien alle im Grunde dankbar für empfangene Hilfe. Nur würden wir den Rang nicht finden, einander unsere Dankbarkeit zu zeigen. Die neun Geheilten, die nach der Gesundsprechung durch den Priester nicht zu Jesus gekommen seien, hätten den Fehler gemacht, vom Priesterhaus gleich nach Hause zu gehen. Dort seien sie gleich dermaßen mit Pflichten, sozusagen mit Liegengebliebenem, überhäuft worden, dass sie ihre eigentliche Absicht, zu Jesus zu gehen und ihm zu danken, nicht mehr hätten wahrnehmen können.

Hat Albert Schweitzer recht? Oder ist bei seiner Auslegung der Wunsch der Vater des Gedankens? Wir müssen und können das nicht klären. Nachdenken sollten wir, wenn er schreibt, jeder von uns habe in seinem Leben sehr viel an Güte durch Menschen empfangen, oft geradezu im Augenblick. Uns unbekannte Menschen seien aus dem Nebel aufgetaucht, hätten uns ein gutes Wort gesagt, eine wirkliche Hilfe geleistet, ein feines Beispiel gegeben, das uns seither begleite, und seien wieder in den Nebel des Unbekannten entschwunden. Ihnen könnten wir nur so danken, dass wir uns solcher Hilfen würdig erwiesen. Denen aber, die wir kennen und die noch leben, sollten wir unseren Dank ausdrücken, solange wir das noch können. Wir sollten nicht erst an ihrem Grab denken oder sagen, wie viel Gutes wir von ihnen empfangen haben.

Die Menschen, die uns auf dem Weg geholfen haben mit ihrem Mut machenden Zuspruch oder mit ihrer spürbaren Güte, hat uns Gott geschickt. Wir tun gut daran, ebenso ihnen wie dem, der sie uns geschickt hat, zu danken.

In diesem Zusammenhang sollten wir prüfen, ob es unter uns im zwischenmenschlichen Zusammenleben (noch?) eine Kultur des Dankens gibt. Eine ältere Erzieherin sagte mir im Rückblick auf ihre Arbeit im Kindergarten: »Wenn früher ein Kind nicht ›danke‹ gesagt hat, fiel es auf. Wenn heute ein Kind ›danke‹ sagt, fällt es auf.« Da scheint sich etwas geändert zu haben. Es hängt wohl auch mit der Frage zusammen, ob wir zu Tisch beten oder ob wir ohne einen Dank an den Geber aller guten Gaben uns über die Speisen hermachen.

Wollen wir unsere Kinder neu zur Dankbarkeit erziehen, dann werden wir das nur können, wenn wir selbst ihnen mit gutem Beispiel vorangehen. Unvergesslich ist es mir, wie einst unser Kind Eva einer älteren Mesnerin geholfen hat, die Kirche zu putzen. Die Mesnerin schickte Eva mit dem Eimer, das Putzwasser zu erneuern. Eva brachte das frische Wasser, stellte den Eimer vor die am Boden arbeitende Mesnerin hin und wartete. Als die Mesnerin fragend zu ihr aufblickte, fragte Eva ganz unschuldig: »Wie sagt m'r?«

Sie hatte ja recht. Auch Kinder können uns Erwachsene an das erinnern, was wir den Kindern gern beibrächten. Und wie sollen sie es lernen, wenn wir ihnen das Gegenteil vorleben?

Lobet den Herrn, meine Seele! Solche Selbstgespräche, in denen einer mit seiner Seele spricht, können dann und wann durchaus dran sein. Wir stehen alle in der Gefahr, uns hängen zu lassen in grübelnder Schwermut, in Unzufriedenheit mit dem, was uns das Leben gebracht hat und was wir im Leben zuwege gebracht haben. Wer sich diesen Stimmungen überlässt, belastet seine Umgebung nicht wenig. Ist es da nicht hilfreich, wenn wir unsere Seele daran erinnern, was wir Gutes empfangen haben und dass es dran sei, Gott dafür zu danken?

Überhaupt das Gotteslob. Mancher Christ singt zwar treu und brav im Gottesdienst:

Dankt unserem Gott, lobsinget ihm,
rühmt seinen Namen mit lauter Stimm;
lobsingt und danket allesamt!
Gott loben, das ist unser Amt.

(EG 288,5)

Aber wenn jüngere Leute Lobpreisgottesdienste feiern wollen, werden wir oft säuerlich. Ich verstehe das angesichts so manchen Liedes, das gar zu harmlos auf ständige Wiederholung setzt und das allzu viel unseres täglichen Lebens ausblendet. Aber: Was sagt uns der beharrliche Wunsch zahlreicher jüngerer Christen nach Lobpreisgottesdiensten? Vermutlich haben sie die Erfahrung gemacht, dass im Lob Gottes viel Heilungspotential steckt. Und dann und wann geraten wir doch tatsächlich auch in unseren Gottesdiensten so beharrlich in ein Klagen und Hadern über das, was Menschen an Schlimmem anstellen, und über das, was uns an Gottes Regiment nicht einleuchtet, dass dieses gesundheitsfördernde Loben Gottes entschieden zu kurz kommt.

Vielleicht sollten wir in solchen Situationen uns selbst unterbrechen, um uns und anderen schlicht zu sagen: »Lobe den Herrn, meine Seele, und vergiss nicht, was er dir Gutes getan hat.«

15. Sonntag nach Trinitatis

Alle eure Sorge werfet auf ihn,
denn er sorgt für euch!

1. Petrus 5,7

Zum Thema Sorge zuerst eine Szene aus Goethes »Faust II«, fünfter Akt, Mitternacht. »Vier graue Weiber« treten auf, die erste heißt der Mangel, die zweite die Schuld, die dritte die Sorge, die vierte die Not. Hier der Auftritt von Frau Sorge.

SORGE: Wen ich einmal mir besitze
Dem ist alle Welt nichts nütze,
Ewiges Düstre steigt herunter,
Sonne geht nicht auf noch unter,
Bei vollkommnen äußern Sinnen

273

Wohnen Finsternisse drinnen.
Und er weiß von allen Schätzen
Sich nicht in Besitz zu setzen.
Glück und Unglück wird zur Grille,
Er verhungert in der Fülle,
Sei es Wonne, sei es Plage
Schiebt ers zu dem andern Tage,
Ist der Zukunft nur gewärtig
Und so wird er niemals fertig.

FAUST: Hör auf! so kommst du mir nicht bei!
Ich mag nicht solchen Unsinn hören.
Fahr hin! die schlechte Litanei!
Sie könnte selbst den klügsten Mann betören.

(Sorge – sie lässt sich von der Abwehr Fausts durchaus nicht beeindrucken, sie singt ihr Sorgenlied einfach weiter.)

Soll er gehen? soll er kommen?
Der Entschluss ist ihm genommen;
Auf gebahnten Weges Mitte
Wankt er tastend halbe Schritte.
Er verliert sich immer tiefer,
Siehet alle Dinge schiefer,
Sich und andre lästig drückend,
Atem holend und erstickend;
Nicht erstickt und ohne Leben,
Nicht verzweifelnd, nicht ergeben.
So ein unaufhaltsam Rollen
Schmerzlich Lassen, widrig Sollen,
Bald befreien, bald erdrücken,
Halber Schlaf und schlecht Erquicken
Heftet ihn an seine Stelle
Und bereitet ihn zur Hölle.

FAUST: Unselige Gespenster! so behandelt ihr
Das menschliche Geschlecht zu tausend Malen;
Gleichgültige Tage selbst verwandelt ihr

In garstigen Wirrwarr netzumstrickter Qualen.
Dämonen, weiß ich, wird man schwerlich los,
Das geistig-strenge Band ist nicht zu trennen;
Doch deine Macht, o Sorge, schleichend groß,
Ich werde sie nicht anerkennen!

SORGE: Erfahre sie, wie ich geschwind
Mich mit Verwünschung von dir wende!
Die Menschen sind im ganzen Leben blind,
Nun Fauste! werde du's am Ende!

Die Sorge macht Faust am Ende blind. Nicht nur Faust, jeden Menschen, der ihr verfällt.

Es bringt nichts, die Sorgen zu bagatellisieren im Sinne des Liedes »Trink, Brüderlein, trink, lasset die Sorgen zu Haus.« Denn der Trunkene wird ja irgendwann nach Hause kommen. Dann werden ihn die Sorgen umso grimmiger überfallen.

Was bereitet Menschen Sorge? Die eigene Gesundheit wohl vor allem. Oft noch mehr die Gesundheit nächster Angehöriger. Was tun, wenn das Herz verrückt spielt? Was tun, wenn sich Metastasen gebildet haben? Oder die Firma, für die ich Verantwortung trage, steht vor dem Ruin. Was tun, wenn die Konkurrenz uns die Kunden abjagt? Was wird aus den Arbeitsplätzen so vieler Mitarbeitender? Auch die Vorstandspersonen und Aufsichtsräte diakonischer Einrichtungen schlagen sich mit solchen Sorgen herum. Was, wenn auch in der Diakonie eine Einrichtung nach der anderen auf Ausweitung setzt in der stillen Voraussetzung, dass sie der anderen das Wasser abgraben kann? Was, wenn die Frage »wer verbündet sich zu größerer Marktmacht mit wem?« wie ein Gespenst unter den Diakonikern umgeht? Was wird aus unserem christlichen Leitbild, wenn wir mit ganz anderen Einrichtungen paktieren oder fusionieren, deren Mitarbeitende von diesem Leitbild im Grunde nichts halten?

Sorgen machen sich Verantwortliche kirchlicher Einrichtungen, wenn der Spardruck in der Kirche dazu führt, dass angesehene Einrichtungen, die gute Arbeit tun, geschlossen werden.

Sorgen macht sich mancher Christ, dem seine Kirche wichtig ist, wenn er sich fragt, ob in ihr die Glaubenskraft lebt, die sie brauchen wird, um im 21. Jahrhundert den Auftrag Jesu Christi an den verschiedensten Menschen zu erfüllen? Sorgen beschleichen einen Prälaten, wenn er am Ende seiner Dienstzeit sich fragt, ob er die richtigen Zeichen gesetzt hat und ob Menschen, die er vernachlässigt hat, diese Vernachlässigung als Ausdruck der Gleichgültigkeit gedeutet und womöglich an ihrer Landeskirche Ärgernis genommen haben. Sorgen vor der Frage, ob diese oder jene Personalentscheidung richtig war und ob sie nicht in Menschen die Achtung vor ihrer Kirche erschüttert habe.

Sorgen haben Menschen oft auch als Eltern ihrer Kinder, nicht zuletzt der erwachsenen Kinder. »Kleine Kinder kleine Sorgen, große Kinder große Sorgen« heißt ein Sprichwort. Söhne und Töchter aus christlichen Häusern geraten immer wieder in die Drogenszene. Wie mit ihnen umgehen? Ist es möglich, sie dort wieder so herauszubringen, dass sie ein tüchtiges Leben führen können?

Und freilich auch Sorgen um Deutschland. Heinrich Heines Worte »Denk ich an Deutschland in der Nacht, dann bin ich um den Schlaf gebracht« kennt mancher, der gern ein Deutschland hätte, das sich an den christlichen Werten und Richtungsvorgaben orientiert.

Sorgen können uns im Blick auf das schnell gewachsene Europa kommen. So viel »Freude schöner Götterfunken« bei europäischen Anlässen, dabei ein Europa, das seine christlichen Wurzeln verleugnet. Ein Europa, das bis zur Stunde nicht dazu fähig ist, das Christentum als mitprägende Macht in der Präambel seiner Verfassung zu nennen. Kann ein Gebilde, das seine Wurzeln verleugnet, zu einem gesunden Organismus wachsen? Ein Gebilde, das angeblich seine Seele sucht und doch gar nicht finden will?

Die Sorge angesichts der Frage, ob und wann der Krisenherd Naher Osten zur Ruhe kommen wird und welche politische Lösung den Menschen in Israel, den Palästinensern und denen im Libanon Wege zum Frieden bietet. Dass die Sorge, in welche Weltlage uns die Atombewaffnung führen wird, nachdem in Heilbronn und Neu-Ulm keine Raketen mehr stehen, keineswegs vom Tisch ist, daran erinnert die weltweite Aufregung über das Atomprogramm des Iran.

Die Sorge vor der Frage, wohin uns religiöse Gotteskrieger, die sich dem Tod verschrieben haben, bringen. Und in alledem die nicht geringe Sorge: Was sollen wir Christen tun? Wie unser Wächteramt wahrnehmen? Wie sollen wir mit Menschen anderer Religion umgehen? Was erwarten mit Recht unsere Mitmenschen von einer Kirche, die ihre Mitverantwortung für den Weltlauf ernst nimmt und die sich nicht in irgendeine sturmfreie Nische flüchtet? Finden wir als Kirche die rechte Haltung zwischen einer Geschwätzigkeit, die zu jeder politischen Frage eine Stellungnahme bereithält und die den Eindruck erweckt, sie melde sich mehr um ihrer selbst willen zu Wort, und einer Kirche, die bequem schweigt, wo sie schreien oder doch jedenfalls deutlich reden müsste? Finden und halten wir die rechte Spur? Das sind Sorgen.

Seine Sorgen sollte man gelegentlich im vertrauten Kreis aussprechen. Nicht ständig. Damit man sich nicht in sie hineinredet und vor lauter finsteren Wolken vergisst, dass die Sonne scheint. Aber es ist besser, wenn wir uns gegenseitig dann und wann unsere Sorgen sagen und wenn dann keiner die Sorge des anderen bagatellisiert. In der Konkurrenzgesellschaft, in der wir leben, wird vom erfolgreichen Menschen erwartet, dass er mit allem, was schwierig ist, klarkommt. Wir sind versucht, uns diesem Druck anzupassen und in diesem Sinn den Erfolgreichen zu spielen, der spielend mit den Problemen fertig wird. Hinter der Maske des Erfolgreichen verbirgt sich oft der von seinen Sorgen Gepeinigte und mit seinen Sorgen allein Gelassene.

In der Gemeinde der Schwestern und Brüder soll dieser Druck nicht herrschen. Hier soll ein Mensch seine Sorgen mit anderen teilen können, ohne fürchten zu müssen, er werde als krank, lästig oder untüchtig abqualifiziert.

Gelingt es uns auch, unsere Sorgen im Gebet vor Gott zur Sprache zu bringen, sie auf diese Weise loszuwerden? Das ist gewiss die beste Art, mit den eigenen Sorgen umzugehen. Der Wochenspruch »Alle eure Sorge werft auf ihn, denn er sorgt für euch!« ist eine Einladung dazu. Ähnlich rät uns der Beter des 55. Psalms: »Wirf dein Anliegen auf den Herrn; der wird dich versorgen und wird den Gerechten in Ewigkeit nicht wanken lassen« (Ps 55,23). Mancher von uns hört diese Worte in der bekannten Vertonung, in der sie in unseren Kirchenchören populär geworden sind, hat sie vielleicht selbst schon gesungen. In den Klageliedern Jeremias lesen wir den Rat: »Steh des

Nachts auf und schrei zu Beginn jeder Nachtwache, schütte dein Herz aus vor dem Herrn wie Wasser« (Klgl 2,19).

Dieses Angebot können wir nicht genug nützen. Dann wird auch unser Reden von den Sorgen, die uns umtreiben, immer in einem Hoffnungshorizont geschehen, der wohl zeitenweise fern und verdunkelt ist, der aber da ist. Und dann werden wir auch »mit den Müden zur rechten Zeit« (Jes 50,4) reden, »die lässigen Hände und die müden Knie wieder aufrichten« (Hebr 12,12) können.

Je ungenierter wir unsere Sorge vor Gott ablegen, desto freier werden wir auch, Jesu Zuspruch zu hören »Sorget nicht um euer Leben … sehet die Vögel unter dem Himmel an … schauet die Lilien auf dem Feld … sorget nicht für den anderen Morgen, der morgige Tag wird für das seine sorgen. Es ist genug, dass jeder Tag seine Plage habe« (aus Mt 6,25–34).

Mit solchen Zurufen werden wir weder entmündigt noch in romantisierender Weise mit den Vögeln und den Blumen in eine Linie gestellt. Wir bleiben in unseren Aufgaben und bleiben herausgefordert, füreinander zu tun, was wir tun können. Aber Jesus will uns den Mut stärken, mit Gottes weiser Fürsorge zu rechnen. Er ist am Wirken.

Es kann uns helfen, wenn »Frau Sorge« über uns kommt, uns von Paul Gerhardt helfen zu lassen mit seinem unvergänglichen Lied (EG 361) »Befiehl du deine Wege«. Er lehrt uns von dem, was unseren Blick fixiert, die Augen zu erheben zum Himmel: »der Wolken, Luft und Winden gibt Wege Lauf und Bahn, der wird auch Wege finden, da dein Fuß gehen kann«. Oder »… auf sein Werk musst du schauen, wenn dein Werk soll bestehen. Mit Sorgen und mit Grämen und mit selbsteigner Pein lässt Gott sich gar nichts nehmen. Es muss erbeten sein«. Oder eine Erinnerung für Menschen, die an ihrer Führungsverantwortung leiden: »… bist du doch nicht Regente, der alles führen soll, Gott sitzt im Regimente und führet alles wohl«. Oft ist die Schwere unserer Sorgen nur die Rückseite unseres unbewussten Allzuständigkeits- und Allmachtswahns, des Gotteskomplexes, den Horst-Eberhard Richter in seinem gleichnamigen Buch beschreibt. Mit diesem freilich können wir nur scheitern. Freier wird es uns, wenn wir uns daran erinnern lassen, wer eigentlich im Regimente sitzt.

16. Sonntag nach Trinitatis

Christus Jesus hat dem Tode die Macht genommen
und das Leben und ein unvergängliches Wesen
ans Licht gebracht durch das Evangelium.

2. Timotheus 1,10

Kurz vor meinem Ruhestand brachte ich Stunden auf dem Speicher der Prälatur zu, wo – chronologisch geordnet – alle meine Predigten, Ansprachen, Vorträge, Traureden, Grabreden in langen Reihen von Ordnern standen. Der Umzug nahte. Ich musste meinen Besitz reduzieren. Besonders die vielen, vielen Beerdigungen standen vor mir, die ich seit 1968 gehalten habe. Ich musste mir eingestehen, dass ich mit vielen Namen keine Erinnerung mehr verband. Mit anderen umso tiefere. Menschen, die ich sterben sah, andere beim Gespräch vor der Beerdigung, dann die Stunde in der Leichenhalle, auf dem Friedhof. Und in den Särgen? Viele alte Menschen, unter ihnen mancher, der lebenssatt gestorben war, auf den das Wort aus Hiob 5, 26 zutraf: »Du wirst im Alter zu Grabe kommen, wie Garben eingeführt werden zu seiner Zeit.« Aber wie viele andere Menschen, für die das Sterben ein Abbruch war. Wie gerne hätten sie weitergelebt. Und wie schwer wurde es ihnen, diese brutale Gewalt, die wir Tod nennen, zu erleiden. Junge Menschen sind dabei, auch einige, die ich selbst wenige Jahre vorher konfirmiert hatte. Quicklebendige lebenslustige Jungens, voll Neugier. Ein Unfall im Meer, ein Verkehrsunfall auf der Straße, der gleich drei junge Menschen aus dem blühenden Leben gerissen hat. Wie viele Selbstmordtote, die ihre Gründe und ihre Verzweiflung mit ins Grab genommen haben. Ein junger Mann, der auf furchtbare Weise ermordet wurde an einem Sonntagmorgen um fünf auf dem Münsterplatz in Ulm im Angesicht des höchsten Kirchturms der Welt von Tätern, die bis heute noch nicht gefasst wurden. Und immer wieder auch Kinder. Ich sehe die kleinen weißen Särge vor mir, die jungen Eltern, erstarrt in ihrem ohnmächtigen Schmerz. Und ich spüre in mir aufkommen das Gefühl nach diesen Beerdigungen: Weg! Nur weg! Flucht! An den Bodensee, sonst wohin. Allein durch Wälder laufen, dass die Gedanken und Gefühle sich freimachen können im Wind.

Gestorben wird an jedem Tag und in jeder Nacht. Wer sich ganz von dieser Tatsache abschotten wollte, den erinnert die letzte Seite jeder Tageszeitung daran.

Kam ein neuer Ton ins Sterben? Ein Hoffnungston, ein klein wenig Ahnung davon, dass dem Tod die Macht genommen ist? Hat in den Grabreden, die ich zu halten versuchte, in den Osterpredigten, in den Liedern, die wir gesungen haben, in den Gebeten, ein wenig von dieser Gewissheit aufgeleuchtet? Hat da und dort ein Sterbender, an dessen Bett ich saß, etwas von diesem Überwinden des Todes, des »letzten Feindes« (1. Kor 15,26) gespürt? So dass sein Sterben ein »Heimgehen«, ein »Entschlafen« wurde?

Was hatte sich in den 38 Jahren seit meiner ersten Beerdigung im Januar 1968 in unserer Gesellschaft im Blick auf unser Verhältnis zum Tod verändert? Als Vikar las ich in Ernst Blochs »Prinzip Hoffnung«. Er beschreibt die perfekte Todesverdrängung der bürgerlichen Gesellschaft: »Was bürgerlich in den Tag respektive in die Nacht hineinlebt, das stellt sich nicht auf den Tod ein, das stellt ihn weg.« Bloch beschreibt hier Eindrücke aus dem Amerika der vierziger Jahre. Einstweilen hat diese Verdrängung des Todes aus dem öffentlichen Leben auch bei uns sehr zugenommen. Trauerbräuche gibt es auch auf dem Land kaum noch. Trauerkleidung wird sehr bald wieder abgelegt. Friedhöfe werden aus der Stadt in den Wald verlegt. Gestorben wird kaum noch zu Hause, sondern im Krankenhaus. Selbst die Wagen der Bestattungsfirmen sind kaum noch als solche kenntlich. Der Tod wird, so gut es geht, unkenntlich gemacht. Er soll das pulsierende Leben nicht stören. Sterbende bitten ihre Angehörigen um Verzeihung dafür, dass sie mit ihrem Sterben und der Beerdigung in ihr Arbeitsleben eingreifen und ihnen die Zeit stehlen. Und immer mehr an Boden gewinnt die Auffassung, man solle doch auch den Zeitpunkt des Todes in die Verfügung des Sterbenden geben, so dass seine Frau den Bekannten sagen kann: »Am Dienstag stirbt mein Mann, die Trauerfeier ist am Freitag.« Die Gesellschaften für »Humanes Sterben« sind im Kommen. Wenn sie in Deutschland nicht akzeptiert werden, fahren Menschen in die Schweiz.

Ist so dem Tod ein Stück von seiner Macht genommen worden? Können wir in dieser Unkenntlichmachung des Todes oder in dieser Übernahme in die Regie des selbst entscheidenden Menschen etwas erkennen von der Wirkung dessen, dass Christus dem Tode die Macht genommen hat?

Wohl kaum. Die Verdrängung des Todes ist in der Regel nur Ausdruck dessen, dass Menschen mit ihm überhaupt nichts anfangen können und dass sie ihrer Todesangst hilflos ausgeliefert sind.

In Hebräer 2,15 wird von Jesus Christus gesagt: »Er erlöste die, so durch Furcht vor dem Tod im ganzen Leben Knechte sein mussten.« Wie auf etwas allgemein Bekanntes wird hier darauf hingewiesen, dass Todesfurcht Menschen ein Leben lang knechtet. Wobei ein Mensch doch etwas freier ist, wenn er zu seiner Todesfurcht steht, wenn er auch gelegentlich ohne alles Pathos durchblicken lassen kann, dass er diese Furcht sehr wohl kennt. Von einem Menschen, der von sich sagt, Todesfurcht sei ihm ganz fern, er sei jederzeit bereit zu sterben und es sei ihm eigentlich egal, ob es heute Nacht oder morgen oder in vierzig Jahren sei, vermuten wir zu Recht, dass er entweder mit seinem Leben nichts anfangen kann oder dass er einen geistigen Defekt hat oder dass er eben am sensibelsten Punkt des Lebens den Helden spielen will.

Aber es ist wahr, dass Todesfurcht uns knechtet. Gewalttäter können hier anknüpfen und können nach dem Moto »Geld oder Leben« uns erpressen. Und wie oft baut die Macht eines Gewaltregimes darauf auf, dass Widerstrebende mit dem Tod bedroht werden. Gewaltregime bauen ihre Konzentrationslager. Durch deren Existenz allein knechten sie die Menschen, die keine Lust zum Martyrium empfinden, weil ihnen ihr Leben lieb ist.

Was in den letzten vierzig Jahren weltweit auch zugenommen hat, ist die Zahl der Selbstmordattentäter, die, meist mit religiöser Begründung, morden und dabei bewusst auch sich selbst von der Bombe zerreißen lassen. Hat man in meiner Jugend dann und wann von japanischen Kamikaze-Kämpfern geredet, die ihren eigenen Tod bei einem Bombenangriff dem »Erfolg« dieser tödlichen Mission opfern, so hat das in uns einen tiefen Schauer erregt. Wir konnten es kaum glauben, dass es das wirklich gegeben haben sollte. Wir vermuteten, dass es doch eher eine Erfindung japanischer Heldenpropaganda sei. Heute ist der Begriff »Selbstmordattentäter« ein fast selbstverständlich gebrauchtes Wort der Umgangsprache geworden. Wenn man mindestens wöchentlich von Selbstmordattentaten hört, gewöhnt man sich an solche Nachrichten. Und seit den Ereignissen des 11. September 2001 ist diese Art terroristischer Kriegführung zum weltgeschichtlich zur Kenntnis genommenen Faktum geworden.

Mich erinnern die Brigaden junger palästinensischer Kämpfer – auch junge Frauen sind darunter –, die sich bombenumwickelt filmen lassen, nicht nur daran, dass sie mit großer Wahrscheinlichkeit wenig Positives in ihrem jungen Leben erfahren haben und dass ihre Aussicht auf ein Leben in Frieden und einem gewissen Wohlstand minimal ist. Sie erinnern mich fast noch mehr an das, was Sigmund Freud über den Todestrieb und was sein Schüler Erich Fromm über die sehr weit verbreitete und in den Kulturen überaus verästelte Nekrophilie (Hinneigung oder Liebe zum Tod) geschrieben haben.

Christus hat dem Tode die Macht genommen. Es kann nie genug bedacht werden, dass Ostern die eigentliche Geburtsstunde der Christenheit ist. Jesus Christus, der unschuldig und schmachvoll die Qual des gewaltsamen, eines grausam in die Länge gezogenen, von Todesbesessenen zelebrierten Todes erlitten hat, wurde von Gott auferweckt. Er lebt und macht lebendig. Er nimmt denen, die zu ihm gehören und die von seinem Geist leben, die Todesfurcht ebenso wie jede Todesliebe oder Todesvergötzung. Er befreit von beidem.

Er befreit aus der Knechtschaft, aus der Erpressbarkeit, in der uns unsere natürliche Todesfurcht hält. Wenn wir das weitersagen, müssen wir aufpassen, dass wir nicht übertreiben. Auch wir Christen bleiben ja Menschen, die für ihr eigenes Verhalten nicht die Hand ins Feuer legen können. Wir bleiben bis zu unserem Lebensende in diesem Leib, der selbstverständlich Todesfurcht kennt. Aber wahr ist auch, dass die Nähe Jesu Christi immer wieder neu Menschen die Kraft gibt, erpresserischen Drohungen standzuhalten und eine Freiheit zu bewähren, wie sie sich etwa in den Paul-Gerhardt-Versen ausdrückt, die Dietrich Bonhoeffer seinen Mitgefangenen in Tegel als Hilfe zugespielt hat:

Unverzagt und ohne Grauen
soll ein Christ, wo er ist,
stets sich lassen schaun.
Wollt ihn auch der Tod aufreiben,
soll der Mut dennoch gut
und fein stille bleiben.

Kann uns doch kein Tod nicht töten,
sondern reißt unsern Geist
aus viel tausend Nöten,
schließt das Tor der bittern Leiden
und macht Bahn, da man kann
gehn zu Himmelsfreuden.

(EG 370,7. 8)

Wir müssen uns aber nicht lediglich an diese erstaunlich freien Ausnahmechristen halten, um Beispiele dafür zu finden, wie Menschen durch die Nähe Jesu Christi und durch ihre Freiheit, ihr Leben und Sterben ganz in seine Hand zu geben, offenbar weithin ihre Todesfurcht verloren haben. Unter den vielen Menschen, an deren Krankenbett ich saß, die ich zum Teil bis in ihre letzten Stunden begleiten konnte, waren doch sehr viele, deren Glaube ihnen Trost war.

Nur selten habe ich Menschen erlebt, deren Glaube, soweit ich das als Außenstehender beurteilen kann, ihnen auf dem letzten Weg keine oder wenig Hilfe gegen die Todesfurcht gegeben hat. Wenn dies der Fall war und der Sterbende ohne Frieden in seinen letzten Stunden von Angst gequält wurde, hatte das meist entweder den Grund, dass er sich von seinem Besitz nicht lösen konnte und alte Geldstreitigkeiten seine gequälte Seele nicht in Ruhe ließen oder dass ungelöste zwischenmenschliche Konflikte ihn bis in die letzten Stunden verfolgt haben. Es kann in solchen Fällen die Feier des Heiligen Abendmahls als eine Feier am Tisch des Herrn über alle Mächte mit Beichte und Absolution viel Frieden bringen. Aber wir haben es nicht in der Hand und müssen anerkennen, dass der Geist weht, wann und wo er will. Auf jeden Fall, für das Leben wie für das Sterben, ist es gut, wenn ein Mensch seinem Besitz gegenüber ein Verhältnis hat, wie es Paulus beschreibt: »Haben, als hätten wir nicht« (1. Kor 7,29–31). Und wir können nie sorgsam genug Menschen dabei helfen, mit uns oder anderen zum Frieden zu kommen, solange sie ihn noch erfassen und ein wenig genießen können.

Wir sollten in unserem Verständnis dieses Satzes »Christus hat dem Tode die Macht genommen und hat Leben und unvergängliches Wesen ans Licht gebracht« allerdings nicht nur und nicht vor allem auf den Vorgang des Sterbens starren, sondern wir können die Kraft des auferstandenen Christus vor allem auch darin erfahren, dass er es uns gelingen lässt, unser ganz normales Leben zu feiern, auch »im Schatten des Todes« und selbstverständlich auch mit Menschen, an denen Spuren der Behinderung, der Beeinträchtigung an Seele und Leib, auch an ihrem Geist, deutlich sind. Der Überwinder des Todes schafft uns Freiraum zum Leben, das wir miteinander auch dann zu genießen verstehen, wenn wir manches Bedrohliche nicht gut übersehen können. Die Nähe Jesu gibt uns die Freiheit zu leben, nicht umsonst hat der Verfasser des 1. Johannesbriefes die ganze Sendung Jesu elementar zusammengefasst in dem Satz: »Das Leben ist erschienen« (1. Joh 1,2).

Dass derselbe Christus uns befreit von jeder Art von nekrophilem Wesen, vollends von jeder Art von Todesvergötzung, dass er uns bewahrt vor der dunklen Macht des »Todestriebes«, der, wenn Sigmund Freud recht hat, auch in uns angelegt ist, darf ebenso gewiss gesagt werden. Christus, der Fürst des Lebens (Apg 3,15), verträgt sich nicht mit den Todesmächten, die er erlitten und überwunden hat, so wenig sich die Sonne mit der Nacht verträgt. Und wir Christen können nicht Kinder der Nacht und Kinder des Lichtes zugleich sein.

17. Sonntag nach Trinitatis

Unser Glaube ist der Sieg,
der die Welt überwunden hat.
1. Johannes 5,4

Ein Freund machte mir eines Tages den Vorschlag, in dieses Wort einen Doppelpunkt einzufügen. Etwa in dem Sinn: »Unser Glaube ist: der Sieg, der die Welt überwunden hat.«

Warum diese Veränderung dieses Spruches (die mir übrigens zuerst eingeleuchtet hat)? Der Freund begründete seinen Doppelpunkt so: »Unser Glaube, das weiß doch jeder, ist in der Regel schwach, schlägt sich ständig mit seinen Niederlagen herum. Sieh uns doch an! Geben wir's zu! Wenn wir von unserem Glauben, mit dem wir glauben, reden und ihn den Sieg nennen, der die Welt überwunden hat, dann nehmen wir den Mund so voll, dass jeder, der es hört, nur denkt: ›So siehst du aus. Eia, wärn wir da! Das habe ich noch gar nicht gemerkt, dass dein Glaube so gewaltig ist. Du prahlst!‹ Dass einer die Welt überwunden hat, das können wir doch nur vom gekreuzigten und auferstandenen Christus sagen. Und er ist ja der Inhalt und das Zentrum unseres Glaubens. Das Wort ›Unser Glaube ist der Sieg‹ können wir nur so verstehen: Der Inhalt unseres Glaubens, also der gekreuzigte und auferstandene Christus selbst, ist der Sieg, der die Welt überwunden hat. Und damit das deutlich wird, setzen wir am besten mitten in den Satz einen Doppelpunkt; wir könnten auch das Wörtlein ›ist‹ weglassen und nur sagen: Unser Glaube: der Sieg, der die Welt überwunden hat. Oder: Unser Glaube? Wir glauben an den Sieg, der die Welt überwunden hat. Gemeint ist: Wir glauben daran, dass Jesus Christus in seinem Sterben und Auferstehen diese Welt überwunden hat.«

Wie nun? Der Christ in mir mit seinen täglichen Erfahrungen stimmt der Deutung des Freundes aus Weimar zu. Der Doppelpunkt in diesem Satz würde es nur erleichtern, diesen Satz voll Überzeugung nachzusprechen in dem Sinn: Ja, auch wenn unser Glaube oft genug schwach und kümmerlich ist, wir glauben doch daran, dass Jesus Christus diese Welt überwunden hat, dass er stärker ist als die Kräfte, die diese Welt bestimmen: Sünde, Tod und Teufel. Dass er stärker ist als das Unrecht und der Unsinn, mit denen wir Menschen diese Erde füllen, als Arroganz und Heuchelei, als die Dummheit, die uns Menschen niederhält, und als die immense Trägheit und Schwäche, mit denen unser Fleisch behaftet ist. Das alles hat Jesus in seinem Erdenleben und besonders an seinem Kreuz ertragen. Und er hat es überwunden durch seine heilige Liebe. Je entschiedener wir auf ihn blicken, desto weniger kann uns alles anhaben, desto weniger können diese Kräfte uns niederdrücken und vergiften. Es ist wie bei der merkwürdigen Erzählung vom Volk Israel in der Wüste und den Schlangen (4. Mose 21,4–9): Das Volk gerät in ein Schlangental. Immer mehr Frauen und Männer werden von den Giftschlangen gebissen. Nun richtet Mose die eherne Schlange, ein Symbol des Sieges über die Schlangen, auf. Jeder, dem es gelingt, von seinen Schlangenbissen und von neu auf ihn eindringenden Schlangen weg allein auf die eherne Schlange zu blicken, wird immun gegen das Gift der Schlangen, die ihn gebissen haben oder bedrohen.

Das klingt gut. Und die Geschichte von den Schlangen und der ehernen Schlange, dem Sieges- und Heilungssymbol, hat manchen Anknüpfungspunkt zu Vorgängen, die nicht wenige von uns so ähnlich auch schon erlebt haben. Wer auf seine Verletzungen und Gefährdungen fixiert ist, der wird nie frei davon. Es geht um die Freiheit, von beidem wegzusehen auf den Christus, der beides besiegt hat und der uns von allem, was uns im Innersten kaputtmacht, heilt.

Jedoch, so schön der Doppelpunkt zum Verständnis dieses Wortes ist, wir müssen jeden Satz der Bibel aus seinem Zusammenhang verstehen. Im Zusammenhang klingt die Stelle 1. Johannes 5,4 so: »Alles, was von Gott geboren ist, überwindet die Welt; und unser Glaube ist der Sieg, der die Welt überwunden hat.« Unser Glaube ist »von Gott geboren«, ist die Gabe des Heiligen Geistes an uns. Deutlich wird das im Johannes-Prolog mit folgenden Worten ausgedrückt: »Wie viele ihn aber aufnahmen, denen gab er Macht, Gottes Kinder zu werden, die an seinen Namen glauben, welche nicht vom Willen des Fleisches noch von dem Willen eines Mannes, sondern von Gott geboren sind« (Joh 1,12.13).

Folglich sagt der Verfasser des 1.Johannesbriefes – nehmen wir an, es war der alte Presbyter Johannes, der aus langer Erfahrung über Gott und die Welt und unseren Glauben nachdenkt, dass tatsächlich der Glaube in uns, den uns Gott gegeben hat, der aus seinem Geist geboren wurde, der folglich das Göttliche in uns ist, der Sieg ist, der die Kräfte dieser Welt bereits überwunden hat.

So stark kann freilich nur ein Glaube sein, der ganz allein auf den gekreuzigten und auferstandenen Christus bezogen ist. Der aus ihm lebt, der uns mit ihm ganz eng verbindet, so dass wir tatsächlich mit Paulus sagen können: »Ich lebe, doch nun nicht ich, sondern Christus lebt in mir. Denn was ich jetzt lebe im Fleisch, das lebe ich im Glauben an den Sohn Gottes, der mich geliebt und der sich selbst für mich dahingegeben hat« (Gal 2,20).

Wir sollten wohl doch nicht so ganz gering von unserem eigenen Glauben denken. Er ist Gottes Gabe, mehr noch: er ist aus Gott geboren, riskant gesagt: er ist der Christus in uns.

Unser Glaube ist freilich nicht verrechenbar mit dem, was wir an uns selbst oder was andere an uns feststellen. Er ist seinem ganzen

Wesen nach unsichtbar. Aber er hat Kräfte, die wir noch viel zu wenig an uns wahrgenommen haben: Christus-Kräfte, Überwinderkräfte.

Vielleicht ist uns dieses Wort gegeben, damit wir als Christen selbstbewusster werden. Damit wir beginnen, auch an unseren eigenen Glauben zu glauben. Es ist damit zu rechnen, dass er sich auf die Dauer sehr vital erweisen wird, dass er uns widerstandskräftig macht gegen alle die Kräfte, die sich in dieser Welt so ungebührlich aufspielen: gegen den Unglauben, gegen die Resignation, gegen jenen Pendelschlag von himmelhoch jauchzend und zu Tode betrübt, in den wir immer wieder hineingezerrt werden. Unser Glaube, den Gott in uns geboren hat und den er in uns erhält als unser Kostbarstes, unser Vitalstes, wird uns leiten und immer neu aufrichten, wenn wir am Boden liegen. Er macht uns zu Stehaufmännern und Stehauffrauen. Er wird uns immer wieder das Selbstbewusstsein geben, das ein Christ braucht, um in dieser Welt unbeirrt seinen Weg gehen zu können.

Er wird uns auch im Sterben helfen. Wenn alle Begabungen und Kräfte des Leibes, Geistes und der Seele uns verlassen und wir nur noch die Summe unserer Defizite sein werden, wird unser Glaube festbleiben. Er hat einen unzerstörbaren Charakter, weil Christus für ihn einsteht, und er wird sich als das Wertvollste und Vitalste, als Kern des ewigen Lebens in uns erweisen. Wir oft so verzagten Christen dürfen es uns sagen lassen: »Unser Glaube ist der Sieg, der die Welt überwunden hat.«

18. Sonntag nach Trinitatis

Dies Gebot haben wir von ihm,
dass wer Gott liebt, dass der
auch seinen Bruder liebe.
1. Johannes 4,21

Es ist ein Gebot, an das uns der Verfasser des Johannesbriefes erinnert. Ein Gebot, nicht lediglich eine Anregung, die wir aufnehmen oder auch beiseite lassen könnten. Und das Gebot ist von keinem Geringeren als von ihm, dem Herrn der Kirche. Kein Apostel, kein Bischof, keine Synode, kein Papst, kein Konzil hat es erlassen, sondern er, der Herr.

Johannes wird wohl das Doppelgebot der Liebe (Mt 22,37 ff.) meinen, aber auch die Gesamtaussage des Lebens und der Lehre Jesu. »Ihr Lieben, hat Gott uns so geliebt, so sollen wir uns auch untereinander lieben« (1. Joh 4,11).

Ein solches Gebot sollen wir erfüllen. Wir riskieren unser Verhältnis zu Jesus Christus, wenn wir das nicht erfüllen. Die Frage, wie wir zu unseren Schwestern und Brüdern stehen, ist nicht in unser Belieben gestellt, als dürften wir sie nach Lust und Laune – »ich mag sie« oder »ich mag sie leider nicht« – entscheiden.

Was ist der Inhalt seines Gebotes? »Dass, wer Gott liebt, dass der auch seinen Bruder liebe.« Das betont der alte Presbyter Johannes, der einzige im Neuen Testament, der die Gemeindeglieder mit dem großväterlichen Wort »Teknia«, Kindchen, anreden darf. »Wer sagt, er sei im Licht, und hasst doch den Bruder, der ist noch in der Finsternis. Wer seinen Bruder liebt, der bleibt im Licht« (1. Joh 2,9). Oder: »Wer seinen Bruder nicht liebt, den er sieht, wie kann er Gott lieben, den er nicht sieht?« (1. Joh 4,20).

Freilich sollten wir, ehe wir uns für unfähig erklären, dieses Gebot zu erfüllen, da wir doch unseren Gefühlen nicht gebieten könnten, da das mit Sympathie und Antipathie so eine Sache und nicht in unsere Verfügung gestellt sei, klären, was im Neuen Testament mit »lieben« gemeint ist. Das Wort meint nicht irgendein starkes Gefühl, das mich zum anderen hinzieht, es meint vielmehr, dass ich immer neu versuche, mich in seine Haut hineinzuversetzen. Mit seinen Augen zu sehen oder, wie die Indianer sagen, in seinen Mokassins zu gehen. Es bedeutet, den Anderen höher zu achten als mich selbst, auch auf das zu sehen, was des Anderen ist (Phil 2,4), seine Interessen wahrzunehmen, für ihn einzutreten, wenn ihm Unrecht getan wird, ihm auszuhelfen, wenn er in irgendeiner Verlegenheit ist. Es dreht sich hier sehr viel mehr um eine praktische als um eine emotionale Liebe. Wobei freilich die Liebe Christi auf die Dauer auch an unseren Emotionen etwas verändern könnte, sodass wir dem Bruder, der Schwester, nicht kalte Werke servieren, sondern sie in ihrer anstrengenden, vielleicht auch anstößigen Art auch immer mehr verstehen werden.

Was hat Johannes in den Gemeinden erlebt, dass er diesen Zusammenhang von Gottesliebe und Bruderliebe so nachdrücklich betont? Gab es damals schon Entwicklungen, in welchen Christen ihre Beziehung zu Gott ganz eigentümlich pflegten, etwa als eine Beziehung mystischer Innigkeit, als Gottesminne, die keinen Zutritt Anderer verträgt, oder als eine Beziehung des üppigen Lobpreises, sodass sie sich damit von anderen Christen, die da nicht so mitkonnten, unterschieden? Haben sie diese ihre spezielle Ausprägung der Gottesbeziehung als ihren eigenen Weg besonders betont, sodass sie sich einiges darauf eingebildet und sich so vor der restlichen Gemeinde isoliert haben? Gab es Gräben und Konflikte, in deren Verlauf einzelne Vertreter dieser fortgeschrittenen Spiritualität gegenüber ihren Kritikern geradezu gehässig wurden im Sinne von »Ihr versteht das sowieso nicht! Ihr werdet das nie verstehen! Ihr werdet nie soweit kommen!«?

Nun wird der alte milde Mann aber doch hellhörig. Diese Töne stimmen nicht zur Liebe Christi. Er erinnert die »Kindchen« klipp und klar an Jesus und sein Gebot: »Das Gebot haben wir von ihm, dass, wer Gott liebt, dass der auch seinen Bruder liebe.«

Warum gehören die Liebe zu Gott und die Liebe zu den Geschwistern untrennbar zusammen? Weil der Gott, den wir verehren und mit unserer Liebe suchen, in Jesus ein Mensch wurde, einer wie wir. Weil Jesus die Liebe Gottes zu den Menschen verkörpert, gelebt, im Leiden und Sterben bewährt hat. Weil er seine Gemeinde um sich sammelt, weil er so sehr sich mit seiner Gemeinde identifiziert, dass man seine Gemeinde auch seinen Leib nennen kann. Die Glieder dieses Leibes gehören unmittelbar zusammen. Das Leben in diesem Organismus duldet keine fromme Absonderung von den Anderen. Sie würde das Leben dieses Leibes empfindlich kränken, sodass dieser Leib zur Ausübung seines Auftrages erheblich geschwächt wäre. Daher dieser elementare Zusammenhang: Liebe zu Gott und Liebe zu den Geschwistern.

Wir können es auch mit einem Bild sagen, das Karl Barth gebraucht hat: Ist die Liebe zu Gott die Quelle unserer Liebe – aus Gottes Liebe, die wir mit unserer Liebe zu ihm aufnehmen, strömt uns alle Kraft zu, so ist die Liebe zu den uns begegnenden Menschen der Bach. Wir können auf die Dauer die Geschwister nicht lieben, ohne dass wir in unserem Gottesverhältnis immer wieder neu die Kraft dazu schöpfen. Denn die Brüder – und Schwestern! – sind oft etwas sperrig, sie machen es uns nicht unbedingt leicht. Von uns werden sie vermutlich dasselbe sagen. Wir sind zu verschieden gestrickt. Die Wellenlängen wollen nicht zusammenpassen, die Geschmäcker, die Mentalitäten, die Temperamente, die Verhaltensweisen, die Spontanreaktionen. Wir ticken verschieden. Es ist oft fast so, wie im Verhältnis zweier Berliner, die einander sagten: »Auf die Ferne hab ick dir gerne, in die Nähe tuste mich wehe.« Unter diesen Umständen zu erwarten, dass wir aus der Liebe zu unseren geistlichen Geschwistern die Kraft zu ihr schöpfen, das ist nicht realistisch. Der Bach, der sich selbst Quelle sein will, überfordert sich. Er braucht anderswo eine Quelle. Das ist ein Naturgesetz. Du kannst den Bach nicht ohne die Quelle haben.

Und andererseits: Ein Gottesverhältnis, das ich ganz allein mit Gott habe, in welchem die Anderen draußen bleiben müssen wie die Hündlein vor dem guten Salon, eine Gottesliebe, in der die Schwester und der Bruder gar nicht vorkommen, weil ich das Mysterium meiner Spiritualität nur für mich genieße, sie mag noch so hoch entwickelt und gepflegt sein, sie hat längst das, was man in Württemberg »a Gschmäckle« nennt. Sie wird zum Kunstobjekt, das Elementare wird bald abgehen. Wer sich immer nur um Gott und die Seele dreht, der macht aus der Beziehung zu Gott ein Feld, auf dem sich unsere spirituell getünchte Eitelkeit selbst feiert. Dann geht es in diesem unserem Gottesverhältnis in einem Maß um die Höherentwicklung unserer Innerlichkeit oder Spiritualität, das Gott fremd bleibt, solange so viele Menschen vom Evangelium unerreicht in ihren Sünden, Nöten, Ängsten leben und sterben.

Darum: Auch damit unser Gottesverhältnis frisch und gesund bleibt, muss das Wasser der Quelle immer neu abfließen in den Bach der geschwisterlichen Liebe. Aber wer sind die Geschwister? Im Gegensatz zum Alten Testament, in welchem der Bruder der leibliche Bruder, mindestens der Angehörige des gleichen Stammes oder des Bundesvolkes ist, bezeichnen die Worte Bruder, Schwester, Mutter, Vater eine Nähe der Blutsverwandtschaft. In dem Augenblick, in dem der Messias geboren wurde, werden die Begriffe stark verändert: Nun bezeichnen die Worte Bruder, Schwester, Vater, Mutter Beziehungen, die der Herr geschaffen hat, indem er ganz verschiedene Menschen aus verschiedenen Herkünften in seine Gemeinde, in die neue Familie Jesu, zusammengerufen hat.

Aber die Brüder und Schwestern sind noch nicht gleich allgemein alle Menschen. In 1. Johannes 5,1 wird deutlich, wie Johannes die Bezeichnung Brüder versteht: »Wer da glaubt, dass Jesus der Christus sei, der ist von Gott geboren, der liebt auch den, der von ihm geboren ist.« Die Brüder sind also die, die durch Jesu Geist zum Glauben an ihn gekommen sind.

Was ist dann aber mit den vielen Menschen, an denen das noch nicht geschehen ist, für die der Glaube an Jesus Christus noch fremd ist? In 2. Petrus 1,7 wird der Bach der Bruderliebe sozusagen weitergeleitet in den Fluss der Liebe zu allen Menschen: »So wendet allen eueren Fleiß daran und beweist in euerem Glauben Tugend ... und in der Gottesfurcht brüderliche Liebe und in der brüderlichen Liebe die Liebe zu allen Menschen.« Was deutlich macht: So wenig die Liebe zu Gott ein Selbstzweck ist, so wenig ist es die Liebe zu den Geschwistern innerhalb der Gemeinde. Wir sind als Glieder des Leibes Christi dazu da, seine Liebe »allen Menschen« zu bringen, selbstverständlich auch denen, die der Gemeinde Jesu Christi noch ganz fern sind, ihr vielleicht sogar höhnisch oder feindlich gegenüberstehen.

Was sagt dieses Wort unseren Gemeinden? Es leitet uns an zu fragen, ob wir in unseren Gemeinden verschiedenen Brüdern und Schwestern wirklich wohl gesonnen sind, ob wir füreinander einstehen oder ob die Gemeinden leiden an innerkirchlichem Separatismus, der sich nach dem Wort vollzieht: »Gleich und gleich gesellt sich gern.«

Es soll pietistische Gemeinden geben, in denen ein liberaler Christ keinen Fuß auf den Boden bekommt, geschweige denn, dass man ihm in dieser Gemeinde eine geistliche Aufgabe zutrauen würde. Man hält ihn für ein Irrlicht und achtet im Sinne der Schadensbegrenzung darauf, dass sein Einfluss minimal bleibt. Wenn er dann irgendwann wegbleibt, dann nimmt man das billigend hin: »Das war fällig; es ist besser so; der passt nicht zu uns.« Und es soll liberale Gemeinden geben, in denen ein Pietist ausgegrenzt wird und seinerseits keinen Fuß auf den Boden bekommt. Man rümpft die Nase über seine Frömmigkeit und zeigt ihm bei Gelegenheit, dass sie einem nicht passt. Man lässt es achselzuckend geschehen, wenn er dann anderswo seine geistliche Heimat findet, und sagt: »Nun gut, das war ja vorauszusehen.« Und da die evangelische Kirche oder der Protestantismus, wie er sich derzeit gerne nennt, immer schon gerne aus der Not eine Tugend macht, gibt es längst EKD-weit propagierte Modelle, durch welche dieses Verhalten und sein Ergebnis als besonderes Profil und als Stärke des Protestantismus vorgestellt werden. Was würde der gütige Johannes den »Teknia« dazu sagen?

Sie wollen sich in ihren Machtspielen nicht in die Karten sehen lassen. Sie grenzen aus, isolieren, deprimieren, weil ihnen ihre kirchenpolitischen Gruppierungen letztlich wichtiger sind als das Wohl und das Heil einzelner Menschen und der Landeskirche. Eine Gemeinde, in der es so zugeht, stolpert über ihre eigenen Füße. Es ist fraglich, ob der Herr der Kirche durch sie tun kann, was er tun will.

Nüchtern zu prüfen wäre in diesem Zusammenhang, was in der neuen Programmschrift der EKD »Kirche der Freiheit. Perspektiven für die Evangelische Kirche im 21. Jahrhundert« zur Gründung von Profilgemeinden gesagt wird, in denen Menschen sich sammeln sollen, die durch eine besondere spirituelle Prägung oder durch besondere Interessen an dieser oder jener Aufgabe zusammengebracht werden. Es muss gefragt werden, ob Gemeindegründungen unter diesem Aspekt nicht fast notwendig jene Konzentration auf die besondere Prägung der Gemeinde bewirken, die verhindern wird, dass die Brüder und Schwestern in ihrer Vielfalt füreinander einstehen. Es könnte sein, dass man, indem man besonders auf solche Ausdifferenzierungen der Profile setzt, ein trojanisches Pferd in die Gemeinde Jesu Christi einführt, das sich bald durchaus nicht mehr als Element des Gemeindeaufbaus erweisen wird. Eine starke Betonung der Profile, wie sie in dieser Programmschrift ständig geschieht, entbindet Eigengesetzlichkeiten und Gruppenmechanismen, die der geschwisterlichen Liebe innerhalb des Leibes Christi entgegenstehen. Sie verführen eine Gemeinde dazu, ihren Existenzberechtigungsnachweis nicht in der freien Gnade Jesu Christi, sondern in ihrem besonderen Profil zu suchen. Ich nenne das einen Aufbruch in die falsche Richtung.

Michaelistag (29. September)

Gottes Engel sind allzumal dienstbare Geister,
ausgesandt zum Dienst um derer willen,
die erwerben sollen die Seligkeit.

Hebräer 1,14

Zu den merkwürdigen Veränderungen der geistigen Landschaft in den vergangenen fünfzig Jahren gehört die Wiederkehr der Engel in unser Denken und Reden. Seit der amerikanische Religionssoziologe Peter Berger 1969 sein Buch »Auf den Spuren der Engel. Die moderne Gesellschaft und die Wiederentdeckung der Transzendenz« veröffentlicht hat, hat sich gegen alle Säkularisierung der Gesellschaft beständig ein neues Gespür für die Wirklichkeit der Engel verbreitet. Wohl zuletzt unter uns Theologen.

Wenn während meines Studiums in den sechziger Jahren ein Mitstudent hätte erkennen lassen, dass er mit Engeln umgehe, dann hätten ihn seine Kameraden gemieden, allenfalls als psychiatrieverdächtig bemitleidet. Ich halte es für nicht ausgeschlossen, dass die Kirchenleitung ihm die Eignung für den Pfarrdienst in unseren werktäglichen Zeiten abgesprochen hätte. So stark standen wir alle unter dem Einfluss von Rudolf Bultmanns Entmythologisierungsprogramm. Auch wer wie ich nie ein Bultmann-Schüler war, konnte sich diesem Einfluss doch nicht entziehen.

Heute stehen wir auf der Höhe eines Engel-Booms. Dieselben Freunde, die als Studenten die Fahne der Entmythologisierung hochgehalten haben, veranstalten heute in ihren Kirchen Engelwochen, bei denen Theologen, Kirchenmusiker, bildende Künstlerinnen und geisthungrige Gemeindeglieder einträchtig zusammenwirken. Welch eine Wendung!

Warum dieser Wandel? Vielleicht, weil immer mehr Menschen – und auch hier wieder die mit Führungsanspruch Auftretenden der Kirche zuletzt – spüren, dass der Machbarkeitswahn an sein Ende gekommen ist. Er entlarvt sich ständig in seiner Hohlheit. Es wird auch das weit verbreitete Gespür einer wachsenden Bedrohtheit durch Kräfte, die wir schwer oder nicht mehr steuern können, dazu beitragen. Und im Gegenpendelschlag zur Entmythologisierungswelle und

Selbstsäkularisierung der Kirchen die Wiederentdeckung dessen, was Shakespeare seinen Hamlet sagen lässt: »Es gibt mehr Ding im Himmel und auf Erden, als eure Schulweisheit sich träumt, Horatio.«

Wie gehen wir mit den Engelsvorstellungen um? Dieter Heidtmann, der zur Zeit unsere Landeskirche bei der EU in Brüssel vertritt, hat in seiner Dissertation »Die Engel – Grenzgestalten Gottes« gezeigt, dass die Engel in der Bibel nur eine funktionale Existenz haben, keine von ihrer Funktion abgesehene Existenz. Sie sind, wie es in Hebräer 1,14 heißt, »dienstbare Geister«. Außerhalb ihres Dienstes können sie für uns kein Gegenstand des Interesses sein. Es wird nur ihr Dienen berichtet, sonst nichts. Heidtmann folgert daraus, dass sie in der biblischen Rede Ausdrucksweisen sind, in denen Gott selbst Menschen nahekommt und an ihnen handelt. Sie würden nicht in die Schöpfungslehre gehören, sondern in die Gotteslehre.

Was tun die Engel, wie sie uns in der Bibel begegnen? Sie vertreten Menschen, besonders »die Kleinen«, vor Gott: »... ihre Engel sehen allezeit das Angesicht meines Vaters im Himmel« (Mt 18,10). Sie schützen und helfen aus gefahrvollen Lagen heraus: »Als einer im Elend rief, hörte der Herr und half ihm aus allen seinen Nöten. Der Engel des Herrn lagert sich um die her, die ihn fürchten, und hilft ihnen heraus« (Ps 34,7.8). Der Engel des Herrn geht seinem Volk voraus durch die Wüste: »Mein Engel wird vor dir hergehen« (2. Mose 23,23; 32,34).

Der Engel des Herrn zeigt der verstoßenen Mutter Hagar des in der Wüste verschmachtenden Kindes Ismael die lebensrettende Wasserquelle (1. Mose 21,15–20). Er gibt Brot und Wasser dem lebensmüden Propheten Elia (1. Kön 19,5–7). Er tritt Jakob in der Nacht am Jabok entgegen, ringt mit ihm bis zur Morgenröte und gibt ihm den Namen Israel, Kämpfer mit Gott um Gott (1. Mose 32,26–33). Er tritt dem heidnischen Propheten Bileam in den Weg, als dieser für viel Geld das Volk Israel verfluchen will (4. Mose 22,22–35).

Er veranlasst Josef im Traum, mit Maria und dem Jesuskind nach Ägypten zu fliehen, um so Jesus vor dem Mordplan des Herodes zu bewahren (Mt 2,13). Die Engel Gottes dienen Jesus, nachdem er die Versuchung in der Wüste bestanden hat (Mt 4,11). Der Engel Gottes stärkt Jesus, als er Blut schwitzt im Garten Gethsemane (Lk 22,42). Die Engel Gottes sind beim leeren Grab und deuten es: »Was sucht ihr den Lebendigen bei den Toten? Er ist nicht hier. Er ist auferstanden« (Lk 24,5. 6).

Die Engel Gottes kämpfen für sein Volk, für die Menschen, die Gott erwählt hat, um an ihnen und durch sie Heilvolles zu tun. Diese Botschaft verknüpft sich vor allem mit der Gestalt des Engels Michael (Dan 10,13. 21; 12,1). Besonders in Offenbarung 12 – »und es erhob sich ein Streit im Himmel: Michael und seine Engel stritten wider den Drachen« (Offb 12,7 ff.) – wird gezeigt, dass Gottes Engel in heftigem Konflikt mit destruktiven Mächten sind, die Gottes Erwählte bedrohen. Aus dieser Erkenntnis heraus betet Martin Luther in seinem Abendsegen: »Dein heiliger Engel sei mit mir, dass der böse Feind keine Macht an mir finde.« In der Offenbarung Johannis erleben wir die Engel besonders auch als Lobsänger Gottes, die mit den 24 Ältesten und aller Kreatur Gott anbeten (Offb 5,11–14). Die himmlische Liturgie taucht auch in dem griechischen Ausdruck auf, den der Verfasser des Hebräerbriefes in Hebräer 1, 14 verwendet: leiturgica pneumata, sozusagen liturgische Geistwesen, die zur Diakonia abgestellt sind. Ihr Dienst in allem, was sie tun, kommt vom Altar und geht zum Altar.

Nicht unerwähnt soll sein, dass in der Rede von den Engeln oft – und mit einem gewissen Recht – erwähnt wird, dass Gott auch Engel in Menschengestalt auf dieser Erde einsetzt, so dass jeder Mensch, wenn Gott sich seiner bedient, dem anderen eine Art rettender Engel werden kann. Dafür nur ein Zitat aus dem Buch »Applaus für das Leben« von Phil Bosmans: »Es gibt noch Engel – mitten unter uns – sie haben keine Flügel, aber ihr Herz ist ein sicherer Hafen für alle, die in Not geraten sind durch die Stürme des Lebens. Es gibt noch Engel. Sie leben und arbeiten für Menschen, die weniger Glück hatten. Sie zählen die Stunden nicht, und ihre Liebe zu den Menschen ist größer als ihr Streben nach Geld und Besitz. Sie reichen ihnen die Hände und bieten ihre Freundschaft an. Sie machen Zimmer sauber und decken den Tisch. Sie gehen mit Einsamen spazieren. Sie kümmern sich um Arbeitsplätze. Sie gehen in Gefängnisse. Sie sorgen für eine warme Wohnung. Sie streichen an und reparieren. Wenn sie nicht wären, würden viele keinen Tisch, kein Bett, keine Hilfe und keine Freundschaft gefunden haben …«

Aber die Tatsache, dass Menschen einander im übertragenen Sinn zu Engeln werden können, soll nicht die hilfreiche Botschaft verdrängen, dass Gott uns auch da, wo kein Mensch uns mehr beistehen kann, seinen Engel senden kann im Sinne des Wortes aus Psalm 91,11: »Denn er hat seinen Engeln befohlen über dir, dass sie dich behüten auf allen deinen Wegen.«

Wir rufen als Christen die Engel nicht an. Sie sind keine Wesen neben Christus, die irgendeine Entscheidungsfreiheit hätten oder haben wollten. Gerade der Hebräerbrief, vor allem in Hebräer 1,4–14, wehrt jede Art von Engelkult entschieden ab. Und dass in der Offenbarung des Johannes, in welcher die Engel als Werkzeuge Gottes sozusagen allgegenwärtig sind, die Engel der Gemeinde neben den Gemeinden stehen, nicht über ihnen, Lob, aber auch Tadel, die der Gemeinde gelten, voll abbekommen (Offb 2 und 3), ist auch so zu verstehen, dass jeder Anflug von Engelverehrung entschieden abgewehrt wird. Wir können nur hoffen, dass die Vorliebe für Engel, die wir zum Teil auf den Schriftentischen kirchlicher Bildungshäuser wahrnehmen, nicht in Engelverehrung umschlägt.

Seien wir in unserer Freude über die Wiederkehr der Engel heilignüchtern und hüten wir uns davor, den Herrn Jesus in einer Wolke von Engeln zu verstecken.

Zum Schluss ein Engelgedicht, das mir gefällt. Es stammt von der Heilbronner Autorin Ingeborg Pilgram-Brückner. Es ist nach dem Tsunami am 2. Weihnachtstag 2004 entstanden.

Gebet

Um was ich bitte, Gott,
sind viele Engel
nicht große, mächtige,
nein, kleine helfende,
die den Verzweifelnden
den Traum der Hoffnung schenken
und die Verletzten
in den Schlaf begleiten,

die Sterbenden die Augen schließen
und den Alleingelassenen
den Freund zur Seite stellen.

Um was ich bitte, Gott,
sind hunderttausend Engel,
die Lebenskräfte
über Unglückslandschaft legen.

Erntedankfest

Aller Augen warten auf dich,
und du gibst ihnen ihre Speise zur rechten Zeit.
Du tust deine Hand auf und sättigst alles,
was da lebt, nach deinem Wohlgefallen.

Psalm 145,15.16

Aller Augen! Da sind nicht nur Juden und Christen gemeint. Und überhaupt nicht nur alle Menschen, sondern das meint auch die Tiere in ihrer unendlichen Vielfalt und Vielzahl. Sie alle warten darauf, dass Gott »zur rechten Zeit«, das heißt in der Zeit, in der er ihnen das Leben gewährt, seine Hand auftut und sie Nahrung finden lässt.

Sie warten auf Gottes sich öffnende Hand. Es entspricht dieser Vorstellung, wenn wir, wo wir können, den Begriff »Natur« vermeiden und lieber von der Kreatur, von Gottes Schöpfung sprechen. Der Begriff der Natur bekommt leicht die Bedeutung einer in sich ruhenden Natur, die ohne Gott sich selbst erneuert und selbst zur Lebensspenderin wird. Oft wird sie dann auch gleich als Gottheit verehrt, mit Gott gleichgesetzt, wie beim dem Philosophen Spinoza: »Deus sive natura«, Gott ist gleich Natur.

Gott kann seine Hand auch schließen oder zuhalten. »Verbirgst du dein Angesicht, so erschrecken sie; nimmst du weg ihren Odem, so vergehen sie und werden wieder Staub. Du sendest aus deinen Odem, so werden sie geschaffen, und du machst neu die Gestalt der Erde« (Ps 104,29.30). Alles Geschaffene befindet sich in schlechthinniger Abhängigkeit von Gott, dem Schöpfer und Erhalter.

Wir Menschen machen hier letztlich keine Ausnahme. Wir können durch große Fortschritte in der Züchtung der Pflanzen, in der Kultivierung der Böden, in der Lagerung und Konservierung der Früchte, in der Verteilung der Nahrungsmittel über weite Entfernungen hin unsere Ernährung weitgehend selbst in die Hand nehmen. Aber wir werden immer abhängig von den Faktoren, die wir nicht in der Hand haben: vom Wetter, von Wasser, Wind und Sonne. Und es ist auch gar nicht zu wünschen, dass der Mensch eines Tages »das Wetter machen« kann. Es würden mit großer Wahrscheinlichkeit böse Kriege ausbrechen um die Vorherrschaft in Sachen Wetter. Besser, wir bleiben in dieser grundsätzlichen Abhängigkeit und versuchen, durch Vorsorge und bessere Verteilung den Widrigkeiten des Wetters entgegenzuwirken.

Freilich unterscheiden wir Menschen uns von den Tieren grundsätzlich darin, dass wir die Möglichkeiten hätten, die Nahrung, die Gott uns üppig gedeihen lässt, global so zu verteilen, dass niemand hungern müsste. Die Mengen der Nahrung, die vernichtet wird, weil unsere Marktordnung es offenbar so gebietet, sind immens. Und wenn wir daran denken, dass Bauern Prämien dafür bekommen, dass sie weniger von ihren hochwertigen Nahrungsmitteln erzeugen, während an anderen Orten der Erde Menschen zu Hunderttausenden sterben, dann spüren wir, dass die politische Weltwirtschaftsordnung, die wir mitverantworten müssen, eine Weltwirtschaftsunordnung ist. Es ist durch nichts zu rechtfertigen, dass unzählige Menschen an Hunger sterben, während die Nahrungsmittel, die ihnen das Leben erhalten könnten, planmäßig vernichtet werden und bei uns darüber sinniert wird, ob man nicht auch mit Getreide Öfen heizen könnte. In früheren Zeiten konnte man angesichts des Hungers in fernen Erdteilen mit einem gewissen Recht sagen: »Wir können ihnen nicht helfen. Sie wohnen zu weit weg.« Heute zählt diese Ausrede nicht mehr. Wer in wenigen Stunden jedes Land der Erde zu Urlaubsreisen besuchen kann, der kann, wenn er sich mit anderen Menschen in der rechten Weise zusammentut und die politische Ordnung entsprechend verändert, sehr viel tun, dass der ferne Nächste leben kann. Das erste Wörtchen dieses Spruches zum Erntedankfest, das Wörtchen »aller« erinnert uns daran.

Doch feiern wir das Erntedankfest vor allem, um Gott für das, was auf unseren Feldern gewachsen ist, zu danken. Die Sitte des Dankens ist wenig verbreitet. Auf das Tischgebet wird von vielen Menschen verzichtet. Sie betrachten die Nahrungsmittel als Erzeugnisse, die produziert und für Geld gekauft wurden. Sie sehen nur das an ihnen, was Menschen gemacht haben. Sie können das Lied des Matthias Claudius allenfalls in der ersten Zeile mitsingen »Wir pflügen, und wir streuen den Samen auf das Land« und sie könnten allenfalls weitersingen, wenn im Lied weiter das Ernten und Verarbeiten der Früchte zu leckeren Speisen besungen würde. Ausgeblendet wird, was Claudius weitergedichtet hat:

> ... doch Wachstum und Gedeihen
> steht in des Himmels Hand:
> Der tut mit leisem Wehen
> sich mild und heimlich auf
> und träuft, wenn heim wir gehen,
> Wuchs und Gedeihen drauf.
> Alle gute Gabe kommt her von Gott dem Herrn,
> drum dankt ihm, dankt,
> drum dankt ihm, dankt,
> und hofft auf ihn.
> (EG 508)

Es ist unser Vorrecht als Menschen gegenüber allen anderen Kreaturen, dass wir Gott bewusst danken können für die Früchte, die er für Mensch und Vieh in verschwenderischer Fülle und Vielfalt wachsen lässt. Und wir Christen haben im Besonderen die Aufgabe, diesen Dank an den Schöpfer und Erhalter immer neu einzuüben bei Alt und Jung. Besonders bei unseren Kindern, weshalb es eine wohlbegründete Sitte ist, dass am Erntedankfest die Kinder des Kindergartens den Gottesdienst mitgestalten. Das sollte nicht ins Belieben der Erzieherinnen gestellt sein. Hier könnte und sollte der Träger des Kindergartens von Anfang an deutlich machen: Damit rechnen wir und das wollen wir. Es gehört zur erzieherischen Aufgabe, um deretwillen wir unsere Kindergärten trotz des allseits bekannten Finanzdrucks halten. Kinder, Eltern, Großeltern, die ganze Gemeinde soll sich am Erntedankfest zum festlichen Dankgottesdienst versammeln und Gott danken für seine spürbare Güte. Sie sollen dabei sich gegenseitig daran erinnern, welche unverdiente Gnade es ist, dass wir satt werden. Sie sollen Jung und Alt deutlich machen, wie ungehörig und dumm es ist, wohlbereitete Speisen herummäkelnd zu verschmähen, und sollen miteinander neue Vorsätze fassen, denen, die hungern in der Nähe und in der Ferne, mit spürbarer Hilfe zu helfen.

Wenn es heißt: »Du tust deine Hand auf und erfüllst alles, was lebt, nach deinem Wohlgefallen«, dann ist dieser Satz kein Anlass zu fragen, warum Gott das offenbar bei vielen Menschen nicht tut. Es ist ein Anlass, dass wir Menschen, die wir uns so gerne als Krone der Schöpfung verstehen und unsere technischen Errungenschaften rühmen, fragen, warum wir es als Beauftragte Gottes auf dieser Erde noch nicht so weit gebracht haben, dass dies wirklich durch uns geschieht.

Besonders im Blick stehen am Erntedankfest auch unsere Bauern. Ihre wirtschaftlichen Schwierigkeiten im Rahmen nicht nur der europäischen, sondern auch der globalen Konkurrenz sind bekannt. Sie kämpfen um ihr wirtschaftliches Überleben. Wenn während meiner Schulzeit in den fünfziger Jahren der durchschnittlich verdienende deutsche Bundesbürger für seine und seiner Familie Ernährung über fünfzig Prozent seines Einkommens ausgegeben hat, so heute etwa zwölf Prozent. Diese Zahlen erklären so ziemlich die Lage der Bauern am Beginn des 21. Jahrhunderts.

Wir danken Gott für seine Gaben, die er uns mit Hilfe der Arbeit der Bauern wachsen lässt. Ist unser Dank nur ein oberflächlicher Dank der Lippen? Danken wir von Herzen? Geht unser Dank noch tiefer, bis in die Hosentasche, wo der Geldbeutel sitzt? Dann werden wir uns dafür einsetzen, dass die landwirtschaftlichen Produkte besser bezahlt werden.

Erst dann haben wir auch ein Recht, Bauern zu bitten, in Sachen Chemikalien bei der Unkrautbekämpfung und bei der Düngung des Bodens behutsam zu sein. Und erst dann wird der Bauer es hören können, wenn wir – wie das Evangelische Bauernwerk das beharrlich aus guten Gründen tut – unsere skeptischen Fragen stellen an die Ausweitung der Gentechnik zur Entwicklung neuer Pflanzenarten.

Wir Menschen sind berufen, als Züchter, Heger und Pfleger die uns anvertraute Erde zu bearbeiten. Ein Mandat, als Mitschöpfer aufzutreten, finden wir in der Bibel nicht. Zwischen Züchtung und Kreation neuer Arten ist eine deutliche Grenze. Sie zu überschreiten, das ist ein folgenreicher Schritt. Selbst wenn die Motivation derer, die hier etwas entwickeln, durch und durch humanitär wäre – Kartoffeln für die Sahelzone, Erdbeeren für Alaska, resistente Getreidesorten für das Hochland Tibets, durch neue Pflanzenarten der Ernährung der hungernden Menschheit dienen – sollten uns die ablehnenden Stimmen aus Afrika warnen. Sie zeigen auf, wie durch die Gentechnik die Bauern ihrer Freiheit und Selbstständigkeit beraubt werden und ganz abhängig werden von den Großkonzernen. Von den Folgen für die Veränderung des hochsensiblen Organismus der Kreatur ganz zu schweigen.

Vielleicht gehört die Frage der Gentechnik nicht zu den Fragen, die wir mit einem kategorischen Nein beantworten können. Der Sachverstand der damit Befassten darf durch die Bedenken des Theologen nicht für gleichgültig erklärt werden. Man wird diese Frage in Gemeindeforen, etwa auch im Distrikt oder auf Kirchenbezirksebene, in Rede und Gegenrede zu diskutieren haben. Aber dass der Schritt vom Züchter zum Mitschöpfer ein sehr folgenreicher Schritt ist, das zumindest sollte von Seiten der christlichen Gemeinde in allem Nachdruck deutlich gemacht werden.

19. Sonntag nach Trinitatis

Heile du mich, Herr, so werde ich heil;
hilf du mir, so ist mir geholfen.
Jeremia 17,14

So kann auch ein Mensch sprechen, dem der Arzt dann und wann eine recht beständige Gesundheit attestiert und der von seinen Mitmenschen als leistungsstark eingeschätzt wird.

Was ist Gesundheit? Sie entscheidet sich nicht nur an unseren Blutwerten und an der ruhigen Zuverlässigkeit unseres Herzschlages. Gesundsein im Sinne dessen, was das Wort Schalom meint, heißt: mit Gott im Reinen, auch wenn ich Vieles von dem, was er tut und was er zulässt, nicht verstehe. Aber ich traue ihm zu, dass er die Geschicke der Völker wie das Geschick jedes einzelnen Menschen und so auch mein eigenes zum guten Ende führt, dass wir alle nicht büßen müssen, was wir falsch gemacht haben, was wir an Anderen gesündigt und was wir vor Gott versäumt haben. Dass er uns führt auch in Situationen, in denen wir uns verlassen vorkommen. Dass er uns zu seiner Zeit, die er allein kennt, unser gelebtes Leben mit allem, was da war, verstehen lassen wird. Und dass wir uns in diesem Vertrauen in seine Hand geben und in seiner Hand geborgen sein können, jetzt schon.

Gesundsein im Miteinander mit anderen Menschen heißt, dass mein gespanntes und auch gestörtes Verhältnis zu dem Menschen, an den ich ständig denken muss, weil irgendetwas beharrlich zwischen uns steht, geheilt wird, sodass wir uns wieder unbefangen begegnen können, ja, dass Einer dem Anderen den Kopf in den Schoß legen kann. Gesundsein heißt, dass die Feindbilder, die mich quälen und beengen, abgebaut werden und dass ich, ohne jene Anderen zu idealisieren, sie doch verstehend und gerecht sehen und wir dann trotz allem, was ich an gefährdendem Störpotenzial in ihnen und mir sehe, viel Gutes miteinander anfangen können.

Gesundsein, das heißt, angesichts quälender Konflikte, die Menschen miteinander haben, auch wenn der Karren reichlich verfahren ist, nicht resignieren, sich nicht verkriechen in der abwartenden Haltung, weil ich ja doch weiß, dass ich nichts erreichen kann, vielmehr dem Geist Gottes jetzt, bei uns, in dieser verfahrenen Angelegenheit etwas zutrauen, auf die beteiligten Menschen mit der Autorität des Bittenden zugehen und damit rechnen, dass die Nähe des Heilandes heilende Wirkung entfaltet und dass auch ich irgendwie und irgendwann etwas zur Gesundung beitragen kann

Gesundheit, das heißt, dass ich mit mir selbst ins Reine komme. Dass ich mich weder zu Tode arbeiten noch zu Tode grämen, noch zu Tode ärgern, noch mich an den verpassten Chancen meines Lebens krank reiben muss, dass ich vielmehr mein Leben, jede Stunde, dankbar annehmen kann als Gottes Geschenk, dass ich zwar meine eigenen Fehler und Gefährdungen illusionslos sehe, meine Wirkung auf andere nüchtern und kritisch einschätze und mich dennoch wohlfühle in meiner Haut, dem lieben Gott danke, dass er mich geschaffen hat, meiner Mutter danke, dass sie mich geboren hat, meinen Eltern und allen anderen, die mir geholfen haben, meiner Frau, meinen Kindern und Enkeln, sie im Herzen segne und von Neuem auf die Initialzündungen des Geistes Gottes warte. Vielleicht, dass er dieses und jenes doch durch mich tun will, vielleicht dass er mir Ruhe verordnet. Ich will mich ihm so oder so zur Verfügung stellen und will leben nach dem Liedvers: »Weil ich noch Stunden auf Erden zähle, will ich lobsingen meinem Gott« (EG 303).

Wer kann uns so gründlich heilen und zurechthelfen? Wir sollten solche Heilung von keinem Menschen erwarten. Kein Psychologe und kein Seelsorger kann uns dermaßen wieder ins Lot bringen. Die Methoden, auf die sie schwören, werden alle nüchtern wahrzunehmen sein. Uns kann ja nur Gott selbst helfen. Vielleicht durchaus mit Hilfe dieses oder jenes Menschen. Er hat seine Helferinnen und Helfer. Und diese haben ihre mehr oder weniger erprobten Mittel und Methoden. Diese müssen nicht falsch sein. Nur: Wenn ich mein letztes Vertrauen auf diesen oder jenen Menschen und seine Methode setze, dann bin ich wie der Ertrinkende, der sich an den auf den Wellen schwimmenden Strohhalm klammert.

»Es ist des Menschen Herz ein trotzig und verzagt Ding, wer kann es ergründen?« Das steht wenige Verse vor dem heutigen Wochenspruch bei Jeremia 17,9. Das Wort erinnert mich an den wohl nachhaltigsten Schock meiner Studienzeit. Mit einem Jugendfreund, der einige hundert Kilometer entfernt in der Ausbildung war, hatte ich mich brieflich gestritten in aller Leidenschaft. Seine Briefe haben mich provoziert, ich meinte, ihm nachweisen zu müssen, dass er auf einem ganz falschen Weg sei. Ich tat das in flammender Leidenschaft und dabei rechthaberisch, wie nur ein Theologiestudent kurz vor dem Examen rechthaberisch sein kann. Dann brachte mir mein Vater die Nachricht, dass H. tot sei. Er habe sich aus dem D-Zug geworfen. Kaum hatte mein Vater die Nachricht, die wie ein Donnerschlag war, gesagt, da klingelte der Postbote und brachte mir sein Tagebuch, das er bis wenige Stunden vor seinem Tod geführt hatte. Eine Summe heftiger Leiden. Im Tagebuch liegend meine beiden Briefe.

Ich kann bis heute niemandem schildern, was ich über diesem Tagebuch durchgemacht habe. Zum ersten Mal erfuhr ich, was Hölle ist und was es heißt, eine Schuld nicht mehr gutmachen zu können.

Am Sonntag darauf wählte mein Vater im Gottesdienst als Schriftlesung dieses Wort des Jeremia: »Es ist des Menschen Herz ein trotzig und verzagt Ding, wer kann es ergründen? … Heile du mich, Herr, so bin ich heil. Hilf du mir, so ist mir geholfen.«

Jeremia hat dieses Gebet als sein Gebet niedergeschrieben in Zeiten, in denen sein Auftrag, als Prophet dem Volk und seinen Meinungsführern mit der Ansage von Gottes Gericht entgegenzutreten, ihn total überfordert hat. Er war noch jung gewesen, als Gott ihn zum Propheten gemacht hatte. Er hatte alles andere gewollt, aber das nicht. Nun hat Gottes Auftrag ihn gepackt. Er muss dem Volk Worte weitersagen, die ihm selbst schwer auf der Seele liegen. Er liebt sein Volk und hofft immer, es werde sich warnen, womöglich zum Umdenken rufen lassen. Aber er muss feststellen, dass sein Auftreten nur verstockende Wirkung hat, dass die Art des Volkes und seiner führenden Köpfe nur noch schlimmer wird. Er wird isoliert, verlacht, bekämpft, verspottet, wir würden heute sagen: Er wird psychiatrisiert. Auch seine verwandtschaftlichen Verbindungen zerbrechen unter diesen Konflikten. Andere feiern miteinander, er muss einsam seinen Weg gehen. Wenn er irgendwo vorbeikommt, verstummen die Leute. Er kommt sich vor wie ein Schreckgespenst. Das macht ihn total fertig.

Was ihn dabei am meisten verstört, ist die Erfahrung, wie dünnhäutig, wie nervenschwach er geworden ist. Immer wieder schüttelt ihn auch die Angst vor Anschlägen. Er fürchtet – wie wir später sehen: mit Recht – dass die religionspolitischen Meinungsführer ihn beseitigen wollen.

Sein Weg als Prophet wird immer mehr zum Leidensweg. Jeremia, in seiner Art ein Vorläufer des Gottesknechtes, von dem Jesaja in seinen vier Liedern singt, und noch mehr ein Vorläufer Jesu auf seinem Passionsweg.

In dieser Situation schreit Jeremia – und er meint hier so gut sich selbst wie sein krankes und krankmachendes Volk: »Heile du mich, Herr, so bin ich heil; hilf du mir, so ist mir geholfen.«

20. Sonntag nach Trinitatis

Es ist dir gesagt, Mensch, was gut ist
und was der Herr von dir fordert, nämlich
Gottes Wort halten und Liebe üben und
demütig sein vor deinem Gott.

Micha 6,8

Walter Schlenker fasst in seiner Auslegung dieses Wortes treffend zusammen, in welcher Situation sich der Prophet Micha befand. Er
»lebte in einer schwierigen Zeit: Äußerlich schien alles in Ordnung zu
sein. Die Kleinstaaten Israel und Juda haben ihre Selbständigkeit. Im
Volk ist ein gewisser Wohlstand vorhanden. Es gibt viele reiche Leute,
die das Bild des öffentlichen Lebens bestimmen. Auch in religiöser
Hinsicht scheint Ruhe und Ordnung zu herrschen. Der Tempeldienst
funktioniert. Es gibt genügend Priester. Die Bündnis- und Rüstungs-
politik der Regierung scheint sich zu bewähren. Man feiert die eigene
Leistung und ist mit sich selbst zufrieden. Aber der Schein trügt. Micha bekommt den Auftrag, den Schleier wegzuziehen und das, was
vor Gott und den Menschen faul ist, aufzudecken. Die soziale Frage
ist nicht gelöst. Die Mächtigen gieren nach mehr Macht und Reichtum und schrecken vor nichts zurück. ›Wehe denen, die nach Äckern
gieren und sie rauben, nach Häusern und sie wegnehmen, die Gewalt
üben an dem Mann und seinem Haus, an dem Besitzer und seinem
Erbgut.‹ Die Richter, Ältesten und Gemeindevertreter sorgen nicht
für das Recht der Schwachen, sondern lassen sich bestechen. Die Leute können in ihrer Habgier nicht genug kriegen. Sie raffen und reißen
– aber es liegt kein Segen darauf. Die grundlegenden Beziehungen
von Mensch zu Mensch sind gestört. Das Vertrauen schwindet. Die
Familienbande zerfallen. Die Priester und die Frommen wollen ihre
Ruhe haben, haben Angst vor Konflikten mit den Mächtigen und sehen in der Religionsausübung eine Garantie für zukünftigen Wohlstand und Sicherheit. Sie wollen Michas Gerichtsankündigung nicht
hören.«

In diese Situation hinein spricht er kurz und bündig, was die Zu-
sammenfassung der Botschaft aller Propheten ist. Er erinnert dran,
dass es jedem, der zu hören bereit ist, längst gesagt ist, was gut ist und

womit wir anderen gut tun; was Gott, der Herr, von uns erwartet und was er durch seinen Propheten von uns fordert. Wir haben also keinen Grund, in der Frage, was gut ist, so zu tun, als sei das ein schweres Problem, das wir mit unserer Kunst zu lösen hätten. Nein, es ist dir gesagt: In den Zehn Geboten ist es gültig zusammengefasst. Von den Propheten wurde es eindrücklich, griffig konkretisiert und vertieft. Oft haben sie für diese Botschaft sehr viel Ärger und Schlimmes riskiert. Sie haben ihren Kopf dafür hingehalten. Es spricht zu uns durch die Weisheit des Spruchbuches, das heißt durch die Sprüche Salomos. Es berührt uns durch das Gebetbuch Israels, die Psalmen. Wir Christen können dazu sagen: Jesus Christus in seiner Bergpredigt und in anderen Reden, in seinen Gleichnissen, seinen Streitgesprächen, in seinen Abschiedsreden hat es uns gesagt. Die Apostel haben dieselbe Botschaft vertieft und auf das Leben der Christen in der Gemeinde und in der heidnischen Umwelt angewandt. Was wollen wir mehr? Welcher Christ will da so tun, als seien wir ohne klare Orientierung in unsere Welt gesandt?

Es ist uns gesagt. Die Frage ist nur, ob wir uns das sagen lassen. Ob wir meinen, das sei ja alles von gestern; für uns Menschen des 21. Jahrhunderts habe das alles allenfalls archivarischen Wert. Für das 21. Jahrhundert müssten wir das Rad neu erfinden. Nein, Gott ist der da war und der da ist und der da kommt. Er bleibt sich selbst treu. Und so bleibt auch sein heiliger Wille, der uns nicht umsonst gezeigt wurde.

Was ist gut? Und was erwartet Gott von uns? Dass wir sein Wort, Gottes Wort, halten. Wenn es Abend wurde und die Betglocke geläutet hat, dann hat mein Vater mit uns gebetet: »Gib, dass wir leben aus dem Wort und darauf mutig fahren fort...« Das war die Quintessenz der zwölf Jahre Drittes Reich und Kirchenkampf für ihn, dass wir nur dann ein halbwegs mutiges Christenleben führen können im Meinungsgewirr und in den Propagandaattacken, die auf uns einstürmen, wenn wir »leben aus dem Wort«.

Das bedeutete für ihn durchaus keine fundamentalistische Verengung. Menschen, die mit Bibelworten um sich werfen, wenn sie ihre persönlichen Entscheidungen begründen sollen, waren ihm eher suspekt. Das Wort, das Gott durch Propheten und Apostel zu uns gesagt hat, das er in Jesus sogar »Fleisch werden« ließ, war für ihn kein riesiger Zettelkasten, aus dem wir heute dieses, morgen ein anderes Wort herausnehmen und dann über seiner wörtlichen Einhaltung notfalls die Welt zugrundegehen lassen. Das Wort war im Zusammenhang der Wörter zu sehen und, vor allem, Gottes Wort war für ihn eine Vielzahl von Worten, durch den Mund sehr verschiedener Menschen gesprochen, durch ihr Denken, ihre Ausdrucksweise durchaus persönlich gefärbt und geprägt, aber eben das Wort, das wie Feilspäne auf dem magnetischen Feld auf Jesus Christus hinweist und das eindeutig von ihm herkommt. In diesem Sinn: Wort des lebendigen Gottes an uns.

Aus ihm leben! Dieses Wort in uns leben lassen, sich entfalten, uns verwandeln lassen. Diesem Wort stillhalten, zulassen, dass dieses Wort etwas mit uns macht. Und dass wir schließlich Hörende werden im Sinne des Knaben Samuel: »Rede, Herr, dein Knecht hört« (1. Sam 3,9).

Als Ebenbilder Gottes sind wir Wortwesen. Geschaffen, damit Gott zu uns reden kann und wir mit unserem Gebet, aber auch mit unserem gesamten Leben ihm antworten und so vor ihm verantwortliche Menschen werden. Wie arm ist der Mensch, der von dem, was das Fernsehen, die Zeitung, die paar Illustrierten ihm bieten, leben will. Wie sehr unterschätzt er sich selbst. Worauf verzichtet er? Es findet doch unser Leben nicht zuletzt darin seine Bestimmung, dass wir als Angerufene dieses Wortes mit Gottes Wort unsere Erfahrungen machen, nicht zuletzt unsere praktischen Erfahrungen, und dass so unser Lebensweg zu einem Erkenntnisweg wird.

Und Liebe üben. Die Wahrheit des göttlichen Wortes wird ein Mensch nur erkunden und erfahren, wenn er in seinem Leben entschlossen den Weg des Liebenden geht. Wobei die Liebe, von der die Bibel redet, nie darin begründet ist oder davon abhängt, dass der zu liebende Mensch liebenswert, attraktiv ist. Die Liebe zum Feind gehört folgerichtig zu dieser Liebe dazu. Denn wir lieben um Gottes willen, der selbst die Liebe ist und der uns mit seinem Leben erfüllen und befähigen will. Die Liebe, von der die Bibel redet, ist nie vor allem Gefühl und noch weniger soziales Programm, noch weniger hohes Ideal, sondern sie ist konkret, entschlossene Tat zugunsten dessen, der unsere Tat jetzt braucht. Das Urbild des Liebenden im Neuen Testament ist der barmherzige Samariter. Er hält weder programmatische Reden noch entwirft er Hilfsprogramme, noch weniger versucht er mit dem Halbtoten ein erleuchtendes Gespräch zu führen. Vielmehr packt er schlicht und kräftig zu, tränkt den Halbverdursteten, gibt ihm etwas zu essen, wäscht seine Wunden aus und verbindet ihn. Dann hebt er ihn auf den Esel, um mit ihm den langen, schweren Weg bis zur Herberge durchzustehen. Er gibt den Kranken in der Herberge ab, vertraut ihn der besonderen Obhut des Wirtes an, bezahlt diesem nachher die Rechnung. Mit diesem seinem Tun setzt er sich dem Misstrauen und dem Zorn der Gewalttäter aus, denn diese wollen nicht, dass ihrem Opfer geholfen wird und damit ein lästiger Zeuge ihrer Schandtat erhalten bleibt. Liebe üben, das heißt auf jeden Fall, etwas Hilfreiches für den Hilflosen tun.

Wobei das Wort »üben« besonders unterstrichen werden kann. Wer es einmal mit tätiger Nächstenliebe versucht, wer dabei merkt, wie schwer das alles ist, weil die hilfsbedürftigen Menschen nicht sind, wie sie sein sollten und weil überhaupt, wie Brechts Macky Messer richtig feststellt, die Verhältnisse nicht so sind, wer dann die Flinte bald ins Korn wirft, weil er enttäuschende Erfahrungen gemacht hat, der hat noch nichts verstanden von der Liebe, die Gottes Art ist.

Liebe hat einen langen Atem. Liebe setzt immer neue Anfänge. Liebe lässt sich nicht erbittern (1. Kor 13,5). Liebe kann nur geübt, eingeübt werden. Wenn es hier auf Erden in Sachen Liebe Meister geben würde, so könnte man in dieser Sache nur sagen: »Übung macht den Meister.« Wie Kierkegaard von der »Einübung im Christentum« schreibt, so sollen wir miteinander die »Einübung im Liebestun« praktizieren.

Dann mag es sein, dass wir geübte Leute werden auch in dem Sinn, dass wir durch manche Schwierigkeit, durch Enttäuschungen, durch Missverständnisse und konfliktreiche Wege in der Nachfolge Jesu bewährte Menschen werden. Menschen, die man dorthin stellen kann, wo die Gemeinde Jesu Christi unverzagte, bewährte Leute braucht.

»Und demütig sein vor deinem Gott.« Demut vor Gott, das heißt in Ehrfurcht vor ihm leben. Wissen, dass er da ist, dass er zwischen mir und meinem Mitmenschen steht und als unser Mittler uns zusammenführt und zusammenhält, uns auch in der rechten Haltung zueinander erhält, damit wir einander nicht zum Schaden, sondern zur Hilfe, vielleicht sogar zum Segen werden.

Es ist eine selbstverständliche Folge, dass wir, wenn wir in der Ehrfurcht vor Gott leben, auch vor den anderen Menschen eine gewisse Ehrfurcht haben werden, dass wir wissen und beherzigen, was wir ihnen schuldig sind. Wilhelm Stählin sagt in seiner Auslegung dieses Wortes mit Recht: »Ohne Demut gibt es keine rechte Ordnung des Lebens, und der Mangel an Demut und Ehrfurcht vor Gott, grob gesagt: die Frechheit, muss ganz konkret das menschliche Gemeinschaftsleben und zuletzt auch den Einzelnen zerstören.«

21. Sonntag nach Trinitatis

Lass dich nicht vom Bösen überwinden,
sondern überwinde das Böse mit Gutem.

Römer 12,21

Die etwa siebzig Verhandlungen zur Anerkennung von Wehrdienstverweigerern aus Gewissensgründen, die ich vor etwa dreißig Jahren als Beistand mitgemacht habe, liefen in der Regel nach folgendem Schema ab: Der junge Mann, der behauptet, er verweigere den Wehrdienst aus Gewissensgründen, wird, nachdem er einiges aus seinem bisherigen Leben erzählt und begründet hat, warum er den Wehrdienst verweigert, mit höchst prekären Situationen konfrontiert, in denen er selbst oder andere, seine Mutter, seine Freundin, ihm schutzbefohlene Kinder, an Leib und Leben bedroht werden. Nun soll er zeigen, wie er einerseits Leib und Leben für die Bedrohten einsetzt, dabei aber der Versuchung widersteht, tötende Gewalt anzuwenden. Waffen werden ihm in die Hände gespielt. Die Versuchung, diese Waffen auf den Angreifer zu richten, wird bis aufs Äußerste gesteigert. Der Antragsteller, der kam, um als Wehrdienstverweigerer anerkannt zu werden und der nun seine Gewissensgründe unter Beweis stellen soll, behauptet bis zum Äußersten, die Waffe nicht zu benutzen, vielmehr auf diese oder jene Weise den Angreifer mit dem Wort und mit bloßen Händen an der Ausführung seiner bösen Tat zu hindern. Die Beisitzer hören und sehen zu und müssen nachher entscheiden, ob der Antragsteller die

Schwierigkeit, unter allen Umständen gewaltlos zu bleiben, genügend durchdacht hat und ob er in seinem Entschluss zur absoluten Gewaltlosigkeit glaubwürdig war. Schwierig waren besonders die Fälle von Nothilfe, die vor dem Antragsteller aufgebaut wurden. Während meiner Studienzeit war es in Köln geschehen, dass ein amoklaufender Geistesgestörter mit einem Flammenwerfer eine Schule betreten und im Klassenzimmer über zwanzig Kinder samt ihrer Lehrerin verbrannt hatte. Das »Flammenwerferbeispiel« kam nun immer wieder in den Verhandlungen: Der Antragsteller sieht aus dem Fenster im ersten Stock der Schule, unten kommt der amoklaufende Irre mit seinem Flammenwerfer; neben dem Antragsteller liegt eine schwere Schreibmaschine. Frage: »Nehmen Sie die Schreibmaschine und werfen Sie diese dem Amokläufer auf den Kopf unter Inkaufnahme dessen, dass Sie ihn töten, um das Leben der Kinder zu retten?« Blieb der Antragsteller dabei, er werde ohne dieses Wurfgeschoß allein durch beschwörende Worte oder durch den Einsatz seines Leibes die Kinder verteidigen, dann konnte er hoffen, als Wehrdienstverweigerer aus Gewissensgründen anerkannt zu werden. Es konnte aber auch sein, dass das Gremium urteilte: Wer so stur am Prinzip der Gewaltlosigkeit festhält, dem glauben wir nicht, dass er in seinem Gewissen von wirklicher Menschenliebe bestimmt ist, der ist allenfalls ein pazifistischer Doktrinär; mit Gewissensgründen hat seine Haltung nichts zu tun.

Während der Verhandlungen konnte ich für die Antragsteller wenig tun außer mitleiden, ihnen durch sympathisierende Gegenwart Mut machen, unter Umständen eine Verhandlungspause bewirken, um den total entnervten Antragsteller wieder zu beruhigen; nach zwei Stunden Verhandlung durfte ich ein kurzes Plädoyer halten. Vor allem: Ich konnte die Wehrdienstverweigerer, die zu mir kamen, vor der Verhandlung auf die möglichen Fragen ausführlich vorbereiten und konnte ihnen helfen, selbstkritisch ihre Gründe zu durchleuchten, ihr eigenes Gewissen zu prüfen.

Im Lauf der Zeit habe ich die verschiedenen Verhandlungsführer und ihre Methoden der Gewissensprüfung einzuschätzen gelernt. Dabei bin ich Juristen begegnet, die mit spürbarem Willen zur Fairness die Verhandlung geleitet haben. Ich traf aber auch andere. Einer ging ganz außergewöhnlich rüde und einschüchternd mit den jungen Antragstellern um. Von ihm erfuhr ich später, dass er sein Referendariat in Roland Freislers Volksgerichtshof absolviert hatte. Der Mann war freilich eine unrühmliche Ausnahme. Andere Juristen, denen ich gegenübersaß, haben ihrem Berufsstand mehr Ehre gemacht. Aber solche Ausnahmen waren in den Siebzigerjahren noch möglich.

Immer stand in diesen Verhandlungen das Wort des Paulus vor mir: »Lass dich nicht vom Bösen überwinden, sondern überwinde das Böse mit Gutem.« Vielleicht hätte man die ganze Friedensbewegung, zu der ich mich als Ostermarschierer und Mitglied der Aktion Sühnezeichen/Friedensdienste gezählt habe, unter dieses Motto stellen können: sich nicht überwinden lassen vom Bösen, nicht selbst mit Gewaltausübung drohen, wenn andere mit Gewalt drohen; nicht zurückschlagen, wenn andere schlagen. Was dann? Sich nicht still verkrümeln und so tun, als habe man mit der Sache nichts zu tun, sondern: gewaltlos hinstehen gegen die Gewalttäter: gewaltloser Widerstand.

Ich hielt Religionsstunden, Vorträge, Seminare über Mahatma Gandhi und Martin Luther King. Wir wollten teils von ihnen, teils von Jesus Methoden der »Entfeindung« lernen: die andere Wange hinhalten (Mt 5,39) und auf diese Weise den Aggressor dermaßen beeindrucken, dass er kein zweites Mal zuschlägt. Dem andern auch den Mantel geben, wenn er uns den Rock wegnehmen will (Mt 5,40). Mit dem anderen zwei Meilen gehen, wenn er uns nötigt, ihm eine Meile weit sein Gepäck zu tragen (Mt 5,41). Den Aggressor mit bezwingender Sanftmut überwinden. Das alles in der Gewissheit (Mt 5,5): »Selig sind die Sanftmütigen, denn sie werden das Erdreich besitzen!«

Es gab Seminare, in denen – das Beispiel Gandhis hatte uns angeregt – die »Technik der Entfeindung« regelrecht eingeübt wurde. In manchem von uns blieben Zweifel: Führt diese Technik im Ernstfall zum Erfolg? Setzt sie nicht einen Gegner voraus, der ein ansprechbares Gewissen hat oder der sich im Augenblick wenigstens schämt, wenn ich ihm mit entschlossener Feindesliebe gegenübertrete? Setzt meine Hoffnung, ihn gewaltlos zu entwaffnen, bei ihm nicht ein Schamgefühl voraus, das durchaus viele Leute verloren haben, andere in ihrem Leben gleich gar nicht aufkommen ließen? Setzen wir bei diesen unseren Konzepten als Gegenüber nicht Menschen voraus, die so ähnlich wie wir bürgerlichen Mitteleuropäer erzogen wurden?

Wird meine gewaltlose Feindesliebe den War-Lord im afrikanischen Busch beeindrucken, der ja auch keine Bedenken trägt, massenweise Kindersoldaten in seinen Stammeskriegen zu »verheizen«? Überwinde ich auf diese Weise einen religiös umgepolten und fanatisierten Islamisten, dessen Vorbild Ayatolla Chomeini unbedenklich kleine Mädchen über Minenfelder schickte, um diese Flächen auf ihre Begehbarkeit für seine Soldaten zu testen? Was, wenn der andere so fanatisch, so sehr religiös ideologisiert ist, dass er mein Konzept der gewaltlosen »Entfeindung« nur lächerlich findet?

Es blieb die Frage: Überschätze ich mich nicht, wenn ich mir selbst im Ernstfall die Kraft zu solch gewaltloser Haltung zutraue? Vor allem, wenn ich zusehen muss, dass wehrlose Menschen grausam behandelt, womöglich umgebracht werden? Werde ich nicht, wenn Blut fließt, schlichtweg auch draufschlagen, schießen, um das Leben Hilfloser zu schützen? Und ist das nicht im Zweifelsfall auch richtig? Ist es etwa ethisch, wenn ich den gewaltlos prinzipientreuen Helden spiele, während hilflose Menschen neben mir niedergemacht werden, die ich vielleicht doch schützen könnte, wenn ich dem Angreifer mit gleicher Gewalt entschlossen entgegentreten würde? Wenn ich ihm mit Androhung und Ausübung von Gewalt klargemacht hätte »Bis hierher und nicht weiter!«?

Vor allem aber: Ist nicht Jesus selbst das Beispiel dafür, dass diese gewaltlose Haltung, die er predigt und verkörpert, fanatisierte Leute eben leider nicht entwaffnet, sondern ihren Hass noch stärkt? Hätte das Konzept der gewaltlosen »Entfeindung« in seinem Leben funktioniert, hätte Jesus dann am Kreuz sterben müssen? Ist seine Kreuzigung nicht der entscheidende Beweis dafür, dass die Konzepte gewaltloser Überwindung des Hasses zu kurz greifen? Wenn es ihm nicht gelungen ist, den Hass seiner Gegner mit seiner Feindesliebe zu überwinden, soll es dann etwa uns gelingen? Und: Hat der Bergprediger auch nur mit einem Wort in Aussicht gestellt, die Feinde würden, wenn wir ihnen so entwaffnend begegnen, zu Freunden werden? Hat er nicht den Menschen, die ihm nachfolgen, vorausgesagt, dass sie Verfolgung erleiden werden? Hat Jesus in Johannes 15,20 nicht gesagt: »Gedenkt an mein Wort, das ich euch gesagt habe: Der Knecht ist nicht größer als der Herr. Haben sie mich verfolgt, so werden sie auch euch verfolgen?« Jesus sendet die Seinen wie Schafe mitten unter die Wölfe (Mt 10,16). Er verspricht aber nicht, den Wölfen das Maul zuzuhalten. Noch weniger, dass aus den Wölfen, wenn die Schafe so zutraulich zu ihnen gehen, Schafe werden.

Und: Hat nicht auch Dietrich Bonhoeffer, der in den Dreißigerjahren des letzten Jahrhunderts entschiedener Pazifist war, sich ab Ende 1939 gewandelt mit dem Ergebnis, dass er den gewaltsamen Putsch, schließlich das Attentat auf Hitler und seine engste Umgebung gerechtfertigt hat? Wie oft haben wir in der Friedensbewegung Bonhoeffers Friedensrede vom Sommer 1934 in Fanö mit ihrem Aufruf zur Gewaltlosigkeit zitiert und haben dabei seine spätere Entwicklung schlichtweg ausgeblendet?

Meine Zweifel an den Konzepten der Friedensbewegung wuchsen. Sie verstärkten sich, wenn ich Friedensbewegte erlebte, die sich offenbar noch gar nicht auseinandergesetzt hatten mit den finsteren Möglichkeiten des Hasses und der Aggression, die im Menschen lauern. Wie oft dachte ich, wenn ich einen blauäugig idealistisch motivierten Friedensbewegten erlebte, an das Wort des Anselm von Canterbury »nondum considerasti pondus peccati«. »Du hast noch nicht das Schwergewicht, die Wucht, der Sünde bedacht.« Ist nicht unsere ganze Friedensbewegung blauäugig, so fragte ich mich immer heftiger. Spielt in dem gepflegten Optimismus der Gewaltlosen nicht eine Art »Blumenkindermentalität« mit, die an dem Bösen, zu dem Menschen fähig sind, ungläubig und weltfremd vorbeisieht? Rächt sich hier nicht der Mangel an biblischer Theologie, jener flache »Aufkläricht«, für den das Übersehen der Sünde und des Abgründigen im Menschen typisch ist?

Von solchen Fragen gepeinigt, traf ich Anfang der Siebzigerjahre auf den Mann, den ich bis heute für einen der klügsten, lebenserfahrensten und redlichsten Vordenker der Friedensbewegung halte. Ich fuhr im Auto mit Kurt Scharf, dem Berliner Bischof, der als Bruderrat der Bekennenden Kirche – in Sichtweite des KZ Sachsenhausen – das Dritte Reich überlebt, der als Bischof des geteilten Berlin die Aussperrung durch das DDR-Regime erlitten und der als Ratsvorsitzender der EKD von allen Seiten Konflikte ausgestanden hatte. Ich sprach mit diesem Menschen, den die Mystiker einen geübten Mann, die Katholiken einen »vir probatus«, einen erprobten Mann, nennen würden. Ich fragte ihn: »Bruder Scharf, sind wir Friedensbewegten nicht Traumtänzer, wenn wir meinen, mit dem bisschen Guten, das wir tun können, würden wir das Böse überwinden? Wir mit unseren großen Erklärungen und geringen Kräften? Was können denn wir dem Bösen entgegensetzen, das so abgründig und übermächtig sein kann? Leiden wir nicht alle an einer neurotischen Selbstüberschätzung? Und war Paulus nicht auch davon bestimmt, als er schrieb ›Lass dich nicht vom Bösen überwinden, sondern überwinde das Böse mit Gutem‹?«

Kurt Scharf antwortete mir sehr einfach: »Dieses Wort von Paulus klingt wie ein Gebot. Es ist wohl auch ein Gebot. Aber vielmehr ist es ein Angebot. Der auferstandene Christus, der am Kreuz das Böse in allen Abgründen erlitten hat, der es am Ostermorgen durch seine Auferstehung überwindet, will das Böse in unserer Welt überwinden. Er ist dabei es zu tun. Aber er will es nicht allein tun. Er will es auch durch uns tun. Er will uns ›mittun‹ lassen. Keine Frage: Er überwindet das Böse. Und er könnte das auch ohne uns tun. Er ist auf dich und mich nicht angewiesen. Aber er will uns in sein Überwinden einbeziehen. Ist das nicht ein großes Vorrecht, das wir da genießen? Und was soll das, dass du, lieber Bruder, auf den Rängen der Arena hockst als ein Zuschauer und Prognosen und Urteile darüber abgibst, ob es gelingen kann? Da gehörst du nicht hin. Das ist nicht deine Aufgabe. Du bist in der Frage, was Christus tun kann, auch nicht kompetent. Komm herunter in die Arena, mach mit. Setz dich ein mit den Kräften, die Gott dir gegeben hat und dann vermehren wird, wenn du diese Kräfte einsetzt. Tu mit, wenn Christus das Böse überwindet. Da ist dein Platz.«

Diese Auskunft hat mir geholfen. Nicht wir sind es, die das Böse überwinden. Er, der Auferstandene, ist es. Wir dürfen »mittun«. Dann ist auch unsere kleine Tapferkeit etwas wert. Und die kleine Tat, zu der wir fähig sind, das kleine, aber hoffentlich deutliche Zeichen, es wird durch ihn wirksam (1. Kor 15,58).

Nach dieser befreienden Antwort begann ich, darüber nachzudenken, auf welche Weise uns immer wieder das Böse überwindet: Wenn die Ungerechtigkeit, die wir erleben, zu groß wird, vor allem die Ungerechtigkeit Hilflosen gegenüber. Da steigt der Zorn in uns auf. Aus dem Zorn kann Hass werden, wie einst bei Mose, als er den ägyptischen Leuteschinder erschlug (2. Mose 2,11.12). Oder wenn unser gewaltloses Eintreten für Menschen, die unter die Räuber gefallen sind, als Gutmenschentum belächelt wird. Oder wenn unsere Bemühung um gewaltlose Sanftmut als Ausdruck phlegmatischer Schwerfälligkeit gedeutet wird. Wenn Leute, die ihren Willen mit Gewalt durchsetzen, damit Erfolg haben und dann selbstbewusst sagen: »Der Erfolg gibt mir Recht.« Wenn Machtausübende sich dessen rühmen, sie seien unwiderstehlich. Es gibt genug Situationen der Anfechtung, in denen in uns die Wut kocht und wir fähig wären, dem Gewalttäter es mit gleicher Münze heimzuzahlen. Vielleicht will das der Gewalttäter sogar. Denn je mehr er uns mit unserem Verhalten auf seine Ebene zieht, desto mehr bestätigen wir ihn in seinem Verhalten.

Vor solchem Reagieren nach dem Echo-Gesetz »Wie du mir, so ich dir« bewahrt uns Jesus Christus. Wer nur Echo auf das Unrechtsverhalten des anderen ist, der versinkt in eine Abhängigkeit, die derer unwürdig ist, die etwas geschmeckt haben von der »herrlichen Freiheit der Kinder Gottes« (Röm 8,21). Der Auferstandene stärkt uns zu einer ganzen Palette von Verhaltensweisen, durch die er in uns und durch uns das Böse überwindet (vgl. Röm 12,9–20).

22. Sonntag nach Trinitatis

Bei dir ist die Vergebung, dass man dich fürchte.

Psalm 130,4

Ein Tischgebet heißt: »Zwei Dinge, Herr, sind not, die gib nach deiner Huld: gib uns das täglich Brot, vergib uns unsre Schuld.« In diesem Gebet wird die Vergebung der Schuld im gleichen Atemzug genannt mit dem täglichen Brot. Beide sind elementar.

Das Bewusstsein, dass beides notwendig ist für unser Überleben, ist auch in der Kirche im Schwinden. Man scheut sich, von Sünde und Schuld zu sprechen, da man nicht dessen verdächtig sein will, mit einer Art pfäffischem Trick die Menschen erst schuldig zu sprechen, um sie dann mit der Gnade Gottes bedienen zu können. Ich bemerke immer wieder auch bei Abendmahlsfeiern, dass das Schuldbekenntnis, wenn es überhaupt nicht gleich der Eventstimmung geopfert wird, bis zur Unkenntlichkeit versteckt wird. Schade. So erweisen auch wir Christen uns als gleichgeschaltet mit der Verdrängungsgesellschaft, die uns umgibt.

In den dreißiger Jahren hat Dietrich Bonhoeffer etwas anderes festgestellt: dass man zwar ganz selbstverständlich von Schuld und Vergebung redet, dass daraus aber eine kirchlich konventionelle Rede geworden ist ohne existentielle Tiefe. »Billige Gnade« nennt Bonhoeffer das in seinem Buch »Nachfolge«. Sie sei »der Todfeind unserer Kirche«. Er meint unter »billiger Gnade« »Gnade als Lehre, als Prinzip, als System; … Sündenvergebung als allgemeine Wahrheit, … Liebe Gottes als christliche Gottesidee«. Er stellt von einer Kirche, die es mit der billigen Gnade halte, fest: »In dieser Kirche findet die Welt billige Bedeckung ihrer Sünden, die sie nicht bereut und von denen frei zu werden sie erst recht nicht wünscht.« Billige Gnade sei im Grunde »Rechtfertigung der Sünde und nicht des Sünders«. Sie sei »die Gnade, die wir mit uns selbst haben«, sei »Gnade ohne Nachfolge, Gnade ohne Kreuz, Gnade ohne den lebendigen, Mensch gewordenen Jesus Christus«.

Der »billigen Gnade« stellt er die »teuere Gnade« gegenüber, um die unser Kampf gehen solle: »Teuer ist sie, weil sie in die Nachfolge ruft, Gnade ist sie, weil sie in die Nachfolge Jesu Christi ruft; teuer ist sie, weil sie dem Menschen das Leben kostet, Gnade ist sie, weil sie ihm so das Leben erst schenkt; teuer ist sie, weil sie die Sünde verdammt, Gnade, weil sie den Sünder rechtfertigt. Teuer ist die Gnade vor allem darum, weil sie Gott teuer gewesen ist, weil sie Gott das Leben seines Sohnes gekostet hat – »ihr seid teuer erkauft« – und weil uns nicht billig sein kann, was Gott teuer ist.« Die teuere Gnade, so schreibt Bonhoeffer weiter, sei »das Heiligtum Gottes, das vor der Welt behütet werden muss, das nicht vor die Hunde geworfen werden darf«.

Aber wie kommt ein Mensch überhaupt dazu, sich selbst in seiner Schuld zu begegnen? Es mag sein, dass dann und wann ein schlimmes Ereignis über uns kommt, in welchem uns schlagartig aufgeht, was wir einem Menschen schuldig geblieben sind oder wo wir an ihm schuldig wurden. Solche Ereignisse sind zum Glück selten. Wir können sie uns und einander nicht wünschen.

Als »Beichtspiegel« zur Selbsterkenntnis gelten in der lutherischen

Kirche vor allem die Zehn Gebote. An ihnen sollen wir unser Leben in allen Einzelheiten prüfen. Je genauer wir hinsehen, desto deutlicher wird es uns, dass wir wohl an jedem Tag gegen jedes dieser Gebote sündigen. Und wenn wir uns, unser Wesen und Leben, am Zentrum, am Lebensnerv der Zehn Gebote prüfen, am Gebot der Gottes- und Nächstenliebe, dann wird es uns vollends klar, dass wir weit davon entfernt sind, dem zu entsprechen, was ein Leben in der königlichen Freiheit der Liebe ist, zu der Gott uns bestimmt hat.

Andere prüfen ihr Leben am Hohenlied der Liebe in 1. Korinther 13, besonders am mittleren Teil dieses Liedes, in den Versen 4 bis 7. Auch dieser Spiegel kann uns sagen, wie wir sind.

Am fruchtbarsten erweist sich mir für wirkliche Selbsterkenntnis, wenn ich – nicht nur in der Passionszeit – mit Jesus seinen Passionsweg gehe und den Personen in die Augen sehe, die uns begegnen: Erkenne ich mich nicht in jeder einzelnen selbst? In den Schriftgelehrten und Hohenpriestern, die meinen, sie hätten den Religionsbetrieb so gut und fest in der Hand, dass sie Jesus nur als unzumutbare Störung empfinden und ihn mit Hilfe der römischen Machthaber beseitigen? In Pilatus, der eigentlich den Unschuldigen, dessen Unschuld ihm gleich deutlich ist, vor seinen Feinden retten würde, der aber weiche Knie bekommt, als diese ihm andeuten, das werde ihn seine Macht kosten: »Lässt du diesen frei, dann bist du des Kaisers Freund nicht« (Joh 19,12) und der dann in die große Unschuldsgeste flieht. In Judas, der seinen Herrn und Meister – weiß er, aus welchen Gründen? Ist er einfach ein Getriebener? – verrät und der dann, als es geschehen ist, und er das Rad nicht mehr zurückdrehen kann, zu Tode verzweifelt sich selbst das Leben nimmt. In Petrus, der immer gut ist zu großen Worten und zu großen Taten. Warum ging er in der Nacht in den Hof des Hohenpriesters? Plante er eine kühne Befreiung? Petrus, der sagt, was wir alle täglich – nicht nur im Blick auf den gebundenen Jesus – praktizieren: »Ich kenne diesen Menschen nicht« (Mt 26,74). Im Volk, das heute »Hosianna«, morgen »Kreuzige« schreit, das lenkbar ist wie das Wasser und das in der Geschichte Jesu doch den jeweils stärksten Meinungsmachern folgt. In den Jüngern, die schlafen, wenn ihr angefochtener Herr sie brauchen würde – »der Geist ist willig, aber das Fleisch ist schwach« (Mt 26,41).

In jeder Gestalt begegnen wir uns selbst und stellen fest, dass wir, wenn es um die Sache der Liebe geht, wenn Jesus als der Mensch gewordenen Liebe der Prozess gemacht wird, auf vielfältigste Weise versagen.

Man kann sich solche Erkenntniswege ersparen. Man kann sich ein Leben lang einreden, man habe doch einen ziemlich guten Willen, man sei leider durch die Umstände gehindert, diesem Willen durch die Tat zu entsprechen. Man kann andere Menschen ausfindig machen, die das Gute in einem selbst nicht so richtig zur freien Entfaltung kommen ließen, Eltern, die einen falsch erzogen hätten, Ehepartner, die noch nicht so weit seien und auf die man Rücksicht nehmen müsse, Kinder, die einen so stark beanspruchen würden, dass man zu nichts käme, einen Chef, der ein übler Kerl ist, in dessen Nähe keiner wirklich gut sein könne. Man kann in allem und jedem den Grund dafür finden, dass man selbst der heiligen Liebe Gottes nicht entspricht, sie vielmehr daran hindert, sich unter uns frei und heilvoll zu entfalten.

Aber was bringt das? Im Grunde entmündigen wir uns selbst, solange wir unser Versagen anderen Menschen oder den Verhältnissen, die nicht so sind, anhängen.

Wir gehen mit uns selbst achtungsvoller um, wenn wir in der Gegenwart Jesu Christi über uns und unsere Rollen nachdenken. Aber bei vielen, auch bei Christen, gibt es eine fast panische Furcht, solche Gedanken würden depressiv machen. Gerade in christlichen Kreisen erlebe ich, dass einer, der von Schuld spricht, womöglich von seiner eigenen Schuld, schnell als depressiv abgestempelt wird. Könnte es sein, dass gerade die Furcht vor der Depression der Ausdruck wirklich depressiven Verhaltens ist? Die Spaßgesellschaft, deren Gefangene und Mitgestalter wir auch dann sind, wenn wir sie beklagen, ist eine nicht gerade gesunde Gesellschaft. Sie lebt vom Verdrängen und Überspielen und verhindert es, dass Menschen wirklich zu sich selbst und der Wahrheit näher kommen.

Wahrscheinlich trägt die Kirche selbst mit ihrer Leitung, zu der ich noch immer gehöre, am meisten dazu bei, dass Menschen nicht zur Erkenntnis ihrer Schuld vorstoßen. Denn die Kirche lässt in ihrer Art, sich am Markt darzustellen und zu behaupten, den Eindruck keineswegs aufkommen, dass sie von schweren Defiziten geplagt sei und dass sie ihrem Herrn und den Menschen viel schuldig bleibe. Im Gegenteil, je mehr sie mit anderen religiösen oder nichtreligiösen Sinnanbietern in eine Konkurrenzsituation kommt, desto bemühter versucht sie deutlich zu machen, dass sie gut, mindestens aber gut drauf ist. Auch die evangelische Kirche rechtfertigt sich ständig aus ihren Werken. Setzt die römisch-katholische Kirche völlig ungeniert auf Darstellung ihrer Kraft und Herrlichkeit, so versucht es die evangelische Kirche ihr doch wenigstens ein wenig nachzumachen, gebremster zwar, wohl mit einem Rest von nicht ganz so gutem Gewissen, auch mit weniger Geld und mit weniger Kompetenz in der Selbstdarstellung, aber eben doch.

Wie anders Dietrich Bonhoeffer in seiner »Ethik«, der die Bekennende Kirche der vierziger Jahre schonungslos an jedem der Zehn Gebote prüft und der bekennt, wie sie an jedem Gebot schuldig wird. Er macht damit ernst, dass die Kirche allein von der Vergebung ihrer Schuld lebt und dass sie zur Erneuerung Europas nur dadurch etwas Positives beitragen kann, dass sie im öffentlichen Bekenntnis ihrer Schuld und im Leben aus der Vergebung den Menschen, die auf sie sehen, den Weg weist. Es gibt wohl keinen tieferen Gegensatz zwischen Bonhoeffers »Schuldbekenntnis der Kirche« und den gut gemeinten Selbstdarstellungen der Kirchen, die uns Werbefirmen liefern. Könnte es darüber eines Tages die Diskussion geben, die in der Regel durch fürsorgliche Beschwichtigung verhindert wird?

»Bei dir ist die Vergebung!«, so weiß der Beter des 130. Psalms, der »aus der Tiefe« zu Gott ruft. Und alles, was uns in der Nähe Jesu von ihm entgegenkommt, heißt: »Dir sind deine Sünden vergeben!«

Ist das nur ein Urteil über uns, das uns freispricht? Bei dem es nur um uns, unser Heil, unser Wohl, unsere Ehre, unser Angenommensein in der Nähe Jesu geht?

Freilich geht es darum auch. Und wir wären leichtfertig und dumm, wollten wir das etwa gering achten. Wir haben diesen Hoheitsakt, diesen Freispruch, diesen Zuspruch nötig wie das tägliche Brot. Der Beter, der im tiefen Loch sitzt, hat diesen Freispruch so nötig wie das Seil, das ihm herabgeworfen wird, damit er an ihm hochgezogen wird und ins Freie kommt. Jede Predigt sollte uns dieses Seil zuwerfen, sollte uns lossprechen von unseren Sünden.

Aber könnten wir diesen Zuspruch nicht auch verstehen als die Zusage: Was du Menschen schuldig geblieben bist, das soll ihnen in ihrem Leben nicht für immer fehlen? Wo du an ihnen schuldig wurdest, sollst du wissen: Der Gott, der sich über dich erbarmt, erbarmt sich nun auch über sie und er wird die Mechanismen des Bösen, die du ausgelöst hast, stoppen?

Wenn ich meine Schuld vor Gott bekenne, bitte ich darum, dass er Menschen, die ich geschädigt habe, vor weiteren Folgen dieser meiner schädigenden Wirkung bewahrt, dass er den Lauf des Bösen stoppt und dass er durch seine Engel, Geistmächte oder Engel in Menschengestalt, ihnen aus ihren Verletzungen heraushilft.

Wenn ich den Zuspruch der Vergebung höre, höre ich aus ihm mit die Zusage, dass er nicht nur mich, sondern auch sie heilen wird. Was freilich einschließt, dass ich mit Freude und neuer Hoffnung mich dem versöhnenden Gott zur Verfügung stelle, sei es, dass ich tatsächlich an Menschen, an denen ich schuldig geworden bin, etwas gutmachen kann, sei es, dass Gottes Geist mir hilft, Menschen, die durch andere Menschen verletzt wurden, Zeichen des Friedens und der Hilfe zu geben. Wer vom Zuspruch der Vergebung seiner Schuld kommt, mit wem Christus sein Mahl der Versöhnung gefeiert hat, der stellt sich ihm zur Verfügung und bittet ihn, in seinem Dienst ein Werkzeug der Versöhnung sein zu können.

Könnte man das unter Gottesfurcht verstehen? Ehrfurcht vor Gott, der Neuanfänge schafft und der sie an uns und durch uns an anderen schaffen will?

Das schließt ein, dass ich sehr genau damit rechne, dass wir alle unser Leben und Zusammenleben unter seinen wachen Augen führen; dass ich wohl mich und vielleicht andere, nicht aber ihn täuschen kann. Dass er das allein entscheidende Urteil spricht, vor dem die Einschätzungen anderer keine Rolle spielen.

Aber »Gottesfurcht« als Folge erfahrener Vergebung ist weniger die Haltung, in der wir sozusagen in Ehrfurcht und womöglich Angst vor dem Furcht erregenden Geheimnis Gottes erstarren. Sie hat ihren Nerv, ihre Seele, ihre Freiheit vielmehr darin, dass wir uns angenommen wissen dürfen, mitzuwirken in seinem großen Versöhnungs- und Heilungswerk. Und dass wir uns dafür ihm mit Freuden zur Verfügung stellen.

23. Sonntag nach Trinitatis

Dem König aller Könige und Herrn aller Herren,
der allein Unsterblichkeit hat, dem sei Ehre
und ewige Macht.

1. Timotheus 6,15.16

Es gibt zahlreiche Christinnen und Christen, die solche Hoheitsbe-
zeichnungen für Gott und für Jesus Christus ablehnen. Warum? Sie
sehen in dem Ausdruck »König aller Könige« nur eine Überbietung,
eine Übersteigerung des Wortes König in Richtung Superkönig. Oder
im Ausdruck »Herr aller Herren« nur eben diese Überbietung des
Wortes Herr. Sie gehen also – in der Regel unbewusst – von dem aus,
was ihre Vorstellung von einem König oder einem Herrn ist. Diese
Vorstellung ist dann ein Bild, dessen Einzelheiten zum Teil aus persönlichen Erfahrungen, zum Teil aus historischen Berichten, zum Teil
aus Märchen stammen. Oft ist es ein ziemlich unschönes Bild: der
König, der über den anderen thront, der seine Macht genießt, wenn
andere vor ihm im Staub knien, der mit anderen Königen um die
Macht kämpft, der in solchen Kämpfen massenweise Untertanen und
andere Menschen opfert, der Menschen zwingt, aufeinander zu schießen, der das alles in einem prachtvollen Hofzeremoniell nach dem
Vorbild des Sonnenkönigs Ludwigs XIV. vergessen machen will. Und
nun Jesus der König aller Könige, viel mächtiger, viel höher, womöglich viel gewalttätiger, eine Art Sonnenkönig zur Rechten Gottes?

Sie haben eine Vorstellung von dem, was ein Herr ist, haben ihre
eigenen Erfahrungen mit Herren gemacht, haben erlebt, wie solche
einander und ihren Untergebenen den Herren zeigen, wie sie den
Herren spielen, von naiv Unterwürfigen als etwas Besseres angehim-
melt, von kritisch Aufbegehrenden mit geballter Faust in der Tasche
gehasst, aber im Ernstfall dann doch aus Furcht und Berechnung res-
pektiert werden. Sie denken an Herrenclubs samt anzüglichen Her-
renwitzen, spüren etwas Frauenfeindliches heraus, etwas geradezu Zy-
nisches, das einen frieren machen könnte. Und nun der Titel »Herr
aller Herren« und dieser Titel im Zusammenhang mit Jesus oder mit
Gottvater? Nein, und nochmals nein!

Mit Recht sagen sie nein. Gott ist nicht der Superkönig, der die Eigenschaften irdischer Könige ins Übermächtige hinein verkörpert. Gott ist nicht der Superherr, der weit über allen Herren den Herren spielt und den Herren zeigt. Nein, so ist der Gott nicht, zu dem Jesus gebetet hat, den Jesus »Abba, lieber Vater« nennt. So ist Jesus nicht, der diesen Gott verkörpert. Jesus setzt nicht reihenweise Leute für sich ein, um über ihrem Elend seine Herrlichkeit aufzubauen. Jesus setzt sich für die Menschen ein. Jesus ist nicht dieser König, der sich von den anderen Königen nur dadurch unterscheidet, dass er noch mächtiger, noch höher, womöglich noch herrschender, womöglich noch zynischer ist. Jesus ist der Bruder aller Verzagten, der ganz unten zu finden ist, der sich unter die Last der hilflosesten Menschen stellt. Jesus gehört nicht zu denen, die andere ins Gefängnis oder an den Galgen oder ans Kreuz oder auf das Schlachtfeld zum Bluten und Sterben bringen. Jesus geht selbst ans Kreuz, er setzt sich für die Seinen ein. Er nimmt denen, die gegeneinander gehetzt werden zum Töten und zum Sterben, die Waffe aus der Hand: »Liebet euere Feinde.« Jesus regiert nicht durch Androhung und Ausübung von Gewalt, durch Geld und Militär, durch Beziehung und Taktik, durch Propaganda und große Aufzüge, durch Brot und Spiele. Im Gegenteil: er wäscht den Jüngern die Füße, er hat keinen Besitz, er bedroht niemanden, sein Reich ist nicht von dieser Welt, sodass Pilatus vor ihm nur kopfschüttelnd sagen kann: »Sehet, welch ein Mensch« (Joh 19,5).

Also: Weg mit diesen superlativischen Titeln. Sie passen nicht zu ihm. Angenommen, wir würden über diese Titel diskutieren und ein früher Christ, Timotheus oder einer seiner Freunde, Leute aus der ersten Generation der Paulus-Schüler, könnte mitreden, was würde Timotheus sagen? Ich stelle mir seinen Diskussionsbeitrag so vor:

»Du hast Recht, es gibt schreckliche Könige. Sie herrschen nach dem Prinzip ›Wo gehobelt wird, da fallen Späne‹. Sie kämpfen miteinander mit allen Tricks und Raffinessen um die Macht. Die Großkönige und Kaiser um die Weltherrschaft. Tausende müssen in diesen Kämpfen sterben. Und jede Grausamkeit wird entschuldigt mit der Auskunft ›Es ist eben Krieg. Der Krieg hat seine eigenen Gesetze.‹ Sie lassen sich selbst verehren, ja, die ganz Mächtigen unter ihnen verlangen die Anrede Divus Caesar, göttlicher Caesar. Sie lassen sich als

Wohltäter des Reiches, wenn möglich des Erdkreises, feiern; sie halten sich Dichter, die ihnen die schmeichelhaftesten Lieder singen und denen sie dafür Orden geben. Sie verlangen von uns Christen, dass wir ihnen wie Gottheiten Opferkörner auf ihre Altäre streuen und dass wir ihnen absoluten Gehorsam schwören. Wer es nicht tut, dessen Tage sind gezählt. Aufrechte Leute werden verfolgt. Und immer wieder gewinnen sie beim Volk damit Popularität, dass sie uns Christen als die Schuldigen so ziemlich aller Übel der Welt ausmachen, dann ist die nächste Christenverfolgung nicht mehr weit entfernt. Ja, das sind die Könige und Herren der Welt. Und die kleinen Herren dieser feudalen Sklavenhaltergesellschaft machen es, so gut sie es können, den großen Herren nach, übertreffen sie noch in ihrem Zynismus, diese Herrlein, die wir bedienen müssen.

Ihr habt Recht, wie anders ist Jesus. Der unser Bruder ist, der uns die Furcht nimmt, der unsere Last trägt, der uns die Füße wäscht, der für uns ans Kreuz geht, der in unseren Ängsten und Nöten mit uns ist, dem wir Lobgesänge singen können, im tiefsten Gefängnis mitten in der Nacht.

Er ist unser König. Er ist unser Herr. Er ist es von Gottes Gnaden. Was ein König von Gottes Gnaden ist, das sehen wir an ihm. Was ein wirklicher Herr ist, verkörpert er.

Darum ist er für uns der Herr aller Herren und der König aller Könige. Nicht als die Überbietung der Könige und Herren, die wir zur Genüge kennen, sondern als die totale Alternative.

Wir würden verzweifeln in der feudalen Gesellschaft, in der wir leben müssen, unter der Knute der Könige und Herren, die uns peinigen. Aber dass wir in Jesus den eigentlichen Herrn und König haben, das gibt uns sehr viel innere Freiheit. Dann verfalle ich nicht in Panik, wenn der König wieder eine neue Maßnahme gegen uns Christen erlassen hat. Oder wenn der Herr, dem ich als Sklave diene, mit seiner menschenverachtenden Art meine Geduld testen will. Ich falle ihm nicht um die Knie vor Angst. Ich lasse ihn meine Distanz spüren. Er fühlt wohl, dass ich einem anderen Herrn gehöre.

Der König wird sterben, das kann schnell gehen. Seine Ärzte kochen auch nur mit Wasser. Wenn er beerdigt wird, dann werden seine Hofdichter ein Trauerspektakel veranstalten, als würde jetzt unser

Land und Volk untergehen. Wo doch fast jeder im Stillen aufatmet und Gott dankt, dass diese Tyrannis eine Ende hat. Freilich, die Antwort auf die Frage, ob sein Nachfolger menschlicher sein wird, warten wir mit Spannung ab. Wir Christen werden in das staatlich angeordnete Trauergeheul nicht einstimmen. Wir werden in unseren Osterfeiern mit erhöhtem Ton dem unsere Lieder singen, der allein Unsterblichkeit hat und der der Fürst des Lebens ist. Wie gut, dass unsere Herrscher auch irgendwann sterben müssen. Und wie gut, dass der König und Kyrios Jesus Christus den Tod längst überwunden hat, lebt und regiert und uns immer neu Mut und Lust zum Leben gibt. Doch, er ist die Alternative, er ist der König aller Könige und der Herr aller Herren.«

»... der allein Unsterblichkeit hat«. Man sollte Christian Friedrich Daniel Schubarts großes Gedicht »Die Fürstengruft« lesen, das er zu Lebzeiten Carl Eugens auf dem Hohenasperg (!) geschrieben hat, um den Ton der Erleichterung zu hören, der in diesem Wörtlein »allein« steckt. Wie gut, dass die Herren dieser Welt sterben müssen.

> *Da liegen sie, die stolzen Fürstentrümmer,*
> *ehmals die Götzen ihrer Welt!*
> *Da liegen sie, vom fürchterlichen Schimmer*
> *des blassen Tags erhellt!*
>
> *An ihren Urnen weinen Marmorgeister;*
> *doch kalte Tränen nur, von Stein,*
> *und lachend grub, vielleicht ein welscher Meister,*
> *sie in dem Marmor ein.*
>
> *Da liegen Schädel mit verloschenen Blicken,*
> *die ehemals hoch herab gedroht.*
> *Der Menschheit Schrecken! – Denn an ihrem Nicken*
> *hing Leben oder Tod.*
>
> *Sie liegen nun, den eisern´ Schlaf zu schlafen,*
> *die Menschengeißeln, unbetraurt,*
> *im Felsengrab, verächtlicher als Sklaven,*
> *im Kerker eingemaurt.*
>
> *Sie, die im ehrnen Busen niemals fühlten*
> *die Schrecken der Religion,*

und gottgeschaffne, bessre Menschen hielten
für Vieh, bestimmt zur Frohn;

die das Gewissen, jenen mächtigen Kläger,
der alle Schulden niederschreibt,
durch Trommelschlag, durch welsche Trillerschläger
und Jagdlärm übertäubt;

die Hunde nur und Pferd und fremde Dirnen
mit Gnade lohnten und Genie
und Weisheit darben ließen; denn das Zürnen
der Geister schreckte sie.

Peter Härtling nannte die »Fürstengruft« »das Gedicht seines Lebens«. Es kann uns eine Ahnung davon geben, was Menschen aller Jahrhunderte empfunden haben, wenn ihre Peiniger, die sich als unsterbliche Herrscher verehren ließen, endlich gestorben waren.

Und auf diesem Hintergrund: Wie Christen zu allen Zeiten den auferstandenen Christus als ihren Herrn und König verehrt haben mit ihren Osterliedern.

»Dem sei Ehre und ewige Macht!« Was könnte dieses Bekenntnis im praktischen Lebensvollzug bedeuten?

Wenn ich Gott die Ehre gebe, dann werde ich durchaus auch Menschen ehrerbietig begegnen; den bedürftigen Menschen, die kein Gepränge um sich haben, mindestens so sehr, wie denen, die in Amt und Würden sind und sich durch irgendwelche Hochleistungen ausgezeichnet haben. Meine Ehrerbietung wird aber immer von einer geradezu grundsätzlichen Nüchternheit sein. Sie wird vor dem Hochgestellten jede Unterwürfigkeit vermissen lassen.

Und sie wird beim Bedürftigen frei von aller Herablassung sein. Wir haben alle über uns den, dem eigentlich unsere Ehrerbietung zusteht.

Ihm zur Ehre will ich leben in allem, was ich tue, rede, schreibe, in meinem Tun und Lassen. Und mein Gebet, soweit ich im Gebet mein eigenes Leben bedenke, soll die Bitte sein, dass er es mir erlaubt, seine Ehre in dieser Welt nicht zu verdunkeln, sondern zum Leuchten zu bringen.

»… und ewige Macht«. Ein Christ wird grundsätzlich ideologiekritisch sein. Alle politischen Programme sind kritikbedürftig. Besonders wo eine Herrschaftsform mit dem Anspruch auftritt, die richtige zu sein, werde ich ihr gegenübertreten. Ich tue das im Wissen: Es gibt keine richtige Staatsordnung; jede politische Ordnung hat Bewährungsfrist und steht unter dem Urteil: »An ihren Früchten sollt ihr sie erkennen« (Mt 7,20). Sie hat sich besonders daran messen zu lassen, was sie für die Geringsten der Brüder und Schwestern Jesu Christi bringt. Karl Barth hat das – auf den Trümmern des Dritten Reiches – in seiner Schrift »Christengemeinde und Bürgergemeinde« 1946 in wünschenswerter Deutlichkeit aufgezeigt. Das sollte unter Christen nicht vergessen werden. Geleitet von dieser Ernüchterung sollten Christen jeder zum politischen System gewordenen Selbstgerechtigkeit respektlos widerstehen.

Wenn ich an das ewige Reich Jesu Christi glaube und auf dessen Offenbarung in unserer Welt hoffe, dann werde ich an meinem Platz, selbstverständlich auch im Beruf, in allen Bereichen kein höheres Bestreben haben als das, den Willen Jesu Christi zur Tat werden zu lassen. Das ewige Reich Christi will jetzt beginnen in meiner bußfertigen Umkehr, in meinem Gehorsam, in meiner Menschenliebe, in meiner Gelassenheit und in meiner Freiheit.

24. Sonntag nach Trinitatis

Mit Freuden sagt Dank dem Vater,
der euch tüchtig gemacht hat
zu dem Erbteil der Heiligen im Licht.
Kolosser 1,12

Wenn ein Mensch ein großes Erbe zu erwarten hat, dann steht er in einer eigentümlichen Spannung. Das Erbe ist für ihn bestimmt. Es ist also nicht ein vager Wunschtraum, dem er nachhängt. Er darf und soll mit dem Erbe rechnen, sich auf das Erbe freuen. Und doch hat er es noch nicht in der Hand. Es gehört ihm noch nicht.

Was ist dieses Erbe? Es ist das Anteilhaben am Leben des dreieinigen Gottes. Die Auferstehung von den Toten. Das Leben der zukünftigen Welt.

Ein Erbe hat Geschenkcharakter. Der Empfänger des Erbes hat es durch nichts verdient. Der Erblasser hat es erworben. Jesus Christus hat dieses Erbe durch seinen Tod am Kreuz für uns errungen und erworben mit dem Einsatz seines Lebens. Wir erben es und wissen, was es wert ist.

Es ist das Erbteil der Heiligen. Es heißt hier eindeutig Erbteil *der* Heiligen, nicht *des* Heiligen. Die Miterben, mit denen wir das Erbe teilen und doch nicht teilen werden, kommen in den Blickpunkt. Jeder Miterbe erhält wie wir das Ganze und teilt es doch mit den Anderen, ohne dass es dadurch vermindert würde. Wenn man Leben teilt oder Freude teilt, kann man es erfahren, dass geteiltes Leben erst wirkliches Leben, geteilte Freude erst wirkliche oder gar doppelte Freude ist.

Davon ist schon jetzt etwas zu spüren. Und das soll besonders in unseren Gottesdiensten an der Freude zu spüren sein, in der wir miteinander Gott danken, singen und beten. Wir sitzen im Gottesdienst nicht als lauter Vereinzelte, von denen jeder sich mit seinem persönlichen Heil beschenken lässt und dieses dann, es sorgsam hütend wie einen Privatbesitz, damit keiner an ihn herankommt, mit nach Hause nimmt.

Es wäre schön, man würde das auch an unserer Sitzordnung im Gottesdienst spüren. Es ist das falsche Bild und der Gemeinsamkeit der Erben nicht angemessen, wenn die Erben in einer großen Kirche zerstreut, hier einer, dort eine, sitzen und einander nicht wahrnehmen, als ob Erbstreitigkeiten in der Luft liegen würden. Wo doch die Hoffnung auf das gemeinsame Erbe sie durchaus nicht gegeneinander aufbringt, sondern miteinander verbindet.

Wir feiern das Heil, das uns gemeinsam gegeben wird. Wir feiern, wie es in Kolosser 1,13.14 weiter heißt, »dass er uns errettet hat von der Macht der Finsternis und uns versetzt hat in das Reich seines lieben Sohnes, in welchem wir die Erlösung haben, nämlich die Vergebung der Sünden«. Erlösung aus dem Griff der zwangsneurotischen Kräfte, die uns wieder und wieder zurückwerfen in Angst, Unglauben, Missgunst, Feindschaften. Erlösung zum freien, zum zuversichtlichen Leben, in dem wir uns versöhnt wissen mit Gott und allen Menschen. Vergebung der Sünden: Was als Altlast mitgeschleppt wurde an dunklen Punkten unserer Biografie, ist bewältigt. Wir müssen es nicht zig Jahre lang verbergen. Versetzt in das Reich seines lieben Sohnes: Leben dürfen in der unmittelbaren Einflusssphäre Jesu Christi, in seinem Schutz, in seinem Geist.

Die Heiligen, denen dieses Erbe zugedacht ist, sind alle Christen, die auf Jesus Christus vertrauen, also keine Exklusivgesellschaft christlicher Elitemenschen. Doch dürfen wir uns freuen, dass wir mit begnadeten Menschen zusammen das Erbe teilen werden. Und dass unser Gedankenaustausch mit ihnen noch intensiviert wird.

Das Licht wird im Zusammenhang mit dem Erbteil der Heiligen besonders genannt. Das Licht wird alles Irdische, alles Gelebte verklären, sodass die Erdenschwere, Schuldschwere, Leidschwere, vom Licht aufgelöst wird. Was war, wird nicht einfach ausgelöscht sein, wie bei einem Menschen, der infolge eines Sturzes sein Gedächtnis verloren hat. Vielmehr wird alles Wesentliche gegenwärtig sein, aber vom Licht durchdrungen und von allem Finsteren befreit, sodass das Schwere leicht wird.

Es wird der Vers von Christian Fürchtegott Gellert wahr werden:

Dann werd ich das im Licht erkennen,
was ich auf Erden dunkel sah,
das wunderbar und herrlich nennen,
was unerforschlich hier geschah.
Dann schaut mein Geist mit Lob und Dank
die Schickung im Zusammenhang.

Zu diesem Erbe, so schreibt Paulus, habe Gott, der Vater, die Christen in Kolossae tüchtig gemacht. Bleiben wir im Bild vom Erben. Ein viele Millionen schweres Erbe kann man nicht einem pubertierenden Jungen übergeben, der keinerlei Voraussetzung dafür hat, mit dem wertvollen Erbe umzugehen. Er sollte noch um einiges älter und vor allem reifer werden. Hoffentlich wird er es. Und die ihn erziehen, sollten durch die Erziehung, die sie ihm angedeihen lassen, die Grundlage dafür legen, dass dieser junge Mann mit seinem Erbe richtig umgehen wird. Dass er es nicht in Albernheiten verscherbelt. Dass er es sich nicht von raffinierten Leuten, die auf sein Erbe scharf sind, abknüpfen lässt. Dass er es nicht durch einen unangemessenen, unwürdigen Umgang verdirbt. Das große Erbe kann schnell verspielt sein.

Paulus sieht in den schwierigen Erlebnissen, welche die Gemeinde von Kolossae hinter sich hat – waren es in diesem Erdbebengebiet schwere Erderschütterungen oder waren es andere Erschütterungen der Gemeinde? – die Erziehung des himmlischen Vaters. Er hat durch Sonnenschein und Regen, Hitze und Frost, gute Zeiten und böse Zeiten die Christen in Kolossae tüchtig gemacht zum Erbe der Heiligen im Licht.

Lassen wir uns folgende Frage gefallen: Sind wir Menschen fähig, mit dem, was uns gegeben wird, Gnade, Wahrheit, Vergebung, Heiliger Geist, richtig umzugehen? Es könnte verheerend sein, wenn dieses Erbe in unreife Hände käme. Verscherbeln wir es leichtfertig, nichtwissend, wie wertvoll, wie kostbar es ist? Etwa, indem wir es durchsetzen mit allerhand Surrogaten. Indem wir es zeitgemäß »aufmotzen« oder indem wir es luftdicht verpacken und konservieren, es seine Kraft in der Begegnung mit den Menschen der Gegenwart nicht entfalten lassen? Es gibt so viele Weisen, unangemessen mit dem kostbaren Erbe umzugehen. Nicht umsonst haben die Reformatoren mit dem Wort Evangelium die Worte »lauter und rein« verbunden. Obwohl sie von der Chemie wahrscheinlich weniger verstanden haben als wir Menschen des 21. Jahrhunderts, fürchteten sie die »chemischen Beimischungen«, durch die das Evangelium verdorben wird. Nicht umsonst schließt Luthers Reformationslied »Nun freut euch, liebe Christen g'mein«, in dem er die ganze Heilsgeschichte Gottes in Jesus Christus zum Klingen bringt, mit folgendem Vers, in welchem er Christus sprechen lässt:

> *Was ich getan hab und gelehrt,*
> *das sollst du tun und lehren,*
> *damit das Reich Gott's werd gemehrt*
> *zu Lob und seinen Ehren;*
> *und hüt' dich vor der Menschen Satz (Lehre),*
> *davon verdirbt der edle Schatz:*
> *Das lass ich dir zur Letze.*

(EG 341)

Gott kann Menschen Wege führen, in denen sie tüchtig werden zum Erbteil der Heiligen im Licht. Er kann das auch an Gemeinden tun. Jede Gemeinde ist doch auch wie ein Organismus, der seine eigene Geschichte, seinen Reifungsvorgang hat.

Es mag durchaus sein, dass es Christen und Gemeinden gibt, denen wohl das Evangelium anvertraut ist, bei denen aber der Schatz des Evangeliums in unreifen Händen ist, die es zu Schleuderpreisen verkaufen. Oder die den Schatz im Boden vergraben wie jener faule Knecht im Gleichnis. Bitten wir Gott, dass er uns tüchtig macht, damit das Erbe bei uns in die rechten Hände gelangt.

Es widerspricht nicht der Botschaft der Reformation von der Gnade Gottes, die ohne Verdienst und Würdigkeit gegeben wird, wenn hier daran erinnert wird, dass Gott für dieses Erbe tüchtig macht. Das Erbe wird Menschen gegeben, die es durch nichts verdient haben. Aber Gott lässt Menschen und Gemeinden dazu reifen, dass der Schatz dann auch in gute Hände gelangt.

Wenn Paulus nun die Kolosser ermuntert, freudige Gottesdienste zu feiern, in denen ihr Dank gegen Gott den Vater mit frohem Klang laut wird, dann nicht, weil Gott sie tüchtig gemacht hat zum Erbteil der Heiligen im Licht. Nicht ihre Tüchtigkeit sollen sie dankbar feiern. Das wäre, wie wenn ein Mensch bei seinem Geburtstag seine eigene Reife feiern würde und damit nur zeigen würde, wie unreif er noch immer ist.

Oder wenn ein Geschäftsmann seine Tüchtigkeit feierte oder feiern ließe. Feiern sollen wir dankbar, dass Jesus Christus uns errettet hat von der Macht der Finsternis und dass er uns versetzt hat in seine Nähe, in seinen Dienst, in die Ausstrahlung seines Geistes.

Drittletzter Sonntag im Kirchenjahr

Siehe, jetzt ist die Zeit der Gnade,
siehe, jetzt ist der Tag des Heils
2. Korinther 6,2

Am Ende des Kirchenjahrs blicken wir nach vorn auf das Ziel Gottes mit seiner Welt und mit uns ganz persönlich. Unter diesem Aspekt ist das Leitwort zum drittletzten Sonntag im Kirchenjahr sozusagen ein retardierendes Element, als sollte uns gesagt werden: Denkt nicht gleich an das Ende der Wege Gottes mit euch. Vor allem: Entwertet nicht die Zeit, in der wir jetzt leben, als sei in ihr von Gott nichts zu erwarten. Opfert nicht die Gegenwart der Zukunft!

Was Paulus in 2. Korinther 6,2 schreibt, geht davon aus, dass wir einer erfüllten Zukunft entgegengehen, auf die wir uns freuen können. Aber die Hoffnung auf die künftige Offenbarung Jesu Christi soll keineswegs vergessen lassen, dass die Gegenwart Zeit des Heils ist. In der Theologensprache: Futurische Eschatologie hebt die präsentische Eschatologie nicht auf. Und es ist müßig, beide gegeneinander auszuspielen. Christus kommt nicht erst. Er ist im Geist da und macht unsere Lebenszeit zur Heilszeit. Es kommt nur drauf an, dass wir ganz entschieden in der Ausstrahlung seines Geistes leben, dass wir seine Nähe suchen und sie uns gefallen lassen.

Jetzt ist die Zeit der Gnade. Jetzt will Gottes Geist an uns wirken. Wir haben keinen Grund, uns ihm zu verschießen. Jetzt will er uns befreien von dem, was unsere Seelen verfinstert und fixiert, von Angst und Resignation, von jener Verzagtheit, die dem Geist Gottes in unseren Verhältnissen nichts zutraut und die dadurch beengende Verhältnisse nur bestätigt. Jetzt gibt uns der Geist Gottes die Freiheit, auf Menschen zuzugehen, vor denen wir uns fürchten. Jetzt soll uns die Nähe Jesu Christi in unserem Leben aufgehen, so dass wir unsere Tage miteinander in seinem Frieden genießen können. Jetzt gibt er uns Mut, Freudigkeit, Elan, denen beizustehen, die leiden. Wir vertrösten sie nicht auf später. Wir setzen uns für sie ein, solange ihnen noch zu helfen ist. Jetzt gibt uns Gott Gaben, die wir – »handelt damit, bis ich wiederkomme« (Lk 19,13) – jetzt betätigen und die uns, indem wir sie einsetzen, vermehrt werden.

Vor allem erinnert dieser Vers »jetzt ist die Zeit der Gnade, jetzt ist der Tag des Heils« an Luthers Wort vom Evangelium als dem fahrenden Platzregen. Wenn der kommt, soll man das Regenwasser auffangen. Wenn das Evangelium uns trifft, sollen wir uns ihm öffnen, uns ganz unter das Wort stellen wie unter einen Platzregen, nicht vor ihm wasserscheu in irgendeine sichere Behausung fliehen.

Wir sollen auch – etwa am Krankenbett – darum beten und damit rechnen, dass wir hier in diesem Leben, hier an diesem Bett, Gottes Herrlichkeit sehen werden. Freilich können wir ihm nicht vorschreiben, wie er sie uns zeigen wird. Wir können Heilungen nicht programmieren, es bleibt alles in seiner Hand. Aber die Zeit, in der wir stehen, ist Heilszeit und nicht einfach Wartezeit auf den Tod. Wir haben Grund, um Gottes kräftiges Eingreifen in Seele und Leib des Patienten zu bitten. Es gibt eine fromme Ergebung, die eher religiös getarnte Resignation ist.

Es gibt auch ein Hinnehmen böser Zustände und Entwicklungen auf unserem Globus, das nicht Ausdruck frommer Ergebung, sondern eher Ausdruck schwächlich glaubensloser Resignation ist. Es ist leicht, Leute, die im Pathos der Weltveränderung leben, lächerlich zu machen, ihnen Schwärmerei vorzuwerfen. Es steckt in diesen Schwärmern aber oft mehr Glaubensmut als in denen, die das geschehen lassen, was sie ändern könnten. Jetzt ist die Zeit der Gnade, jetzt ist der Tag des Heils. Darum ist es jetzt an der Zeit, Unrechtsstrukturen, etwa in der Weltwirtschaft, aufzudecken und zu verändern.

So gibt es auch in unseren Gemeinden oft ein Hinnehmen gemeindezerstörender Zustände und Dauerkonflikte, die niemand wirklich offen beim Namen nennt und niemand als »Therapeut im Namen des gegenwärtigen Christus« anpackt. Dahinter steht die Resignation, die nicht glaubt, dass Jesus Christus in seiner Gemeinde jetzt versöhnen und den Konflikt lösen will. Wer aus Resignation sich und andere auf ein Wirken Jesu in irgendeiner fernen Zukunft vertröstet, der vertröstet auf den Sankt Nimmerleinstag. Wirkliche Erwartung des kommenden und heilenden Christus macht uns Mut, jetzt schon im Vorschein seines Kommens zu leben und mit seinen Heil- und Befreiungskräften jetzt schon zu rechnen. Wieder einmal finde ich in der Mentalität und Praxis der beiden Blumhardts in Bad Boll ein Vorbild dieser Gesinnung, in der die Erwartung des kommenden Christus das Rechnen mit seiner befreienden Gegenwart nicht ausschließt, sondern einschließt und erst wirklich erweckt.

Es steckt in diesem Wort »Jetzt ist die Zeit der Gnade« eine enorme Aufwertung unseres Erdenlebens, als wolle Paulus sagen: »Ich glaube an ein Leben vor dem Tod.« An ein heilvolles, lohnendes, ewig gültiges Leben. Das soll weder zerredet noch versäumt werden. Es ist kostbar. Darum: »Kauft die Zeit aus!« (Eph 5,16).

Was Gott unter uns – etwa in unseren Gemeinden, aber auch außerhalb ihrer – wachsen lässt, das soll von uns gesehen, aufmerksam, freudig und dankbar wahrgenommen werden. Vieles verkümmert vor der Zeit, weil wir es nicht wahrnehmen und keine Freude darüber zeigen. Die kleinen und oft unscheinbaren Pflänzchen brauchen unsere freudige Zustimmung, um gedeihen zu können. In einer Atmosphäre der Gleichgültigkeit gedeihen sie nicht.

»Jetzt ist die Zeit der Gnade …« Es wird wichtig sein, dass wir einander dieses Wort nicht erst dann sagen, wenn wir aufgrund erfreulicher Erlebnisse in Hochstimmung sind, wenn die Gemeinde einen Aufbruch erlebt, die Kirchenbänke sich endlich, endlich wieder füllen und das Segelschifflein der Gemeinde frischen Wind im Segel spürt. Es ist Zeit der Gnade, Tag des Heils, wenn zwei oder drei versammelt sind in seinem Namen (Mt 18,20). Wenn er zu uns spricht, ob viele oder wenig ihn wirklich hören. Es ist Zeit der Gnade, Tag des Heils auch dann, wenn es uns an Leib und Seele schlecht geht. Gott begegnet seinem Volk nicht zuletzt in der Wüste. Es kommt nicht auf die Situation an, sondern darauf, dass Jesus Christus zu uns kommt und an uns wirkt. Böse Zeiten, in denen bei uns alles schiefläuft, in denen wir durch Niederlagen gehen und uns blamiert vorkommen, können sich im Rückblick durchaus als Zeiten der Gnade, als Tage des Heils erweisen.

Treffend hat die Gewissheit, die in unserem Wochenspruch steckt, in seinem Morgenlied »Du höchstes Licht, du ewger Schein« (EG 441) Johannes Zwick ausgedrückt. In dieser Erwartung und Gewissheit sollten wir jeden Tag, den uns Gott schenkt, angehen:

Er ist das Licht der ganzen Welt,
das jedem klar vor Augen stellt
den hellen, schönen, lichten Tag,
an dem er selig werden mag.

Den Tag, Herr, deines lieben Sohns
lass stetig leuchten über uns,
damit, die wir geboren blind,
doch werden noch des Tages Kind'

und wandeln, wie's dem wohl ansteht,
in dessen Herzen hell aufgeht
der Tag des Heils, die Gnadenzeit,
da fern ist alle Dunkelheit.

Vorletzter Sonntag im Kirchenjahr

Wir müssen alle offenbar werden
vor dem Richterstuhl Christi.
2. Korinther 5,10

In der Geschichte vom Sündenfall 1. Mose 3, also in der Urgeschichte der Menschheit, die unsere ureigene Geschichte ist, wird berichtet, Adam und seine Frau Eva hätten sich vor dem Angesicht Gottes des Herrn unter den Bäumen im Garten versteckt (1. Mose 3,8). Vorher schon fangen die beiden an, sich voreinander zu schämen, sie flechten sich aus Feigenblättern »Schurze« (1. Mose 3,7). Schließlich macht Gott der Herr eigenhändig für Adam und seine Frau Röcke aus Fell und zieht sie ihnen an (1. Mose 3,21). Er sieht, dass sie tatsächlich einen Schutz voreinander brauchen. Den gibt er ihnen.

Es gibt immer Kulturanthropologen, die sagen, die Geschichte der menschlichen Kultur von der Kleidermode bis zur Dichtung und zur ausgefeiltesten Philosophie habe mit diesem Versteckspiel im Garten begonnen. Menschliche Kultur bestehe in diesem sich voreinander Verbergen, auch im sich Verbergen vor sich selbst. Der Mensch mache sich etwas vor. Das er vor sich aufbaut, damit er sich vor dem anderen Menschen schützt.

Und er mache sich auch im Blick auf Gott etwas vor. Das sei die Funktion der Religion: Der Mensch baut etwas zwischen sich und Gott auf, letztlich, um sich dahinter zu verschanzen, um sich vor der verzehrenden Heiligkeit Gottes zu schützen. Religion habe letztlich durchaus nicht die Funktion der Rückbindung an Gott, den Ursprung unseres Lebens. Religion sei viel eher die Bastion, mit der wir uns vor Gott schützen.

Auch religionskritische Theologen wie etwa der junge Karl Barth, haben es so gesehen, haben darum an ihrer grundsätzlichen Religionskritik bis in ihr Alter festgehalten. Sie waren weit davon entfernt, irgendwelche religiösen Wellen zu begrüßen und auf ihnen zu schwimmen oder das Schifflein der Kirche auf ihnen schwimmen zu lassen. Sie meinten, die Kirche könne auf dieser Welle nur »baden gehen«, Schiffbruch erleiden. Sie begegneten dem Phänomen Religion mit fast zersetzender

Skepsis. Und überall, wo sie innerhalb von Kirche und Christentum den Verdacht hatten, der Glaube an Gott gleite ins Religiöse hinüber, konnten sie böse Bemerkungen machen. Die naive Unschuld in Sachen Religion hatten sie sozusagen seit dem Sündenfall Adams verloren.

Ich gestehe, dass ich trotz aller Freude an der Wiederkehr der Religion, die Kirchenmänner oft zeigen und uns empfehlen, mir diese ganze religionskritische Sicht noch nicht ganz abgewöhnen konnte. Freunde nennen das meine »barthianischen Eierschalen«. Zu ihnen muss ich wohl stehen. Meine Selbstkritik und Bußfertigkeit geht aber nicht so weit, sie für einen Geburtsfehler zu halten.

Der Kaiser Tiberius, in dessen Regierungszeit die Kreuzigung Jesu fiel – er wird davon in Rom nichts gemerkt haben, die Römer haben ständig gekreuzigt – wird als ein schwerblütiger, oft schwieriger Charakter geschildert. Wahrscheinlich war er etwas begabter, scharfsinniger und kritischer, als viele seiner Hofschranzen, denen es vor allem um ihre Stellung bei Hofe ging. Von Tiberius wird berichtet, als er seinen Tod kommen fühlte, habe er gesagt: »applaudite, comedia finita!« Wir könnten das übersetzen mit »Ei, nun klatschet in die Hände, die Komödie ist zu Ende!«

Er hat mit diesem zynisch klingenden Ausspruch zu erkennen gegeben: Wir haben voreinander doch immer Theater gespielt. Wir hatten unsere Rollen. Wir wollten ja eine Rolle spielen. Hier am Hof besonders. Wer seine Rolle gut gespielt hat, bekam bei der nächsten Beförderung eine bessere, anspruchsvollere. Wer wenig Geschick oder Eifer in diesem unserem Theaterspiel an den Tag gelegt hat, der wurde zum Statisten gemacht. Wer wir, du und ich, eigentlich sind? Frag mich etwas Leichteres. Wir sind einander nie begegnet, wollten es wohl auch nicht. Wenn einer – aus welchen Gründen auch immer – seine Maske fallen ließ und wirklich zu sagen versuchte, was er empfand, dann hat man diesen Ausbruch damit quittiert, dass man sagte, er sei aus der Rolle gefallen, diesen Fauxpas könne man ihm nicht durchgehen lassen, das müsse geahndet werden. Den könne und müsse man vergessen. War es nicht so?

Berichte ich noch vom Hof des Tiberius oder von kirchlichen Kollegien verschiedener Ebene? Berichte ich von der Landeskirche als solcher? Oder von dem, was mir in der römisch-katholischen Kirche, die sehr viel professioneller inszeniert, auffällt? Berichte ich gerade vom gesellschaftlichen Leben einer Stadt oder vom Miteinader im nächsten besten Parlament? Vom Umgang miteinander in der Firma von nebenan? Von unserer Gesellschaft überhaupt? Berichte ich von uns selbst?

Es gibt viele Leute, die sagen: Ja, das ist so, jeder spielt seine Rolle. Wir kennen einander nur in den jeweiligen Rollen. Das ist auch gut so. Wir sind einander nicht zumutbar. Besser wir achten darauf, dass keiner dem anderen zu nahe tritt. Das gibt die wenigsten Unfälle. Einsamkeit hinter der Maske? »Leben ist Einsamsein, keiner kennt den Andern, jeder ist allein«, Hermann Hesse hat Recht. Es ist so. Und es wird immer so bleiben bis in alle Ewigkeit, und der Pfarrer an unserem Sarg rühmt, wie gut wir unsere Rolle gespielt hätten.

Gegen die Auffassung des Paulus, dass wir alle, jeder und jede, offenbar werden müssten vor dem Richterstuhl Christi, erhebt sich bei den meisten Menschen großer Protest: »Das ist ja fürchterlich! Das ist unzumutbar! Das darf nicht wahr sein! Dieser finster autoritäre Glaube kann nicht unser Glaube sein, nein, es bleibt beim Rollenspiel. Es bleibt beim Alten. Wir haben uns daran gewöhnt.«

Es gibt Christen, die sagen: »Die Botschaft vom Jüngsten Gericht ist ein altes Relikt im Neuen Testament. Dahinter steht das Gottesbild eines unerbittlichen Herrschers, der keine Distanz und persönliche Freiheit achtet. Mit der Humanität Jesu ist dieser Glaube nicht vereinbar.«

Bleibt nur die Feststellung, dass Jesus sehr oft vom Jüngsten Tag geredet hat: Ganz ausführlich im Gleichnis vom Weltgericht (Mt 25, 31–46), im Gleichnis von den anvertrauten Talenten (Mt 25, 40 ff.), wo jedenfalls in der unverhofften Begegnung mit dem Geber der Gaben herauskommt, was einer mit seinen Gaben angefangen hat. Im Gleichnis vom Fischfang (Mt 13,47–50) und vom Unkraut unter dem Weizen (Mt 13,24–30) hat er von einer großen Scheidung geredet, die erfolgt, wenn Fische oder Weizen genauer gemustert werden. Es ist nicht möglich, die Botschaft vom Jüngsten Gericht aus der Verkündigung Jesu herauszuschneiden. Es ist wirklich nicht erst eine Erfindung des Paulus. Für Jesus war es klar: Am Ende geht es durch das Gericht, in dem jeder Mensch in dem, was er getan hat, und in dem, was er ist, offenbar wird.

Das ist ja fürchterlich! So denkt mancher Mensch, und so denkt es irgendwo auch in uns. Denn wir haben uns in unseren Rollen so eingerichtet, dass wir uns ein Leben ohne sie kaum mehr vorstellen können. Wir würden gern in alle Ewigkeit in unseren schützenden Masken, wohl auch in unserem Lebenswerk, das wir um uns herumgebaut haben, bleiben.

Oder ist es eine Befreiung, wenn Gott uns unsere Rolle und unsere Maske abnimmt? Wenn auch die guten Werke, mit deren Erwähnung wir so gern zeigen, dass wir nicht umsonst gelebt haben, ganz kritisch durchleuchtet werden mit der Frage, wo hier wirkliche Liebe am Werk war und wo nur kalte Werkerei, die den Bedürftigen zum Mittel meiner Selbstrechtfertigung missbraucht? Darf Gott uns so viel Wahrheit zumuten? Uns Nebelkindern, die wir uns an die verschiedenen Nebel gewöhnt haben, vor allem an die Nebel, die wir selbst aus uns heraus produzieren?

Paulus und Luther waren der Auffassung, darin zeige Gott erst wirklich, wie sehr er jeden Menschen achte und liebe, dass er ihn von diesem Nebel befreie und ihm die Sonne zumute. Luther sprach darum vom »lieben Jüngsten Tag«. Und Paulus konnte Leuten gegenüber, die mit ihren harten Urteilen über ihn Macht ausüben wollen, sagen, ihr Urteil beeindrucke ihn wenig, »der Herr ist's, dessen Urteil gilt«. Darum richtet nicht vor der Zeit, bis der Herr kommt. »Er wird ans Licht bringen, was auch im Finsteren verborgen ist, und er wird das Trachten der Herzen offenbar machen. Dann wird jedem von Gott sein Lob widerfahren« (1. Kor 4,2–5).

Paulus konnte den Jüngsten Tag sogar mit einem Feuer vergleichen, in dem alles, was wir gewirkt haben, durch eine Feuerprobe durchmuss: Stroh, Heu, Holz, Edelsteine, Silber, Gold. »Welcherlei eines jeden Werk ist, das wird das Feuer bewähren« (1. Kor 3,11–15). Jürgen Moltmann sagt, dieses Feuer sei das Feuer der Liebe Gottes. In ihm werde herauskommen, was Gold wert ist. Eberhard Jüngel sieht in diesem Gericht das große Therapeutikum Gottes. Gott wird uns zurechtbringen.

Der Richter des Jüngsten Tages ist kein anderer als Jesus Christus. Der richtet uns, der sich selbst mit letzter Konsequenz für uns eingesetzt hat und sich für uns einsetzt. Kein Unbekannter sitzt uns als Richter gegenüber, sondern der, der gekommen ist, uns zu suchen und fürs Leben zu retten.

Eine letzte Scheidung soll geschehen. Wie am Beginn der Weltschöpfung aus dem Tohuwabohu, in dem kein Leben gedeihen kann, durch die große göttliche Scheidung Wasser und Erde geteilt wurden, so wird am Ende das Kuddelmuddel, das wir in uns tragen und in welchem wir fast ersticken, geschieden, damit neuer Lebensraum für uns entsteht.

Neben den zahlreichen Aussagen, die auf den doppelten Ausgang des Gerichtes weisen, finden sich im Neuen Testament ebenso zahlreiche, die davon ausgehen, dass alle Dinge zusammengefasst werden in Christus (Eph 1,10), dass »alles durch ihn versöhnt würde mit Gott, es sei auf Erden oder im Himmel, dadurch dass er Frieden machte durch das Blut an seinem Kreuz« (Kol 1,20). In Römer 11,32 fasst Paulus die Heilsgeschichte Gottes mit Israel und den Völkern zusammen in dem Satz: »Gott hat alle beschlossen unter den Unglauben, auf dass er sich aller erbarme.« In seinem großen Auferstehungs- und Hoffnungskapitel 1. Korinther 15 geht seine Hoffnung darauf, »dass Gott sei alles in allen« (1. Kor 15,28). So kann es uns nicht wundern, dass eine erhebliche Anzahl christlicher Theologen die »Wiederbringung aller« oder »Allversöhnung« vertreten hat: Johann Albrecht Bengel, Friedrich Christoph Oetinger, Philipp Matthäus Hahn, Michael Hahn, Johann Christoph Blumhardt, Christoph Blumhardt bis hin zu Jürgen Moltmann, der in seinen Büchern »Das Kommen Gottes« und »Im Ende der Anfang – kleine Hoffnungslehre« die Allversöhnung ganz direkt vertritt. Christoph Blumhardt hat in seiner kräftigen Sprache das Wirken des Richters des Jüngsten Tages auf den Nenner gebracht, er sei kein Hinrichter, sondern ein Herrichter. Nämlich einer, der den Menschen, der in seinen Sünden, Illusionen und Selbstbildern befangen ist, von allem, was ihn hindert und entstellt, zum ewigen Leben befreit.

Diese Botschaft am Volkstrauertag auszurichten angesichts der ungeheueren, erdrückenden Last der Schuld, die in den Weltkriegen, vor allem aber auch im Völkermord an den Juden, Menschen auf sich geladen haben, das braucht Mut. Nur der wird es können, für den wirklich Christus der König aller Könige, der Herr aller Herren ist.

Schließlich die Frage: Was bringt die Botschaft vom Jüngsten Tag jedem von uns selbst im Blick auf unser Verhältnis uns selbst gegenüber? Wir Menschen, die wir alle »nach dem Fall« leben, verstecken uns ja nicht nur vor Gott und voreinander. Wir verstecken uns ja auch vor uns selbst, sodass eigentlich kein Mensch sagen kann, er kenne sich selbst. Viel ehrlicher ist es ja zu sagen, man kenne sich bei sich selbst letztlich leider nicht aus. Was uns jeder Tiefenpsychologe bestätigen wird.

Die Chinesen in ihrer Bildersprache haben einen Mythos, nach welchem das wahre Ich eines Menschen ihm selbst als ein »Folgegeist« an den Haarspitzen des Hinterkopfes sitzt. Ich kann mich drehen und wenden, wie ich will, ich bekomme mich selbst nicht zu Gesicht. Einmal wird es geschehen, dass mein wahres Ich mir frontal begegnet. Die Minute, in der das geschieht, ist mein Tod.

Wir Christen rechnen mit dieser Begegnung in dem Vorgang, den wir bildhaft »Jüngstes Gericht« nennen. Wir sehen es nicht als Strafe, dass wir uns selbst begegnen und uns selbst zurückgegeben werden. Im Gegenteil. Es ist ein Akt der Befreiung. Wir vertrauen darauf, dass uns durch das zurechtbringende Richten Jesu Christi dieser Vorgang nicht den Tod, sondern das volle Leben bringen wird.

Buß- und Bettag

Gerechtigkeit erhöht ein Volk;
aber die Sünde ist der Leute Verderben.
Sprüche 14,34

»Im Bewusstsein meiner Verantwortung vor Gott trete ich dieses Amt an. Indem ich es übernehme, stelle ich dieses Amt und unsere gemeinsame Arbeit unter das Wort des Psalmisten: ›Gerechtigkeit erhöhet ein Volk‹«, so sagte Theodor Heuss am 12. September 1949, kurz nachdem er zum Bundespräsidenten der Bundesrepublik Deutschland gewählt worden war. Das mit der Sünde, die der Leute Verderben ist, hat er weggelassen; er wollte wohl nicht als einer verstanden werden, der moralisiert. Man weiß ja auch nie, was die Leute unter dem Wort »Sünde« verstehen. Und dass der Psalmist dieses Wort gesagt hat, stimmt auch nicht. Es steht in den Sprüchen Salomos, aber das ist unwesentlich. Wesentlich ist, dass der erste Bundespräsident der eben entstandenen Bundesrepublik in der »Verantwortung vor Gott« sein Amt angetreten und dass er daran erinnert hat, dass Gerechtigkeit ein Volk erhöhe.

Jeder der Anwesenden hat mitgehört, dass Ungerechtigkeit ein Volk erniedrigt. Keinem musste man 1949 das lang erklären. Die scheußlichen Ungerechtigkeiten des Dritten Reiches wurden immer mehr an das Tageslicht befördert: die ungerechten Todesurteile, die massenhaft gefällt und vollstreckt worden waren, die unerhörte Behandlung der Häftlinge in den Konzentrationslagern, der nicht fassbare Massenmord an den Juden, deren systematische Entehrung und Ausrottung. Dabei die Pervertierung jeder herkömmlichen Moral in eine völkische Nützlichkeitsmoral, die Verachtung östlicher Völker, als bestünden sie aus »Untermenschen«, der Weltkrieg mit seinen fünfzig Millionen Toten. Und nun – wen konnte das wundern? – die Folge, dass in der Völkergemeinschaft das deutsche Volk die Wirkung seiner Taten zu tragen hatte: Vertreibung und Flucht eines großen Teiles der Deutschen, die Teilung Deutschlands, Erniedrigung und Ausschluss aus Europa und aus der Gemeinschaft zivilisierter Völker. Niemand musste interpretieren, wie wahr es ist, dass Ungerechtigkeit ein Volk erniedrigt.

Sein Dienstbeginn, so wollte es der neue Bundespräsident, sollte im Zeichen der Hoffnung und des Neubeginns stehen. So wählte er die positive Formulierung, wie sie in Sprüche 14,34 steht: »Gerechtigkeit erhöht ein Volk.«

Das Wort »Gerechtigkeit« schillert, je nachdem, wer es beleuchtet. Gerecht will so ziemlich jeder Staat sein. Die Römer lebten in der Ideologie, was sie über den Erdkreis verbreiten würden, sei nicht nur das römische Recht, sondern das Recht schlechthin. Jedes Volk, dem diese Segnung zuteil werde, könne sich für diese freundliche Fügung nur bedanken. Die paar tausend Kreuzigungen, die dann im Namen dieses Rechts in einem Land pro Jahr vollzogen würden, müsse jeder redlich Denkende billigen. Das sei eben der Preis für das große Geschenk.

Adolf Hitler war überzeugt, dass seine Maßnahmen, auch die den Gegnern des Regimes gegenüber, auch die gegen die Juden und gegen die Feindvölker, gerecht seien. Gerecht sei auch die »Aktion Gnadentod«; für geistig behinderte Menschen sei es doch eine Gnade, wenn sie bei Zeiten sterben dürften, und dem Volk erspare es große Kosten.

Das Wort »hart, aber gerecht« war damals in vieler Munde. Das Eingangstor des Konzentrationslagers Buchenwald »zierten« in schmiedeeisernen Worten »Jedem das Seine«.

Was haben wir Christen zum Begriff »Gerechtigkeit« beizutragen? Wir bringen vieles vor, was heute auch ein Mensch, der nicht oder nicht im christlichen Sinn an Gott glaubt, mit uns bejaht: dass alle Menschen vor dem Gesetz in dem Sinn gleich behandelt werden müssen, dass sie für gleiche Vergehen die gleiche Strafe bekommen. Es ist ungerecht, wenn ein Prominenter von einem Gericht bevorzugt wird vor einem Menschen, der weder Geld noch Ansehen noch Presseinteresse hat. Der Ärger, der gerade in letzter Zeit mehrfach in der amerikanischen Öffentlichkeit entstand, weil Prominente durch unbegründete Begnadigungen vor anderen bevorzugt wurden, zeigt, dass demokratisch erzogene Völker da erfreulicherweise keinen Spaß verstehen. Wir sind uns mit Nichtchristen auch darin einig, dass ein Mensch, der sich keinen Anwalt leisten kann, wenn er vor Gericht angeklagt wird, einen Pflichtverteidiger bekommen muss. Wir sind uns einig in der Auffassung, dass ein Arbeiter seines Lohnes wert ist (Lk 10,7) und dass Ausbeutung der Arbeitskraft von Menschen ein Unrecht ist. Wo der gerechte Lohn aufhört und die Ausbeutung beginnt, das gibt dann immer noch viel Zündstoff. Zu hoffen ist, dass Christen und Nichtchristen sich auf Mindestlöhne einigen. Und es ist längst fällig, auch einmal über Maximallöhne zu reden. Denn was sich in dieser Hinsicht in den Spitzenetagen der Wirtschaft abspielt, das kann nur mit dem Wort »Ausbeutung« treffend bezeichnet werden. Es erniedrigt das Ansehen der Wirtschaft und schwächt das Vertrauen der Arbeitenden in die Führung ihrer Betriebe.

Wir sind uns mit Nichtchristen darin einig, dass es eine Schande für ein Volk ist, wenn sein Staat Menschen, die sich nicht selbst durch ihre Arbeit ernähren können, alte, kranke, behinderte Menschen, verhungern oder ohne Grundversorgung im Krankheitsfall zugrunde gehen ließe. Zu einer gewissen Grundversorgung ist der Staat auch Menschen gegenüber verpflichtet, die arbeiten können, die aber keine Arbeitsstelle finden. Mit vielen Nichtchristen sind wir uns darin einig, dass Reichtum zur Hilfe für Mittellose verpflichtet. Wir sind uns mit Nichtchristen einig darüber, dass der Besitz des Einzelnen vor Raub und Diebstahl ebenso geschützt werden muss wie seine körperliche Unversehrtheit vor

Verletzung. Wir sind uns darin auch einig, dass der Ruf eines Menschen, seine Ehre, nicht mit lügnerischen Verleumdungen oder obszönen Unverschämtheiten angetastet werden darf. Noch vieles mehr wäre aufzuzählen, das uns in der Grundvorstellung betreffend die Gerechtigkeit mit Menschen, die keine Christen sind, verbindet.

Es wäre dann zu fragen, welche der uns verbindenden Vorstellungen von Gerechtigkeit mehr christliche und welche mehr humanistische Wurzeln hat. Christentum und Humanismus haben zusammengewirkt in der Ausbildung eines gewissen Grundkonsenses in Sachen Gerechtigkeit, der heute in Deutschland und im Ganzen auch in Europa gilt. Dass die EU nicht ganz selbstverständlich diese Wurzeln in ihrer Verfassung nennt, ist mehr als nur ein Geburtsfehler des neuen Europa. Ich kann dieses Verleugnen der eigenen Wurzeln nur als Ausdruck neurotischer Gestörtheit verstehen. Ein gesunder Organismus steht ganz selbstverständlich zu seinen Wurzeln.

Was haben wir Christen nun besonders zum Verständnis des Wortes »Gerechtigkeit« beizutragen? Von der Bibel her können wir nie genug daran erinnern, dass Gerechtigkeit ein Beziehungsbegriff ist. Einem Menschen gerecht werden heißt: Ich gebe mir Mühe, ihn in seinem Gewordensein und Handeln aus dem heraus zu verstehen, was er erlitten hat und was er gegenwärtig durchmacht. Vollends ein Strafrichter, wenn er im biblischen Sinn der Gerechtigkeit dienen will, wird sich sehr bemühen, den Angeklagten als Person wahrzunehmen und zu verstehen, wie er zu der Tat kam, wegen der er nun vor Gericht steht. Das bedeutet ja wirklich nicht, dass der Richter grundsätzlich Gnade vor Recht ergehen lassen muss, weil ihm der Angeklagte Leid tut. Aber sowohl das Strafmaß als die Art der Strafe werden dadurch mitbedingt sein, was den Angeklagten zu seiner Tat getrieben hat. Es wird neben dem Motiv der Abschreckung potentieller anderer Täter besonders das Motiv der Resozialisierung, der Hilfe zum gemeinschaftsdienlichen Weiterleben, bei der Behandlung des »Falles« ausschlaggebend sein. Der oft gehörten Auffassung, die Sühne für eine Tat sei das eigentlich christliche Motiv der Strafverfolgung, sollten wir Christen widersprechen. Jesus Christus hat die Strafe getragen (Jes 53,5), er hat sie gesühnt. Das sollte auch im Gerichtssaal – vollends wenn ein Kruzifixus in ihm an der Wand hängt – nicht vergessen werden.

Auch sollten wir, so gut wir es können, zwischen einem Menschen und seiner Tat unterscheiden, ihn nicht bis zum Lebensende durch seine Untat charakterisiert sein lassen: Ein Betrüger ist nicht ein Betrüger, sondern ein Mensch, der unter anderem einen Betrug begangen hat. Ein Mörder ist nicht bis zu seinem Lebensende ein Mörder, sondern ein Mensch, der unter anderem einen Mord begangen hat und der darum für seine Tat büßen muss oder büßen musste.

Wie wichtig die Unterscheidung zwischen einem Täter und seiner Tat für dessen Gesundung und für sein Weiterleben sein kann, das habe ich vor vierzig Jahren an einem lieben Hausgenossen erlebt. Meine alten Eltern hatten, nachdem mein Bruder mit 25 Jahren an einer Hepathitis gestorben war, in dessen Zimmer mitten in ihrer kleinen Ruhestandwohnung einen Strafentlassenen aufgenommen. Herr B. war etwa 40 Jahre alt und hatte die letzten zwanzig Jahre mehr oder weniger in Gefängnissen verbracht, die letzten fünf Jahre wegen Totschlags. Der zum Jähzorn Neigende hatte den Liebhaber seiner Freundin, als er die beiden in flagranti überrascht hatte, mit einem Stuhl totgeschlagen. Wie wird man einem Menschen gerecht, der diese Vergangenheit mit sich herumträgt? Nicht damit, dass man in ihm den Totschläger B. sieht und ihn entsprechend isoliert, sondern so, dass man den Menschen B. von seiner Tat unterscheidet und trennt und ihm Vertrauen schenkt. Meine alten Eltern waren furchtlos genug, das zu tun. Das Zusammenleben zwischen ihm und ihnen war keineswegs spannungslos. Zu verschieden waren die Welten, aus denen sie kamen. Aber sie haben ihm Vertrauen geschenkt auch in den fünf Wochen, in denen sie auf Europareise waren und er die Wohnung für sich allein hatte. Und das Scheckbuch, die Banksachen etc. wurden nicht ängstlich weggeschlossen. Für den Tag ihrer Rückkehr hatte er einen Kuchen gebacken. Doch leider kamen sie ein paar Tage später, so dass er ihn allein aufessen musste. Indem sie zu ihm Vertrauen riskiert haben, haben sie ihm – so weit ich sehe, mit Erfolg – zu einem wirklichen Neuanfang geholfen. Und mir haben sie damit gezeigt, was es heißt, einem Menschen gerecht zu werden. So stelle ich mir das vor, was die Bibel »Gerechtigkeit« nennt.

Gerechtigkeit Menschen gegenüber bedeutet immer sich bemühen, sie zu verstehen, jeden mit seiner Vergangenheit und mit seiner speziellen Gefährdung. Sünde, dieses Wort sollten wir ganz wörtlich von dem Wort »Sund, Absonderung« her verstehen. Wenn wir uns vor Menschen, die uns brauchen würden, absondern und bewusst von ihnen distanzieren, wenn wir mit ihnen nichts mehr zu tun haben wollen, dann versündigen wir uns an ihnen – und auch an uns selbst. In diesem Sinn ist die Sünde »der Leute Verderben«. Sünde im mitmenschlichen Bereich ist dieses einander im Stich lassen.

Es ist heute an der Zeit, auch unser Verhältnis zur Umwelt oder Mitwelt unter diesem Aspekt zu beleuchten. Man spricht heute von Umweltsündern. Wir Christen sollten nicht bei einzelnen Verfehlungen gegen den Organismus der Um- oder Mitwelt stehenbleiben, sondern die Sünde weiterdenken als Fehlhaltung, aus der Fehlleistungen kommen. In Sünde mit der Umwelt oder Mitwelt leben heißt: ihrem organischen Leben so fremd sein, dass wir gar kein Verhältnis mehr zu ihm haben, dass man das außermenschliche Geschaffene nur als Material versteht, mit dem wir nach eigenem Gutdünken umgehen können. Aus diesem tief gestörten Verhältnis zur Kreatur, zum Boden und zum Wasser, zur Luft, zu den Pflanzen und Tieren in ihrem Eigenleben, folgen alle die »Umweltsünden«, die nun im 21. Jahrhundert immer deutlicher der Leute Verderben werden. Die Christenheit hat allen Grund, sich in dieser Sache an die eigene Brust zu fassen. Gar zu lang hat sie zum Thema Umwelt oder Mitwelt nicht viel mehr verlautbart als die Stichworte »Entgötterung der Natur« (worunter oft leider »Entseelung der Kreatur« verstanden wurde) und »Machet euch die Erde untertan!« Sie hat in ihrer Lehre Wesentliches zum Thema Mensch und Kreatur unterschlagen und die eigensüchtige Konzentration des Menschen auf sich, sein Wohl und sein Heil, befördert. Dass Umkehr auf der ganzen Linie, Umkehr zur außermenschlichen Kreatur, angesagt ist, das pfeifen einstweilen die Spatzen von den Dächern. Nur uralt verstockte Politiker, denen ihre Selbstdarstellung wichtiger ist als das Überleben kommender Generationen, erkennen das nicht. Wir können nur hoffen, dass solche Umkehr ehrlich, mit Energie und Intelligenz vollzogen wird und dass sie nicht zu spät kommt. Der Kirche Jesu Christi, wenn sie bußfertig ist, steht es gut an, in dieser Umkehrbewegung anderen gesellschaftlichen Kreisen voranzugehen.

Spätestens jetzt können wir nicht anders, als unser Verhältnis zu Gott, dem Schöpfer, dem Versöhner und Erlöser, zu Gott, dem Heiligen Geist, in den Blick zu nehmen. Wer sich von seinem Ursprung und Ziel absondert, der kann sich nicht wundern, wenn er ohne Saft und Kraft lebt. Und der wundere sich nicht, wenn er ziellos und orientierungslos in Gottes Schöpfung umherirrt. Je ferner wir vom Schöpfer leben, desto gesonderter von seiner Schöpfung und desto verständnisloser seiner Kreatur gegenüber, desto orientierungsloser. Je ferner wir von Jesus Christus leben, in dem Gott ein Mensch wurde, desto fremder und verständnisloser werden wir gegenüber Menschen, für die er gelebt hat und um deretwillen er gestorben ist. Je gründlicher wir uns gegen den Geist Gottes verschließen, desto geistloser wird es bei uns zugehen und desto weniger Lebensimpulse werden von uns auf Mensch und Kreatur ausgehen.

Buß- und Bettag bedeutet: die erste der 95 Thesen Martin Luthers von 1517 neu entdecken: »Wenn unser Herr und Meister Jesus Christus sagt ›Tut Buße‹, so will er, dass unser ganzes Leben eine einzige Buße (oder Umkehr) sei.« Es ist die Frage, ob wir diese Umkehr zu Gott, zu den Mitmenschen und zur Mitwelt wieder neu als unsere persönliche Chance erkennen und wahrnehmen.

In die Klage darüber, dass man uns Evangelischen staatlicherseits den Buß- und Bettag genommen hat, sollten wir nicht verfallen. Niemand hindert uns daran, am Werktag umzukehren. Und die Frage, ob einer evangelischen Gemeinde der Buß- und Bettag wirklich wichtig ist, kann sie am besten dadurch zeigen, wie und wo sie ihn verbringt. Dass er uns genommen wurde, hat durchaus damit etwas zu tun, dass wir ihn kirchlicherseits weitgehend nicht wirklich wahrgenommen haben. Viele Kirchen waren am Buß- und Bettag nur sehr spärlich besucht. Wie soll da ein Kirchendistanzierter auf die Idee kommen, dieser Feiertag sei uns wichtig, womöglich unverzichtbar?

Ich entsinne mich eines Gesprächs mit einem Minister in der Zeit, in der die Frage diskutiert wurde, welcher evangelische Feiertag als arbeitsfreier Tag der Finanzierung der Pflegeversicherung geopfert werden solle. Ich sagte dem Minister: »Wenn schon ein kirchlicher Feiertag fallen muss, dann bitte der Bußtag zuletzt!« Der Minister wollte wissen: »Welcher dann?« Meine Antwort: »Wenn überhaupt einer, dann der Pfingstmontag«. Darauf seine Antwort: »Das geht nicht, da protestieren die Wirte!«

Das Votum der Wirte ist gewichtiger als das der Kirchenleute. Ich verstehe das auf dem Hintergrund dessen, dass die Umkehr in den letzten Jahrzehnten in den evangelischen Kirchen keine sehr spürbare Rolle gespielt hat. Wir müssen uns an der eigenen Nase packen.

Wie dem auch sei: Der Buß- und Bettag ist nicht gestrichen. Es ist die Frage, was wir Gemeinden aus ihm machen. Die Einladung zur Umkehr gilt, ob nun dieser Tag rot oder schwarz im Kalender steht.

Gedenktag der Entschlafenen (Totensonntag)

Herr, lehre uns bedenken,
dass wir sterben müssen,
auf dass wir klug werden.
Psalm 90,12

Der letzte Sonntag im Kirchenjahr ist der Ewigkeitssonntag. Und das Leitwort zum Ewigkeitssonntag heißt: »Lasst euere Lenden umgürtet sein und euere Lichter brennen« (Lk 12,35). Man kann diesen Sonntag auch als Gedenktag der Entschlafenen begehen. Viele Gemeindeglieder verstehen ihn auch so, gehen an diesem Sonntag in den Gottesdienst, weil er für sie der Totensonntag ist.

Luther hat die Totenmessen abgeschafft und hat das fürbittende Gedenken für die Verstorbenen besonders auf diesen Sonntag konzentriert. Er war der Auffassung, wir sollten für einen Verstorbenen drei oder vier Mal Gott im Namen Jesu Christi mit allem Ernst um das Heil seiner Seele bitten, dann sollten wir es gut sein lassen im Vertrauen darauf, dass Gott es gehört hat und dass unsere Bitte bei ihm in guten Händen ist. Es sei jedenfalls kein Ausdruck eines zuversichtlichen Glaubens, wenn man Gott pausenlos um das Heil Verstorbener bestürme, noch weniger sei es vertretbar, wenn man für sein Heil Seelenmessen feiere und diesen eine verdienstliche Wirkung zutraue.

Ich wähle für den letzten Sonntag im Kirchenjahr das Wort zum Gedenktag für die Entschlafenen aus Psalm 90,12: »Herr, lehre uns bedenken, dass wir sterben müssen, auf dass wir klug werden.«

Es ist gut, dass die Anrufung »Herr«, die an dieser Stelle im Text eigentlich gar nicht zu finden ist, mit der aber gleich der nächste Vers beginnt, vor die Bitte »lehre uns bedenken, dass wir sterben müssen« gesetzt wurde. Denn es ist sehr wesentlich, ob Gottes Geist uns hier lehrt oder ob wir uns selbst lehren, ob wir selbst mit dem Faktum unseres Sterbenmüssens zurechtkommen wollen. Man kann beim Bedenken der Tatsache, dass wir alle eines Tages oder eines Nachts sterben müssen, auch kopfscheu oder ein Gefangener des Todes werden, vergleichbar dem Fröschlein, das gebannt auf das offene Maul der Schlange starrt. Nicht wenige Menschen werden krank, wenn sie zu intensiv an ihren Tod denken. Und weil sie das wissen oder fürchten, meiden sie jeden Friedhof und jedes Sterbebett; sie weigern sich, sich mit dem Sterbenmüssen zu befassen.

Es ist nicht ungewöhnlich, dass Menschen in der Mitte ihres Lebens von heftiger Todesangst überfallen werden. Ich denke etwa an Leo Tolstoi, dem das eines Tages geschehen ist und der in tiefste Depression versank. Das rechte Bedenken des eigenen Todes ist eine Kunst, weshalb in früheren Zeiten viele Bücher erschienen sind, die eine ars moriendi in dem Sinn lehrten, dass sie das ganze Leben als Einübung in das Sterben verstanden.

Ich weiß nicht, ob diese Auffassung des Lebens als vorbereitende Schule auf das Sterben dem Gesamtzeugnis des Alten und Neuen Testamentes entspricht. Wohl eher nicht. Aber dann und wann das eigene Sterbenmüssen bedenken und dann entsprechend bedacht zu leben, das wird auf jeden Fall für unser Leben viel austragen.

Ich möchte schlicht einmal im mitmenschlichen Horizont zu solchem Nachdenken anregen: Der Mensch, mit dem ich zusammenarbeite, der mich ärgert, wohl gar zum Zorn reizt, ist ein Mensch, der morgen in Todesnot sein kann. Der Gedanke daran wird mir helfen, mich nicht einfach von meinem Zorn bestimmen zu lassen.

Keiner von uns weiß, wenn er einem Menschen begegnet, ob es die letzte Begegnung sein wird. Wir kennen weder die Stunde unseres noch seines Todes, noch die Art, wie wir sterben werden. »Es kann vor Nacht leicht anders werden, als es am frühen Morgen war« (EG 530).

Rasch tritt der Tod den Menschen an,
es ist ihm keine Frist gegeben;
es stürzt ihn mitten in der Bahn;
es reißt ihn fort vom vollen Leben.
Bereitet oder nicht, zu gehen,
er muss vor seinem Richter stehen.

(Friedrich Schiller: Wilhelm Tell)

Wir wissen nicht, wie früh er oder ich in der Situation sein werden, in die der König Hiskia durch eine plötzliche schwere Krankheit gekommen ist und die er nach seiner Genesung so beschrieben hat:

Ich sprach: Nun muss ich zu des Totenreiches Pforten fahren
in der Mitte meines Lebens,
da ich doch gedachte, noch länger zu leben.
Ich sprach, nun werde ich den Herrn nicht mehr sehen
in dem Lande der Lebendigen,
nun werde ich die Menschen nicht mehr sehen
mit denen, die auf der Welt sind.
Tag und Nacht gibst du mich preis;
bis zum Morgen schreie ich um Hilfe;
aber er zerbricht mir alle meine Knochen wie ein Löwe:
Tag und Nacht gibst du mich preis.
Meine Augen sehen verlangend nach oben:
Herr, ich leide Not, tritt für mich ein!

(Jesaja 38,10–14)

Unsere Begegnungen miteinander sollten so sein, als seien sie vielleicht die letzten. Letzte Worte haben einen langen Nachhall. Unter demselben Aspekt hat Paulus wohl die Sätze geschrieben: »Zürnet ihr, so sündiget nicht; lasst die Sonne nicht über euerem Zorn untergehen« (Eph 4,26).

Sollten wir Menschen, die uns begegnen und die wie wir bald sterben könnten, missionieren, solange es nicht zu spät ist? Wenn wir sie mit dem Hinweis auf ihr Ende zum Glauben an Jesus Christus drängen, werden wir ihnen wohl kaum einen hilfreichen Dienst tun. Denn sie werden dann an uns etwas Gewaltsames erleben, das nur abstößt, weil der Gedrängte sehr wahrscheinlich momentan nicht leisten kann, was wir von ihm wünschen. Andererseits sollten wir die Gelegenheiten, Rechenschaft zu geben von der Hoffnung, die in uns ist, nicht meiden, sondern suchen. Gemäß dem Wort aus 1. Petrus 3,15: »Seid allezeit bereit zur Verantwortung vor jedermann, der euch fragt nach dem Grund der Hoffnung, die in euch ist.« Wir sollten dann auch wirklich Zeit haben, vor allem, um auf die Fragen und Auffassungen, besonders auch auf zweifelnde Rückfragen unserer Gesprächspartner, einzugehen. Und das Bedenken, dass seine und meine Lebenszeit begrenzt ist und dass wir vielleicht keine andere Gelegenheit dazu finden werden, sollte uns dazu leiten, die Gelegenheit auch wirklich wahrzunehmen.

Das Wissen darum, dass ich sterben werde, könnte mich selbst dazu anzuhalten, zu tun, was ich tun wollte, solange ich dazu Gelegenheit habe. Besonders wenn es sich darum handelt, einem anderen Menschen Gutes zu tun. Freilich ohne Panik. »So sehet nun wohl zu, wie ihr wandelt, nicht als Unweise, sondern als Weise, und kauft die Zeit aus; denn es ist böse Zeit« (Eph 5,15.16). Diese Mahnung könnte uns daran erinnern, wie kostbar unsere Lebenszeit ist. Wir sollen sie nicht für total Unnützes verplempern, sondern vielmehr als eine der wertvollsten Gaben nutzen, um etwas zu tun, was auf Gottes große Güte hinweist.

Bedenken, dass wir sterben müssen, das kann bedeuten, dass wir uns als Kinder unserer Eltern und, wenn wir Eltern sind, als Väter, Mütter, Großeltern unserer Kinder und deren Kinder verstehen. Dietrich Bonhoeffer hat seinen Mitverschwörern einmal geschrieben, es komme nicht darauf an, wie wir uns aus der Affäre ziehen, vielmehr darauf, dass künftige Generationen leben können. Ein Mensch, der sich klarmacht, dass es nicht zuletzt auch seine Aufgabe ist, für das Leben einer kommenden Generation zu leben, wird frei werden von einem sorgenvollen Kreisen um die eigene Person und deren Befindlichkeit.

Bedenken, dass wir sterben müssen, bedeutet auch: daran zu denken, dass unser Leben egal, ob wir früher oder sehr spät sterben werden, Fragment ist und Fragment bleibt. Es ist eine törichte Selbstüberforderung und auch Selbsttäuschung, wenn ein Mensch sich vornimmt, ein abgerundetes Lebenswerk schaffen zu wollen. Bonhoeffer hat sich im Gefängnis in Tegel, als es zu erwarten war, dass er nicht alt würde, mit dem fragmentarischen Charakter jedes Lebens befasst. Er kam zu der Überzeugung, es sei bei unserem immer fragmentarischen Leben vor allem wichtig, dass man dem Fragment ansehe, wie es hätte werden sollen und aus welchem Material es sei.

Bedenken, dass wir sterben müssen, bedeutet vor allem auch: Verantwortungsvoll mit der Kreatur umgehen. Todesverdrängung, Raubbau an der Kreatur und Kinderarmut sind miteinander typische Zeichen eines Bürgertums, das meint, diese schöne Erde für sich selbst vollends verbrauchen zu dürfen. Wer dagegen seine eigene Rolle begrenzt sieht und wer für die kommende Generation lebt, der wird mit anderen zusammen so leben, dass er diese Welt den Nachkommenden so hinterlässt, dass diese sich an ihr freuen und sie als Heimat erfahren können.

Schließlich wird der Mensch, den Gottes Geist lehrt zu bedenken, dass wir sterben müssen, sich klarmachen, dass wir Wanderer zwischen zwei Welten sind.

Durch den gekreuzigten und auferstanden Christus ist uns der Tod eine Tür zum Leben geworden, wird aus dem Sterben ein Entschlafen und ein Heimgang. Seine Nähe wird uns auch auf dem letzten Weg geleiten.

Der 90. Psalm, der uns gültig, fast ehern die Gesetzmäßigkeit unseres Sterbenmüssens vor Augen hält, endet aber nicht beim seligen Ende. Es ist für die biblische Einstellung zum Leben und Tod bezeichnend, dass auf das Bedenken des eigenen Todes das Gebet um ein recht geistgeleitetes tätiges Leben in dieser Welt folgt:

> *Fülle uns frühe mit deiner Gnade,*
> *so wollen wir rühmen und fröhlich sein unser Leben lang.*
> *Zeige deinen Knechten deine Werke*
> *und deine Herrlichkeit ihren Kindern.*
> *Und der Herr, unser Gott, sei uns freundlich*
> *und fördere das Werk unserer Hände bei uns.*
> *Ja, das Werk unserer Hände wollest du fördern.*

(Psalm 90,14–17).

Bibelstellenregister